제1권

기업범죄연구

- 기업규제의 이론과 방법 -

기업범죄연구회 지음

景仁文化社

추 천 사

홍 복 기
한국상사법학회 회장, 연세대학교 법학전문대학원 교수

형사법, 상사법, 국제법, 민법, 경제법 등을 전공하는 법학자들이 '기업범죄'를 공통테마로 학제간의 연구와 발표를 하는 '기업범죄연구회'에서 그 동안 해온 연구의 성과물의 결정체인 '기업범죄연구 제1권'을 간행함을 축하합니다.

지난 2009년 9월에 출범한 기업범죄연구회의 활동은 학제간의 연구를 뛰어 넘어 여러 가지 점에서 학문적 수월성과 독창성이 보여주고 있다. 그러나 연구테마인 '기업범죄'라는 분야는 매우 전문적인 분야로서 형법학에서 연구물이 드물게 나타나고 있을 뿐, 다른 법학분야에서는 접근의 어려움으로 큰 관심을 받지 못했던 것도 사실입니다. 그럼에도 '기업범죄연구회'에서 여러 분야의 법학자들이 협력하여 학제적 연구를 함으로써 공동으로 하나의 관심사를 위하여 많은 어려움을 극복하면서 전문서를 발간하였다는 것은 매우 뜻 깊은 일이며, 축하받을 만한 일입니다. '기업범죄연구 제1권'에 수록된 논문들을 보면, 한결같이 지금까지의 우리학계의 연구풍토를 뛰어넘은 독창적인 새로운 연구성과로서 회원들의 노력과 열정 그리고 창의성이 잘 나타나고 있다고 볼 수 있습니다.

주지하는 바와 같이 2008년 리먼 브러더스 파산으로 촉발된 세계경제위기의 원인으로 '기업의 탐욕'이 지목되면서 '기업의 책임'이 핵심적인 사회경제적 이슈가 되었습니다. 런던 비즈니스 스쿨 교수이며 경영학의 구루로 불리는 게리 하멜 교수는 '신자본주의자 선언(New Capitalist Manifesto)'의 서문에서 "세계 사람들이 기업에 대한 믿음을 잃어버렸다면 그것은 기업이 그들의 신뢰를 배신했기 때문이다"라고 말하였던 바 있는데, 이는 이제 기업이 신뢰를 되찾기 위해서 바른 행동을 해야 할 때라는 것을 웅변하는 바입니다. 이러한 요구는 경영학에서는 '윤리경영'이라는 이름으로, 상법학에서는 '기업의 사회적 책임'이라는 이름으로 제시되어 왔으며, 최근에는 '지속가능 경영'이라는 포괄적 개념으로 포착되고 있기도 합니다. 위와 같은 맥락에서 국제표준으로서의 ISO 26000의 수용이나 새로운 자본주의 혹은 '도덕적 자본주의'에 대한 사회적 요구에 부응하는 것이 시대정신에 부응하는 것이라 할진대, '기업범죄연구회'의 연구활동은 시대의 흐름을 앞서가는 것이라 자부할 만합니다. 우리나라에서 최근 일어나고 있는 정의와 공정성에 대한 국민적 관심과 정부의 노력은 우리 기업들에게 적지 않은 자극을 주리라 판단되며, 결과적으로 우리 기업들을 좀 더 나은 기업, 더 나아가서 '위대한 기업'으로 만들어 가리라고 믿는 바입니다. 기업 활동에서의 지속가능성(sustainability)에 대한 요구는 결국 기업이 사람, 자연, 미래, 공동체에 해를 끼치지 않고 얻는 가치, 즉 진정한 가치를 창출하는 것이 필요하다는 것에 다름 아닙니다. 이를 위하여 기업과 학계는 각각 나름의 몫을 하여야 할 것입니다.

따라서 '기업범죄연구회'의 연구성과들도 학계와 사회에 대한 작은 파장들을 통하여 요즘처럼 기업의 사회적 비중과 역할과 힘이 커진 '기업사회'에서 기업이 건전하게 발전하는 데 일조할 것이라고 믿어 의심치 않습니다.

또한 저자들이 서문에서 밝히고 있듯이 이 연구서의 공통된 관심사가 '법과 경제와 기업의 이상적인 관계'를 찾아내고, 그러한 목표를 추구하는 과정에서 여러 분야의 학자들이 서로 진지하고 깊이 있는 소통과 논의를 하게 되고, 이를 통해서 기업 관련 문제들에 대하여 완결적이고 균형 잡힌 해결책을 제시할 수 있게 되기를 기원하는 바입니다.

끝으로 '기업범죄연구회'의 왕성한 학문적 성과가 우리나라의 기업활동과 기업조직을 건전하게 만들고, 나아가서 우리사회를 투명하고 건전하게 발전시키기 위한 초석을 만드는데 역할을 다하기를 바라며, 연구회와 회원들의 학문적 대성을 진심으로 기원합니다.

추 천 사

이 완 규
대검찰청 형사 1과장

서울대학교 대학원 박사과정에서 만나 함께 공부한 일이 있는 안성조 교수님으로부터 기업범죄에 관한 책을 출간할 예정이라는 말을 들었을 때 평소 다방면으로 왕성한 연구활동을 하고 있는 안 교수님이 기업범죄에까지 관심을 가지고 연구의 폭을 넓히고 있는 것에 놀랍기도 하고 부럽기도 하였다. 그런데 그 책이 안 교수님을 비롯한 여러 학자들이 각자의 관심분야에 대해 집필을 한 공동저작물이라는 점은 같은 영역을 둘러싼 협동연구가 이와 같이 훌륭하게 이루어질 수 있다는 가능성을 보여주어 기쁨과 즐거움을 더해 주었다.

설레는 마음으로 이 책에 실린 11개의 논문을 읽어 가는 동안 기업범죄에 관한 수사와 소추의 실무에 종사하면서도 알지 못하였던 새로운 지평과 안목이 생기는 것을 느낄 수 있었다.

먼저 형법적 차원에서 일반이론의 연구와 함께 구체적 사건의 검토로 이어지는 이론들은 매우 흥미로웠다. 안성조 교수님의 “기업사이코패시의 치료가능성”에서는 사이코패시에 관한 연구업적을 가지고 있는 안 교수님이 그 이론을 기업에 연결시키면서 전개하는 이론이 신선하게 다가왔다. 이주희 교수님의 “스위스 형법상의 기업책임”에서는 대륙법계 국가인 스위스에서 기업의 형사책임을 인정하기 위해 취한 접근방법을 일목요연하게 알 수 있었다. 이에 더하여 손영화 교수님의 “전환사채와 배임죄에 대한 시론적 고찰”에서는 현실적으로 발생한 에버랜드 전환사채 사건에서 쟁점과 법원의 접근방법을 생동감있게 살펴볼 수 있었다.

기업규제의 측면에서 곽관훈 교수님의 “기업규제의 패러다임 전환 –

내부통제를 중심으로－", 김영식 교수님의 "자금추적 수사의 문제점과 개선방안에 관한 연구", 이상현 교수님의 "원자재 가격담합에 대한 경쟁법 적용: 국제적 접근", 이건묵 입법조사관님의 "납품단가 연동제의 위헌성 여부에 관한 고찰", 이정념 의원보좌관님의 "전속고발제도의 형사정책적 함의"등은 기업 규제에 대한 거시적이고 시사성이 있는 주제들에 대한 깊은 연구결과물로서 형사법학적 시각에만 머물고 있던 필자의 시각을 크게 열어주었다. 또한 문성제 교수님의 "기업의 불법행위와 민사책임－자동차의 결함과 제작자 배상책임이론의 구성을 중심으로"는 자동차의 결함문제를 둘러싼 최근의 이론적 쟁점과 흐름을 잘 보여 주었다.

이와 같은 여러 다양한 주제들을 살펴보는 여행 중에 나타나는 이영종 교수님의 "기업과 영업", "주식회사의 사회경제적 기능"은 기업과 영업의 근본적인 개념정립과 주식회사의 기능에 대한 기본적 관점을 확인하게 해주었다.

이러한 훌륭한 연구성과물로 인해 새로운 지식과 안목을 가지게 된 것도 감사한데 안성조 교수님으로부터 이 책에 대한 추천사를 부탁받고 기쁜 마음으로 흔쾌히 승낙을 하였다. 흔히 기업범죄라는 주제로는 최근에 경영진의 경영판단과 배임죄의 임무위배행위의 구별 문제가 주로 많이 논해지고 있다. 그러나 이 책은 그와 같은 구체적인 쟁점을 넘어 기업의 개념과 사회적 역할이라는 근본적인 문제로부터 출발하여 기업규제의 이론과 방법을 거쳐 형사법적 문제에 이르기까지 폭넓은 연구성과를 보여줌으로써 기업범죄에 대한 시야의 범위를 매우 멀리까지 도달하게 해준다는 점에서 일독을 적극 추천한다.

좋은 연구물을 만날 수 있게 해준 공동저자 여러분들에게 진심으로 감사드리고 향후 모두 학문적으로 대성하시길 빈다.

추 천 사

이 상 돈
고려대학교 법학전문대학원 교수

기업범죄연구 제1권은 기업범죄연구회가 펴내는 첫 전문연구서이다. 오늘날 법을 준수하지 않는 기업은 지속가능한 경영을 할 수 없다. 그럼에도 불구하고 형사처벌됨이 마땅한 중대한 불법적 기업경영이 무엇인지, 또한 그런 경영에 대해 형법은 어떻게 대처해야 하는지에 관한 법이론의 발전은 아직 미흡하다. 기업범죄문제를 다루는 형법(학)은 타법 혹은 다른 학문분과 대화하지 않고는 균형잡힌 해법을 도출해 내기 어렵다. 예를 들어 상법 혹은 민법학자들은 기업에 대한 적절한 규제방식에 대해 형법학자들과는 사뭇 다른 시각을 갖고 있다. 경영인이나 경영학자들은 기업범죄라는 말 자체에 대해 강한 거부감을 드러내기도 한다. 반면 법심리학이나 조직(행동/심리)학 연구자들은 기업조직의 병리적 이윤추구 행태에 강한 경계를 늦추지 않는다. 보통시민들의 법감정은 더 복잡하다. 기업의 부정과 부패소식을 접할 때마다 “어떻게든 손을 봐야 한다”는 식의 격분과 “자본주의사회에서 기업이 다 그렇지 뭐”라는 식의 체념 사이를 오간다. 그렇기에 형법이 이렇게 다양하고 엇갈리는 입장들을 모두 아우를 수 있는 있는 합리적인 접점을 찾는 것은 결코 쉬운 일이 아니다.

그런 면에서 이 책의 접근방식은 퍽 신선하다. 어느 특정한 관점에 쏠리지 않고, 형법학자, 상법학자, 민법학자들이 각기 고유의 시각에서 기업범죄를 비롯해, 비윤리적 경영판단, 불법행위, 불공정담합행위 등을 합리적으로 규제할 수 있는 해결책을 모색하고 있다. 아울러 이와 같은 학제적 논의의 기초와 전제가 되는 주요한 개념 및 용어에 관한 깊이 있는 설명과, 관련한 입법례도 소개하고 있다. 또한 동일 전공의

학자들 사이에서도 문제해결에 대한 선명한 견해차이를 보여주기도 한다. 그렇기에 이 책을 읽는 독자들이 각기 다른 입장에서 주장하고 있는 바에 차분히 귀를 기울여 본다면, 해결의 실마리를 찾을 수 있을지도 모르겠다.

구성에서 볼 때 이 책은 컴필레이션 앨범에 비유될 수 있다. 기업범죄연구회의 그간의 연구와 활동을 종합한 베스트 앨범인 것이다. 기업규제의 이론들과 방법을 개관하고 공부하기에는 더할 나위 없이 유용한 작품이다. 컴필레이션 앨범과 마찬가지로 이 연구서에서 다루는 주제들은 서로 긴밀한 관계를 맺고 있다. 기업이 저지르는 범죄 및 불법행위에 대한 민, 형사법적 대책과 내부적 통제 및 경영활성화 방안 등은 서로 촘촘하게 얽혀져 있다. 또한 필자들의 관심도 "법과 경제와 기업의 이상적인 관계"에 그 중심이 모아져 있다. 그러나 대개의 컴필레이션 앨범이 그러하듯, 사람들은 앨범의 모든 곡을 다 귀 기울여 듣지는 않는다. 각자의 취향과 선호에 따라 선별적으로 특정 몇 곡만을 듣게 마련이다. 그렇기에 이 책에 실린 각각의 논문의 이론적, 실천적 의의와 맥락을 종합적으로 이해할 수 있도록 도와줄 수 있는 통일적인 이론적 조망이 필요할 것 같다. 기업범죄연구 제1권은 그 필요를 아직 온전하게 충족시켜주지 못한다. 여기서 기업범죄연구 제2권, 제3권 등의 계속된 연구들이 그 부족분을 메워줄 것이라는 기대를 갖게 된다. 앞으로 기업범죄연구회는 나의 이 기대를 충분히 채워줄 것이라고 믿는다.

서 문

> "공익에 세심한 주의를 기울이고, 기업과 관계를 맺고 있는 다양한 대중들과 신뢰할 수 있는 관계를 구축해 나갈 때 기업은 최고의 이익을 거둘 수 있다. 그 과정에서 사회 또한 발전하게 된다."
>
> －로버트 F. 하틀리

위 인용구는 윤리경영의 필요성과 의의를 압축적으로 표현하고 있는데, 한 마디로 말하면 고객들로부터 신뢰와 존경을 받는 기업만이 살아남을 수 있다는 메시지를 전하고 있다. 우리 주변에서 급속한 외형적 성장을 거두어 주위를 놀라게 하고, 사랑받는 제품으로 고객들에게 감동을 주고 있는 기업은 비교적 쉽게 찾아볼 수 있지만, 존경을 받는 기업은 그리 많지 않다. 그러한 기업이 되기는 그만큼 어렵기 때문이다. 존경을 받는 기업이 되려면 단지 제품을 잘 만들고 준법경영을 하는 데 그쳐서는 안 된다. 우리 사회의 기업시민(corporate citizen)으로서 보다 적극적으로 기업의 사회적 책임을 완수하려는 노력을 기울여야 한다. 그러나 법은 도덕의 최소한이라는 말이 있듯이, 윤리경영 또는 사회적 책임경영의 전제는 준법경영이다. 법을 준수하지 않는 기업은 애당초 시민이 될 자격도 없으며, 절대로 신뢰와 존경을 받을 수 없다. 그러한 기업은 한 사회의 경제적 발전을 저해하고 공정한 시장질서의 근간을 뒤흔드는 원흉이 될 뿐이다.

일반적으로 「기업범죄」에 대한 연구라고 할 때는 형사법적인 접근을 생각할 수 있다. 하지만 오늘날 기업이 이윤을 추구하는 과정에서 저지를 수 있는 각종 불법행위도 사회경제적으로 여러 역기능과 폐해를 가져올 수 있으며, 이에 대한 민사법적인 접근도 형사적 대응 못지않게 나날이 중요해지고 있다. 또한 기업활동을 하는 과정에서 발생하는 각종 위법행위의 측면에서 볼 때에는 상사법적 접근도 필요할 것이다. 그러나 「기업범죄」에 대한 연구가 단지 상사·민사·형사법적 문제들에만 관련된 것은 아니다. 법과 제도를 어떻게 만들면 기업이 자발적으로 경영윤리를 확립하고 사회적 책임에 앞장서게끔 유도할 수 있는지, 또 어떻게 하면 기업이 부정과 부패의 리스크로부터 벗어날 수 있고, 나아가 기업의 경영활성화에도 기여할 수 있는지에 대한 연구 등이 모두 결과적으로 「기업범죄」의 연구범위에 포함된다고 볼 수 있다.

기업지배구조나 윤리경영, 또는 기업법무에 초점을 맞춘 학회나 연구단체는 많다. 그러나 상사·민사·형사법 등의 각 분야와 경영학, 조직행동학, 사회심리학 등의 인접학문을 아우르며 학제적인 방식으로 「기업범죄」에 관한 종합적 연구를 수행하는 학술단체는 없거나 극히 드문 형편이다. 이러한 문제의식에서 우리는 2009년 각 분야의 전문가들을 중심으로 「기업범죄연구회」를 결성하였다. 본 연구회의 목적은 한 마디로 집약해 말하자면, 「기업범죄」에 대한 학제적 연구를 통해 "법과 경제와 기업의 이상적 관계"를 찾아내는 것이다. 이를 위해 우리는 지난 2년간 각 분야의 전문가들과 함께 여러 차례 기업범죄연구회 콜로키움을 개최하였다. 콜로키움에서 논의되었던 주요내용들을 정리하여 기업범죄연구 제1권을 출간함으로써 「법과 경제」, 「윤리경영」, 그리고 「기업의 사회적 책임」 등에 관한 본격적인 논의의 장을 마련해 보고자 한다. 이번 출간을 계기로, 그 동안 지적 교류를 통해 깊은 우정을 키웠고, 많은 관심과 걱정으로 서로를 독려하여 본 연구회를 이끌어 왔던 모든 회원들과 기쁨을 나누고 싶다. 또한 오늘이 있기까지 격려해 주시고 많은 조언을 해주신 각계 각처에 계신 전문가 선생님들에게 지면을 통하여 감사를 드리는 바이다. 특히 연구회의 첫 작품에 흔쾌히 추천사를 써주신 연세대 법학전문대학원의 홍복기 교수님, 대검찰청의 이완규 검사님, 고려대 법학전문대학원의 이상돈 교수님께 진심으로 감사의 말씀을 올린다. 아울러 본서의 출판을 허락해 주신 경인문화사 한정희 사장님과 출판기획과 편집을 도와주신 신학태 부장님 기타 관계자 여러분들에게도 심심한 감사를 드린다. 끝으로 본서의 출간에 적극적으로 참여해 주신 여러 선생님들과 함께 앞으로 더 많은 노력을 기울여 「기업범죄연구」의 새로운 방향성을 정립할 것을 약속드리고, 독자 제현들의 지도와 편달, 그리고 많은 관심과 참여를 기다리며 책의 출간을 자축하는 바이다.

2011년 2월

기업범죄연구회 공저자 일동

목 차

기업사이코패시의 치료가능성

안 성 조*

Ⅰ. 기업사이코패시(corporate psychopathy)

1. 기업조직과 사이코패스의 유사성

"이 정부는 더 이상 국민의, 국민에 의한, 국민을 위한 정부가 아니다. 이제는 기업의, 기업에 의한, 기업을 위한 정부다."

－리더퍼드 B. 헤이스 제19대 미국대통령[1)]

"미국이 회사법으로 만들어 낸 프랑켄슈타인과 같은 괴물이 바로 기업이다(Such is the Frankenstein monster which states have created by their corporation laws)."

－루이스 D. 브랜다이스 대법관[2)]

일반적으로 기업의 궁극적 목적은 주주들의 투자수익을 높이기 위해 이윤을 극대화시키는데 있다. 즉 영리추구가 그 주된 목적이고, 사회봉사나 공헌을 위한 활동은 주주들의 부의 증대에 비해 도움이 되는 한에서만, 부차적으로 허용될 수 있을 뿐이다.[3)] 그렇기 때문에 기업의 사회

---

* 선문대학교 법과대학 교수, 법학박사

1) Harvey Wasserman, America Born and Reborn(New York: Macmillan, 1983), 291면 참조. 이와 동일한 표현은 김상봉 외 14인, 「굿바이 삼성」(꾸리에, 2010), 36면에서도 찾아볼 수 있다.

2) Louis K. Liggett Co. v. Lee, 288 U.S. 517(1933), 567면 참조.

3) 이를 명확히 한 기념비적인 판례로는 1919년 포드자동차 사건(Dodge v. Ford Motor Company)이 있다. 이 사건은 당시 엄청난 이익을 내고 있던 포드자동차의 지배주주인 헨리 포드가 주주들에 대한 배당금 지급계획을 포기하자, 이 회사

적 책임(corporate social responsibility; CSR)도 엄밀히 말하면 부가가치를 창출하고 이를 공정하게 분배하며 많은 세금을 내고 기술발전의 통로가 돼서 많은 사람들을 행복하게 하는 역할을 하라는 의미이지, 영리기업이 사회사업과 봉사에 직접 나서야 한다는 의미는 아닌 것이다.4)

포드자동차 판결을 통해 정립된 "기업의 이익 극대화 원칙(The best interests of the corporation principle)", 즉 회사가 주주의 이익을 극대화

의 주주인 닷지(Dodge) 형제가 회사의 그 결정에 대해 이의를 제기하며 소를 제기한 것이다. 포드의 결정은 회사의 영업이익이 너무 많아 주주들은 이제 돈을 벌만큼 벌었고, 이제는 사회를 위해 좋은 일을 해야겠다는, 존경받을 만한 이유에서 내려진 것이었다. 즉 배당금을 지급하지 않고 그 이익을 사내에 유보해 회사의 수익규모가 크지 않아도 되도록 하고 자동차의 판매가를 낮춰 보다 많은 사람들이 자동차를 구매할 수 있게 하는 동시에 보다 많은 직원을 고용하고 좋은 보수를 주자는 생각이었다. 그러나 미국의 미시간주 대법원은 "영리회사는 원칙적으로 주주들의 투자수익을 위해 조직되고 운영된다."는 바이블과 같은 판결을 내렸다. 법원은 포드가 사재를 사용해서 위와 같은 목적의 사업을 하는 것은 전혀 개의치 않겠으나, 회사의 돈을 이용해 그런 사업을 하는 것은 허용할 수 없다고 판시했다. 법원은 회사도 자선 및 사회사업을 위한 지출을 할 수는 있으나, 그러한 지출을 함에 있어서는 일정한 장기적인 사업상의 이유가 있어야 한다고 판결했다. 이 때 장기적인 사업상의 이유란 회사수익의 궁극적인 극대화와 그로 인한 주주들의 부의 증대다. 포드자동차 판결은 지난 1백년이 넘는 기간 동안 미국 경영자들에게 가장 큰 영향을 미친 법원 판결 중 1위에 랭크됐다.

4) 김화진, 「기업지배구조와 기업금융」(박영사, 2009), 28-29면. 사회적 책임의 일반적인 내용으로는 조동성, 「21세기를 위한 경영학」(서울경제경영, 2008), 142-144면 참조. 동 문헌에 따르면 기업이 사회적 책임을 다해야 하는 이유는 기업은 기업을 둘러싸고 있는 사회와 지속적으로 상호작용하는 개방시스템이기 때문이다. 그리고 그 책임의 범위는 환경보호, 에너지, 소비자운동, 사회활동, 정부관계, 소수집단, 노사관계, 주주와의 관계, 자선활동 등이 모두 포함된다고 한다. 기업의 자선활동의 예로는 허리케인이나 쓰나미 피해국에 항생제나 정수기 등의 구제물품을 보내는 경우를 들 수 있다. 사회적 책임에 대해 보다 상세한 논의로는 McDaniel & Gitman/노승종 외 3인 역, 「경영학의 이해(The Essentials of The Future Business)」(한경사, 2009), 35-57면 참조. 동 문헌에 따르면 기업의 사회적 책임이란 "사회 전체의 복리를 위한 기업의 관심이며, 법이나 계약이 요구하는 선을 넘어서는 의무들로 구성된다".

하는 것을 유일한 최고의 목표로 해 운영돼야 한다는 원칙은 오늘날 널리 받아들여지고 있으며,[5)] 일단의 법경제학자들은 주주이익의 극대화라는 목표가 경제적으로 가장 효율적일 뿐만 아니라 임직원, 고객, 투자자, 사회전반 등 이른바 '이해관계자'들의 이익을 해하지도 않는다는 것을 학술적으로 입증해 놓고 있다. 노벨경제학상 수상자이자 시카고학파의 거두인 밀튼 프리드먼은 "기업의 사회적 책임은 이익을 많이 내는 것이다"라고까지 말한 바 있다.[6)] 기업이 영리추구에 주력함으로써 궁극적으로 사회경제 전체의 이익으로 연결된다는 명제에 이의를 제기하는 사람은 드물 것이다. 그러나 기업의 영리추구가 '반사회적' 방식으로까지 허용될 수 있다고 보는 사람도 없을 것이다. 기업의 이익극대화원칙에도 분명 일정한 한계를 그을 필요가 있다.

영리추구를 기업활동의 최우선 목표로 삼는 기업들의 행태가 사이코패스의 행동패턴과 유사하다는 주장이 최근 널리 제기되고 있다. "기업사이코패시(corporate psychopathy)"란 개념을 입론할 수 있다는 것이다. 잘 알려져 있다시피 사이코패스는 자신의 행위에 무책임하며, 타인을 조종하는데 능하고, 과장이 심하며, 공감능력이 결여된 데다가, 후회나 죄책감이 없다.[7)] 이들에게는 가장 기본적이고 보편타당한 사회규범의

5) 이처럼 기업경영의 목표를 어떻게 하면 주주들에게 최대한의 배당을 안겨주느냐에 맞추는 자본주의를 '주주자본주의'라 한다.

6) Milton Friedman, The Social Responsibility of Business Is to Increase Its Profits (New York Sunday Times, 1970.9.13). 반면 사뮤엘슨(P. Samuelson)은 기업의 사회적 책임을 완수하고자 하는 노력이 기업이미지 제고, 추가적인 정부규제의 감축 등을 가져와 장기적으로 기업에 이익이 된다고 보고 있다. 참고로 기업의 사회적 책임에 반대하는 논거로는 첫째, 비용이 많이 들어 주주의 경제적 이익이 감소된다. 둘째, 기업의 사회적 문제를 해결할 수 있는 능력이 부족하다. 셋째, 사회적 비용이 제품가격에 전가돼 국제경쟁력이 약화된다는 것 등이 있다. 사뮤엘슨의 견해와 기업의 사회적 책임에 반대하는 논거에 대해서는 이필상 외 2인 공저, 「경영학 원론」(법문사, 2010), 62면 참조.

7) Robert D. Hare, Without Conscience(New York: The Guilford Press, 1999), 33-56면; 안성조·서상문 공저, 「사이코패스 I－범죄충동·원인론·책임능력－」(경인문화사, 2009), 133-136면.

하나라고 할 수 있는 황금률, 즉 "남에게 바라는 대로 남에게 해주어라"는 자연법적 명령조차도 아무 효력을 지니지 못한다. 오히려 이들에게는 "결과에 관계없이 네가 바라는 대로 남에게 해 주어라"는 행위준칙이 더 근본적으로 기능한다.[8] 이러한 행동특성은 일반적인 기업들의 특성과도 일치하는데, 이 분야의 세계적 권위자인 헤어(Robert D. Hare)에 의하면 기업들은 자신들의 이익을 달성하는 데만 몰두할 뿐 타인에게 어떤 위험이 초래될 것인지에 대해서는 관심을 두지 않아 '무책임하고', 여론 등을 '조종하는데 능하고' 언제나 자신들의 상품이 최고이며 넘버원이라고 '과장이 심하며', 소비자들에게 피해를 주게 되더라도 '공감능력이 결여되어' 그들의 고통에 피상적으로만 반응하고, '죄책감이 없어' 법을 어긴 경우 벌금을 내고 난 후에는 또 예전처럼 행동한다. 심지어 종종 '사회적 책임' 운운하는 기업의 공익적 활동마저도 결국은 장기적으로 기업이익을 극대화시키기 위한 것으로서, 이는 타인을 매료시키는 능력을 통해 자신의 위험스러운 성격을 교묘하게 감추는데 능한 사이코패스의 악명높은 특성과 일치한다고 지적한다.[9] 이러한 특성은 기업 자체의 특성일 수도 있으며, 기업 경영진 등의 특성일 수도 있다.[10] 단, 기업 경영자들의 경우 기업의 이익을 위해 조직 내에서는 사이코패스적으로 행동하지만, 조직 밖에서는 분명 정상적인 사람이라는 사실에 유의할 필요가 있을 것이다. 헤어에 따르면 대부분의 경영자들은 사이코패스가 아니나, 그들이 회사의 운영자(operatives)로서 행동할 때에 나타나는 행동특성들 중 많은 부분이 사이코패스적일 수 있다. 심리학적으로 설명하자면, 기업 경영자들은 조직 내부의 생활에 필요한 도덕률

---

8) 이러한 지적으로는 Montague Ullman, Corporate Psychopathy, 2004를 참조할 것. 관련 사이트로는 http://siivola.org/monte/papers_grouped/uncopyrighted/Misc/corporate_psychopathy.htm.

9) Joel Bakan, The Corporation: The Pathological Pursuit of Profit and Power (London: Constable, 2004), 57면.

10) 1996년 옥스퍼드대학의 연구결과에 의하면 영국의 회사 경영자 6명 중 1명이 사이코패스였다고 한다. 이 에 대해서는 리타 카터(Rita Carter)/양영철·이양희 역, 「뇌: 맵핑마인드(Mapping the mind)」(말글빛냄, 2007), 184면.

과 조직 밖의 일상생활에 필요한 도덕률을 "상호 영향을 미치지 않도록 이중적으로 적용할 수 있는(compartmentalize)" 능력을 지니고 있다는 것이다.11)

이 점을 잘 보여주는 사례로 포드 핀토 사건이 있다. 잘 알려진 기업가 리 아이아코카(Lee Iacocca)는 돈 때문에 사람을 죽일 사람이 결코 아니다. 그러나 그는 포드 자동차 회사의 사장으로서 포드의 중역들과 함께 차량 한 대당 11달러만 들이면 차의 가스탱크를 교체하여 추돌사고가 났을 때 폭발할 수 있는 가능성을 줄일 수 있었음에도 불구하고, 이를 실행하지 않아 많은 인명사고와 부상사고가 일어나도록 방치했다. 사실 이 기계적 결함은 1970년 포드사의 자체 사전 생산테스트에서 드러났지만, 포드 중역들은 미국 고속도로 교통안전위원회가 추정한 자동차 사고로 인한 사망자의 경제학적 비용을 근거로 비용편익분석을 했고, 그에 따라서 행동했던 것이다. 교통안전위원회는 사망자 한 명당 20만 725달러의 비용이 드는 것으로 추정했다. 포드의 중역들은 "충돌에 의한 연료누출 및 화재와 관련된 사망사고"라는 제목의 보고서에서, 연료탱크를 고치지 않았을 때 폭발할 2,100대의 자동차에서 예상되는 180명의 사망자와 180명의 심각한 화상환자들에 대한 추정 보상비용보다 연료탱크를 고치는 비용이 거의 세 배가 높다고 산정했다. 이에 따라서 결국 포드는 차량의 결함을 바로잡지 않는 쪽을 택했다. 문제의 핀토(Pinto) 자동차는 8년 동안 생산, 판매되었다.12)

---

11) Joel Bakan, 앞의 책, 56면 참조. 여기서 바칸은 헤어와의 인터뷰 내용을 근거로 삼고 있다. 세계적인 친환경 천연화장품업체인 바디샵(Bodyshop)의 창설자인 아니타 로딕(Anita Roddick)은 경영자들의 이러한 특성을 일종의 '정신분열증(schizophrenia)'적인 것이라고 지적한 바 있다. 동지의 Chester I. Barnard, The Functions of he Executive(Cambridge, Mass: Harvard University Press, 1938), 263면. 미국의 탁월한 조직이론가이자 기업가였던 체스터 바나드는 이 책에서 사람들은 몇 개의 양립불가능한 도덕률을 지닐 수 있는데, 가족과 종교 등의 사생활에서의 도덕률과 사업상의 도덕률은 상당히 다르며, 따라서 독실한 기독교 신자인 사람에게 일요일에 적용되는 도덕적 기준이 평일에 회사에서는 매우 낮아질 수 있다고 지적하였다.

1978년 길레스피 부인(Mrs. Gillespie)은 포드사의 핀토 자동차를 타고 고속도로를 달리고 있었다. 캬브레이터의 이상으로 엔진이 정지되었으며, 후방에서 달려오던 차와 추돌 하였다. 연료탱크로부터 연료가 새어나와 승용차 실내로 유입되었고 전기배선의 스파크로 인해 차량이 폭발하였다. 부인은 병원에서 치료를 받던 중, 화상으로 사망하였다. 동승했던 13세의 로비 칼톤(Robbie Carlton)은 전신에 80도 화상을 입었으나 기적적으로 살아났다. 부인의 남편 길레스피는 포드를 상대로 제조물책임소송을 제기하였다. 포드의 경영진은 1960년대 말부터 미국의 소형차 시장을 위협했던 폭스바겐과 경쟁하기 위해 핀토 자동차를 개발하였다. 개발 과정에서 후방 추돌 시 연료탱크가 터진다는 사실을 알았고 기존의 연료탱크보다 더 안전한 연료탱크로 교체할 수 있었다. 그러나 개발비용이 높다는 이유와 개발 소요시간을 단축하기 위해 이 사실을 묵인했다. 소송 진행과정에서 포드에서 유출된 내부 문서에 따르면 포드 핀토 차량의 연료 탱크에 결함이 있다는 사실이 경영진에게 알려졌으며, 한 대당 리콜 비용을 11달러, 리콜 차량 대수를 1250만대, 인명피해 비용을 일인당 20만 달러로 비용편익분석(cost/benefit analysis)을 하였다고 한다.[13] 그 결과 결함을 감추는 것이 이익으로 판단되어 리콜을 하지 않은 것으로 알려졌다. 소송 결과, 포드는 피해자에게 2,500,000달러의 배상금과 리콜을 고의로 하지 않은 부분에 대해 3,500,000달러의 징벌적 손해배상(punitive damage)을 하게 되었다(Gillespie v. Ford Motor Corp., 1978).

---

12) 이 사례는 미국 하버드 대학의 정치철학자 마이클 샌델 교수의 화제작 "정의란 무엇인가"라는 책에서도 사람들로부터 도덕적 공분을 산 케이스로 인용된 바 있다. 마이클 샌델(Michael J. Sandel)/이창신 역, 「정의란 무엇인가(Justice: what's the right thing to do?)」(김영사, 2010), 66-67면 참조.

13) "Fatalities Associated with Crash-Induced Fuel Leakage and Fires"란 제목의 내부 문서에 의하면 비용/편익분석은 다음과 같다.

Cost/Benefit Analysis	
BENEFITS	
Savings: 180 burn deaths, 180 serious burn injuries, 2,100 burned vehicles. Unit Cost: $200,000 per death, $67,000 per injury, $700 per vehicle. Total Benefit: 180X($200,000)+180X($67,000)+$2,100X($700)=$49.5 million.	
COSTS	
Sales: 11 million cars, 1.5 million light trucks. Unit Cost: $11 per car, $11 per truck. Total Cost: 11,000,000X($11)+1,500,000X($11)=$137 million.	
Costs	$137.5 million
Benefits	$49.5 million
Difference	$ 88.0 million

위 사례는 정상적인 사람도 기업조직 내에서는 개인으로서의 합리적 판단과는 다르게 판단할 수 있음을 잘 보여준다. 사이코패스적으로 행동할 수 있다는 것이다.

기업과 사이코패스 사이에는 중요한 유사점이 하나 더 있다. 그것은 바로 그 범죄적 성향의 치료가 힘들다는 점이다. 사이코패스의 치료는 매우 어렵다는 것이 거의 대부분의 관련 연구문헌이 내리고 있는 결론이다. 이와 마찬가지로 기업범죄의 경우도 기업의 이익을 위해 활동한 이상 처벌받은 전문경영인들이 석방 후 원상복귀하거나 유, 무형의 보상을 받는 경우가 많기 때문에 그에 대한 조직 내 비난은 물론 제재가 가해지지 않는 경우가 많아 형벌이 위하력을 발휘하기 어렵다. 기업의 입장에서도 범죄를 통해 획득하는 이익이 그 구성원 개인의 처벌을 보상해 주는데 드는 비용보다 훨씬 클 경우에는 범법행위를 억지해야 할 이유가 없다. 따라서 기꺼이 형사처벌의 위험을 감수한다.[14] 이처럼 기업의 이익을 위한 범법행위가 묵인되거나 조장되는 조직구조적 특성으로 인해 기업의 병리적일 만큼 맹목적인 영리추구 경향은 사이코패스처럼 치유하기 어렵다는 점에서 양자는 공통점이 있다고 볼 수 있을 것이다.

물론 모든 기업을 사이코패스적 조직으로 규정하는 것은 기업과 그 구성원들에게 지나친 멍에를 지우는 것이다. 우리 주변에는 건전하고 윤리경영에 힘쓰며 모범적인 기업도 얼마든지 찾아볼 수 있다. 그러므로 이러한 진단은 범행이 상습적이고 기업의 이익을 위해 종업원의 범법행위를 조장하거나 묵인하는 경향이 강한 기업에 내리는 것이 보다 적절할 것이다. 다만 그렇다고 해서 기업사이코패시란 개념이 부적절한 것은 아니라고 본다. 일찍이 미국의 신학자 니부어(R. Niebuhr)가 그의 저서 "도덕적 인간과 비도덕적 사회"에서 적확히 분석해 냈듯이 개인은 도덕적이고 싶어도 그가 속한 집단은 구조적 원리에 의해 이기적이고

14) J. Tomkins, B. Victor, & R. Adler, Psycholegal Aspects of Organizational Behaviour: Assessing and Controlling Risk, in: D.K. Kagehiro & W.S. Laufer (eds.), Handbook of Psychology and Law(New York: Springer-Verlag, 1992), 527면.

비도덕적인 행위를 할 수밖에 없는 경우도 있기 때문이다. 그렇기 때문에 이 개념도 기업의 비도덕적 성격, 다시 말해 사회구조적으로 주어진 기업의 목적과 작동원리, 즉 이익극대화의 원칙에 의해 항시 사이코패스로 발전할 위험성이 있다는 점을 경계하려는 학제적 연구의 결과로 이해하는 것이 타당할 것이다.

사이코패스라고 해서 모두가 범죄자로 발전하는 것은 아니다. 마찬가지로 기업이 영리추구를 제일의 목표로 삼는다고 해서 항상 범죄를 저지르는 것은 아니다. 게다가 사이코패스적 특성이 필연적으로 사회에 유해한 것만도 아니다. 예컨대 '공감능력의 결여'라는 사이코패스적 특성은 경우에 따라 특정한 전문 직업군에 있는 사람들로 하여금 자신의 목표를 성취하는데 있어 놀라운 효율성을 발휘하게 하기도 한다. 오히려 이 경우 지나친 공감능력은 기업가나 정치인 등 특정한 직업군에 있는 자들의 효율적 업무수행에 방해가 될 수도 있다. 이들에게는 사이코패스적 특성은 병이 아니라 일종의 재능일 수도 있다는 것이다.[15] 따라서 기업과 경영자를 사이코패스적 성향을 잠재적으로 지닌 행위자로 볼 수 있다 하더라도 이들에 대한 대응은 필요·적절한 수준에 그쳐야 할 것이다. 이들에게 자선단체 수준의 사회적 봉사와 공헌을 요구할 수는 없겠지만, 최소한 성공한 사이코패스(successful psychopath) 수준으로 체질을 개선시켜 범죄행위에는 가담하지 않으면서 자유로운 경제활동에 주력할 수 있는 -그리하여 궁극적으로는 경제발전과 국부의 증진에 기여할 수 있도록- 환경이 조성될 수 있도록 법제도적인 대응책을 강구해 내야 할 것이다.[16]

---

15) Alison Abbott, Abnormal Neuroscience: Scanning Psychopaths, 450 Nature 942 (2007), 943-944면 참조.

16) 입법자가 이러한 법제도를 모색함에 있어서 법심리학적(psycholegal) 연구성과를 활용할 것을 제안하는 견해로는, J. Tomkins, B. Victor, & R. Adler, 앞의 논문, 537면 이하 참조.

2. 기업범죄에 대한 치료적 대응방안의 모색

이러한 대응책은 크게 두 가지로 강구될 수 있을 것이다. 하나는 양벌규정이나 기타 형사적 제재에 의해 법인 자체를 처벌함으로써 법인의 소유자인 주주에게 형벌이 의미 있는 위하력을 발휘하도록 하는 것이고, 다른 하나는 비형벌적 방식으로 기업 지배구조를 개선하거나, 내부통제시스템을 도입하는 것이다. 필자는 다른 논문에서 이 중 형사적 방식에 주목하여 법인 자체의 형사책임을 인정하는 것이 타당하다는 주장을 펼친 적이 있다.[17] 법인에 대한 처벌을 지양하고 대신 민사제재로 대체하는 것이 사회적으로 보다 바람직한 결과를 가져온다고 논증하는 견해도 있으나[18] 법인처벌은 기업이 그 구성원의 범법행위에 대해 자유방임적 태도로 묵인하는 것을 방지하는 효과가 있고,[19] 이를 처벌하지 않는 것이 오히려 기업범죄를 조장하고 시민의 법에 대한 신뢰

---

17) 안성조, 플레처의 집단책임론에 대한 비판적 재론, 「서울대학교 법학」 제51권 제1호, 2010; 안성조, 2002 아더앤더슨 유죄평결의 의미－미국 판례 상 집단인식 법리의 형성과 변용－, 「형사법의 신동향」 통권 제25호, 2010. 한편 그러한 구상을 함에 있어서 제기되는 이론적, 법리적 한계에 대해서는 안성조, 집단책임사상의 기원과 그 현대적 변용, 「전북대학교 법학연구」 제31집, 2010; 안성조, 집단인식의 법리와 의도적 인식회피, 「안암법학」 제34호, 2011 참조. 법인의 형사책임에 관한 학설, 법리, 이론, 역사, 사례, 입법례 등을 폭넓게, 심층적으로 다루며 결론적으로 법인의 범죄능력을 긍정하고 있는 견해로는 안성조, 「현대형법학 제1권」(경인문화사, 2011), PART Ⅱ 참조.

18) 대표적으로 V.S. Khanna, Corporate Criminal Liability: What Purpose Does It Serve?, 109 Harv. L. Rev. 1477(1996), 1477면 이하 참조. 또 형벌의 보충적 성격으로 법인에 대해서는 행정제재로 충분하고 형벌을 부과할 필요가 없다는 견해로는 강동범, 경제범죄와 그에 대한 형법적 대응, 「형사정책」 제7호, 1995, 26면.

19) Ann Foerschler, Corporate Criminal Intent: Toward A Better Understanding of Corporate Misconduct, 78 Calif. L. Rev. 1287(1990), 1310면. 한편 법인 구성원인 자연인에 대한 처벌만으로는 당해 법인이나 여타 다른 법인에 대해 모두 위하력을 지니지 못하기 때문에 법인처벌이 필요하다는 견해로는 Günter Heine, Die Strafrechtliche Verantwortlichkeit von Unternehmen(Baden-Baden: Nomos, 1995), 322면.

를 저해하는 등 사회적으로 바람직하지 못한 결과를 가져올 수 있다고 보기 때문이다.[20] 또 많은 연구자들이 지적하듯이 법인처벌은 분명 최소한 지배주주들에게 심리적 위하력을 발휘할 가능성이 있다고 본다.[21] 왜냐하면 기업을 잠재적인 사이코패스적 조직으로 볼 수 있다 해도, 전술한 바와 같이 그 구성원까지 반드시 사이코패스라는 필연성은 존재하지 않는다. 만일 기업 구성원이 사이코패스라면 사이코패스의 특성상 그들에 대해서는 처벌의 위협도 심리적 위하력을 가질 수 없겠지만, 기업의 주요한 의사결정을 담당하는 이사회나 경영자, 그리고 지배주주의 대부분은 정상인이라고 볼 수 있고, 따라서 기업의 형사처벌에 의한 범죄억제의 효과를 분명 어느 정도 기대할 수 있을 것이기 때문이다.[22]

그러나 기업범죄에 대한 최선의 대응책은 형사적 제재와 더불어 범죄통제능력을 향상시켜 기업의 회복적 능력(corporate resiliency)을 극대화시키는 것이라고 본다. 언제나 형사처벌은 최후수단이어야 하듯이, 가능하다면 기업이 스스로 범죄행위를 억제할 수 있도록 제반 환경을 조성하는 것이 가장 이상적인 규제방법이 될 것이다. 이러한 규제방법을 모색함에 있어서 무엇보다 기업에 그러한 능력이 있는지 면밀히 검토되어야 한다. 기업사이코패시란 개념이 말해 주듯이 기업이 조직차원에서는 사이코패스적 성향을 강하게 지니고 있다면, 과연 기업 자체에 그러

---

20) 이에 대해서는 John. E. Stoner, Corporate Criminal Liability for Homicide: Can the Criminal Law Control Corporate Behavior?, 38 Sw. L. J. 1275(1985), 1294면.

21) 동지의 조국, 법인의 형사책임과 양벌규정의 법적 성격, 서울대학교 법학 제48권 제3호, 2007, 65면.

22) 물론 기업에 대한 처벌이, 단지 벌금형에 한정될 경우 실제 범죄를 행하는 개인에게는 억지효과를 가져오지 못한다는 비판도 있다. 즉 고도로 복잡한 관료적 조직을 갖는 대기업에 있어서는 개인과 조직의 이해관계가 분화되어 기업이 처벌되더라도 개인은 여전히 자신의 성과를 내는 데 수월한 방법인 범죄를 저지르게 된다는 것이다. 하지만 이러한 맹점은 벌금형 외에 기업보호관찰제도를 도입함으로써 극복될 수 있을 것이다. 이 점에 대한 상세한 논증으로는 김재봉, 기업에 대한 보호관찰의 도입가능성 검토, 「비교형사법연구」 제8권 제2호, 2004, 806면 이하 참조.

한 자정능력이 있을지가 의문시되기 때문이다. 이에 본고에서는 "기업의 회복적 능력"이란 개념을 중심으로 기업의 사이코패시적 성향을 치료할 수 있는 자정적 능력이 어떻게 논의되고 있는지 검토해 봄으로써, 기업범죄에 대한 치료적 대응방안의 한 가능성을 모색해 보고자 한다.

II. 기업사이코패시의 치료가능성

1. 사이코패시의 치료가능성

대부분의 연구문헌에서 간과되고 있는 측면이지만, 사이코패스도 언제나 범죄자가 되지는 않는다는 사실은 사이코패시의 치료가능성에 대한 매우 긍정적인 함축을 담고 있다고 본다. 왜냐하면 형의 선고를 받고 수감생활을 하는 실패한 사이코패스(unsuccessful psychopath) 이외에 사이코패스임에도 불구하고 범죄를 억제하고 사회적으로 잘 적응하는 성공한 사이코패스(successful psychopath)도 얼마든지 존재하고 있는 바,[23] 이는 사이코패시에도 정도의 차이가 있으며,[24] 그렇다면 일정한 치료와 교화를 통해 이들을 정상인은 아니더라도 최소한 '성공한 사이코패스'로 갱생시킬 수 있다는 전망을 품게 해 주기 때문이다.[25]

---

23) 성공한 사이코패스 사례를 소개하고 있는 가장 최신의 문헌으로는 바버라 오클리(Barbara Oakley)/이종삼 역, 「나쁜 유전자(Evil Genes: Why Rome Fell, Hitler Rose, Enron Failed and My Sister Stole My Mother's Boyfriend)」(살림, 2008) 참조.

24) 단적인 예로서 '실패한' 사이코패스는 비정상적인 해마를 가진 반면, '성공한 사이코패스'는 정상적인 해마를 가진 것으로 밝혀졌고, 성공한 사이코패스들과 달리 실패한 사이코패스들은 전전두 회백질을 정상인의 3/4만 갖고 있다고 한다. 이러한 연구결과에 대한 소개로는 바버라 오클리(Barbara Oakley)/이종삼 역, 앞의 책, 138면. 관련 참고문헌은 앞의 책, 동일한 면, 각주 13) 참조.

25) 물론 성공한 사이코패스라고 하여 사회적으로 유해한 측면이 없다는 것은 아니지만, 적어도 직접적인 범죄자는 아니다.

그러나 비교적 최근까지도, 대다수 견해에 의하면 사이코패스에게는 "효과적인 치료방법이 발견되지 않았다"거나 "어떠한 치료도 효과가 없다"고 결론을 내리는 경우가 많았다.[26] 비록 초기의 상당수 문헌들은 사이코패스에 대한 정신요법(psychotherapy)이 긍정적 효과가 있음을 지적했지만(Rodgers 1947; Schmideberg 1949; Lipton 1950; Rosow 1955; Showtack 1956; Corsini 1958; Thorne 1959), 이후 여러 연구자들은 그 근거에 대한 비판적인 검증을 수행한 결과, 치료가 효과적이라는 증거를 찾지 못했다(Hare 1970; Cleckley 1982; McCord 1982; Woody, McLellan, Lubersky, & O'Brien 1985).[27] 이렇듯 대부분의 임상의학자들이나 연구자들은 사이코패스의 치료가능성에 대해 비관적이지만, 사이코패스가 절대로 치료가 불가능하다거나, 그들의 행동이 개선될 수 없다는 결정적 증거도 없다.[28] 특히 기존에 치료의 효과가 있었다거나, 반대로 치료가 효과가 없었다는 연구결과들은 그 어느 것이나 과학적인 방법론적인 기준을 충족시킨 경우가 거의 없었고, 대부분의 연구결과들은 매우 열악한 진단 및 방법론적 절차와 부적절한 프로그램 평가에 의존하고 있었다. 사이코패시 진단절차가 터무니없이 부적절하고 매우 모호하게 기술되어 있어서 해당 연구수행 과정이 과연 사이코패시를 다룰 수 있는지조차 확인할 수 없다고 한다. 이 점은 매우 중요한데, 왜냐하면 이는 결론을 뒷받침해 주는 근거가 부적절하다는 점을 의미하기 때문이다.[29] 예를 들어, 치료관련 문헌들은 사이코패시에 대한 각기 다양한 정의를 채택하는바, 상당수의 연구문헌에서는 사이코패시 진단을 위해서 반사회적 성격장애(antisocial personality disorder; APD)의 진단도구

26) Robert D. Hare, Without Conscience: The Disturbing World of the Psychopaths Among Us(New York: The Guilford Press, 1999, Originally published 1995), 194면.

27) Grant T. Harris, Tracy A. Skilling, & Marine E. Rice, The Construct of Psychopathy, 28 Crime & Justice 197(2001), 233면 참조.

28) Robert D. Hare, David J. Cooke, & Stephen D. Hart, Psychopathy and Sadistic Personality Disorder, in: Theodore Millon, Paul H. Blaney & Roger D. Davis, Oxford Textbook of Psychopathology(Oxford University Press, 1999), 566면.

29) Robert D. Hare, 앞의 책, 202면.

인 미국정신의학협회의 정신장애 진단 및 통계편람[30](Diagnostic and Statistical Manual of Mental Disorders 4th ed.; DSM-IV)을 사용하는데, DSM-IV의 반사회적 성격장애 진단범주보다 PCL-R의 사이코패시의 진단범주가 더 엄밀하기 때문에, DSM-IV에 의해 사이코패시로 진단받은 자들 상당수는 실제로는 사이코패시가 아닌 경우가 많다는 것이다.[31] 필자는 이러한 진단 및 방법론상의 문제점들을 지적한 최근의 일련의 연구 성과들과[32] 기타 특수한 치료프로그램들은 사이코패시의 치료가능

---

30) 19세기부터 이상행동(abnormal behaviour)에 대한 과학적인 진단 및 체계적인 분류를 위한 다양한 노력이 경주되어 1882년에는 영국 왕립의학심리학회 산하 통계위원회에서, 1889년에는 파리에서 열린 정신과학협회에서 나름의 분류체계를 만들어 채택했으나 널리 받아들여지지 못했다. 1948년에는 세계보건기구(WHO)에서 이상행동을 포함한 모든 질병들에 대한 포괄적 분류목록인 질병, 상해 및 사망 원인에 대한 국제적 통계분류를 만들어 WHO회의에서 만장일치로 통과시켰지만 그 중에서 정신장애에 관한 절(節)은 널리 받아들여지지 않았다. 1969년에 WHO에서는 새로운 분류체계를 발표했고, 이것은 그 이전 판에 비해 널리 받아들여졌다. 한편 미국정신의학협회에서는 WHO의 분류체계와는 다른 독자적인 진단 및 통계편람(DSM)을 1952년 출간해 DSM-Ⅱ(1968), DSM-Ⅲ(1980) 등으로 개정해 오다가 1994년 DSM-IV를 출간하였고, 2006년 6월에는 오늘날 정신보건 전문가들이 널리 사용하는 공식적 진단체계인 DSM-IV의 개정판(Text Revision; TR), 즉 DSM-IV-TR을 출간하게 된다. DSM의 역사에 대한 설명으로는 Gerald C. Davison, John M. Neale, & Ann M. Kring/이봉건 역, 「이상심리학(Abnormal psychology) 제9판」(시그마프레스, 2005), 4-6면 참조.. DSM-IV의 분류 및 진단체계에 대한 상세한 소개로는 정규원, 형법상 책임능력에 관한 연구: 판단기준을 중심으로, 서울대학교 석사학위논문, 1997, 103면 이하 참조.

31) 이 점에 대해서는 Jan Looman, Jeffrey Abracen, Ralph Serin, & Peter Marquis, Psychopathy, Treatment Change, and Recidivism in High-Risk, High-Need Sexual Offenders, *20* Journal of Interpersonal Violence 549(2005), 550면 참조. 예컨대 반사회적 성격장애로 판정받은 사람들 중 20% 정도만이 사이코패시의 진단범주를 충족시켰으며(Rutherford, Cacciola, & Alterman, 1999), 유죄판결을 받은 중죄인 중 75%가 반사회적 성격장애의 기준을 충족시킨 반면, 15~20% 정도만이 사이코패시의 기준을 충족시킨다는 연구보고(Hart & Hare, 1989)가 있다. 이에 대해서는 Gerald C. Davison, John M. Neale, & Ann M. Kring/이봉건 역, 앞의 책, 266면 참조.

성에 대해 매우 긍정적인 결론을 내리고 있다고 밝힌 바 있다.[33)]

사이코패스의 치료가능성에 대해서는 향후 더 많은 과학적·경험적 연구가 뒷받침되어야 보다 확실한 답을 내릴 수 있을 것이다. 그러나 어떠한 입장을 취하든 현 시점에서 간과해서는 안 될 사실은 "인간의 신경과 지각에는 가소성(plasticity)이 있다"는 점이다.[34)] 이는 무엇을 의미하는가? 사이코패시의 발병원인은 유전적·생물학적 요인과 사회·환경적 요인의 상호작용에 있다는 것이 지배적인 견해이다. 특히 유전적·생물학적 요인이 보다 직접적이고 1차적인 원인이라는 견해가 유력하다. 사이코패스는 (신경)생물학적 결함으로 인해 자신의 행동을 통제할 수 있는 능력과 정상적인 인지적－정서적 처리절차에 장애를 지니고

32) William L. Marshall, Yolanda M. Fernandez, Liam E. Marshall, & Geris A. Serren(eds.), Sexual Offender Treatment, Hoboken(NJ: John Wiley & Sons, 2006), 160-161면 참조.

33) 안성조·서상문 공저, 앞의 책, 120-123면 참조.

34) 이 점에 대해서는 알바노에(Alva Noe)/김미선 역, 「뇌과학의 함정(Out of Our Heads)」(갤리온, 2009), 96-112면 참조. 노에가 소개한 실험에 따르면 청각피질이 시각기능을 담당할 수도 있고(즉, 청각피질 안의 세포들도 시각세포가 될 수 있다. 이는 경험의 특징과 특정 세포의 행동 사이에 필연적인 연관이 없음을 뜻한다), 아예 촉각과 시각이 치환되어 체감각피질을 통해 시각경험을 할 수도 있다(맹인의 피부에 일련의 진동자를 설치하고 거기에 카메라를 연결해 카메라를 통해 들어온 시각정보가 맹인의 피부에 일련의 촉각자극을 만들어 내도록 하는 장치를 달자, 맹인은 탁구공을 칠 수 있었다). 전자는 신경가소성을, 후자는 신경가소성을 동반하지 않는 지각가소성을 입증해 주는 예이다. 하버드 의과대학의 정신의학과 임상교수인 존 레이티 박사에 의하면 우리 두뇌의 뉴런은 유전적 지시에 의해 대략적인 경로로 인도되긴 해도 어떤 뉴런이 어떤 뉴런과 결합될 것인지에 영향을 미치는 것은 화학적 환경이다. 즉, 각 개인의 뉴런연결은 특정한 유전적 소질과 삶의 경험을 반영하며, 그 연결은 사용여부에 따라 평생에 걸쳐 더 강해지거나 약해질 수 있다. 이처럼 우리의 신경은 진화하기 때문에 "우리의 환경이나 경험이 바뀌면 두뇌도 변한다." 이는 우리가 무언가를 배우거나 배울 수 없는 이유이며, 동시에 두뇌 손상을 입은 사람들이 상실된 기능을 회복할 수 있는 이유이기도 하다. 이 점에 대해서는 존 레이티(John J. Ratey)/김소희 역, 「뇌(A User's Guide to the Brain)」(21세기북스, 2010), 48-49면 참조.

있다는 것이다.[35] 이처럼 사이코패시의 주된 원인이 (신경)생물학적인 결함에 있다면 신경과 지각의 가소성은 매우 중대한 의미를 갖는다. 그것은 바로 사이코패스를 도덕적 무능력자로(morally blind) 만드는 내적 상관물(internal correlates)을 그들의 두뇌에서 찾아 변화시킬 수 있다는 가능성을 강력히 암시해 주기 때문이다. 또한 그들의 정상적인 도덕적 판단능력을 저해하는 인지적－정서적 처리절차를 새로운 방식으로 열어 줄 수 있을 것이란 전망도 품게 된다. 뇌는 평생동안 경험과 활동의 영향을 받아서 변화한다. 이는 뇌의 가소성 덕분이다. 치매 등의 다양한 뇌질환도 적절한 두뇌훈련과 단련에 의해 치료가 가능하다. 그러므로 우리는 사이코패스에 대한 치료와 교화의 가능성을 결코 포기할 수 없다.

2. 기업의 회복력(corporate resiliency)

전술한 바대로 자연인 사이코패스의 치료가 가능한 이유는 신경과 지각에 가소성이 있기 때문이다. 마찬가지로 기업사이코패스의 치료가능성을 논하기 위해서는 그 전제로 기업내부의 체질이 긍정적으로 변할 수 있다는, 일종의 가소적 성질을 관념할 수 있어야 한다.

이와 관련해 최근 경영학 분야에서 널리 각광을 받고 있는[36] 기업의 회복력이란 개념을 검토해 볼 필요가 있다. 어떤 기업에 회복력(resiliency)이 있다는 것은 자연인의 경우 일정한 가소성(plasticity)이 있다는 것과 크게 다르지 않기 때문이다. 회복력이란 원래 공학분야에서 사용하는 용어로, 충격을 받은 후에 다시 원래의 상태로 돌아오는 성질이다. 예컨대 고무공을 땅에 튕길 때 다시 올라오는 탄성을 뜻한다. 어떠한 충격

35) 사이코패시의 원인론에 대해서는 안성조·서상문 공저, 앞의 책, 71-104면 참조.

36) 경영학 분야에서는 흔히 성공기업의 특징으로 '혁신적인', '고객중심의', '획기적인', '세계적 수준의', '초과이익(residual income; RI)이 많은', '초경쟁적인' 등의 표지를 논급하지만, 최근에 이와 더불어 '회복능력이 뛰어난(resilient)'이라는 표지도 중요해 지고 있다. 참고로 기업재무에서 초과이익이란 '주주의 기대이익을 초과하는 순이익'이다.

에 의해 잠시 후퇴하거나 영향을 받더라도 조속히 본래의 상태로 회복 또는 복귀하는 성질을 설명하는 '탄력성', '복원력', '유연성' 등 다양한 용어로 번역된다. 일반적으로 조직이론에서의 회복력이란 역경 속에서도 긴장에 적절히 대처하면서 조직활동을 보전하거나 향상시키는 능력 또는 불행한 사건을 극복하고 회생할 수 있는 능력으로 정의된다. 기업의 회복력이란 바로 이러한 뜻에서 파생한 개념으로, 기업경영의 측면에서 경영실패나 부정행위가 발생한 후 원래의 상태로 되돌아와 고객, 감독기관, 임직원과 기타 이해관계자들의 신뢰를 적시에, 효과적으로 회복하는 능력을 말한다. 좀 더 구체적으로는 시장에서의 정상적인 경제적 활동능력을 회복하기 위해 경영실패 및 부정과 부패의 발생, 대응, 조치에 이르는 전 과정에 대한 면밀한 검토를 토대로 위험을 예방, 적발, 조사하고 재발방지를 위해 프로세스를 개선하는 능력으로 정의된다. 심리학에서는 만성 스트레스나 장기적 외상 후의 적응능력 및 긍정적 수행능력으로 정의되며, 신경과학 분야에서의 회복력은 머리 부분에 손상을 입었으나 외상 후 증후군 등에서 쉽게 회복하는 환자를 그렇지 않은 환자와 구분하는 개념으로 쓰인다.[37] 이러한 맥락에서 회복력은 가소성과 유사한 의미임을 알 수 있다.

최근 들어 기업경영에 대한 패러다임이 변하고 있다. 기업의 투명성과 윤리성을 바탕으로 한 윤리경영은 기업의 경쟁력은 물론 궁극적으로 지속가능경영을 위한 핵심요소로 자리 잡고 있다. 과거 경제적 이윤과 주주의 이익만이 최고의 가치를 지니던 시대를 지나, 이제는 기업의 윤리경영 및 부정과 부패에 대한 관리능력, 그리고 리스크 관리의 중요

37) 이상의 내용은 캐슬린 섯클리프·티모시 보거스(Kathleen M. Sutcliffe & Timothy J. Vogus), 회복력을 갖춘 조직 만들기(Organizing for Resilience), in: 킴 카메론·제인 듀톤·로버트 퀸(Kim S. Cameron, Jane E. Dutton, & Robert E. Quinn) 편저, 「긍정조직학(Positive Organizational Scholarship)」(POS북스, 2009), 136-139면과 토비 비숍·프랭크 히도스키(Toby J.F. Bishop & Frank E. Hydoski)/딜로이트 안진회계법인 역, 「성공기업의 위기관리(Corporate Resiliency)」(FKI미디어, 2010), 78-79면을 참조할 것.

성이 점차 부각되고 있는 것이다. 윤리적 가치가 기업의 조직문화를 구성하는 매우 중요한 요소의 하나로 자리 잡기 시작하였다. 이러한 경영 환경 하에서 부정이나 부패로 범죄에 연루되면 재무적인 손실뿐만 아니라 기업의 평판이나 브랜드 이미지의 심각한 훼손 등 무형적 손실이 수반되고, 더 나아가 기업의 생존 자체에 치명적인 영향을 줄 수도 있다.[38] 기업사이코패시라는 개념을 원용하지 않더라도 사실 모든 기업들은 부정과 부패, 그리고 범죄의 유혹에 항시 노출되어 있다. 이에 대응하여 모든 기업들은 부정과 부패위험을 관리하기 위한 다양한 활동들을 수행하고 있다. 다만 부정과 부패의 위험을 체계적, 종합적으로 관리하는 정도에 따라 기업마다 위험관리 역량의 차이가 있을 것이며, 이 경우 기업의 윤리적 회복능력이 어떤 수준인지가 결과적으로 기업의 성패를 결정짓는 중요한 요소가 된다.

개인이든 국가나 사회든 회복력이 뛰어난 사람이나 집단의 특징은 부정사건의 발생건수 자체를 제한하고, 발생하더라도 취약성과 충격을 줄여 문제를 회피한다는 점이다. 이 분야의 저명한 전문가인 비숍과 히도스키는 윤리적 회복능력이 뛰어난 기업은 구체적으로 다음과 같은

38) 반면에 윤리경영은 단기적으로는 손해를 가져올지 모르지만, 장기적으로는 이익 극대화에 도움이 된다. 어떤 기업이 윤리적인 거래를 한다는 평판을 얻게 되면 강력한 경쟁력을 얻을 수 있기 때문이다. 로버트 F. 하틀리(Robert F. Hartley)/e매니지먼트(주) 역, 「윤리경영(Business Ethics: mistakes and successes)」(21세기북스, 2006), 20면. 동지의 대프트(Richard L. Daft)/김광점 외 12인 역, 「조직이론과 설계(Understanding the Theory and Design of Organizations)」(한경사, 2010), 359-360면. 표준적인 조직이론 교과서라고 볼 수 있는 동 문헌에 따르면 회사가 정직하고, 공정하며 올바른 행동을 하고 있다는 평판을 얻게 되면 그만큼 주가나 자산수익률, 투자수익률, 자본수익률 등의 재무성과도 높아지는 경향을 보인다고 한다. 사람들은 높은 수준의 윤리와 사회적 책임을 보여주는 회사에서 근무하고 싶어 하며 이런 기업일수록 우수한 인재들이 몰려든다. 고객들도 마찬가지로 윤리적으로 행동하는 회사의 제품을 더 선호하는 경향이 있다고 한다. 이러한 입장의 더 참조할 만한 윤리경영 교과서로는 Linda K. Trevino & Katherine A. Nelson, Managing Business Ethics: straight talk about how to do it right (Hoboken, NJ: Wiley, 2004).

세 가지 목표를 달성할 수 있는 효과적인 정책을 수립하고 있다고 한다. ① 적절한 계획과 정책 및 절차를 통한 부정사건의 발생 건수를 감소(윤리적인 기업문화 정착, 위험이 높은 사업 분야로의 진출 지양 등) ② 조기경보시스템과 발견된 부정사건의 처리를 위한 정책을 수립해 부정사건에 대한 취약성을 감소(상시 모니터링시스템, 익명성이 보장되는 내부고발제도의 구축) ③ 신속하게 정상적인 영업활동으로 복귀할 수 있는 정책과 절차를 수립하여 부정사건으로 인한 영향을 최소화(자체조사와 내부보고절차를 통한 문제점의 식별과 재발방지 조치의 수립 등)[39] 한 마디로 윤리경영방침과 윤리교육프로그램, 그리고 내부통제시스템 등을 잘 구비하고 있는 기업은 뛰어난 윤리적 회복력을 지닐 수 있다는 것이다.[40]

일반적으로 조직이론에서는 공식적인 시스템과 구조는 윤리적인 가치와 문화를 형성하는 데 매우 효과적일 수 있다고 본다. 기업윤리를 감독하기 위한 윤리위원회를 만든다든지, 기업의 윤리적 활동을 관리하고 조정하는 윤리부서와 윤리경영자(Chief Ethics Officer)를 둔다든지, 내부고발제도나 윤리규약,[41] 윤리교육프로그램 등을 마련하고 있는 기업은 경영윤리를 효과적으로 확립할 수 있다는 것이다. 물론 조직이론에서도 경영윤리 확립에 공식적 시스템과 구조만으로 충분하다고 보지는 않는다. 아무리 훌륭한 내부고발제도나 명문화된 윤리규약을 구비하고 있더라도 최고경영자 등 리더들이 윤리적 가치를 말과 행동으로 실

39) 이러한 견해로 토비 비숍·프랭크 히도스키(Toby J.F. Bishop & Frank E. Hydoski)/딜로이트 안진회계법인 역, 앞의 책, 80면. 토비 비숍은 옥스퍼드대를 졸업했고 미국의 공인부정감사인협회 회장을 역임한 바 있으며, 히도스키는 시카고대학에서 박사학위를 받았으며 국제적으로 저명한 부정조사 전문가이다. 두 사람 모두 시카고에 소재한 딜로이트재무자문서비스에서 포렌직 업무를 담당하고 있다.

40) 동지의 McDaniel & Gitman/노승종 외 3인 역, 앞의 책, 40-42면.

41) 윤리규약은 윤리와 사회적 책임에 대한 회사의 가치관을 공식적으로 표현한 가치선언문이라고 볼 수 있다. 예를 들어 록히드 마틴(Lockheed Martin)의 윤리규약은 정직, 성실, 존경, 신뢰, 책임, 시민권 준수를 윤리적 행동기준으로 설정하고 있다.

천에 옮기지 않으면 소용이 없다. 예컨대 명문화된 윤리규약을 갖추고 있는 기업과 그렇지 않은 기업에 있어서 발생하는 불법행위의 빈도는 거의 비슷하다는 연구결과도 있다. 회계부정으로 몰락한 미국의 거대 에너지기업 엔론도 훌륭한 윤리규약을 갖고 있었다는 사실을 간과해서는 안 된다. 그러므로 조직이론에서는 기업 내부의 윤리적 가치관을 지지하고 강화하는 것은 결국 리더의 몫이라고 본다. 최고경영자의 모든 의사결정과 행동에서 윤리적 가치관이 중요하게 작용하고 있다는 것을 확신할 때만, 기업구성원들은 윤리적 가치관을 실천에 옮기는 데 전념하게 된다는 것이다.[42]

3. 기업사이코패시는 치료가능한가?

자, 그러면 만일 어느 기업조직이 사이코패스적 성향이 강한 것으로 판명이 났다고 가정해 보자. 이 기업에 대한 윤리적 회복능력을 복구하기 위한 치료프로그램은 효과적인 성과를 거둘 수 있을까? 다시 말해, 경영진을 교체하거나 강도 높은 윤리규정과 윤리교육프로그램을 마련하고, 효과적인 내부통제시스템을 도입하는 등의 자정적 노력을 기울이면 기업의 사이코패시적 성향이 개선될 수 있겠느냐는 말이다. 일반적으로 경영학과 조직(행동)학, 그리고 조직심리학에서는 (기업)조직의 변화가능성에 별다른 의문을 제기하지 않는다. 즉, (기업)조직은 외부적, 내부적 환경의 요청에 적응하기 위해 얼마든지 다각도로 체질개선을 모색할 수 있다는 것이다.[43] 다만 조직은 대체로 권력구조나 문화 등에 있어서 현재의 상태를 유지하려는 경향이 강하기 때문에 다소간의 개

42) 대프트(Richard L. Daft)/김광점 외 12인 역, 앞의 책, 361-365면 참조.

43) 대표적으로 폴 뮤친스키(Paul M. Muchinsky)/유태용 역, 「산업 및 조직심리학(An Introduction to Industrial and Organizational Psychology)」(시그마프레스, 2007), 376면 이하; 박영배, 「현대조직행동관리 – 조직행동과 다문화 관리 –」(청람, 2010), 476면 이하; 이필상 외 2인 공저, 앞의 책, 172-174면; 조동성, 앞의 책, 656면 이하 참조.

인적, 집단적, 조직적 저항요인이 발생할 수 있다는 점만 지적할 뿐이다. 이러한 견해는 어느 한 기업의 급변하는 환경에 대한 적응 차원에서는 분명 타당하게 적용될 수 있을 것이다. 그러나 과연 기업의 윤리적 체질개선도 표준적인 조직변화모델로 접근이 가능할 것으로 낙관할 수 있는지 의문이다. 앞에서 살펴본 바와 같이 자연인 사이코패스의 경우에 치료가 불가능하다는 견해들도 있을 정도로 결코 간단하거나 쉽지 않듯이, 기업사이코패시의 치료도 표준적인 조직변화이론만 가지고는 충분히 가능하다고 보기는 힘들 것이기 때문이다.[44)]

치료를 위해서는 병변(病變)을 찾아내는 것도 중요하지만, 무엇보다 먼저 병인(病因)을 구명해 내야 한다. 그래야만 병의 원인을 제거할 수 있기 때문이다. 기업사이코패시의 원인과 관련하여 법심리학은 중요한 단서를 제공해 준다. 법심리학이 밝혀낸 바에 따르면 조직적 맥락에서의 의사결정(decision making in organizational contexts)은 개인의 일반적인 의사결정과는 차이가 있다. 쉬운 예로서 기업 경영자들은 위험을 평가하는 데 있어서 일반인들과 다른 관점을 보인다. 즉 이들은 사생활에서는 결코 무모한 모험을 하지 않는 사람들이지만, 기업의 수익을 위해서는 위험을 감수하는 성향이 강하다.[45)] 경영자들은 수익의 가능성(likelihood of gain)에만 특별한 관심이 있고, 위험은 단지 손실의 위협(threat of a loss)으로만 인식한다. 한 마디로 이들에게는 위험이 일차적으로 가능성 개념(probability)이 아니라는 것이다. 위험은 단지 부정적 결과의 정도(extent)를 반영할 뿐이며, 바로 그 정도에 의해 가중될 수 있는 부정적 결과의 가능성을 반영한다고 보지 않는다. 다시 말해 조직적 맥락에서는 어느 정도의 위험을 감수하더라도 좋은 결과가 나오면 이것은 긍정적인 의사결정으로 평가되며, 반면 위험을 초래할 가능성을

44) 이는 자연인 사이코패스 범죄의 원인에 대한 이해가 기존의 표준적인 범죄원인론만 가지고는 불가능한 것과 마찬가지다. 이러한 한계를 지적하고 있는 연구문헌으로는 안성조, 사이코패스의 범죄충동과 통제이론, 「경찰법연구」 제6권 제1호, 2008 참조.

45) J. Tomkins, B. Victor, & R. Adler, 앞의 논문, 532-533면 참조.

보여주는 증거에 기초해 신중하게 내린 결정이더라도 손실을 가져오면 이것은 부정적인 의사결정으로 평가된다는 것이다.[46] 이는 전술한 포드의 핀토자동차 사건에서 경영진이 사이코패스적인 의사결정을 내리게 된 집단심리학적 메커니즘이라고 볼 수 있다.

그렇다면 기업조직 내 경영자들의 집단적 의사결정이 병리적인 성향을 보이게 되는 이유는 무엇일까? 이에 대해 관점에 따라 다음과 같이 크게 두 가지 방식의 설명이 제시될 수 있다.[47]

일반적으로 기업은 개인보다 합리적으로 행동하는 것으로 알려져 있다.[48] 그럼에도 불구하고 위 사례에서 기업차원의 결정이 인명을 경시하는 방향으로 부도덕하게 내려진 것은 기업의 조직적인 합리성(organizational rationality)은 구성원들 또는 리더들의 합리성을 단순히 합산한 것(simple sum)과 반드시 같을 필요는 없기(need not) 때문이다.[49] 다시 말해 위 포드사 중역들의 결정은 개인적으로는 부도덕한 것일지 몰라도, 기업조직의 차원에서는 합리적인 것으로 여겨질 수 있다는 것이다. 이처럼 조직적 차원의 합리성이 개인의 합리성과 다를 수밖에 없는 이유는 여러 측면에서 설명이 가능하겠지만 무엇보다도 기업 간 극심한 경쟁과 이윤추구를 부추기는 경영환경에서 찾아볼 수 있을 것이다. 전 세계적으로 거의 모든 산업이 노동집약적 생산방식에서 자본집약적 생산방식으로[50] 전환되어 가고 있다. 이처럼 노동비용이 점차 감소하는

46) J. Tomkins, B. Victor, & R. Adler, 앞의 논문, 533면.

47) 일반적으로 경영학 교과서에서는 경영자 개인의 의사결정도 항상 논리적이고 합리적인 방식으로만 내려지는 것이 아니라는 사실을 잘 지적하고 있다. 즉, 경영자는 시간제약 및 판단해야 할 정보의 방대함 등으로 인해 제한된 합리성(bounded rationality) 하에서 결정을 내리게 되며, 그러므로 가능한 모든 대안을 철저히 검토하기보다는 어느 정도 받아들일만하다고 판단되는 대안을 찾으면 최적의 대안을 찾는 작업을 멈추고 이를 선택함으로써 결과적으로 문제해결을 위해 최소한의 기준을 충족시키는 대안의 선택에 만족하게 된다고 한다. 이에 대해서는 조동성, 앞의 책, 365-366면.

48) J. Tomkins, B. Victor, & R. Adler, 앞의 논문, 526면 참조.

49) Elizabeth Wolgast, Ethics on an Artificial Person: Lost Responsibility in Professions and Organizations(Stanford University Press, 1992), 87면 참조.

반면에 자본비용이 차지하는 비율이 크게 증가함에 따라 규모의 경제(economies of scale)[51]도 커지게 되고, 자본재에 대한 막대한 투자를 회수하기 위해서는 대규모 생산체제를 갖추지 않으면 안 된다. 따라서 기업 간 인수·합병(M&A)을 하거나 해외에 진출해 생산설비를 확충해야 할 경제적 필요성이 더욱 커질 수밖에 없다.[52] 이와 같은 경영환경 속에서는 기업은 더욱 극심한 생존경쟁을 할 수밖에 없고, 따라서 개인적 의사결정과는 달리 기업의 조직차원의 의사결정에 있어서는 경제적 이익을 그 어떤 가치보다 우위에 두게 된 것으로 설명할 수 있을 것이다.

다음으로 경영진의 의사결정이 사이코패스적 성향을 보이는 것은 일종의 '집단사고(groupthink)'의 결과로 분석할 수도 있다. 집단사고란 일종의 병리적인 의사결정 현상으로서 응집력이 높은 집단에서 집단 내 의사의 만장일치 추구경향이 강력할 때, 달리 행동할 수 있는 대안들을 현실적으로 평가하지 못해 발생하는 의사결정의 실패를 지칭하는 개념

50) 오늘날 거의 모든 산업에서 인간의 노동력은 자동화된 기계, 로봇, 컴퓨터로 조작되는 정밀기계로 대체되고 있다. 자동차산업의 경우 전체 자동차 생산비용에서 노동자임금이 차지하는 비율은 6% 정도에 불과하며 이는 계속 낮아지고 있다. 자동차, 항공기, 전기, 전자, 철강, 화학산업이 모두 자본집약적 산업이다. 장세진, 「글로벌경영」(박영사, 2010), 14-15면 참조.

51) 규모의 경제란 생산요소의 투입량을 증가시킬 때 산출량이 투입량의 증가비율 이상으로 증가하는 것을 말하며 이로 인해 생산 단가를 낮출 수 있게 되어 경쟁력이 증가하고 따라서 시장점유율도 높일 수 있게 되는 현상을 말한다. 규모의 경제가 발생하는 중요한 원인은 노동의 분업과 전문화이다. 규모의 경제는 대량생산에 의해 1단위당 일반 비용을 줄이고 이익을 늘리는 방법으로서, 예컨대 가장 많은 자동차를 생산하는 기업이 다른 경쟁자들에 비하여 동일한 자동차를 가장 저렴한 비용으로 생산할 수 있게 된다. 규모의 경제가 작용하는 제품의 경우, 여러 기업이 생산하면 평균비용이 매우 높아지므로 한 개 또는 소수의 기업에 의해 생산이 이루어지는 경향이 강하다. 규모의 경제에 의해 독점이 되는 경우를 자연독점(natural monopoly)이라고 한다. 규모의 경제에 대해서는 벤 버냉키·로버트 프랭크(Ben S. Bernanke & Robert H. Frank)/곽노선·왕규호 역, 「경제학(Principles of Economics)」(McGraw-Hill Korea, 2006), 310면 참조.

52) 규모의 경제와 M&A 및 기업 글로벌화 필요성에 대해서는 김화진·송옥렬, 기업인수합병(박영사, 2007), 11면과 장세진, 앞의 책, 14-15면 참조.

이다. 한 마디로 개별 구성원들의 판단으로는 바람직하지 않다고 여기는 결정을 집단이 선택하는 현상이다. 즉, 집단적 의사결정의 본래 취지는 최선의 선택을 위한 것이지만, 과도한 의견일치를 추구한 결과 역으로 비합리적인 결정에 도달하게 되는 현상을 말한다.[53] 같은 맥락에서 집단사고는 집단 내부의 동조압력으로 인해 발생하는 정신능력, 현실검증, 도덕판단 등의 감퇴를 의미한다고도 볼 수 있다.[54] 집단사고의 대표적 사례로는 미국 케네디 정부의 완전히 실패로 돌아간 쿠바 피그스만 침공 결정, 역사상 최악의 우주선 폭발사고를 가져온 미항공우주국(NASA)의 챌린저호 발사결정[55], 우리나라의 경우 1995년의 삼풍백화점 붕괴사고 직전의 백화점 간부회의[56] 등이 있다. 이러한 분석에 따르면 포드의 중역들이 사이코패스적으로 행동하게 된 것은 집단사고의 결과로 볼 수 있을 것이다.[57]

---

53) 집단사고에 대해서는 폴 스펙터(Paul E. Spector)/박동건 역, 「산업 및 조직심리학(Industrial and Organizational Psychology)」(학지사, 2009), 471면 이하; 홍대식 편저, 「사회심리학」(박영사, 1994), 607면 이하; 한덕웅 외 7인 공저, 「사회심리학」(학지사, 2005), 266면 이하 참조. 집단사고 개념을 발전시킨 문헌으로는 Irving L. Janis, Victims of groupthink(Boston, MA: Houghton Mifflin, 1972) 참조.

54) 다널슨 R. 포사이즈(Donelson R. Forsyth)/서울대학교 사회심리학 연구실 역, 「집단심리(An Introduction to Group Dynamics)」(성원사, 1991), 438면 참조.

55) 추운 날씨가 심각한 기계적 결함을 야기할 수 있다는 경고에도 불구하고 나사는 영하의 온도에서 챌린저호를 발사하기로 결정했다.

56) 삼풍백화점 간부들은 주로 회장의 친인척들로 구성되어 있어 매우 응집력이 높은 집단이었고, 당시의 상황이 매우 긴박했으며, 회장의 걱정을 우려해 영업중지 필요성을 인식하고도 건의하지 못했고, 붕괴가능성 등 여러 대안들을 다각적으로 고려하지 못하고 백화점 보수시기와 방법만을 논의하다가 참사를 막지 못했다. 이 점에 대해서는 한덕웅 외 7인 공저, 앞의 책, 268-269면 참조.

57) 여기서 과연 포드사 중역들의 결정이 어느 방식의 설명에 더 부합되는지 는 여기서는 그다지 중요하지 않다. 어느 쪽이든 그들의 결정은 경제적 이익을 인간의 생명보다 우선시했다는 점에서 명백히 부도덕한 것이었고, 결과적으로 볼 때, 집단적으로 사이코패스적 행동특성을 보였다는 점에서는 동일하기 때문이다. 즉, 앞의 두 가지 설명방식은 기업사이코패시란 개념을 지지해 주는 이론적으로 모델을 제공해 주고 있다는 점에서는 공통적이라고 볼 수 있다. 단, 이 문제는 포드

기업조직의 사이코패스적 의사결정과 관련해 덧붙여 지적해 둘 필요가 있는 개념으로서 '집단극화(group polarization)'라는 것이 있다. 일반적으로 우리는 집단적 의사결정은 개인보다 신중하고 보수적일 것이라고 믿는다. 그러나 많은 연구결과에 의하면 집단은 개인보다 더 모험적인 결정을 내리는 경향이 강하다. 개인과 집단의 의견을 비교해본 결과, 전반적으로 집단의 의견이 개인의 의견보다 위험을 감수하는 성향이 더 컸다는 것이다. 이 현상을 모험이행(risky shift)이라고 한다. 반면 또 다른 연구결과에 의하면 집단의 의사결정이 개인보다 반드시 더 모험적인 것은 아니고, 경우에 따라서는 더 주의 깊고 보수적인 성향을 나타내기도 했다. 이를 보수이행(conservative shift)이라고 한다. 이처럼 집단의 의사결정은 개인의 의사결정보다 모험 쪽이든 보수 쪽이든 극단적으로 흐르는 경향이 있으며 이러한 현상을 바로 집단극화라고 한다. 그렇다면 과연 어떤 경우에 모험이행을 하게 되고, 또 반대로 보수이행을 하게 되는가? 이에 대해 연구자들은 그 변화의 방향이 최초의 지배적인 의견이 어느 쪽에 있었느냐에 좌우된다고 보고 있다. 즉 집단적 토의를 거친 후 집단 반응의 평균은 집단이 되기 이전 개인반응의 평균과 같은 방향이지만, 더 극단적으로 가는 경향이 있다는 것이다. 한편 집단의 의사결정이 모험이행을 하게 되는 원인에 대해서는 책임확산이론, 지도력이론, 친숙화이론, 가치이론 등이 제시되어 있다. 책임확산이론은 집단성원들이 집단 속에 들어가게 되면 책임감을 덜 지각하게 되고, 모험적인 결정을 해도 덜 불안해 하기 때문이라는 이론이고, 지도력이론은 더 모험적인 사람이 더 큰 설득력과 자신감을 가지며, 집단의 의사결정 과정에서 적극적 주장과 개입을 하게 되어 결정에 더 큰 영향을 미치게 된다는 이론이다. 친숙화이론은 타인과 함께 문제를 논의하면서 그 문제에 더 친숙해지고, 더 친숙해지면 불확실성이 감소되어 더 모험적인 대안을 지지하게 된다는 것이다. 끝으로 가치이론은 많은 문화권에서 모험을 추구하는 것이 긍정적인 가치로 받아들여지므로 참여자들 스스로가 모험을 추구하려는 생각을 갖고 있고, 다른 사람들도 모험적인 대안을 제시하면 이에 동조하게 된다고 설명하는 이론이다. 집단극화도 집단사고의 한 원인으로 볼 수 있다.[58]

한편 기업이 사이코패스처럼 행동하게 되는 것이 경영자들의 병리적 의사결정 성향에서만 비롯되는 것은 아니다. 업무를 독립적 개별 부서에 위임함으로써 조직의 기능을 분권화 시키고 있는 현대 기업에서는 전

사 중역들의 개인적인 혹은 공동의 형사책임을 논정하는 데에 있어서는 중요한 논점이 될 수 있을 것이다.

58) 이상 집단극화에 대한 설명으로는 다넬슨 R. 포시즈(Donelson R. Forsyth)/서울대학교 사회심리학 연구실 역, 앞의 책, 455-467면; 한덕웅 외 7인 공저, 앞의 책, 261-266면 참조.

문화된 각 부서의 책임자도 주요한 의사결정을 내릴 수 있다. 만일 이들의 의사결정도 병리적 이윤추구 성향을 벗어나기 힘든 조건 하에 놓여 있다면 기업사이코패시의 한 원천(源泉)이 될 수 있을 것이다. 바로 이 점에 대한 분석으로서 현대 기업조직의 분권화, 전문화로 인해 기업 내 업무가 기능적으로 분화돼 역할이 전문화되고 정보가 공유되지 못함에 따라, 발생한 결과에 대한 유책한 책임자를 찾아낼 수 없게 되었기 때문에 기업구성원들의 사이코패스적 성향이 조장된다는 설명이 있다. 즉 책임을 분산시키는 구조적 특성 때문에 기업 구성원들은 개인적인 책임감으로부터 벗어날 수 있다는 것이다. 일찍이 폴란드 출신의 사회학자인 지그문트 바우만은 현대사회에서 발생한 결과에 대한 도덕적 책임 귀속의 불확실성이 발생하게 된 이유를 다음과 같이 분석한 바 있다. "분업과 전문화로 인해 다수의 사람들이 관여하는 모든 일에서 그들 각자는 전체업무의 작은 일부만 수행한다. 실제로 관련된 사람이 너무 많아서 그 누구도 발생한 결과에 대한 책임을 합리적이고 설득력 있게 주장하거나 떠맡을 수 없다. 죄인 없는 죄, 범인 없는 범죄, 범인 없는 책임이 발생한다(guilt without culprit)! 즉, 결과에 대한 책임은 떠다니게(floating) 되고, 책임소재를 파악할 수 없다."[59] 예를 들어 천문학적 손해배상으로 유명한 미국의 달콘실드 사건[60]에서 법원은 달콘실드의 제조업체인 A.H. 로빈스 내에서 정확히 누구의 책임인지 판단하기가 불가능하다고 밝혔다. 왜냐하면 달콘실드의 프로젝트 매니저는 피임기구의 안전성 문제가 의료부서 책임이라고 설명했던 반면 의료부서의 대표자는 품질관리부서가 맡아야 할 문제라고 설명했고, 또 품질관리부서 대표자

59) Zygmunt Bauman, Postmodern Ethics(Cambridge, Mass.: Blackwell Publishers, 1994), 18-19면. 바우만은 영국 리즈대학 사회학 교수를 역임했고, 근대성과 홀로코스트, 탈근대성과 소비주의, 윤리학 등에 탁월한 업적을 남겼다.

60) 자궁 내 피임기구로 이 기구를 사용한 여성들 중에서 수천 명이 불임, 유산 및 사망에 이르는 심각한 피해를 입었다. 이 사건의 배경과 사실관계 및 소송결과와 이에 대한 기업 윤리적 분석과 평가로는 로버트 F. 하틀리(Robert F. Hartley)/e매니지먼트(주) 역, 앞의 책, 326-342면 참조.

는 프로젝트 매니저가 그 문제에 대한 결정권한을 갖고 있다고 말하였기 때문이다. 이는 곧 각 부서 담당자들이 발생한 결과에 대해 자신들의 법적 책임유무를 명확히 판단 할 수 있는 위치에 있다고 볼 수 있을 만큼 충분한 정보를 갖고 있지 못하다는 뜻이다. 현대의 관료제적 기업조직은 기능적 라인에 따라 정보를 분여한다(bureaucratic organizations parcel out information along functional lines).[61] 따라서 책임은 분산될 수밖에 없다. 이처럼 역할이 전문화되고 정보가 분여돼 있는 기업조직에서는 구성원들이 회사의 이름하에(in the name of corporations) 업무를 수행한 것이 결국 범죄를 저지르는 결과를 가져오게 되더라도 그들을 비난할 수 없다.[62] 한 마디로 조직적 무책임(organisierte Unverantwortlichkeit)이 만연하게 된다는 것이다. 이로 인해 기업의 구성원들은 회사의 이름으로 업무를 처리한다는 구실로 죄책감 없이 사이코패스적 행동을 자행하기 쉬워진다.

이상 기업이 사이코패스적으로 행동하게 되는 원인을 세 가지 측면에서 살펴보았다. 이를 간략히 정리해 보자면 다음과 같다.

헤어의 진단처럼 경영자 개개인은 조직 밖에서 사이코패스가 아니다. 그럼에도 불구하고 경영자들로 하여금 병리적 의사결정에 도달하게 만드는 원인은 첫째, 맹목적 이윤추구와 적자생존적 생존경쟁을 부추기는 경영환경이다. 그렇기 때문에 개인이 보기에는 도덕적으로 부당한 행동도 기업차원의 결정에서는 지극히 정상적인 행동으로 합리화 될 수 있다. 둘째, 집단사고 때문이다. 일반적으로 잘 알려진 집단사고의 원인으로는 강한 응집력으로 조급하게 만장일치를 이끌어 내려는 집단 내부의 동조압력, 외부 전문가들로부터의 격리, 강력한 리더의 지시 등이 있

61) Palmer v. A.H. Robins Co., 684 P.2d 187(Colo. 1984). 이 사건에 대한 이와 같은 평가로 David Luban, Lawyers and Justice(Princeton University Press, 1989), 123-124면.

62) Herbert C. Kelman & V. Lee Hamilton, Crimes of Obedience: toward a social psychology of authority and responsibility(New Haven: Yale University Press, 1989), 195-210면 참조.

다.[63] 이를 간단히 설명하자면 집단사고는 강력한 리더가 있는 매우 응집력이 강한 집단에서 그 리더가 좋지 못한 아이디어를 제시할 경우, 순응과 조화를 유지하려는 내부적 압력이 합리적 의사결정을 압도할 때 발생하기 쉽고, 이러한 가능성은 의사결정을 하는 집단이 외부의 비판적 의견과 영향력에서 고립될 때 더욱 증가한다는 것이다.[64] 이처럼 이윤극대화를 부추기는 기업의 외부적 환경과 기업 내부의 결함 있는 의사결정 구조는 경영자들의 의사결정을 사이코패스처럼 만드는 주된 요인이라고 정리할 수 있다. 한편 현대 기업조직의 전문화, 분권화도 역시 책임을 분산시키는 구조로 인해 조직적 무책임을 야기함으로써 기업 구성원들의 병리적 의사결정을 유도하기 쉽다는 점에서 기업사이코패시의 한 원인으로 정식화할 수 있을 것이다.

요컨대 기업사이코패시의 원인은 기업의 사이코패스적 성향을 요구하는 외부적 경영환경과 집단사고를 유발하는 기업 내부의 비합리적인 의사결정구조, 그리고 조직적 무책임을 발생시키는 분권화된 조직구조, 이상 세 가지로 정리할 수 있을 것이다.

이상 앞서 살펴본 기업사이패시의 원인을 보면 기업에 윤리적 회복력이 있고, 조직변화를 통한 체질개선이 가능하다는 점을 인정할 수 있다고 할지라도 기업의 사이코패스적 성향을 치료하는 데에는 분명 일정한 제약이 있을 수밖에 없음을 확인하게 된다. 기업사이코패시의 세 가지 원인 중에서 비교적 확실하게 치료할 수 있는 것은 비합리적 의사결정구조뿐이다. 집단사고를 극복할 수 있는 방안은 이미 널리 연구, 수립되어 적용되고 있다. 예컨대 조급한 만장일치를 억제하고, 리더가 특정한 의견에 대한 선호를 드러내지 않고 구성원들에게 가능한 모든 대안들을 검토하도록 고무시키며, 외부 전문가의 의견을 들을 기회를 만들고, 집단 내에 복수의 하위집단을 두어 전체회의에서 보다 적극적인 토의를 유도하며, 매 회의 때마다 어느 한 사람을 지명해 다른 사람들

63) 집단사고의 제원인에 대한 상세한 설명으로는 다널슨 R. 포시즈(Donelson R. Forsyth)/서울대학교 사회심리학 연구실 역, 앞의 책, 445-460면 참조.

64) 폴 스펙터(Paul E. Spector)/박동건 역, 앞의 책, 472면 참조.

의 의견에 대해 트집을 잡고 비판만 하는 역할(devil's advocate)을 맡기는 방법 등이 바로 그것이다.[65] 하지만 나머지 두 가지 원인 즉, 외부적 환경과 분권화된 조직구조는 손쉽게 제거, 또는 치료할 수 없는 원인들이다. 전자는 어느 개별 기업에 대한 치료라는 미시적 방법만으로는 해결될 수 없고, 윤리적 환경을 조성하려는 거시적 차원의 사회적 관심과 참여가 필요한 대상이고, 후자는 현대기업에 필수불가결한 조직구조적 특성이기 때문이다. 이것은 마치 자연인의 사이코패시가 사회·환경적 원인과 유전적·생물학적 원인이라는 두 가지 원인의 상호작용에 의해 발생하는 것과 유사하다.[66] 이 중에 어느 것 하나 쉽게 해결될 수 있는 것은 없다.

물론 그렇다고 해서 기업사이코패시의 치료가 비관적인 것만은 아니다. 우선 공식적인 시스템의 개혁과 더불어 최고경영자들의 윤리적 리더십은 중요한 역할을 할 수 있다. 이는 병리적 의사결정을 조장할 수 있게 생래적으로 구조화되어 있는 기업의 내부적 체질을 개선하는데 분명 도움이 될 것이다. 그러나 그것만으로는 충분하지 않다. 왜냐하면 외부적 환경은 조직변화와 리더의 윤리경영의지에도 불구하고 여전히 그대로 남아 있을 것이기 때문이다. 그렇다면 기업사이코패시를 보다 근본적으로 치료할 수 있는 가장 효과적인 방법은 한 가지밖에 없다. 그것은 바로 사회적 감사다! 오늘날 우리가 기업을 우리사회의 새로운 시민으로 받아들일 수밖에 없다면, 우리 모두가 사회감사(social audit)[67]

65) 집단사고의 예방법에 대해서는 다널슨 R. 포시즈(Donelson R. Forsyth)/서울대학교 사회심리학 연구실 역, 앞의 책, 460-466면; 홍대식 편저, 앞의 책, 610면; 한덕웅 외 7인 공저, 앞의 책, 271-272면; 조동성, 앞의 책, 383면; 이필상 외 2인 공저, 앞의 책, 260면 참조.

66) 안성조·서상문, 앞의 책, 71면 이하 참조.

67) 사회감사란 기업의 사회적 책임을 이행하기 위해 벌이는 노력을 평가하는 것으로 경제적 책임, 법적 책임, 도덕적 책임 등을 완수하는지에 관심을 두는 활동이다. 이에 대해서는 이필상 외 2인 공저, 앞의 책, 76면 참조. 간단히 말해 기업이 사회적 책임을 다하고, 사회적 책임을 다하기 위한 프로그램을 수행해 나가는 과정을 체계적으로 평가하는 것을 말한다. 빌 니클스·짐 맥휴지·수잔 맥휴지(William

의 주체가 되어 윤리적 경영환경을 조성해야 한다. 마찬가지로 기업이 우리사회가 제공하는 다양한 법적 보호와 권리를 향유하는 것만큼 더욱 책임 있는 행동을 하는 기업시민(corporate citizen)으로 인정받고자 한다면,[68] 사회감사에 적극적으로 응해야 할 뿐만 아니라 자발적으로 나서야 한다.[69] 그럴 때 비로소 기업사이코패시의 치료가능성에 대한 긍정적인 답변을 기대할 수 있을 것이다.[70]

G. Nickels, James M. McHuge & Susan M. McHuge)/권구혁 외 5인 공역, 「경영학의 이해(Understanding Business)」(생능출판사·McGraw-Hill Irwin, 2010), 126면 참조. 동 문헌에 의하면 기업 스스로 행하는 사회적 감사 이외에 기업들이 사회적 책임을 잘 수행하고 있는지 여부를 감시하는 네 개의 단체는 ① 사회적으로 의식이 있는 투자자들(socially conscious investors): 사회적 책임에 대한 투자자들의 신념에 부합되는 기업들의 주식에만 투자를 제한하는 사회적 책임투자(Social Responsibility Investing; SRI) ② 환경주의자들(Environmentalists) ③ 조합원들(Union Officials) ④ 고객들(Customers) 등이 있다.

68) 최근 다국적기업은 현지의 법률을 준수하고 현지 기업으로서 그 국가에 충실한 기업시민이 되는 것만으로는 충분하지 않다. 예를 들어 선진국은 환경오염에 대한 기준이 대단히 강해 이를 방지하기 위한 규제의 기준도 높지만, 개발도상국가의 경우 선진국에 비해 규제의 정도는 극히 미미한 수준이다. 그래서 과거 다국적기업은 공해산업을 선진국에서 후진국으로 이전하는 경향을 보여 왔다. 그러나 오늘날에는 다국적기업이 단순히 현지국의 규제를 준수하는 것만으로는 부족하고 전 세계에 보편적인 국제 기준에 부합되는 기준을 설정해 환경오염을 억제하려는 경향이 강하다. 이에 대해서는 장세진, 앞의 책, 475면 참조.

69) 사회감사에 대해서 보다 상세한 설명으로는 Homer H. Johnson, Corporate Social Audits－this time around, 44 Business Horizons 29(2001), 29-36면 참조.

70) 기업은 현대 문명사회에서 가장 중요한 기관 중 하나이다. 그렇다면 분명 어느 시점에 이르면 기업은 단지 필요최소한도로 윤리경영을 수행하는데 그치지 않고 오히려 적극적으로 한 사회의 윤리적 가치를 선도할 수 있게 되리라 본다. 우리 주위의, 그리고 해외의 실로 존경할 만한 기업과 기업가들이 보여주는 많은 감동적인 스토리들, 그리고 주주가치로부터 사회적 가치로 점차 초점을 전환해 가고 있는 최근 경영문화의 동향은 이러한 전망을 더욱 밝게 해 준다.

전환사채와 배임죄에 대한 서론적 고찰
- 에버랜드 전환사채사건을 중심으로 -

손 영 화*

Ⅰ. 서론

최근 우리나라 최대기업이라고 할 수 있는 삼성을 둘러싼 여러 가지 소송이 있었다. 그중에서도 이른바 에버랜드 전환사채사건은 종전 지배주주의 2세에게 실질적인 그룹의 경영권을 넘겨주는 행위로서 관련 이사들의 배임죄성립 여부가 다투어진 사건으로 항간의 주목을 끌었다. 전환사채라고 하는 것은 주식으로 전환할 수 있는 권리를 갖는 사채를 의미한다. 이러한 전환사채는 신주인수권부사채[1])와 더불어 경영권의

---

* 선문대학교 법과대학 교수, 법학박사

1) 삼성에스디에스 주식회사가 1999.2.26. 230억 원의 신주인수권부사채를 발행하고 같은 날 SK증권 주식회사를 통하여 신주인수권증권 3,216,738주 전체를 1주당 7,150원에 이재용, 이부진, 이서현, 이윤형과 삼성전자 주식회사의 대표이사인 이학수, 삼성물산 주식회사의 감사인 김인주(이하 '특수관계인들'이라 한다)에게 매각한 행위에 대하여 공정거래위원회가 불공정거래행위(부당지원행위)에 해당한다는 이유로 1999.10.28. 중지명령, 과징금납부명령을 하였다. 이에 삼성에스디에스가 공정거래위원회를 상대로 당해 부과처분의 취소를 구하는 소송을 제기하였다. 대법원은 원고가 특수관계인들에게 이 사건 신주인수권증권을 1주당 7,150원에 매각함으로써 특수관계인들에게 상당한 경제상 이익을 제공하여 지원행위를 하였다고 하더라도, 특수관계인들이 일정한 거래분야의 시장에 소속된 사업자라는 점을 인정할 아무런 자료가 없고, 특수관계인들이 그 소속한 시장에서 경쟁자를 배제할 만한 유리한 지위를 확보하여 공정한 거래를 저해할 우려가 있다는 점을 인정할 아무런 증거가 없으며, 이 사건 행위로 경제력의 집중이 유지·강화되고, 부의 세대간 이전이 가능해지며, 특수관계인들의 삼성계열회사에

편법상속 및 경영권의 안정화 등을 위하여 사용되어 온 면이 없지 않다. 이러한 편법에 대하여 법이 얼마나 그 실효성 있게 대처할 수 있는가 하는 것도 검토해 볼 필요가 있다.

회사의 전환사채 발행이 각종 재산범죄의 대상이나 수단으로 이용되는 경우에는 탈세·배임·업무상배임·횡령·사기 등에 해당되어 형벌적용도 가능하게 된다. 최근, 전환사채의 발행이 배임죄에 해당하는가의 여부는 최근 에버랜드 전환사채의 발행과 관련하여 활발히 논의된 바 있다. 그러나 전환사채의 발행은 회사의 자본거래2)의 일종으로 그에 대한 경영진의 결정사항은 경영판단에 해당하게 되어 기존 형법의 기준에 의하여 그 가벌성 여부를 판단하는 것은 쉬운 일이 아니다. 그러므로 전환사채의 발행 등 자본거래와 관련된 범죄의 구성요건과 위법성 판단기준 등에 대하여 보다 정치한 이론적 토대를 상법학에서 제공하지 않으면 안 된다.

이하에서는 간략하게 에버랜드 전환사채발행과 관련된 사실의 개요를 살펴본 이후 그와 관련된 법리검토를 하고자 한다.

대한 총체적인 지분율이나 지배력이 높아지고 특수관계인들을 중심으로 선단식 경영이 유지·강화될 수 있는 기반이나 여건이 조성될 여지가 있어 보인다고 하더라도 그것만으로는 공정한 거래를 저해할 우려가 있다고 보기 어려워, 법 제23조 제1항 제7호 소정의 부당지원행위에 해당하지 않는다고 판시하고 있다(대법원 2004.9.24. 선고 2001두6364 판결).

2) 회사의 자본은 크게 2가지로 나눌 수 있다. 즉, 주주들로부터 출자되어 독립된 회사의 영업을 위한 책임재산을 구성하는 자기자본과 주주 이외의 제3자로부터 이전받아 회사의 영업활동에 사용하는 타인자본으로 나눌 수 있다. 회사가 신주를 발행하는 경우, 신주의 발행가액을 얼마로 할 것이냐는 것은 기업의 물적 조직의 구성방법에 관한 문제이고 이는 기업의 설립의 자유내지는 경영의 자유에 속하는 문제로서 기업자들의 자유로운 의사결정에 맡겨야 할 사항이다(이철송, 자본거래와 임원의 형사책임, 「인권과 정의」 제359호, 2006.7, 115-116면).

II. 에버랜드 전환사채사건

1. 사실관계

피고인 1은 1993년 9월경부터 2002년 6월경까지 관광객 이용 시설업 등을 목적으로 설립된 중앙개발 주식회사(1997년 10월 1일 삼성에버랜드 주식회사로 상호를 변경하였는바, 이하 '에버랜드'라고 한다)의 대표이사로 근무하면서 에버랜드의 경영 전반을 총괄하는 업무에 종사하던 자, 피고인 2는 1993년 11월경부터 에버랜드 경영지원실장(상무이사)으로 근무하며 에버랜드의 자금조달 계획을 수립, 집행하는 등의 업무에 종사하다가 1997년 2월경 전무이사, 2001년 1월경 부사장을 각 거쳐 2002년 6월경부터 현재까지 대표이사로 근무하는 자로서, 사건발생 당시 각각 에버랜드의 대표이사와 상무이사로 근무하던 자이다.

1996년 10월 30일 에버랜드의 회의실에서 전환사채 발행을 위한 이사회 결의를 함에 있어, 17명의 이사 중 과반수에 미달하는 8명만이 참석한 상태에서, 7,700원으로 전환가액을 임의로 정하고, "표면이율: 연 1%, 만기보장수익률: 연 5%, 전환청구기간: 사채발행일 익일부터"로 발행조건을 정함으로써 실질적으로 주식과 다름이 없는 성격의 전환사채 99억 5,459만원 상당을 주주배정의 방식으로 발행하였다. 이 때, 실권시 이사회 결의에 의하여 제3자 배정 방식으로 발행할 것을 함께 결의하였다.

그 후 주주들에게 전환사채 배정기준일 통지 및 실권예고부 최고를 한 다음, 위 실권예고부 최고시 "청약기일인 1996년 12월 3일까지 위 전환사채에 대한 청약을 하지 아니하면 그 인수권을 잃는다."는 뜻을 통지하였다. 이에 전환사채 청약통지 등을 받은 기존 주주 가운데 제일제당만이 해당 전환사채(2.94%) 인수에 대한 청약을 하였고, 나머지 주주들은 모두 해당 전환사채(97.06%) 인수에 대한 청약을 하지 않았다. 1996년 12월 3일 16:00경 위 회의실에서 위 실권 전환사채 배정을 위한 이사회를 개최하여 에버랜드 1주당 7,700원 전환가액 등 전환조건을 종전 그대로 하여 이재용 등 4인에게 배정한다는 내용의 결의를 하였다. 이에 이재용 등은 1996년 12월 3일 실권 전환사채 인수대금 전액을 납입하고, 1996년 12월 17일 그 전환사채를 1주당 7,700원의 전환가격에 주식으로 전환하여 에버랜드 주식의 약 64%를 취득하게 되었다.[3)]

2. 법원의 판결

1) 원심판결[4)]

피고인들이 이재용 등에게 적은 자금으로 에버랜드의 지배권을 넘겨주기로 공모하여, 전환사채를 발행, 배정함에 있어 적법한 이사회결의를 거치지 않고 전환가격을 주식의 실제가치보다 현저히 낮은 가격인 7,700원으로 정하는 등 대표이사와 이사로서의 임무를 위배함으로써 이재용 등으로 하여금 전환사채를 인수하게 하여 그 주식 전환에 의한 발행주식 1,254,777주의 실제 가치와 전환가격과의 차액에 해당하는 가액 미상의 재산상 이익을 취득하게 하고, 에버랜드에게 같은 금액 상당의 손해를 가하였다고 인정하여 업무상 배임죄를 인정하였다.

2) 고등법원 판결[5)]

피고인들은 1996년 10월 30일 에버랜드의 회의실에서 전환사채 발행을 위한 이사회 결의를 하게 되었는데, 상법 및 정관에 의하여 재적이사 과반수의 출석과 출석이사의 과반수로 이사회 결의를 하여야 함에도 17명의 이사 중 과반수에 미달하는 8명만이 참석한 상태에서, "사채의 종류: 무기명식 이권부 무보증전환사채, 사채의 권면총액: 9,954,590,000원, 사채의 발행가액의 총액: 사채의 권면금액의 100%, 사채의 배정방법: 주주우선 배정 후 실권시 이사회 결의에 의하여 제3자 배정, 표면이

3) 서울고법 2007.5.29. 선고 2005노2371 판결.
4) 서울중앙지법 2005.10.4. 선고 2003고합1300 판결.
5) 서울고법 2007.5.29. 선고 2005노2371 판결.

율: 연 1%, 만기보장수익률: 연 5%, 전환청구기간: 사채발행일 익일부터 상환기일 직전일까지, 전환가격: 7,700원"을 주요 내용으로 하는 전환사채 발행 결의를 하였는바, 이와 같은 정족수 미달의 이사회 결의는 무효이고, 이사회 결의가 무효여서 '실권시 제3자 발행'이라는 결의내용 역시 무효이다. 또한 1996년 12월 3일 16:00경 위 에버랜드의 회의실에서 이사회를 개최하여, 에버랜드 주식의 최소한의 실제가치인 14,825원보다 현저히 낮게 위 무효인 결의에서 정한 전환가격 7,700원 그대로 인수청약이 안된 전환사채 합계 96억 6,181만 원 상당을 이재용 등에게 배정하는 결의를 함으로써, 결국 이재용 등이 1996년 12월 3일 17:00경 배정금액의 100%에 해당하는 청약증거금과 함께 청약하여 자신들에게 배정된 위 전환사채를 인수하고, 1996년 12월 17일 그 전환사채를 1주당 7,700원의 전환가격에 주식으로 각 전환하여 에버랜드 주식의 약 64%에 해당하는 합계 1,254,777주를 취득함과 아울러 에버랜드의 지배권을 인수하게 함으로써, 이재용 등으로 하여금 위 주식 발행분에 대한 에버랜드 주식의 실제가치에 해당하는 18,602,069,025원(14,825원×1,254,777주)과 이재용 등이 에버랜드에 납입한 전환사채 인수대금 9,661,810,000원의 차액인 8,940,259,025원만큼 이재용 등에게 재산상 이익을 취득하게 하고, 에버랜드에게 같은 금액 상당의 손해를 가하였다.[6)]

3) 대법원 전원합의체 판결[7)]

대법원 전원합의체 판결은 다수의견, 별개의견 및 반대의견으로 나누어진다. 아래에서는 각 의견의 개요에 대하여 전환사채의 발행과 관련된 배임죄의 논의의 범위 내에서 논점별로 간략히 살펴보고자 한다.

---

6) 서울고법 2007.5.29. 선고 2005노2371 판결.

7) 대법원 2009.5.29. 선고 2007도4949 전원합의체 판결.

(1) 전환사채 발행시 이사의 임무

a) 다수의견

주주 배정의 방법으로 신주를 발행하는 경우 원칙적으로 액면가를 하회하여서는 아니 된다는 제약 외에는 주주 전체의 이익, 회사의 자금조달의 필요성, 급박성 등을 감안하여 경영판단에 따라 자유로이 그 발행조건을 정할 수 있다고 보아야 하므로, 시가보다 낮게 발행가액 등을 정함으로써 주주들로부터 가능한 최대한의 자금을 유치하지 못하였다고 하여 배임죄의 구성요건인 임무위배, 즉 회사의 재산보호의무를 위반하였다고 볼 것은 아니다.

그러나 주주배정의 방법이 아니라 제3자에게 인수권을 부여하는 제3자 배정방법의 경우, 제3자는 신주 등을 인수함으로써 회사의 지분을 새로 취득하게 되므로 그 제3자와 회사와의 관계를 주주의 경우와 동일하게 볼 수는 없다. 제3자에게 시가보다 현저하게 낮은 가액으로 신주 등을 발행하는 경우에는 시가를 적정하게 반영하여 발행조건을 정하거나 또는 주식의 실질가액을 고려한 적정한 가격에 의하여 발행하는 경우와 비교하여 그 차이에 상당한 만큼 회사의 자산을 증가시키지 못하게 되는 결과가 발생하는데, 이 경우에는 회사법상 공정한 발행가액과 실제 발행가액과의 차액에 발행주식수를 곱하여 산출된 액수만큼 회사가 손해를 입은 것으로 보아야 한다. 이와 같이 현저하게 불공정한 가액으로 제3자 배정방식에 의하여 신주 등을 발행하는 행위는 이사의 임무위배행위에 해당하는 것으로서 그로 인하여 회사에 공정한 발행가액과의 차액에 상당하는 자금을 취득하지 못하게 되는 손해를 입힌 이상 이사에 대하여 배임죄의 죄책을 물을 수 있다.

b) 별개의견

이사는 회사에 필요한 만큼의 자금을 형성하면 될 뿐 그 이상 가능한 한 많은 자금을 형성하여야 할 의무를 지는 것은 아니고, 또 회사에 어느 정도 규모의 자금이 필요한지, 어떠한 방법으로 이를 형성할 것인지는 원칙적으로 이사의 경영판단에 속하는 사항이다.

신주발행에 의한 자금형성의 과정에서 신주를 저가 발행하여 제3자에게 배정하게 되면 기존 주주의 지분율이 떨어지고 주식가치의 희석화로 말미암아 구주식의 가치도 하락하게 되어 기존 주주의 회사에 대한 지배력이 그만큼 약화되므로 기존 주주에게 손해가 발생하나, 신주발행을 통하여 회사에 필요한 자금을 형성하였다면 회사에 대한 관계에서는 임무를 위배하였다고 할 수 없고, 신주발행으로 인해 종전 주식의 가격이 하락한다 하여 회사에 손해가 있다고 볼 수도 없으며, 주주의 이익과 회사의 이익을 분리하여 평가하는 배임죄의 원칙상 이를 회사에 대한 임무위배로 볼 수 없어, 배임죄가 성립한다고 볼 수 없다.

c) 반대의견

주주 배정방식인지 제3자 배정방식인지에 따라 회사의 이해관계 및 이사의 임무 내용이 달라지는 것이므로, 회사에 대한 관계에서 위임의 본지에 따른 선관의무상 제3자 배정방식의 신주 등 발행에 있어 시가발행의무를 진다.

(2) 제3자 배정방식의 전환사채발행의 판단기준

a) 다수의견

신주 등의 발행에서 주주 배정방식과 제3자 배정방식을 구별하는 기준은 회사가 신주 등을 발행하는 때에 주주들에게 그들의 지분비율에 따라 신주 등을 우선적으로 인수할 기회를 부여하였는지 여부에 따라 객관적으로 결정되어야 할 성질의 것이지, 신주 등의 인수권을 부여받은 주주들이 실제로 인수권을 행사함으로써 신주 등을 배정받았는지 여부에 좌우되는 것은 아니다.

b) 반대의견

주주 배정방식으로 발행되는 것을 전제로 하여 신주 등의 발행가액을 시가보다 현저히 저가로 발행한 경우에, 그 신주 등의 상당 부분이 주주에 의하여 인수되지 아니하고 실권되는 것과 같은 특별한 사정이 있는 때에는, 그와 달리 보아야 한다.…대량으로 발생한 실권주를 제3자에게 배정하는 것은, 비록 그것이 주주 배정방식으로 발행한 결과라고 하더라도, 그 실질에 있어 당초부터 제3자 배정방식으로 발행하는 것과 다를 바 없고, 이를 구별할 이유도 없기 때문이다.

(3) 실권주처리와 전환사채의 발행조건

a) 다수의견

상법상 전환사채를 주주 배정방식에 의하여 발행하는 경우에도 주주가 그 인수권을 잃은 때에는 회사는 이사회의 결의에 의하여 그 인수가 없는 부분에 대하여 자유로이 이를 제3자에게 처분할 수 있는 것이다.…주주배정의 방법으로 주주에게 전환사채인수권을 부여하였지만 주주들이 인수청약하지 아니하여 실권된 부분을 제3자에게 발행하더라도 주주의 경우와 같은 조건으로 발행할 수밖에 없고, 이러한 법리는 주주들이 전환사채의 인수청약을 하지 아니함으로써 발생하는 실권의 규모에 따라 달라지는 것은 아니다.

b) 반대의견

일반적으로 동일한 기회에 발행되는 전환사채의 발행조건은 균등하여야 한다고 해석된다. 그러나 주주에게 배정하여 인수된 전환사채와 실권되어 제3자에게 배정되는 전환사채를 '동일한 기회에 발행되는 전환사채'로 보아야 할 논리필연적인 이유나 근거는 없다. 실권된 부분의 제3자 배정에 관하여는 다시 이사회 결의를 거쳐야 하는 것이므로, 당초의 발행결의와는 동일한 기회가 아니라고 볼 수 있다. 그 실권된 전환사채에 대하여는 발행을 중단하였다가 추후에 새로이 제3자 배정방식으로 발행할 수도 있는 것이므로, 이 경우와 달리 볼 것은 아니다.

III. 대상판결의 검토

1. 쟁점사항의 정리

본 사안의 법적 쟁점으로서 이사의 임무위반에 따른 배임죄와 관련하여 우선 다음과 같은 것을 들 수 있다. ① 제3자에 대한 전환사채발행시 이사의 의무는 무엇인가 하는 것이다. ② 실권주처리의 방법과 관련한 이사의 의무이다. ③ 제3자방식의 전환사채 저가발행에 있어서 회사의 손해이다. 그러나 그밖에도 여러 가지 의문이 되는 내용들이 다수 존재한다. 이에 대하여는 항을 나누어 검토해 보고자 한다.

2. 전환사채의 주주에의 발행과 제3자에 대한 발행의 이동

우선, 다수의견과 반대의견 모두 공히 전환사채[8]를 주주에게 발행하는 경우에는 액면가 이상이기만 하면 시가(또는 공정가액[9])에 의한 발

8) 이사회가 발행하는 전환사채에 대하여 주주에게 우선적으로 인수할 권리가 있는가에 대하여 다툼이 있으나 전환사채는 주식으로의 전환이 예정된 것으로 신주인수권에 대하여 주주에게 우선적 권한이 인정되어 있는 것과 마찬가지로 전환사채의 경우에도 주주에게 우선 배정권이 있다고 할 것이다(동지: 정쾌영, 연구논문: 실권된 주식, 전환사채의 제3자 배정에 관한 문제점, 「상사판례연구」 제22집 제4권, 2009, 240면). 우리 상법은 제3자에게 전환사채를 발행하는 경우 그 발행의 액, 전환의 조건, 전환으로 인하여 발행할 주식의 내용과 전환청구기간에 관하여 정관에 규정이 없으면 주주총회의 특별결의로써 하도록 정하고 있고(513조 3항), 2001년 7월 24일 개정에서는 그 경우, 신기술의 도입·재무구조의 개선 등 회사의 경영상 목적을 달성하기 위한 필요가 있을 것을 요건으로 규정하고 있다(513조 3항 2문→418조 2항 단서).

9) 공정가액 즉, 공정한 발행가액은 시장가격을 기준으로서 정해야 한다. 통상 시장가격은 주식회사의 자산의 내용·수익력 및 시황 등을 고려한 기업의 객관적 가치를 반영하고 있다고 생각할 수 있기 때문이다. 다만, 신주발행 회사가 비정상인 투기의 대상(주식 매점이나 업무제휴의 소문에 의한 투기적인 기대)이 되어 그 시장가격이 일시적으로 상승하여 회사의 자산내용을 적절히 반영하고 있지

행을 하지 아니하더라도 다시 말해 시가보다 현저히 낮게 발행한 경우에도 배임죄를 구성하지 않는다고 한다. 이와는 달리 제3자에게 전환사채를 발행하는 경우에는 시가(또는 공정가액)로 발행하지 않으면 안 되고, 시가(또는 공정가액)에 현저하게 낮은 가격으로 전환사채를 발행한 경우에는 배임죄를 구성한다고 한다.

상법에는 제3자 배정방식의 전환사채의 발행의 경우 그 발행가액, 전환조건, 전환주식의 내용과 전환청구기간에 관하여 정관에 규정이 없으면 주주총회의 특별결의에 의하여 이를 정하도록 하고 있다(513조 3항).[10] 구체적인 발행가액과 관련한 규정은 없다.

우선, 판례에서 주주에 대한 전환사채의 발행시에는 시가(또는 공정가액)에 현저히 낮은 저가발행을 인정하면서 제3자에 대한 전환사채 발행의 경우에는 시가(또는 공정가액)에 현저히 낮은 저가발행을 용인하지 않는가 하는 것이다. 주주에 대한 저가발행의 경우에는 주주의 기존 주식가치가 희석화되는 경우에도 주주에게 손해가 발생하지 않기 때문이라고 할 것이다. 그러나 주식의 시가가 액면가를 초과하는 상황에서 전환의 조건을 등가전환으로 한다면 주주 이외의 자에게 특히 유리한 가액으로 신주를 발행하는 것과 같으며, 반사적으로 기존 주주의 이익을 해치게 된다.[11] 이와 같이 해석하는 경우에는 주식회사의 주주의 손익이 회사의 손익이 된다고 할 수 있다. 이에 대해서는 회사의 손익과 주주의 손익을 확실히 구분하지 못한데서 오는 논리의 혼동이라고 하는 견해가 있다.[12]

않는 경우에는 시장가격을 기준으로 하지 않는 것이 인정된다(ソニーアイワ事件, 昭和 47年 4月 27日).

10) 주주 아닌 자에게 전환사채를 발행한 경우에는 주주총회의 특별결의를 요하게 함으로써 사채발행에 관한 이사회의 결정권(상법 469조) 그리고 주주의 신주인수권(상법 418조 1항)을 조화시키고 있다(이철송, 「회사법강의」(박영사, 2010), 842면). 한편, 상법은 제3자에게 신주인수권부사채를 발행하는 경우에도 그 발행가액, 신주인수권의 내용과 행사기간에 관하여 정관에 규정이 없으면 주주총회의 특별결의에 의하여 이를 정하도록 하고 있다(상법 516조의 2 4항).

11) 이철송, 앞의 책, 844면.

12) 이종훈, 전환사채의 저가발행과 관련한 이사의 배임죄 성립여부 – 대법원 2009.5.29.

제3자에 대한 현저한 저가발행의 경우 주주에게 손해가 발생함은 의문의 여지가 없다. 이 경우 회사에 손해가 발생한다고 볼 것인가가 문제된다. 이에 대해서는 다툼이 있다. 동 사안에 있어서 대법원 다수의견은 회사의 손해와 주주의 손해를 구분하면서도 제3자에 대한 현저한 저가발행에 대하여 회사에 손해가 발생하였다고 해석하였고(이른바 차액설), 별개의 의견은 제3자에 대한 현저한 저가발행은 자본거래로서 구주주에게는 주식가치의 희석화로 말미암아 구주식의 가치하락이나 회사에 대한 지배력이 약화되는 손해가 발생하나 회사에는 손해가 발생하지 않는다고 한다(이른바 자본거래설).[13] 더 나아가 제3자에 대한 전환사채 발행뿐 아니라 주주에 대한 전환사채 발행의 경우에도 시가(또는 공정가액)에 현저히 낮은 가액으로의 발행은 회사에 손해가 발생한다는 견해도 있다.[14]

원칙적으로 회사의 이사는 전체로서의 기존 주주의 이익을 위하여 업무를 집행하여야 한다고 해석할 수 있고, 회사의 손익의 궁극적인 귀속주체가 주주임을 생각할 때, 제3자에 대하여 현저히 낮은 가액으로 전환사채를 발행하는 것은 회사에 손해를 발생시켰다고 해석할 수 있을 것이다.[15][16][17] 이는 추후에 자세히 살펴보겠지만 회사의 업무집행

선고 2007도4949 판결을 중심으로, 「경영법률」 제20집 제1호, 2009.10, 362면.

13) 이철송, 자본거래와 임원의 형사책임, 「인권과 정의」 제359호, 2006, 107면. 자본거래설에 의하면 당연히 배임죄는 부정되겠지만, 차액설의 경우에도 본인의 손해를 통해 이익을 얻는 주체가 없을 것이기 때문에 특별한 사정이 없는 한, 이익을 얻은 주체가 없다는 이유로 인하여 형법상 업무상배임죄는 성립될 수 없을 것이다(이종훈, 앞의 논문, 365면).

14) 이종훈, 앞의 논문, 364면. 저자는 각주 40)에서 최기원, 「신회사법론」(박영사, 2009), 818면 등을 인용하고 있다. 그러나 최기원 교수님은 "이 경우에도 발행가액이 현저하게 불공정하고 이사와 대주주가 통모한 때에 대주주의 책임이 인정된다고 본다"고 기술하여 주주에 대한 전환사채 저가발행에 있어서 이사와 대주주에 대한 책임을 인정하고 있다.

15) 상법학계에서는 대부분 제3자배정에 의한 저가발행이더라도 회사에는 손해가 발생하지 않는다는 입장이다. 회사재산에는 순증이 있을 뿐이라고 하거나 회계처리상 부채가 자본 및 자본준비금으로 전환될 뿐 회사의 자산에 변동이 없다는

과 관련된 이사의 책임을 구체적으로 어떻게 볼 것인가의 문제로 귀결되는 것이라 할 것이다.

3. 제3자에 대한 전환사채 발행시 이사의 의무

이사가 제3자에게 전환사채를 발행하는 경우 부담하는 의무는 무엇일까? 전환사채 발행과 관련하여 이사가 부담하는 선관주의의무란 전환사채 발행목적이나 수단 내지 방법이 합리적이고 적법하게 이루어지도록 하고 발행과정에서 회사나 주주 또는 채권자에게 손실이 발생하지 않도록 할 추상적·포괄적 의무를 말한다고 할 것이다.[18] 즉, 제3자에게 전환사채를 발행할 경우에는 우선 회사에 전환사채 발행과 관련한 자금필요성 등이 존재해야 하고, 이 경우 전환사채 발행가액이 적정하여야 할 것이다.[19]

것이다(송옥렬, 이사의 민사책임과 형사책임의 판단기준, 「상사판례연구(Ⅵ)」(박영사, 2006.3), 87면 이하; 윤영신, 전환사채의 저가발행에 대한 이사의 배임죄 성부, 「민사판례연구」 제29권, 2007, 333면; 이철송, 자본거래와 임원의 형사책임, 「인권과 정의」 제359호, 2006.7, 104면; 정찬형, 전환사채의 발행과 관련한 몇 가지 문제점, 「고려법학」 제43호, 2004.11, 262면).

16) 이에 대하여 "전체로서의 기존 주주의 이익을 위하여야 한다는 것을 이사의 임무라고 정면으로 인정하면 어떠했을까?"라는 견해도 있다(최문희, 경영자의 배임죄와 이사의 의무: 전환사채의 저가발행 판례를 소재로 하여, 「저스티스」 통권 제112호, 2009.8, 71면).

17) 판례는 이사가 주주에 대한 사무를 처리하는 자라는 것을 인정하지 않는 입장이다. 그러나 특정인을 타인의 수임인으로 볼 필요가 있다면 계약관계가 존재하지 않더라도 이사의 의무는 인정할 수 있다고 하여 이를 인정하는 견해도 있다(김건식, 회사법상 충실의무법리의 재검토, 「21세기 한국 상사법학의 과제와 전망 – 심당 송상현 선생화갑기념논문집」, 2002, 158면).

18) 조승현, 전환사채의 불공정한 저가 발행의 법적 문제점, 「민주법학」 통권 제35호, 2007.12, 289면.

19) 동지: 이훈종, 전환사채의 저가발행과 배임죄에 관한 판례평석 – 삼성에버랜드 주식회사의 전환사채발행을 중심으로 –, 「한양법학」 제21권 제1집, 2010.2, 451면; 영리를 목적으로 하는 법인은 적어도 자신에게 손해가 발생하지 않을 정도의 시

이와 관련하여 자본거래설(별개의견)에 의하면 이 경우 이사가 특별히 부담하는 의무가 없게 되는 결과가 발생한다. 자본거래설이 일응 논리정합적인면도 존재한다. 그러나 회사의 소유자가 주주라고 볼 때, 주주의 손익과 괴리된 회사의 운영이라는 것을 생각하기 어렵다. 판례의 다수의견 및 반대의견(차액설)에 의하면 이사는 적어도 시가(또는 공정가액)로 전환사채를 발행하지 않으면 안 된다. 시가(또는 공정가액)란 일응 전환사채 발행시 시가의 90% 이상의 가격이면 이를 인정할 수 있을 것으로 생각된다.[20]

4. 실권주 처리방법과 이사의 의무

주주들에게 시가보다 저렴하게 전환사채를 발행하였지만 대량의 실권주[21]가 발생한 경우 그 실권주 처리를 어떻게 하는 것이 이사의 선관주의의무(상법 382조 2항) 및 충실의무(상법 382조의 3)[22]에 적합한 것일까.

가 또는 적정가액에 따라 보유하던 주식을 처분하여야 한다(서울고등법원 2003. 11.20. 선고 2002나6595 판결).

20) 일본의 경우에는 일본증권업협회의 제3자 할당증자의 유리발행의 해당성에 관한 자주규칙에 의하여 이를 해결하고 있다. 종래에는 즉, 1989년 8월 8일 개정에 의하여「이사회결의의 직전일의 종가 또는 직전일을 마지막 날로부터 6개월 이내의 임의의 날을 초일로 하는 기간의 종가평균에 0.9를 곱한 가액」이상으로 한다고 하는 산정방법을 정하고 있었다(丹羽昇一,『時価發行增資に關する考え方』の一部改定,「商事法務」第1191号, 1989, 26면 참조). 그 후, 2004년 3월에 이 규칙은 원칙적으로 발행결의 직전의 주가를 기준으로 하도록 개정되었다. 그러나 사정에 따라 6개월 이내의「적당한 기간」의 주가평균을 취하는 처리도 인정하고 있다.

21) 종래에는 실권주 등을 임직원 등에게 배정하는 것이 우리나라 주식회사의 관행으로 되어 왔으며, 학설도 이를 인정하는 것이 일반적이다. 그 결과 이러한 실권주 등이 적대적 M&A에 대한 방어수단이나 지배권의 승계, 상장폐지 회피수단으로 이용되어 왔던 것이다(정쾌영, 앞의 논문, 222면).

22) 미국법상으로는 이사들이 회사에 대하여 충실의무(a fiduciary duty)를 부담함은 물론 지배주주도 특정한 상황에서는 충실의무를 부담한다(Robert C. Clark, Corporate Law(Boston: Little, Brown and Company, 1986), 141면). 지배주주의 충실의무에

에버랜드 전환사채사건의 경우 그 발행과 행사가 1996년에 이루어졌다. 당시에는 상법상 주주 외의 자에게 전환사채를 발행하는 경우 경영상 목적을 달성하기 위하여 필요한 경우에 한정한다는 취지의 규정은 존재하지 아니하였다. 즉, 2001년 7월 상법개정에 의하여 전환사채를 제3자에게 발행하는 경우 신기술의 도입, 재무구조의 개선 등 회사의 경영상 목적을 달성하기 위하여 필요한 경우에 한한다는 규정이 신설되었다(513조 3항 2문→418조 2항 단서). 한편, 이사에 대한 충실의무도 1998년 12월 28일 상법개정에서 신설된 조항이다. 그러므로 에버랜드 전환사채사건의 경우 제3자에 대한 전환사채의 발행(즉, 실권주처리의 방법)은 이사의 선관주의의무에 위배된 발행인가의 여부를 살펴보아야 한다.

우리 상법상 주주에게 배정된 신주 등을 주주가 인수하지 아니함으로써 생기는 실권주의 처리에 관하여는 특별한 규정이 없다. 그러므로 이사는 그 부분에 해당하는 신주 등의 발행을 중단하거나 동일한 발행가액으로 제3자에게 배정할 수 있다. 에버랜드 전환사채사건에서는 전환사채의 발행가가 현저한 저가발행이었고, 실권주가 발행주식의 97.06%라는 매우 기형적인 모습을 보이고 있다. 대법원의 다수의견은 이 경우에도 "단일한 기회에 발행되는 전환사채의 발행조건은 동일하여야 (함을 이유로…) 실권된 부분을 제3자에게 발행하더라도 주주의 경우와 같은 조건으로 발행할 수밖에 없고, 이러한 법리는 주주들이 전환사채의 인수청약을 하지 아니함으로써 발생하는 실권의 규모에 따라 달라지는 것은 아니다"고 설시하고 있다. 그러나 다수의견과 같이 해석하게 되는 경우에는 매우 기형적인 회사의 운영이 가능하고, 편법적인 부의 세습을 가능하게 할 것이다. 대법원의 반대의견의 주장이 보다 합리적이다. 반대의견은 "실권된 부분의 제3자 배정에 관하여는 다시 이사회 결의를 거쳐야 하는 것이므로, 당초의 발행결의와는 동일한 기회가 아니라고 볼 수 있다. 그 실권된 전환사채에 대하여는 발행을 중단하였다

관하여는 손영화, 모자회사간 이익충돌행위에 대한 규제: 지배주주의 충실의무론을 중심으로, 「법조」 제53권 제2호 통권 제569호, 2004.2, 72면 이하 참조.

가 추후에 새로이 제3자 배정방식으로 발행할 수도 있는 것이(다)"고 하고 있다. 주주에 대한 전환사채의 발행에서 실권주가 대량으로 발생한 경우 그리고 그 전환사채의 발행가가 현저한 저가발행인 경우 예외적으로 주주들이 인수할 때와 동일한 가격으로 제3자에게 전환사채를 배정해야할 경영상의 목적이 존재하는 경우(예를 들어 회사의 자금사정이 어려워 신속하게 자금을 조달해야만 할 급박한 경영상의 필요가 있는 경우)는 예외[23]로 하더라도 그렇지 않은 경우에는 제3자에 대한 전환사채의 발행을 새로이 하여야 할 것이다. 물론, 이 경우에도 은행 등의 차입에 의하여 회사가 대처할 수 있는가의 여부 등 이사의 선관주의 의무 위반 여부에 대한 평가가 필요하다.

또한, 에버랜드 전환사채사건에서는 실권된 전환사채의 수량이 회사 지배구조의 변화를 초래하는 대량이었다.[24] 대량의 실권주가 발생한 경우 이사회는 실권주를 재차 주주들이 인수하도록 통지할 것인지, 실권주의 발행을 유보하고 나중에 실권주를 발행하는 것이 유리한 것인지, 실권주를 제3자에게 배정할 필요가 있는지를 검토할 필요가 있다.[25] 이러한 검토를 통하여 가장 합리적인 방법으로 회사에 이익이 되는 방향으로 실권주를 처리하여야 한다. 에버랜드 전환사채사건에서는 이사회가 이에 대한 검토 없이 지배주주의 자녀에게 저가로 실권주를 배정하였다. 그러한 실권주의 배정에는 회사의 경영상 목적을 달성하기 위하여 필요한 사유도 특별히 보이지 않는다. 적어도 고율의 상속세를 회피하기 위하여 제3자인 대주주의 자녀에게 전환사채를 발행한 경우에는 경영상의 목적을 달성하기 위하여 전환사채를 발행한 것은 아니라고 할 수 있다.[26] 이 경우 이사들은 회사에 대한 임무를 해태한 것이다.[27]

23) 회사를 위하여 직무를 수행할 권한과 의무를 갖고 있는 이사는 회사의 경영상의 목적을 달성하기 위하여 필요한 경우에만 제삼자에게 전환사채를 발행할 수 있다(최기원, 전환사채발행의 무효, 「상사판례연구(Ⅵ)」(박영사, 2006), 177면).

24) 실권된 양이 소량인 경우라 하더라도 주주배정을 전제로 한 낮은 가액으로 처분할 수 있는 근거는 없다고 하면서 발행가액을 주식의 시가를 고려해 상향조정하여 제3자에게 배정하여야 한다는 견해도 있다(정쾌영, 앞의 논문, 250면).

25) 이훈종 앞의 논문, 452면.

Ⅳ. 주식회사 이사의 책임에 대한 재검토

회사는 주주와는 별개로 법인격을 갖고 있다. 주식회사의 이사는 회사에 대하여 선관주의의무 등을 부담한다. 그러나 회사의 손익은 주주에게 귀속한다. 이와 같은 관계에서 이사의 회사에 대한 의무와 전환사채의 제3자 배정에 따른 주주의 손해에 대한 이사의 책임문제 등에 혼란이 온 것이라고 할 수 있다.

이하에서는 우리 대법원의 다수의견과 반대의견이 공통으로 갖고 있는 입장을 존중하며, 또한 판례상 설명하기 어려운 모든 문제에 대하여 상법학자의 시각에서 회사의 주주와의 별개의 법인성에 따른 여러 가지 문제를 합리적으로 해결할 수 있는 방향을 간략히 정리해 보고자 한다.

1. 이사의 선관주의의무 등의 합리적 해석 방향(원칙론)

이사는 회사에 대하여 선관주의의무와 충실의무를 부담한다. 통설은 이사의 이러한 의무는 회사에 대한 의무라고 한다.[28] 한편, 회사의 소유자는 주주이다. 주주는 회사의 손익의 최종적인 귀속주체라고 할 수 있다. 그러므로 일반적으로 이사가 회사에 대하여 지는 의무의 이행은 주주에게 이익이 되는 방향으로 회사를 운영하는 것이라고 할 수 있다.[29][30] 그러므로 전환사채의 제3자 배정에 따른 이사의 선관주의의무

---

26) 서울고법 2008.10.10. 선고 2008노1841 판결.

27) 이훈종 앞의 논문, 452면.

28) 회사법의 규정으로는 이사가 선관주의의무·충실의무를 져야 할 대상은 회사로 되어 있는 점이다. 그러나 주주우선론의 입장에서는 거기서 말하는 회사가 주주를 가리키는 것이라고 해석하게 되기 때문에 특히 해석상 곤란한 문제가 생길 것은 없다(落合誠一, 敵對的買收における株主とステークホルダー利益の對立問題, 「DIR 経營戰略硏究」 Vol. 7, 2006.1 新年特別号, 14면).

29) 회사란 법적 편의를 위해 인격의 주체로 의제된 것에 지나지 않고 실질적으로는 주주가 소유자로서, 회사와 주주는 이해의 동질성을 가진다(이철송, 자본거래와

의 위반을 논하는 경우 원칙적으로 회사의 손해가 발생했느냐의 여부는 주주에게 손해가 발생했느냐의 여부에 의하여 판단하지 않으면 안된다. 이렇게 해석하는 것이 법적 원리에 의하여 회사와 분리되었으나 실질적으로는 회사의 소유자인 주주들의 현실적인 보호필요성과 경제원리 내지 상사법원리와의 조화를 이룰 수 있는 것으로 생각된다.[31)]

다른 또 하나의 해석방법은 이사가 선관주의의무와 충실의무를 부담하는 대상에 회사와 더불어 주주를 포함시키는 방법이다. 이는 회사의 실질상의 주인이 주주인 것을 전제로 하는 해석이다. 그러나 해석론에 의하여 이사에게 주주에 대한 배임죄의 책임을 묻기에는 한계가 있다. 그러므로 상법상의 특별배임죄에 대한 규정을 개정하여 주주에 대한 책임을 명확히 하는 것이 바람직하다.[32)]

이상과 같이 해석하는 경우에는 에버랜드 전환사채사건에 있어서 시가(또는 공정가액)보다 현저히 낮은 저가발행에 따라 주주에게 발생한 희석화 손해 등은 ① 회사에 발생한 손해라고 볼 수 있고, ② 회사에 발생한 손해라고 볼 수 없는 경우에도 주주에게 발생한 손해로 볼 수 있어 이사에게 선관주의의무 내지 충실의무 위반에 따른 책임을 부과할 수 있을 것이다.

임원의 형사책임, 「인권과 정의」 제359권, 2006.7, 106면).

30) 주식회사제도에 있어서 주주의 이익을 대표하는 기구로서 이사회를 평가할 수 있고, 주주재산의 수탁자인 경영자는 이익추구책임과 경영행동에 관한 설명책임을 부담하는 것으로 된다(保見明博/丸山智由, コーポレートガバナンス～效率性と健全性の觀点からの分析, 「Best Value」 vol. 6, 2004.7, 1면). http://www.vmi.co.jp/info/bestvalue/pdf/bv06/bv06_02.pdf

31) 「주주는 법적 원리에 의하여 회사와 분리되긴 했으나 실질적으로는 회사의 소유자이고 경영자들은 주주로부터 경영을 위임받은 관계인 것이다. 이렇듯 주주보호의 필요성은 현실적으로 요구되고 있으나 이는 경제원리 내지 상사법원리와도 조화를 이루어야 할 것이다」(이재진, 배임죄에 관한 연구, 한양대학교 박사학위논문, 2010.2, 220면).

32) 회사법 관계에서 회사가 형해화 되고 경영기법은 첨단으로 발전하고 있음에 비하여 주주들의 보호는 취약한 점에 비추어 주주를 회사와 마찬가지로 보호할 수 있도록 규정을 마련하는데 기본적으로는 찬동한다(이재진, 앞의 논문, 239면).

2. 원칙에 대한 예외론

한편, 회사를 둘러싼 수많은 이해관계자가 존재한다. 그러므로 회사의 법인격이라고 하는 별개의 법인성은 수많은 이해관계자의 이익을 위하여 때로는 엄격하게 해석하지 않으면 안 된다. 이와 같이 예외적으로 회사의 법인성을 논할 실익이 있는 경우에는 이사의 회사에 대한 의무가 주주의 이익을 위하여 회사를 운영하여야 한다는 일반적 원칙[33]에 대한 예외를 구성하는 것이다. 또한 회사의 주주간에 이해상충의 문제가 발생하는 경우 역시 일반적 원칙에 대한 예외가 발생하는 경우라고 할 것이다. 적어도 ① 회사 지배권의 다툼이 있는 경우, ② 회사가 도산하거나 정리절차가 진행되고 있는 경우 또는 그럴 가능성이 매우 높은 경우, ③ 회사가 지급불능상태에 빠진 경우 등에 있어서는 주주의 이익을 회사의 이익으로 볼 수 없다. ①의 경우에는 주주의 이익이 아닌 회사 자체의 이익 내지 중립적인 견지에서의 회사경영이 필요하고, ②나 ③의 경우에는 주주유한책임의 한계에서 당연히 주주가 아닌 회사채권자의 이익이 우선될 수밖에 없다. 다만, 주주나 채권자의 이익이 우선되는 경우에 있어서도 회사의 존립 및 발전이라고 하는 대원칙에 반하는 경우에는 이 대원칙이 보다 우선한다고 해석하여야 할 것이다.

또한 1인회사의 경우에는 일반적인 회사와 달리 회사법의 기관구조시스템과 이사의 책임추궁시스템이 원활히 작동하기 어려우므로, 또한 1인회사의 재산은 채권자를 위한 담보재산이 되므로 1인회사에 대해서는 보다 엄격하게 주주의 손익과 회사의 손익을 구분하여 살펴볼 필요가 있다. 다시 말해, ④ 1인회사의 경우에는 주주의 손익을 바로 회사의 손익으로 볼 수 없다. 그러므로 1인 회사의 경우 회사에 손해가 발생하면 결국 1인주주가 손해를 입으니까 배임죄의 성립을 인정할 수 없다는 논리는 타당성이 없는 것이다. 또한 1인회사의 자기거래의 경우에도 이

33) 이러한 일반적 원칙의 연장선에서 주주의 이익(또는 손실)은 회사의 이익(또는 손실)로 볼 수 있다.

사회승인을 요구하여야 하는가와 관련하여 승인필요설[34]과 승인불요설[35]의 대립이 있는데, 승인필요설이 타당하다고 할 것이다.

V. 결론

이상에서 에버랜드의 전환사채사건을 중심으로 전환사채의 발행과 배임죄의 문제에 대하여 살펴보았다.

전환사채라고 하는 것은 주식으로 전환될 수 있는 사채로서, 잠재적 주식성을 갖고 있는 사채이다. 그러므로 이러한 전환사채는 원칙적으로 주주에게 배정하지 않으면 안 된다. 상법 제513조를 문리해석하면 이사회의 결의로 제3자에 대한 배정을 할 수 있는 것으로 해석되나, 이러한 해석은 상법의 입법연혁을 살펴보거나 비교법적으로 살펴보아도 신주인수권에 대하여 주주에게 우선적 인수권을 부여하고 있는 경우에는 전환사채의 경우에도 주주에게 우선적 인수권을 부여하는 것이 타당하다. 2001년 제513조의 개정에 있어서 주주 이외의 제3자에 대한 전환사채의 발행은 전관규정이 있거나 주주총회의 특별결의를 거쳤다 하더라도 신기술 도입, 재무구조의 개선 등 회사의 경영상의 목적을 달성하기 위하여 필요한 경우에 한하여 할 수 있도록 한 것은 간접적이지만 주주에게 전환사채에 대한 우선적 인수권이 있음을 명확히 한 것으로 보인다.[36]

제3자에게 전환사채를 배정할 수 있는 경우에는 신기술의 도입, 재무구조의 개선 등 회사의 경영상 목적을 달성하기 위하여 필요한 경우에 한정된다(상법 제513조 제3항 단서). 이 경우에도 그 발행할 수 있는 전

34) 김용덕, 개인기업적인 회사와 이해관계인들 상호간의 이해조정에 관련된 제문제에 관한 판례의 동향, 「민사판례연구(XX)」(박영사, 1998), 578-579면; 이철송, 앞의 책, 652-653면; 정찬형, 「상법강의(상)」(박영사, 2009), 890면.

35) 日最高裁 1974.9.26. 判例時報 第760号, 93면.

36) 박준하, 轉換社債 發行에서의 株主保護에 관한 硏究, 한양대학교 석사학위논문, 2008.2, 57·59면 참조.

환사채의 액, 전환의 조건, 전환으로 인하여 발행할 주식의 내용과 전환을 청구할 수 있는 기간에 관하여 정관에 규정을 두거나 규정이 없으면 주주총회의 특별결의에 의하여야 한다(동 본문). 제3자에게 전환사채를 시가(또는 공정가액)보다 현저히 낮은 저가발행을 하는 경우 이에 대하여 상법 및 형법에서 이사의 행위를 규제하여야 하는 것은 당연하다. 전환사채 발행의 공정성은 이사의 선관주의의무 내지 충실의무에 대한 심사를 통한 정당화요건에 의하여 확보하지 않으면 안 된다.[37]

본 논문에서는 에버랜드전환사채사건을 중심으로 이사의 책임을 추궁하기 위한 합리적인 방향성을 제시해 보고자 하였다. 이사의 선관주의의무 및 충실의무의 합리적인 해석에 의하여 그리고 입법적인 보완책을 제시해 보았다. 기본적으로 회사와 주주에 대한 이사의 의무를 확인함으로써 이를 해결할 수 있을 것으로 생각된다. 그러나 예외적인 경우도 존재하므로 보다 정치하게 이론을 정립해 나가야 할 필요성을 느낀다. 이에 대하여는 추후 연구를 통하여 보완하고자 한다.

37) 유영일, 주주의 신주인수권에 관한 연구-입법론 및 전환사채에 대한 주주의 우선인수권 문제를 중심으로-, 「企業法硏究」 제15권, 2003, 156면; 이동승, 재벌의 경영권세습에 관한 회사법적 연구, 「企業法硏究」 제19권 제4호, 2005, 126면.

기업규제의 패러다임전환*
- 내부통제시스템을 중심으로 -

곽 관 훈**

Ⅰ. 시작하며

기업에 대한 규제는 크게 조직규제적인 측면과 행위규제적인 측면으로 나누어 볼 수 있다. 조직규제는 조직 내부적 측면에서 이루어지는 규제로서 기업지배구조와 관련된 것이다. 즉, 소유와 경영의 분리에 따른 대리인비용의 최소화를 위해 조직구성 및 권한분배 등에 중점을 두는 규제이다. 주로 상법을 비롯한 조직관련 법률 등을 통해 이루어지고 있다. 이에 대해 행위규제는 상거래와 같이 외부로 표현되는 기업행위에 대한 규제라고 할 수 있다. 국가는 지향하는 목적달성을 위해 개별 경제주체들에게 다양한 작위·부작위의무를 부과하고 있으며, 이를 위반하는 경우 엄격한 제재를 부과하고 있다. 따라서 기업에 대한 행위규제는 일정한 목적달성을 위해 제정된 다양한 행정관련 법률들에 의해 이루어지고 있다.

기업에 대한 이러한 규제들은 그 방식에 있어 다소 차이가 있기는 하지만 기업의 법률위반행위나 부정행위를 사전에 억지하고자 하는 목적을 가지고 있다는 점에서는 동일하다고 할 수 있다. 기업의 대규모 부정행위가 있을 때마다 다양한 제도개선이 이루어져왔다는 점도 이러

---

* 본 논문은 기 발표한 기업규제의 패러다임전환과 내부통제시스템, 「경제법연구」 제8권 1호, 2009 및 회사법적 측면에서 본 기업범죄 예방, 「강원법학」 제32권, 2011을 수정·보완한 것임.

** 선문대 법대 교수, 법학박사

한 맥락에서 이해할 수 있다. 그러나 과연 현행 제도가 기업의 부정행위를 효과적으로 억지할 수 있는지에 대해서는 의문이 있다. 실제로 우리나라의 경우 오랜 기간 기업지배구조개선 및 기업에 대한 제재강화를 위해 노력해 왔으나 그 효과는 미미한 수준이라고 할 수 있다.

현행 규제체계가 그 기능을 다하지 못하는 이유는 여러 가지가 있겠지만, 분명한 것은 국가주도의 일률적 규제로는 복잡하고 다양한 모습을 가지고 있는 시장과 기업을 효과적으로 규제하는데 한계가 있다는 점이다. 이러한 한계를 극복하고자 최근 다양한 형태의 규제체계들이 등장하고 있다. 대표적인 예로 내부통제시스템(internal control system), 소프트 로(soft law), 자율규제(self regulation), 원칙중심규제(principles-based regulation) 등을 들 수 있다.

그 중 내부통제시스템은 다른 규제체계를 모두 아우르는 새로운 형태의 규제패러다임이라는 점에서 중요한 의미를 가지고 있다. 내부통제시스템은 현재의 규제패러다임 속에서 새로운 제도를 도입하는 차원이 아니라 규제패러다임 자체의 변화(paradigm shift)를 시도하는 것이라고 할 수 있으며, 그 체계 속에 소프트 로, 자율규제, 원칙중심규제 등 새로운 규제시스템이 자연스럽게 녹아들어간 제도이기 때문이다. 이에 본 논문은 기업에 대한 규제패러다임의 변화라는 측면에서 내부통제시스템에 대해 살펴보고자 한다.

II. 기업에 대한 규제패러다임의 변화 필요성

1. 현행 규제체계의 한계 극복

1) 조직규제 측면에서의 검토

(1) 현행제도의 개요

소유와 경영이 분리되어 있는 기업이 대리인비용의 문제를 해결하기 위해서는 기업경영자에 대한 효율적 감시와 통제가 이루어져야 한다. 또한 경영진을 비롯한 기업내부자의 위법행위 및 도덕적 해이로 인한 기업의 피해를 방지하기 위한 감시체계를 갖추는 것이 필요하다. 이러한 측면에서 현행법은 기업의 내부조직에 있어 견제와 균형이 이루어질 수 있도록 조직구성과 권한분배에 대한 내용을 법으로 정하고 있다.

현행 상법은 경영진을 효율적으로 감시, 감독할 수 있도록 기업내부에 이사회나 감사(감사위원회)와 같은 감시기구를 두고 있다. 또한 '주식회사의 외부감사에 관한 법률'의 경우에는 일정규모 이상의 회사에 대해 외부감사인에 의한 감사를 받도록 하고 있다. 즉, 기업의 업무에 대해서는 이사회 및 감사(감사위원회)의 감시를 받도록 하고 있으며[1], 회계에 대해서는 감사(감사위원회) 및 외부감사인에 의한 감사를 받도록 하고 있다. 한편, 이사 및 감사에 대하여 선관주의의무 및 충실의무를 부과하고 있다. 이를 위반하는 이사 등에 대해서는 손해배상책임을 부과하고 있으며, 아울러 주주가 이사 등을 상대로 대표소송을 제기하는 것도 가능하다.

(2) 현행제도의 한계

기업지배구조와 관련하여 우리는 감사의 역할에 주목하여 왔다. 경영진이 업무집행과정에서 법률위반행위나 부정행위를 하는 것을 막기 위해서는 내부적으로 이를 감시·감독하고 통제할 수 있는 존재가 필요하다고 생각하였다. 이에 따라 감사의 역할을 강화하고 감사위원회제도를 도입하는 등 조직적 측면에서 많은 노력들을 하여왔다. 그러나 이러한 조치들이 기업의 부정행위를 효과적으로 억지하였다고 하기는 어렵다.

가장 큰 이유는 현행 상법에서 예상하고 있는 이념적 감사의 모습과 현실의 감사의 모습이 너무나도 다르기 때문이다. 현실에 있어 감사는

---

1) 이사회의 업무감독권과 감사의 업무감사권에 대해서는 일반적으로 이사회의 경우 위법성감사와 타당성감사로 나누어 볼 수 있고, 감사의 경우에는 위법성감사에만 한정된다고 보고 있다.

경영진으로부터 독립된 존재도 아니며, 의욕적으로 경영을 감시·감독하는 존재도 아니다.2) 또한 기업의 경우도 감사의 역할에 대한 정확한 인식이 없으며, 법률에서 규정하기 때문에 마지못해 형식적인 조직을 두고 있는 정도에 그치고 있다.3) 이러한 상황에서 아무리 감사의 권한을 강화하고 조직을 정비한다고 하여도 제대로 기능하기는 어려울 것이라고 생각된다.

이와 같은 문제가 발생하는 가장 큰 원인의 하나는 지배구조의 문제가 사람과 조직의 문제라는 점을 간과하였기 때문이다. 지배구조에 있어 가장 중요한 것은 경영진의 의지이며, 감사위원회의 도입과 같은 제도적 개선으로 이루어지는 것은 아니다.4) 물론 제도개선이 경영진의 의식에 어느 정도 영향을 미친다는 점을 부정할 수는 없다. 그러나 경영

2) 권종호 교수는 현실에 있어서 감사의 모습을 일본의 예임을 전제로 하여 3가지 유형으로 구분하고 있다. 첫 번째는 집행부에서 밀려났다는 점에 좌절하는 '실망형', 두 번째로는 은퇴를 앞두고 잠시 거쳐 가는 자리로 인식하는 '유유자적형', 마지막으로는 젊은 나이에 감사로 발탁되어 의욕을 가지고 일을 하나 장래를 생각하여 경영진의 눈치를 볼 수밖에 없는 '의기양양형'으로 구분하고 있다. 일본의 예이기는 하지만 우리나라의 상황도 크게 다르지는 않다고 생각된다(권종호, 법제의 변화와 감사의 대응, 「상장회사감사회 회보」(상장회사협의회, 2009.3), 9면).

3) 최근 감사에 관한 실태조사에 따르면 2007년도 기준으로 감사 설치회사의 경우 대부분 1~2명의 감사를 두고 있으며, 상근감사없이 비상근감사만 두고 있는 기업도 19%에 이르며, 감사위원회 설치회사의 경우 감사위원의 수가 2~6명이며 상근감사없이 사외이사로만 구성된 경우가 약 48%에 이르고 있다. 또한 조사대상 기업의 약 3분의 1정도가 감사(감사위원회)산하에 지원기구를 두고 있지 않으며, 지원기구를 두고 있는 기업의 경우도 구성원이 5명 이하인 경우가 거의 50%를 차지하고 있다. 뿐만 아니라 감사보조기구에 대한 지휘권 행사를 대표이사나 담당이사가 하는 경우가 전체의 3분의 1정도를 차지하고 있으며, 18%에 해당하는 기업은 내부감사를 담당하는 직원이 감사업무 외에 다른 업무를 겸하고 있는 등 감사에게 어떠한 역할을 기대하기는 현실적으로 어려운 상황이다. 실태조사에 관한 상세한 내용은 김광윤, 기업재배구조로서 내부감사제도의 실태분석, 「세무와 회계저널」 제9권 제3호, 2008, 73면 이하 참조.

4) 大杉謙一, 內部統制·コンプライアンス, 「コーポレート·ガバナンスにおける商法の役割」(中央經濟社, 2005), 163면.

진의 의식에 직접적인 영향을 미치는 것은 시장과 사회·경제적 환경이다. 최근 일부 대기업을 중심으로 자발적인 지배구조개선 및 기업의 사회적 책임경영에 대한 관심이 증가하고 있는 것은 시장에서 그것을 원하고 있기 때문이지 법과 제도가 요구하고 있기 때문이라고 하기는 어렵다. 아무리 엄격한 제도를 만들고 규제한다고 하여도 기업 스스로 준수할 의사를 갖지 않는 한 그 제도는 실효성을 갖지 못한다는 점을 우리는 경험을 통해 충분히 알고 있다.

따라서, 기업에 대한 효과적인 규제를 위해서는 기업 구성원이 자발적인 의지를 가질 수 있도록 유도하는 것이 필요하다. 그러나 현행법은 시장 및 기업의 다양성을 고려하지 않고 획일적인 규제를 함으로써 오히려 기업이 법을 자발적으로 준수하기 어렵게 만드는 경우도 적지 않다. 대표적인 예가 지배구조의 선택과 관련한 문제이다. 현행 상법은 기업으로 하여금 이사회, 감사 또는 감사위원회를 반드시 두도록 하고 있으며, 자산규모를 기준으로 일정규모 이상인 회사에 대해서는 감사위원회제도를 의무하고 있는 등 지배구조를 엄격하게 규제하고 있다. 그러나 다양한 구조와 형태를 가지고 있는 모든 기업에 '베스트'인 지배구조는 존재할 수 없음에도 일률적으로 지배구조를 강제하는 것은 결코 바람직하지 않다.[5)]

결국 기업의 현실을 고려하지 않는 국가중심의 획일적 규제는 아무리 좋은 취지를 가지고 있다고 하여도 기업에게는 큰 부담이 될 수 있으며, 결국 기업의 법률위반행위나 부정행위를 조장할 수 있다는 점을 고려해야 할 것이다.[6)]

---

5) 권종호, 감사관련 법제의 변화와 과제, 「상장회사감사회 회보」(상장회사협의회, 2009.1), 6면.

6) 일본의 경우 회사법을 제정하면서 중소규모의 회사를 전제로 하고 있으며, 선택가능한 지배구조를 최대 9가지까지로 확대하고 중소규모회사의 경우 이사 1명만 둘 수도 있도록 하여 기업이 실질적으로 준수할 수 있는 규제시스템으로 전환하였다는 점에서도 의미를 가지고 있다고 생각된다. 일본 회사법제정의 의의에 대해서는 곽관훈, 일본의 중소기업법제, 「기업법연구」 제21권 제4호, 2007, 51면 이하 참조.

2) 행위규제 측면에서의 검토

(1) 현행제도의 개요

행정주체는 행정상의 목적을 달성하기 위해 기업에게 다양한 법상 의무를 부과하고 있다. 하지만 기업들이 자발적으로 준수하지 않는 경우에는 행정상 목적이 달성될 수 없으며, 이 경우 의무를 이행시키거나 이행된 것과 동일한 상태를 실현하기 위한 행정의사의 실효성확보수단으로서 다양한 제재수단을 마련하고 있다.[7] 기업에 대한 제재수단은 ① 행정적 제재와 ② 형사적 제재 및 ③ 민사적 제재로 구분할 수 있다.

첫 번째의 행정적 제재는 넓은 의미에서 행정상의 의무위반에 대하여 과해지는 제재를 총칭하는 개념으로[8] 행정강제[9]와 행정벌 등 전통적인 제재수단뿐만 아니라, 전통적 제재수단의 한계를 극복하기 위해 도입된 간접적 강제수단인 과징금, 가산세, 가산금, 공급거부 등 신종제재수단을[10] 모두 포괄하는 개념으로 이해할 수 있다.

두 번째로 형사적 제재수단은 벌금 등의 형사적 처벌을 말한다. 엄밀하게 말하면 벌금 등의 제재수단은 행정벌의 일종인 형정형벌에 해당하므로 행정제재의 일종이라고 할 수 있다. 그러나 제재의 부과주체, 부과절차 및 제재의 내용 등이 통상의 행정제재와는 다르며, 오히려 형벌과 유사하다는 점에서 일반적으로 형사적 제재로 구분하고 있다.[11] 그러나 형사범의 경우 살인행위와 같이 그 행위를 범죄로 정하기 전에 이미 반도덕적·반사회적인 행위를 대상으로 하는 것에 반해, 행정범의 경우에는 당해 행위를 범죄로 정해야만 비로소 범죄로 인정된다는 점에

---

7) 박윤흔, 「행정법강의(상)」(박영사, 2004), 589면.

8) 최봉석, 행정형벌에 관한 일고, 「법조」 제555호, 2002.12, 111면.

9) 행정강제는 대표적인 직접적 강제수단으로 행정상 강제집행과 행정상 즉시강제로 구분할 수 있으며, 행정상 강제집행에는 대집행, 집행벌(이행강제금), 직접강제 및 행정상 강제징수로 구분할 수 있다.

10) 박균성, 「행정법강의」(박영사, 2007), 453면.

11) 윤동호, 행정제재와 형사제재의 병과의 이론과 현실, 「형사정책연구」 제17권 제1호, 2006, 183면.

서 차이가 있다.[12] 이러한 피침해규범의 성격에 따라 형사범과 행정범을 구분하는 것이 통설이다.[13] 한편, 행정벌의 경우 형법과 다른 특수한 측면들이 있는데, 대표적인 것이 법인의 범죄능력을 인정하고 있다는 점과 양벌규정을 두고 있다는 점이다.[14] 윤리적 요소가 강한 형사범의 경우와 달리 기술적, 객관적, 합목적적 요소가 강한 행정범에 대해서는 법인의 범죄능력을 인정하는 것이 타당하다고 보고 있다. 또한 형사범의 경우 형벌개별화의 원칙에 따라 범죄를 행한 자만을 벌하나, 행정법규의 경우 직접적인 위반행위를 한 자뿐만 아니라 감독자에 대해서도 처벌하는 양벌규정을 인정하고 있다.

세 번째 민사책임은 손해배상제도를 말한다. 손해배상은 행정주체가 아닌 사인의 구제수단으로 주로 사용되며, 주로 피해자의 손해에 대한 전보를 통하여 피해자와 가해자간에 손해를 공평하게 분배하는 것을 목적으로 한다는 점에서[15] 행정제재나 형사적 제재와는 다소 차이가 있다. 그러나 오늘날 손해배상제도의 경우 보상적 기능(compensation role)보다는 억지적 기능(deterrence role)이 주된 기능으로 논의되고 있다는 점[16]을 고려할 때 다른 제재수단과 본질적 목적은 동일하다고 할 수 있다. 특히 기업과 관련한 손해배상의 경우 개별법에서 입증책임의 전환, 인과관계의 추정 등의 특칙을 마련하고, 증권집단소송 등을 도입하고 있는 것은 위법행위의 방지가 주된 목적이기 때문이라고 할 수 있다. 즉, 오늘날의 손해배상제도는 중요한 제재수단의 하나로서 기능하고 있는 것이다.

---

12) 최봉석, 앞의 논문, 476면.

13) 이에 대해 양자의 경우 형법총칙이 동일하게 적용된다는 이유로 동일하게 봐야 한다는 견해도 있다. 형법 제8조는 '본법 총칙은 타법령에 정한 죄에 적용한다. 단, 그 법령에 특별한 규정이 있는 때에는 예외로 한다'고 규정하고 있어, 행정형벌의 경우에도 형법총칙규정은 적용된다.

14) 최봉석, 앞의 논문, 133면.

15) 窪田充見, 損害賠償, 「ジュリスト」 第1228号, 2002, 63면.

16) 박세일, 「법경제학」(박영사, 2007), 207면 이하 참조.

(2) 현행제도의 한계

재제수단이 갖는 가장 큰 목적은 기업의 법률위반행위를 억지하기 위한 것이다. 위법행위를 한 기업을 강력하게 제재함으로써 동일한 위법행위가 반복되는 것을 사전에 예방하고자 하는 것이다. 그러나 기업 스스로 준법에 대한 의지가 없는 상황에서 강력한 제재수단만으로 위법행위를 억지하는데 한계가 있을 수밖에 없다.

가장 강력한 규제수단이라고 할 수 있는 행정형벌의 경우도 기업의 위법행위 억지에 한계가 있다. 행정형벌이 강력한 효과를 가지고 있는 것은 위반시 형사처벌을 받고, 전과자가 되는 등 불이익이 가장 크다는 점에서 심리적으로 효과를 극대화할 수 있기 때문이다. 형벌은 최후적 수단으로 도입되어야 한다는 형법상의 보충성의 원칙에도 불구하고[17] 행정형벌이 제재수단으로서 가장 선호되고 있는 것도 이러한 이유 때문이라고 할 수 있다.[18] 그러나 법인인 기업의 경우 개인과 같은 심리적 효과를 기대하기 어렵다는 점에서 한계가 있다. 특히 종업원의 위법행위가 기업이익을 위한 경우에는 행위자에 대한 조직 내의 비난은 물론 제재가 이루어지지 않는 경우가 많아 심리적 효과를 통해 동일한 위법행위가 억지되는 것을 기대하기는 더욱 어렵다.

행정형벌에서 양벌규정을 도입하고 있는 것도 이러한 효과적인 측면을 고려한 것이라고 할 수 있다. 위반자만을 처벌하는 것으로는 충분한 효과를 가져오지 못한다는 점을 고려해서 법인의 대표자 등 감독의무자에 대해서도 책임을 부담하게 하는 것이다.[19] 이 경우 감독의무자가

---

17) 행정형벌은 제재수단 중 위반행위자가 받는 불이익이 가장 크다는 점에서 가장 최후수단으로 사용되어야 한다. 따라서 위반행위가 사회생활의 핵심인 최소한의 헌법적 가치를 침해하는 경우라고 하여도 행정형벌보다 가벼운 민사제재나 행정제재에 의해 그 가치가 보호될 수 있다면 행정형벌의 도입은 자제되어야 한다는 것이 대부분의 견해다(윤동호, 앞의 논문, 199면).

18) 2004년도를 기준으로 할 때 제재수단 중 행정형벌이 44%, 과태료가 39.2%, 과징금이 7.65%, 범칙금 등 기타 제재수단이 9.15%로 행정형벌의 비중이 가장 큰 것으로 나타났다(법무부, 「2004 법과 규제의 실효성 확보 방안에 관한 연구」, 2004 참조).

지는 책임은 과실책임으로 보는 견해가 일반적이다. 그러나 기업의 규모가 커지고 글로벌화되면서 법인이나 영업주가 모든 종업원을 일일이 감독하는 것이 불가능한 상황에서 책임을 부담하도록 하는 것은 사실상 무과실책임에 해당하며 과잉규제라는 비판이 계속 제기되고 있다.[20]

한편, 최근에는 기업의 위반행위에 대한 제재수단으로서 직접강제보다는 금전적 제재를 선택하는 경우가 늘고 있다.[21] 하지만 금전적 제재의 경우 위법행위로 인해 부담하는 벌금 등의 금전적 손해보다 이로 인해 얻는 이익이 큰 경우 억지기능이 약화된다는 단점이 있다. 이에 따라 위법행위로 얻은 이익의 박탈을 목적으로 하는 과징금제도가 활발하게 도입되고 있다. 그러나 과징금제도의 경우 그 법적성격을 고려하지 않는 무분별한 도입 및 중복규제에 해당할 수 있다는 비판이[22] 제기

19) 최봉석, 앞의 논문, 134면.

20) 이에 따라 정부에서는 국가경쟁력강화위원회를 중심으로 행정형벌의 과태료전환 및 양벌규정에 대한 정비를 행하고 있으며, 아울러 개별법률상의 양벌규정도 과실책임으로 전환하는 조치들이 이루어지고 있다.

21) 행정적 제재의 최근 경향을 보면 직접적 강제수단보다는 금전적 제재수단과 같은 간접적 강제수단의 활용이 증가하고 있다. 국민의 권리의식이 향상되고 행정의 운영이 합리화됨에 따라 과거 권위주의시대와 같은 강압적 통제가 어려워졌으며 이에 따라 피규제자의 반발가능성이 큰 직접강제보다는 금전적 제재와 같은 간접강제수단을 채택하는 예가 증가하고 있다(김창범, 법령심사과정에서 본 경제행정분야 행정처분기준의 현황과 문제점, 「행정처분기준 정비방안 연구(Ⅱ)」 워크샵 자료집(한국법제연구원, 2007.4.25), 80면).

22) 본래적 의미의 과징금의 경우 위반행위로 얻은 이익을 박탈하는 과징금이며, 여기서 변형된 형태가 영업정지처분에 갈음하는 과징금이다. 이러한 과징금의 경우 그 성격이 벌금 등의 금전적 제재와 다르므로 병과되어도 이중처벌에 해당하지 않는다는 것이 학설 및 판례의 견해이다. 그러나 최근에 과징금제도가 무분별하게 도입되면서 시정명령에 갈음하는 과징금 및 순수한 행정상 금전제재로서의 과징금 등이 도입되고 있다. 그러나 이는 행정상 의무이행확보수단의 체계상 문제가 있으며, 아울러 후술하는 바와 같이 이중제재에 해당할 가능성이 있다는 점에서 그 문제가 있다. 이에 대한 상세한 내용은 곽관훈, 기업에 대한 제재수단의 문제점과 개선방안, 「경영법률」 제19권 제1호, 2008.10, 75면 이하; 박윤흔, 과징금제도가 분별없이 확대·도입되고 있다, 「고시연구」, 2006.6, 12-13면 참조.

되고 있으며, 더 나아가 금전제재의 성격상 위반기업의 규모 및 재정상황 등에 따라 그 효과가 달라질 수 있다는 점에서도 문제가 있다. 기업에 따라서는 과징금액이 큰 부담이 되지 않을 수도 있으며, 제품원가에 전가시키는 방법 등을 통해 손실을 최소화할 가능성도 전혀 배제하기 어렵다.

민사적 제재수단인 손해배상제도는 형사적 제재가 불필요한 전과자를 양산하는 등의 문제가 있다는 점 및 행정적 제재의 경우 그 조사 및 집행에 있어 국가의 부담이 크다는 문제점을 해결할 수 있는 대안으로서 의미를 가지고 있다. 특히, 벌금이나 과징금등의 경우 국고에 귀속되는데 반하여 손해배상은 피해자에 대한 직접적인 배상이 이루어진다는 점에서 피해자 구제에 직접적인 도움이 되고 있다.[23] 그러나 손해배상의 경우 경영판단의 원칙등과 관련하여 기업의 주의의무위반 여부를 판단하는 기준이 불분명하여 효율적인 규제시스템으로 활용되기에는 어려움이 있다.

3) 소결

기업에 대한 규제를 편의상 조직규제의 측면과 행위규제의 측면으로 구분해서 살펴보았다. 양 규제의 경우 그 성격면에서 다소 차이가 있으나, 규제가 제 기능을 다하지 못하는 이유는 거의 동일하다고 할 수 있다.

첫 번째 이유는 기업의 자발적 준수가 없는 규제는 의미를 가지기 힘들다는 것이다. 살펴본 바와 같이 조직규제의 측면에서 어떠한 형태의 기업지배구조를 채택한다고 하여도 경영자를 비롯한 내부자의 의지가 없는 한 효과적으로 기능하기는 어렵다. 또한 행위규제적 측면에서도 기업의 위법행위에 대해 아무리 엄격한 제재를 한다고 해도 자발적인 준수의지가 없는 한 동일한 위법행위는 계속 반복될 수밖에 없다. 결국 현재의 규제시스템이 제 기능을 하지 못하는 것은 규제수단 자체의 문제라기 보다는 기업의 의식문제라고 할 수 있다. 즉, 기존의 제재

23) 田山聰美, 刑法と民商法の交錯, 「企業活動と刑事規制」(日本評論社, 2008), 45면.

수단이 기능하지 못하는 경우에 이를 보완하기 위해 새로운 제재수단을 도입하는 것은[24] 의미를 가지기 어려우며, 기업이 스스로 규제를 준수할 수 있도록 하기 위한 근본적인 규제 패러다임의 전환이 필요하다.

두 번째로 개별기업에 적합한 규제가 이루어져야 한다는 것이다. 다양한 규모의 형태를 가지고 있는 기업에 대해 하나의 원칙을 정하여 일률적으로 규제를 하는 경우, 모든 기업에 적합한 규제가 이루어지기는 어렵다. 기업에게 적합하지 못한 규제는 기업의 위법, 탈법행위를 조장하는 결과를 가져올 수 있으며, 또한 기업의 자발적 준수를 이끌어내지 못하는 중요한 원인이 될 수 있다. 따라서 효과적인 규제를 위해서는 개별기업의 현실에 맞는 기준을 정하여 기업들이 자발적으로 준수할 수 있는 환경을 마련하는 것이 선행되어야 할 것으로 생각된다.

2. 기업을 둘러싼 환경변화에 대한 대응

1) 기업에 대한 요구의 변화

한 때 기업의 가장 큰 사회적 책임은 이윤추구라고 보았던 시기가 있었다. 이 시기에는 좋은 품질의 제품을 저렴한 가격으로 공급하는 기업이 가장 좋은 기업이라고 판단하였다.[25] 그러나 많은 이익을 남겼다고 하여도 그 과정에서 환경문제, 노동문제, 인권문제 등 비재무적 사유로 인해 문제를 일으킨 기업이 투자자의 외면과 시민단체의 저항 등으로 경제적 손실은 물론 존립자체를 위협받는 일이 드물지 않게 발생하였

24) 최근 많은 법률에서 과징금제도를 도입하고 있으며, 한때 국민의 권익을 과도하게 침해한다고 해서 폐지되었던 이행강제금의 경우도 1991년 건축법에 의해 도입된 후 2007년까지 약 18개 법률에서 도입하고 있으며, 향후 계속 증가할 것으로 예상되고 있다. 이와 같이 강력한 제재수단이 추가적으로 도입하는 이유는 기존의 제재수단이 제 기능을 하지 못한다고 판단되기 때문이다. 그러나 이러한 제재수단의 도입으로 기업의 위법행위가 실제로 감소하였는지에 대해서는 의문이 있다.

25) 谷本寛治, 「SRI－社會的責任投資入門」(日本經濟新聞社, 2003), 2면.

다. 이에 주로 장기적 관점에서 투자를 행하는 기관투자자들을[26] 중심으로 기업의 재무정보뿐만 아니라 비재무정보, 즉 기업의 경영측면, 환경측면 등을 투자판단시 고려하는 경향이 나타나기 시작하였다. 다시 말해서 투자자가 기업의 재무적 측면뿐만 아니라 사회적, 환경적 측면을 모두 고려하여 투자대상을 선택하는 '사회책임투자(Socially Responsible Investment; SRI)'[27]가 성장하기 시작한 것이다.[28] 이와 같이 투자자를 비롯한 기업의 이해관계자들이 요구가 변화함에 따라 기업의 경영측면에서도 많은 변화가 나타났으며, '기업의 사회적 책임(Corporate Social Responsibility; CSR)경영'[29]에 대한 요구가 증가하고 있다.[30]

문제는 이러한 SRI나 CSR에 대한 요구가 자발적인 수준이나 윤리적 수준에 그치는 것이 아니라 기업의 생존과 직접적인 관련을 가지고 있다는 것이다. 국제사회에서 SRI[31]와 CSR[32]을 규범화하려는 노력이 이

---

26) 기관투자자의 경우 대규모 자금을 운영하다보니 월스트리트룰에 따라 능동적인 운영을 하기 보다는 장기적 관점에서 수동적인 운영을 하는 경향이 있다. 따라서 기관투자자는 기업의 장기적 미래가치를 고려하기 위해 기업의 재무정보뿐만 아니라 비재무적인 정보도 중요한 판단요소로 하는 경향이 있다. 이러한 점에서 기관투자자의 성장이 SRI의 발전에 중요한 역할을 하였다

27) Social Investment Forum, 2003 Report on Socially Responsible Investing Trends in the United States(2003)(visited Oct.10, 2005), http://www.citizensfunds.com/pdfs/sri_trends_report_2003.pdf, 3면.

28) 이에 대한 상세한 내용에 대해서는 곽관훈, 사회책임투자(SRI)와 기관투자자의 역할, 「비교사법」 제13권 제2호, 2006, 469면 이하 참조

29) CSR경영의 개념은 일의적으로 정의할 수는 없으나, 일반적으로 기업을 경영함에 있어 경제적 이윤만을 추구하는 것이 아니라 개인, 지역사회 및 사회를 위하여 경제, 사회 및 환경문제를 함께 고려하는 것이라고 할 수 있다(森哲郎, 「ISO社會的責任(SR)規格はこうなる」(日科技連, 2004), 3면).

30) 이에 대한 상세한 내용은 곽관훈, 기업의 사회적책임(CSR)과 자본시장에 미치는 영향, 「상사법연구」 제25권 3호, 2006.11, 113면 이하 참조.

31) 2006년 4월 27일 유엔 코피아난 사무총장과 캘리포니아공무원연금(CalPERS), 네덜란드공무원연금(ABP), 뉴욕공무원연금(NYCERS), 영국대학교원연금(USS), 미츠비시UFJ신탁은행, 노르웨이 정부연금, 아일랜드정부연금 등 전 세계 30여개의 금융기관관계자들이 뉴욕증권거래소에서 '사회책임투자 원칙'에 서명하였다. UN

미 본격화되었으며, 이에 따라 향후 기업의 존립에 중요한 영향을 미칠 것으로 예상되고 있다.[33)]

이제 기업이 법률위반행위를 하는 경우 제재를 받고 벌금이나 과징금 등의 경제적 부담이 증가하는 것이 문제가 아니라, 이로 인해 투자자가 투자를 꺼려하고 CSR에 대한 국제적인 기준을 충족시키지 못해 국제경쟁력을 상실하는 것이 더 큰 두려움이 되고 있다. 따라서 기업은 생존을 위해 위법행위나 문제가 되는 행위가 발생하는 것을 사전에 예방할 수 있는 시스템 구축에 관심을 갖기 시작하였으며, 이는 기업규제에 있어 커다란 변화가 시작되었음을 의미한다.

이 발표한 사회책임투자원칙(The Principles for Responsible Investment)은 기업이 투자를 함에 있어 기업의 'ESG(Environmental, Social, Governance)'를 중요한 판단기준으로 삼겠다는 것이다(UNEP, "The Principles for Responsible Investment" (2006.4.27), http://www.unpri.org/principles).

32) ISO의 경우 SR(Social Responsiblity)에 관한 국제규격을 만들기 위한 작업을 진행중에 있다. ISO Advisory Group on Social Responsibility, "Working Report on Social Responsiblity－For submission to the ISO Technical Management Board" (April.30, 2004). 이러한 움직임은 개별 국가들에서도 보여지고 있는데, 특히 미국과 EU 등은 기업의 CSR경영을 유도하기 위하여 다양한 기본원칙과 가이드라인 등을 발표하였다. 대표적인 것으로는 미국의 'Global Sullivan Principles of Social Responsibility, The OECD Guidelines for Multinational Enterprises'와 'UN The Global Compact'등과 EU의 'Green Paper: Promoting a European Framework for Corporate Social Responsibility, Communication from the Commission concerning Corporate Social Responsibility: A Business Contribution to Sustainable Development' 등이 있다. 이 밖에도 2000년에 미국의 NGO인 GRI(Global Reporting Initiative)이 제정한 가이드라인인 'Global Reporting Initiative: Sustainability Reporting Guidelines on Economic, Environmental and Social Performance' 등이 제정되었다.

33) 현재 ISO의 경우 CSR에 관한 국제기준인 ISO 25000을 개발하고 있는 상황이며, 우리나라의 경우에도 동 규격의 제정에 대비하여 대기업 및 지식경제부 등을 중심으로 대응방안을 마련 중에 있다. 특히, 중소기업청의 경우 '기업의 사회적책임경영포럼'을 조직하여 중소기업을 상대로 CSR에 대한 가이드라인 및 모범기준을 제시하는 등 활발하게 움직이고 있다.

2) 기업의 법률리스크 증가

SRI의 성장과 CSR경영에 대한 요구증대 등 기업을 둘러싼 이해관계인(stakeholder)의 요구변화는 IT기술의 발전과 맞물려서 기업의 법률리스크를 증가시키는 원인이 되고 있다. 기업을 둘러싼 이해관계인은 기업에 대해 경제적 이익만을 요구하는 것이 아니라 사회적 책임을 요구하고 있으며, 이를 다하지 않는 기업에 대해서는 적극적인 행동으로 대응하는 경향이 있다. 그 배경에는 IT기술의 발전이 큰 역할을 하고 있다. 인터넷 등 IT기술을 활용하여 보다 빠르게 정보를 공유할 수 있으며, 인터넷 웹사이트 등을 이용하여 조직적으로 대응할 수 있는 가능성이 커졌기 때문이다. 이제 법률을 위반한 기업이 형사적, 행정적 제재를 받기 전에 사회적 비난과 시민단체 등의 불매운동 등으로 인해 그 존립을 위협받는 상황이 드물지 않게 발생하고 있다.

소비자나 시민단체 등과 같은 다양한 이해관계자가 기업에 적극적으로 대응하는 경우 기업에 대해 법적기준보다 더 높은 사회적 기준을 요구할 가능성이 커진다. 예를 들어 인체에 유해한 물질이 법적 허용치 이하로 포함되어 있는 경우, 법적으로는 문제가 없다. 그러나 소비자의 경우 유해물질이 포함된 사실자체에 문제를 제기할 수 있으며, 이 경우 사회적 비난은 물론 경제적 손실까지 감수해야 하는 상황이 올 수 있다.

이처럼 오늘날의 기업은 과거에 비해 법률위반시 더 큰 리스크를 부담할 수 있으며, 더 나아가 법률의 준수만으로 부족하고 그 이상의 사회적 기준의 준수를 요구받고 있다. 기업이 존속하고 지속가능한 발전을 하기 위해서는 소극적으로 위법행위를 사전에 예방하는 것뿐만 아니라, 보다 적극적으로 사회적 책임을 수행할 수 있는 규제시스템의 마련이 요구되고 있는 것이다.

3) 소결

기업을 둘러싸고 있는 환경이 변화함에 따라 기업에 대한 규제에 있어서도 변화가 요구되고 있다. 위의 내용을 종합해 볼 때 새로운 환경

하에서는 무엇보다도 사전예방적인 규제가 중요한 과제로 등장하고 있다. 위법행위나 부정한 행위가 발생하는 경우 투자자의 외면을 받을 뿐만 아니라 소비자, 시민단체 등의 이해관계자들의 비난과 구매거부 등으로 기업의 존립이 위협받을 수 있기 때문이다. 따라서 현재와 같이 위법행위가 발생한 후에 이루어지는 제재수단은 별다른 도움이 되지 않을 것이다.

아울러 최근 CSR에 대한 국제기준들이 제정되고 있는 상황을 고려할 때, 이러한 기준들을 국내규범으로 수렴할 필요가 있다. 앞서 살펴본 바와 같이 CSR 및 SRI 등에 대한 논의는 윤리적이고 사회공헌적인 차원에서만 논의되는 것이 아니라, 기업의 지속가능한 발전을 위한 리스크관리의 한 부분으로서 인식되고 있는 상황이다. 뿐만 아니라 이해관계자들도 기업에게 법률적 수준을 상회하는 사회적 책임을 요구하고 있다.

이에 따라 각국은 CSR에 대한 규범을 제시하고 있으며, 상술한 바와 같이 ISO나 UN등도 국제적인 기준을 마련하고 있다. 이러한 국제기준은 법적구속력은 없으나 사실상 강제력을 가질 수 있으며, 기업의 국제적 활동에 심각한 장애요소가 될 수도 있다. 몇몇 대기업은 이러한 분위기를 인식하고 나름대로 준비를 하고 있으나, 대부분의 기업은 이에 대한 준비가 전혀 없는 상황이다. 따라서 정부차원에서 이러한 CSR에 대한 국제적 기준들을 국내규범으로 수렴하여 기업이 국제적 변화와 요구에 적절히 대응할 수 있도록 할 필요가 있다.

Ⅲ. 새로운 규제패러다임으로서의 내부통제시스템

1. 내부통제시스템의 의의

1) 내부통제시스템의 정의

내부통제시스템(Internal Control System)에 대해서 명확한 정의는 마련되어 있지 않다. 내부통제시스템에 대한 국제적 가이드라인의 역할을 하고 있는 COSO보고서에서는 '내부통제란 사업의 유효성과 효율성(effectiveness and efficiency of operation), 재무보고의 신뢰성(reliability of financial reporting), 적용되는 법률 및 규칙의 준수(compliance with applicable laws and regulations)라는 세 가지 목적의 달성을 합리적으로 보증하기 위하여 회사의 이사회, 경영진 및 다른 구성원에 의해 수행되는 프로세스'라고 정의하고 있다.[34)]

또한, 일본에 있어서 내부통제시스템은 '주식회사의 업무적정성을 확보하기 위하여 필요한 체제'로서(회사법 제362조 제4항 제6호), 구체적으로 '컴플라이언스체제, 정보보전관리체제, 리스크관리체제, 효율적 직무집행체제, 그룹내 내부통제 및 감사체제 등'을 포괄하는 개념으로 이해하고 있다(회사법 시행규칙 제100조).[35)]

우리나라의 경우 아직 내부통제시스템에 대한 명확한 기준은 마련되어 있지 않으며 실무에서는 다양한 개념으로 사용되고 있다. 일반적으로 내부회계관리시스템을 내부통제로 이해하는 경우가 많으며, 금융기관의 준법감시와 관련한 내부통제나 기업지배구조와 관련하여 감사위원회제도를 내부통제시스템이라고 하는 경우도 있다.[36)] 그러나, 현재 논의되고 있는 내부통제시스템은 재무적 측면뿐만 아니라 비재무적 측면도 포괄하는 개념이며, 아울러 금융회사에 고유한 것이 아니라 모든 회사에 해당되는 내용이므로 위와 같이 단편적인 개념으로 이해하여서는 안 될 것이다. 현재 많은 국가들이 COSO보고서의 가이드라인을 기반으로 내부통제시스템을 정의하고 있는 점을 고려할 때[37)] 컴플라이언

34) The Committee of Sponsoring Organizations of the Treadway Commission, Internal Control-Integrated Framework, 1992.

35) 일본 회사법은 회사를 이사회 비설치회사, 이사회 설치회사 및 위원회설치회사로 구분하고 각각의 경우 내부통제시스템에 포함되어야 할 내용을 달리 정하고 있다. 본문의 내부통제시스템의 내용은 회사법상 가장 일반적인 형태라고 할 수 있는 '이사회+감사설치회사'에 대한 내용이다.

36) 김화진·김병연·정준우·곽관훈, 「상장법인의 내부통제조 법제화 및 KRX의 바람직한 내부통제시스템 구축을 위한 연구」, 한국증권선물거래소 연구용역보고서, 2008, 4면.

스, 리스크관리 및 재무정보의 보고 등 회사의 효율적 운용과 관련된 기업내부의 업무프로세스를 포괄하는 개념으로 이해하는 것이 효과적일 것으로 생각된다.

2) 유사개념과의 구별

내부통제시스템과 유사한 개념으로 사용되는 것으로 준법감시(Compliance), 내부감사, 기업지배구조 등을 들 수 있다. 그러나 위의 정의에서 알 수 있듯이 준법감시는 내부통제의 한 구성부분에 해당한다. 내부통제시스템은 현행 법률이 요구하는 수준 이상의 사회적 요구를 고려하는 개념으로 이해할 수 있으며, 따라서 준법감시보다는 훨씬 넓은 개념이라고 할 수 있다.[38]

아울러 내부통제시스템은 기업경영의 일부이기 때문에 경영진이 구성 및 운영의 주체이다.[39] 이에 비해 내부감사는 내부통제시스템이 제대로 작동하는지를 감시하는 존재로서 내부통제와는 구별된다. 내부통제시스템은 사실 새로운 개념이 아니며, 어떠한 형태 등 기업내부에는 나름의 통제시스템이 존재하였다. 그런데 이러한 통제시스템을 구성하고 운영하는 것이 경영자이다 보니, 경영자에 의한 부정행위를 막지는 못하는 측면이 있었다. 이에 따라 최근의 내부통제시스템은 시스템의 운영상황을 지속적으로 감시하는 체계의 구축을 중요한 요소로 하고 있으며, 이에 따라 내부감사는 내부통제시스템내에서 중요한 의미를 가지고 있

37) 土前義憲, 「會社法の內部統制システム」(中央經濟社, 2006), 2면.

38) 우리나라의 경우 금융기관에 대한 준법감시를 법정하고 있는데, 이는 주로 금융회사 업무와 관련하여 임직원이 준수해야 할 행위규범을 제시하고 있다는 점에서 내부통제의 한 부분에 해당한다고 할 수 있다. 금융회사에 대한 내부통제기준은 외환위기로 인해 금융기관의 부실화를 경험하면서 금융기관의 건전성 규제강화 및 투명성 관련 제도정비의 일환으로서 2000년에 도입되었다(김형기 외, 1997~1998년 한국경제의 위기와 경제개혁, 「경제발전연구」 제11권 제1호, 2005, 57-58면).

39) 일본의 경우도 내부통제시스템의 정비에 관한 사항의 결정은 이사회의 전결사항으로 하고 있다(회사법 제362조 제2항 제6호).

다.[40] 즉, 내부감사는 내부통제시스템의 한 부분으로 이해할 수 있다.

기업지배구조와 관련해서는 내부통제시스템은 '프로세스'이고, 기업지배구조는 '조직'이라는 점에서 차이가 있다. 내부통제시스템을 '조직'으로 이해하는 견해도 있기는 하지만[41], COSO보고서 등의 정의규정을 보았을 때 내부통제시스템은 조직의 문제가 아니고 프로세스에 관한 문제라는 할 수 있다. 이러한 점에서 기업지배구조와는 구분되는 개념으로 이해할 수 있다.

3) 다른 규제방법과의 관계

최근 기업에 대한 새로운 규제패러다임으로 등장하는 것은 내부통제시스템 외에도 소프트 로(soft law), 원칙중심규제(principle-based regulation) 및 자율규제(self regulation) 등이 있다. 이들은 일견 별개의 내용인 것 같지만, 실질에 있어서는 현행 규제체제에 대한 반성에서부터 출발한 것으로서 관점을 달리할 뿐 내부통제시스템과 일맥상통하는 것이라고 할 수 있다.

소프트로는 입법과정을 거쳐 제정되는 법률(hard law)에 대응하는 개념으로 감독기관이나 자율기관에서 작성하는 지침, 매뉴얼, 가이드라인 등을 말한다. 현재 금융분야 등 고도의 전문성을 요하는 분야에 있어서는 소프트로의 역할이 중요하며, 법적 구속력은 없으나 사실상 구속력을 갖는 중요한 규제체계로서 역할을 하고 있다.

원칙중심규제(principle-based regulation)란 정책을 통해 달성하고자 하는 결과를 '기본원칙(principle)'으로 제시하고 그 결과를 달성하는 방법이나 프로세스를 금융기관에 위임하는 결과지향적인 규제방법을 의미한다.[42] 최근 영국에서 상세한 규칙의 제정을 통해 규제하였던 '규칙중심

40) The Committee of Sponsoring Organizations of the Treadway Commission, op. cit., 3-13면.

41) 橧田信南, リスク･マネジメントはインターナル･コントロールに包含されるか―內部統制概念の收斂を求めて, 「月刊監査硏究」 400号, 2007.10, 27면 이하 참조.

42) FSA, Principles-based regulation – Focusing on the outcomes that matter(April,

규제(rule-based regulation)'의 한계를 극복하기 위한 대안으로 제시되고 있으며, 주로 금융시장에 대한 규제방법론으로서 의미를 가지고 있다.[43)]

아울러 자율규제란 국가에 의한 규제를 대신하여 사업자단체나 협회 등이 자율적으로 규칙을 제정하고 그 구성원들이 이를 준수할 것을 약속하며, 만일 위반하는 경우 단체가 스스로 구성원을 징계하는 것을 말한다. 이미 증권시장에서는 익숙한 개념이며, 다른 사업분야에서도 점차 관심이 증대되고 있다.

이러한 규제방법은 그 형태에 있어서는 각기 차이를 가지고 있다. 하지만 국가가 일률적으로 제정하는 법률에 의한 규제는 효율적이지 않다는 문제의식에서 출발하였다는 점은 동일하며, 그러한 점에서 상호 밀접한 연관성을 가지고 있다. 예를 들어 영국의 원칙중심규제의 경우를 보면, 정부는 달성하고자 하는 결과를 '기본원칙(principle)'으로 제시하면 사업자단체등 자율규제기관에서 상세한 내용의 가이드라인(soft law)를 정하여 운영하는 구조를 가지고 있다.[44)]

내부통제시스템의 경우도 이러한 세 가지의 규제방법을 모두 포함하는 개념으로 이해할 수 있다. 내부통제시스템의 경우 개별 기업이 자신에게 맞는 규제체계를 갖추는 것으로서 법률에서 모든 기업에 해당하는 내부통제기준을 정하는 것은 불가능하다. 따라서 법에서는 기본적인 '원칙(principle)'을 정해놓고 구체적 기준은 기업현실에 맞게 스스로가 정하는 것을 예상할 수 있다. 아울러 이러한 과정에서 기업에 대해 보다 구체적인 '지침이나 가이드라인(soft law)'의 제시가 필요하며, 그 역할은 사업자단체나 협회 등의 '자율규제기관(self regulation organizations)'

2007).

43) 영국의 FSA는 2007년부터 본격적으로 원칙중심규제로 이행한다는 방침을 정하였다. 小出 篤, 英國資本市場における「自主規制」システムのあり方－City Code と Industry Guidence,「ファンド法制」, 2008, 235면 이하 참조. 최근 전 세계적인 경제위기를 경험하면서 영국의 이러한 규제방법에 대한 비판적 견해가 존재하는 것도 사실이다. 그러나 규제의 새로운 방법론이 될 수 있다는 점에서 주목할 필요가 있다.

44) 上揭書, 238면 이하 참조.

이 행하게 될 것이다.[45] 즉, 내부통제시스템은 소프트로, 원칙중심규제 및 자율규제를 모두 포괄하는 규제패러다임이라고 할 수 있다.

2. 규제변화 필요성과 내부통제시스템

지금까지의 논의를 바탕으로 정리해보면 기업에 대한 효율적인 규제는 ① 자발적 준수를 이끌어낼 수 있는 규제 ② 개별기업의 현실을 고려한 규제 ③ 부정행위를 사전에 예방할 수 있는 규제 및 ④ 더 나아가 기업의 CSR경영을 유도할 수 있는 규제이어야 한다는 것을 알 수 있다. 내부통제시스템은 이러한 규제방향에 가장 적합한 규제체계라는 점에서 중요한 의미를 가지고 있다.

먼저, 앞서 살펴본 바와 같이 기업에 대한 규제는 스스로 준수하려는 의사가 없으면 실효성을 가지기 어렵다. 따라서 기업의 자발적 준수를 끌어낼 수 있는 규제가 필요하다. 이를 위해서는 후술하는 바와 같이 개별 기업이 준수할 수 있는 규제가 이루어져야 하며, 아울러 자발적 준수에 대한 인센티브를 부여하는 것이 필요하다. 기업의 자발적 준수를 이끌어내는 방법은 강제하는 방법과 인센티브를 부여하는 방법을 생각해 볼 수 있다. 전자의 경우는 앞서 살펴본 바와 같이 기업의 부정행위 차단에 효과적이지 못하며 오히려 기업의 부담만 가중시키는 결과를 가져올 수 있다. 그렇다면 가장 좋은 방법은 기업에게 일정한 인센티브를 부여하는 방법일 것이다.

법률에서 기업에 대한 규제내용을 구체적으로 정하는 경우에는 그 법률을 준수했다는 이유로 인센티브를 부여할 수는 없을 것이다. 하지만 법률에서는 기본적인 원칙을 정하고 세부적인 사항은 스스로 정하게 하는 내부통제시스템의 경우 이를 준수하는 경우 일정한 인센티브

45) 일본의 경우도 회사법 및 동법시행령에서 내부통제시스템에 대한 기본적 원칙을 정하고 있으며, 이에 근거하여 일본 감사협회가 구체적인 감사기준을 제시하는 등 소프트로의 제정을 통해 기업에 대해 보다 구체적인 가이드라인을 제시하는 형태로 이루어지고 있다.

를 부여하여 자발적 준수를 유도하는 것이 가능하다. 뒤에서 살펴보는 바와 같이 미국에서 내부통제시스템을 구축한 경우 양형기준에 경감해 주는 조치를 취하고 있는 것이나, 일본에서 이사의 주의의무의 판단기준으로 하고 있는 것은 이러한 인센티브를 부여를 통한 자발적 준수를 이끌어내고자 하는 것으로 이해할 수 있다,

두 번째로 개별기업에 적합한 규제가 필요하다. 그 규모, 형태 및 직면하고 있는 시장상황이 모두 다른 기업을 하나의 기준으로 일률적으로 규제하기 어렵다. 그러나 법률로서 기업을 규제하는 경우에는 모든 기업에 보편적으로 적용될 수 있는 일반적 기준을 정해야 하며, 개별기업이 갖고 있는 특수성을 고려하는 것이 불가능하다. 이에 반해 내부통제시스템의 경우 법에서 정책의 기본원칙만을 정하고 자율규제기관 및 기업 스스로가 자신에게 적합한 기준을 정하도록 하는 것이기 때문에 스스로에게 적합한 규제를 찾을 수 있다는 점에서 긍정적 효과를 가지고 있다. 특히, 급변하는 국제경제의 상황을 고려할 때 기업에 대한 규제도 시의적절하게 이루어져야 하는데, 입법절차를 거쳐야 하는 법률의 경우 신속하게 대응하는데 한계를 가질 수밖에 없다. 내부통제시스템은 전문성을 가진 자율규제기관 및 유연성을 갖는 소프트로의 운영을 통해 시의적절하게 대응할 수 있는 구조를 가지고 있다.

세 번째로 최근 국제적 환경변화 등을 고려하여 기업의 부정행위를 사전에 예방하고, 아울러 기업에게 요구되는 CSR경영을 유도할 수 있는 규제가 필요하다. 이를 위해 국제적 기준을 국내규범으로 수렴할 필요가 있는데, 이를 법률로서 강제하는 것은 바람직하지 않다. 또한 소프트로인 국제기준을 국내에 수용하면서 하드로의 형태로 받아들이는 경우 소프트로가 갖는 규범의 유연성이라는 장점을 향유하지 못한다는 점에서도 문제가 될 수 있다.[46] 이러한 점들을 고려할 때 사전 예방적이면서 CSR경영을 고려한 규제체계는 소프트로의 형식을 갖는 것이 바람직할

46) 손성, Soft Law의 충격－국제금융기준의 수용과 관련된 시론적 접근－, 「기업법연구」 제22권 제1호, 2008.3, 400면.

것이다. 또한, CSR경영은 내용적 측면에서도 내부통제시스템과 일맥상통하는 점이 있다. 소극적 의미의 CSR은 법률위반행위를 사전에 예방하는 최소한의 사회적 책임을 의미하며, 이러한 위반행위를 막기 위해서는 내부통제시스템이 구축될 필요성이 있다.[47] 아울러 CSR은 내부통제시스템을 구축하는 지향점으로서 내부통제시스템의 내용을 구성하는데 기본적인 방향이 될 수 있다는 점에서 양자는 긴밀한 관계를 가지고 있다.

3. 효율적인 내부통제시스템의 구축방안

1) 내부통제시스템의 기본방향

내부통제시스템은 위와 같이 현행 규제시스템의 한계를 극복할 수 있는 새로운 규제패러다임이 될 수 있다. 또한, 바람직한 내부통제시스템이 어떠해야 하는가에 대한 답도 여기서 찾을 수 있다.

내부통제시스템을 현재 법률에서 정하고 있는 내용을 준수하기 위한 기업 내부적 절차로만 인식한다면 이는 전혀 새로운 제도가 아니다. 현재도 모든 기업은 의식적이든 무의식적이든 회사의 운영 및 부정행위 등으로 인한 기업 손실을 방지하기 위한 나름의 내부적 통제시스템을 갖추고 있기 때문이다. 따라서 현행법의 테두리 내에서 내부통제시스템을 하나의 제도로 도입하는 것은 종전과 마찬가지로 새로운 규제수단을 하나 더 도입하는 것이며, 기업의 자발적 의지가 없는 한 형해화될 가능성이 높다.

따라서 내부통제시스템을 설계함에 있어서는 앞서 살펴본 효율적 규제방안을 염두하여야 한다. 즉, 개별기업에 적합한 원칙을 제시하고 강제보다는 인센티브부여를 통해 자발적 규제를 이끌어내는 것이 중요하다. 또한 최근 국제적 경향을 고려하여 CSR경영 등 이해관계자의 요구를 충분히 반영할 수 있는 업무 프로세스를 구축하는 것이 필요하다.

47) 長谷川俊明, 「新會社法が求める內部統制とそ開示」(中央經濟社, 2005), 33면 이하 참조.

이를 위해서는 내부통제시스템과 함께 소프트로 및 자율규제의 활용과 원칙중심규제의 요소를 반영한 체계를 설계하는 것이 필요하다.

2) 내부통제시스템의 법적문제

(1) 문제의 제기

내부통제시스템은 인센티브 규제시스템이어야 한다. 만일 내부적 자율에 의하지 않고 외부적 강제에 의해 내부통제시스템의 구축을 의무화한다면 또 하나의 규제가 추가되는 것일 뿐 규제패러다임의 전환이 이루어지지 않을 것이다. 내부통제시스템이 기업에 대한 새로운 규제패러다임으로서 역할을 하기 위해서는 무엇보다도 기업 스스로 지킬 수 있도록 인센티브를 부여하는 것이 필요하다.

이를 위해서는 내부통제시스템의 법적 효과를 분명하게 할 필요가 있다. 예를 들어 어떤 기업의 종업원이 자신이 속한 회사의 내부통제시스템에 따라 업무를 행하였음에도 불구하고 법률을 위반하는 결과가 발생한 경우가 있을 수 있다. 이러한 경우에도 별다른 차이없이 법률위반에 따른 처벌을 받는다면 내부통제시스템을 구축하고 유지할 필요성이 없는 것이다. 따라서 기업이 자신에게 적합한 내부통제시스템을 능동적으로 구축하고 운영하도록 유인하기 위해서는 동 시스템을 운영하는 경우 이에 대한 인센티브를 부여할 필요가 있다. 인센티브는 기업에 대한 제재의 경감차원에서 고려할 수 있으며, 이하에서는 이러한 점을 고려하여 행정적 제재, 행사적 제재 및 민사적 제재에 있어 내부통제시스템의 법적효과에 대해 살펴보고자 한다.

(2) 행정적 제재와 관련한 문제

내부통제시스템을 구축하고 운영하고 있는 기업이 동 시스템에 따라 업무를 수행하는 과정에서 행정법규를 위반한 경우 이에 대한 제재가 문제가 된다. 만일 동 시스템을 구축하지 않은 경우와 동일하게 과징금 등이 부과된다고 한다면 기업의 입장에서 내부통제시스템을 구축할 유인이 없기 때문이다.

따라서 내부통제시스템이 유효하게 구축되어 있음에도 불구하고 법률위반행위가 발생하는 경우에는 그 책임의 경감을 통해 내부통제시스템에 대한 인센티브를 부여하는 것이 필요하다. 이 경우 규제의 형평성 문제가 발생할 수도 있겠지만, 살펴본 바와 같이 현행 공정거래법상 리니언시제도의 경우도 동일한 취지라는 점을 고려하면 특별히 문제는 없을 것이다. 따라서 행정적 제재에 있어서 내부통제시스템의 구축을 과징금 등 제재에 있어 경감사유로 정하는 것이 필요하다.

(3) 형사적 제재와 관련한 문제

a) 위법성조각사유로서의 내부통제시스템

행위의 결과가 범죄를 구성하는 경우라 할지라도 행위자가 관련법규에 따라 행위를 한 경우 위법성이 조각되게 된다. 우리 형법은 법령에 의한 행위 또는 업무로 인한 행위 기타 사회상규에 위배되지 않는 행위는 정당행위로서 위법성조각사유에 해당되는 것으로 보고 있다(형법 제22조).

만일 법률로서 기업의 내부통제시스템의 구축을 의무화하고, 구축된 내부통제시스템에 따라 업무를 수행하였으나 결과적으로 타인의 법익을 침해하게 된 경우에도 위와 같은 정당행위에 해당하는지 검토할 필요가 있다.[48] 이 경우 업무를 수행하는 자는 법령에 따른 행위를 한 경우로 볼 수 있기 때문에 정당행위로 볼 수 있을 것이다. 물론 내부통제시스템의 경우 법에 근거규정만 두고 세부적인 사항은 기업이 스스로 정하는 구조를 갖는다는 점에서 법령에 의한 행위로 보기 어렵다는 지적이 있을 수 있다. 하지만 현행 학설의 경우 법령에 규정이 없는 경우라 할지라도 업무내용이 사회 윤리상 정당하다고 인정되는 때에는 위법성이 조각된다고 보고 있다.[49] 이러한 점을 고려한다면 내부통제시스

48) 甲斐克則, 「企業活動と刑事責任」(日本評論社, 2008), 20면.

49) 이재상, 앞의 책, 282면.

템의 구축을 위법성조각사유로 인정하여 기업들로 하여금 동 시스템 구축에 대한 인센티브를 갖도록 하는 방안을 검토할 필요가 있다.

b) 양형기준으로서의 내부통제시스템

내부통제시스템이 가장 먼저 시작된 미국에서 동 시스템이 중요한 의미를 갖기 시작한 것은 1991년 연방양형가이드라인(Federal Sentencing Guidelines for Organizations)[50]을 제정하면서부터라고 할 수 있다.[51] 동 지침에서는 내부통제시스템이 잘 정비되고 관리되어왔다는 것을 입증하는 기업에게는 임직원의 범죄행위에서 발생하는 회사의 형사책임을 최고 95%까지 감면해 주고 있다.[52]

구체적으로 보면 동 가이드라인에서는 형벌을 경감시키는 요소로서 (1) 효과적인 내부통제시스템[53]의 운영 (2) 자기신고(자수), (3) 수사에

50) 1960년대까지 미국의 경우 범죄자에 대한 인식은 일종의 환자로 보는 '의료모델(medical model)'이었으나, 60년대 이후 범죄의 증가에 따라 범죄자에 대한 처우모델이 '정의모델(justice model)'로 전환되었다. 이에 따라 처벌의 목적도 '사회복귀'에서 '적정한 응보'로 바뀌었다. 이러한 과정에서 양형상의 공평화를 주된 목적으로 양형가이드라인이 도입되기에 이른다. 구체적으로 1984년 '포괄적 범죄규제법(Comprehensive Crime Control Act of 1984)'을 제정하였으며, 동 법의 일환으로서 '양형개정법(Sentencing Reform Act of 1984)'을 제정하여 양형시스템의 포괄적인 개혁이 시작되었다. 이에 따라 1991년 11월에 '조직에 대한 연방가이드라인'이 제정되었는데 동 가이드라인은 단순히 기업 등의 조직에 대한 양형의 통일화만을 지향하는 것이 아니고, 기업에 대한 형사제재의 목적을 명확히 하는 것과 함께, 새로운 형사제재의 방법 등을 채용하고 있다는 점에서 중요한 의미를 가지고 있다(川崎友巳, 앞의 책, 386면).

51) 미국의 경우 1991년 연방의회 사법부소속의 독립위원회인 연방양형위원회가 양형지침을 법제화하여, 기업에 대해 종전과 비교할 수 없을 정도의 고액 벌금형을 부과하는 일방, 컴플라이언스 프로그램을 적정하게 실시하고 있는 경우에는 벌금액을 경감해줄 것을 정하였다. 이에 대한 상세한 내용은 川崎友巳, 앞의 책, 235면 이하 참조.

52) 김화진·김병연·정준우·곽관훈, 앞의 책, 22면 참조.

53) 연방양형가이드라인의 경우 정확히는 컴플라이언스 프로그램을 갖춘 경우 형을 경감해주고 있다. 하지만 컴프라이언스 프로그램의 경우 내부통제시스템의 중요부분을 차지하고 있다는 점에서 본문에서는 컴플라이언스 프로그램을 내부통제

대한 협조, (4) 범행행위의 자백을 정하고 있다. 아울러 (1)의 내부통제 시스템에 대해서는 7가지 단계를 정하고 있으며, 이를 준수하는 경우 형량을 경감해주고 있다. 7가지 단계는 ① 범죄방지를 위한 합리적인 컴프라이언스 기준과 절차의 제정, ② 당해기준과 절차에 대한 컴플라이언스 감독책임자가 되는 상급임원의 선임, ③ 권한위임에 있어서의 배려와 주의, ④ 필요한 기준과 절차에 대한 연수 및 고지(커뮤니케이션), ⑤ 감사시스템과 보고시스템의 확립, ⑥ 규칙위반에 대한 징계 등 강제시스템, ⑦ 동일한 위법행위 방지를 위한 적절한 대응과 프로그램 개선을 요구하고 있다.[54)]

이러한 조치는 기업 경영진으로 하여금 내부통제시스템 구축에 대한 인센티브를 갖게 된다는 점에서 중요한 의미를 가지고 있다. 기업에 대한 효과적인 규제는 기업 스스로가 지키려는 의지를 갖도록 해야 한다는 점을 고려할 때 우리의 경우도 도입을 적극적으로 검토할 필요가 있다.

구체적인 방법으로는 대법원이 제정한 양형기준에 포함시키는 방법 및 작량경감 사유로 보는 방법을 생각해 볼 수 있다. 또한 양벌규정을 적용함에 있어서도 내부통제시스템을 구축하였는지의 여부를 영업주나 법인의 과실여부를 판단하는 기준으로 하는 방안도 생각할 수 있을 것이다.

(4) 민사적 제재와 관련한 문제

내부통제시스템을 구축해야 할 의무는 기업의 경영진에게 부과된다. 따라서 기업이 갖는 내부통제시스템 구축에 대한 인센티브는 엄밀하게 이야기하면 기업 경영진이 갖는 인센티브라고 할 수 있다. 따라서 회사 경영진에게 보다 직접적인 인센티브를 부여하는 방법을 생각해 볼 필요가 있는데, 일본의 예가 좋은 사례가 될 수 있을 것으로 생각된다.

일본의 경우는 내부통제시스템에 대한 논의가 본격화된 것은 법원의

시스템으로 이해하고 기술한다.

54) 白石 賢, 前揭論文, 116면.

판례를 통해서이다. 법원이 주주대표소송에서 이사의 주의의무를 판단하면서 내부통제시스템의 구축을 그 기준으로 인정하였다.[55] 즉, 내부통제시스템의 구축과 감시가 이사 및 감사의 선관주의의무내지 충실의무에 속한다고 본 것이다. 이후 일본에서는 2002년 상법개정을 통해 위원회설치회사에 한해서 내부통제시스템을 이사회 전결사항으로 하였으며, 2006년 제정된 회사법에서는 모든 회사가 내부통제시스템을 이사회 전결사항으로 결정할 수 있도록 하였다. 다만, 대회사[56]인 위원회설치회사의 경우에는 반드시 내부통제시스템을 설치하도록 하고 있다(제362조 제4항 제6호 및 제5항).

일본의 경우처럼 내부통제시스템을 이사의 주의의무에 대한 판단기준으로 한다면 회사 경영진이 동 시스템 구축에 대해 상당한 인센티브를 가질 수 있다는 점에서 긍정적일 것으로 판단된다. 또한, 현실적으로 경영판단의 원칙과 관련하여 이사의 주의의무 위반 여부를 판단하는 것이 매우 어려운 상황에서 중요한 판단의 기준을 제공한다는 점에서도 중요한 의미를 가질 것으로 생각된다.

우리나라의 경우에도 내부통제시스템에 대한 논의가 본격화되고 있으며, 최근에는 내부통제시스템의 구축을 이사의 의무로 본 판례도 있다. 그러나 동 판례의 경우 내부통제시스템의 개념을 명확히 밝히지 않

55) 이와 관련하여 대표적인 판례가 2000년 大和銀行 주주대표소송에 대한 판결이다(大阪地方裁判所 平成 12年 9月 20日 判決, 資料版 商事法務 199号, 248면). 동 판결은 대표이사는 직원에 의한 부정행위를 방지하고 손실확대를 최소한으로 하기 위한 관리체제(내부통제시스템)을 구출해야 할 선관주의의무와 충실의무가 있고, 이사 및 감사는 대표이사가 내부통제시스템을 구축하고 있는가를 감시할 선관주의의무와 충실의무를 부담한다고 하고 있다. 또한 2002년 4월에 鐵鋼會社 이익공여사건의 경우에도 경영자가 유효한 내부통제시스템을 구축하고 이를 통해 기업내를 감시하는 것이 중요한 의무라고 판단하였다. 이에 대한 상세한 내용은 *赤堀勝彦*, 内部統制とリスクマネジメント－日本版SOX法對應時代に問われるリスクマネジメントの重要性について－, 「神戸學院法學」 第37卷 第2号, 2007.12, 177면.

56) 대회사란 자본금 5억엔 이상 또는 부채가 200억엔 이상인 주식회사를 의미한다.

고 있으며, 동 시스템의 구축을 이사의 의무로 인정할 뿐 그에 대한 법적 효과 등에 대해서는 언급하지 않고 있다는 점에서 한계가 있다.[57] 다만, 우리 판례가 내부통제시스템의 구축을 이사의 의무로 인정하였다는 점은 매우 긍정적인 일이며, 향후 이에 대한 법적근거를 보다 명확히 하여 경영진이 내부통제시스템을 구축할 인센티브를 가질 수 있도록 하는 것이 필요하다.

3) 내부통제시스템의 제도화 방안

(1) 제도의 기본구조

내부통제시스템을 제도화하는 방법은 소프트로방식으로서 모범규준을 정하고 기업들이 모범규준의 공시여부를 공시하게 하여 사실상 규범력을 부여하는 방법(Comply-or-Expline)과 상법등 법률에 명확한 규정을 두는 방법을 생각해 볼 수 있다.[58]

57) 최근 대법원 판례는 주식회사 대우의 이사책임과 관련한 판례에서 "감시의무의 구체적인 내용은 회사의 규모나 조직, 업종, 법령의 규제, 영업상황 및 재무상태에 따라 크게 다를 수 있는 바, 주식회사 대우와 같이 고도로 분업화되고 전문화된 대규모의 회사에서 공동대표이사 및 업무담당이사들이 내부적인 사무분장에 따라 각자의 전문 분야를 전담하여 처리하는 것이 불가피한 경우라 할지라도 그러한 사정만으로 다른 이사들의 업무집행에 관한 감시의무를 면할 수는 없고, 그러한 경우 무엇보다 합리적인 정보 및 보고시스템과 내부통제시스템을 구축하고 그것이 제대로 작동하도록 배려할 의무가 이사회를 구성하는 개개의 이사들에게 주어진다는 점에 비추어 볼 때, 그러한 노력을 전혀 하지 아니하거나 위와 같은 시스템이 구축되었다 하더라도 이를 이용한 회사 운영의 감사, 감독을 의도적으로 외면한 결과 다른 이사의 위법하거나 부적절한 업무집행 등 이사들의 주의를 요하는 위험이나 문제점을 알지 못한 경우라면 다른 이사의 위법하거나 부적절한 업무집행을 구체적으로 알지 못하였다는 이유만으로 책임을 면할 수는 없고, 위와 같은 지속적이거나 조직적인 감시 소홀의 결과로 발생한 다른 이사나 직원의 위법한 업무집행으로 인한 손해를 배상할 책임이 있다고 보아야 한다"고 판시하고 있다(대법원 2008.9.11. 선고 2007다31518 판결; 대법원 2008.9.11. 선고 2006다68636 판결).

58) 김화진·김병연·정준우·곽관훈, 앞의 책, 28-32면 참조.

전자의 경우 모범규준에서 비교적 상세한 내용을 정할 수 있으며, 또한 업종 및 기업규모 등에 따라 다양한 기준을 제시할 수 있다는 점에서 긍정적인 측면을 가지고 있다. 또한, 법적 구속력이 없다고 하여도 사실상 규범력을 가지기 때문에 위반행위에 대한 억지력도 가지고 있다. 그러나, 제3자와의 관계에서 법적효과를 가지기 어렵다는 점에서 한계가 있다. 내부통제시스템이 의미를 가지기 위해서는 상술한 바와 같이 그 내용을 준수하는 경우 일정한 면책효과가 부여되어야 한다. 그러나 법적 근거가 불분명한 모범규준을 준수했다고 하여 이를 근거로 제3자에 대한 책임을 면제해주거나 경감시켜주기는 어려울 것이다.

그러한 점에서 볼 때 후자의 경우와 같이 법에 명확한 근거를 두는 경우, 확실한 법적효과를 부여할 수 있다는 점에서 장점이 있다. 그러나, 법률로 내부통제에 관한 모든 내용을 정하는 것은 사실상 불가능할 뿐만 아니라, 법률로 정하는 경우 모든 기업을 일률적으로 규제하게 된다는 점에서도 바람직하지 않다.

이러한 점들을 고려할 때 내부통제시스템은 법에서 정책의 기본적 원칙을 정하고, 구체적인 내용에 대해서는 법률의 위임을 받아 제정된 모범규준의 형태로 제시하는 단계적 형태가 바람직할 것이다. 아울러 이러한 모범규준을 제정하고 관리할 수 있는 주체로서 자율규제기관을 운영할 필요가 있다.

(2) 단계별 규제

내부통제시스템에 대한 기준은 최소 3단계 이상으로 제시될 필요가 있다. 먼저, 정책의 기본원칙을 법률에서 정하면, 두 번째로 보다 구체적인 내용의 모범규준을 작성하고, 이를 바탕으로 기업이 스스로에게 적합한 내부통제기준을 마련하는 형태가 바람직할 것이다.

기업이 스스로를 규제할 수 있는 적합한 내부통제시스템을 구축하기 위해서는 많은 비용과 노력이 요구된다. 따라서 모든 기업이 개별적으로 내부통제시스템을 개발하는 경우 사회적 비용낭비가 될 수 있으며,

또한 다른 기업에서 개발한 기준을 무비판적으로 수용하여 형식적인 내부통제기준만을 정하는 상황이 벌어질 수도 있다. 뿐만 아니라 내부통제기준에 대해 법적효과를 부여하기 위해서는 누군가 시스템을 확인하고 감시할 존재가 필요하다는 점을 고려할 때, 개별기업에게 맡겨두는 경우 정부가 모든 기업을 감시해야 하는 부담을 지게된다.

이러한 점을 고려할 때 법률의 내용을 구체화하는 중간단계의 모범규준이 작성되고[59], 기업은 이를 바탕으로 내부통제시스템을 구축하는 형태를 예상해 볼 수 있다. 이 경우 기업의 내부통제시스템에 대해 법적효과를 부여하기 위해서는 행정주체가 중간단계의 모범규준을 확인하고 인증하는 등의 절차가 있어야 하며, 이에 근거하여 개별기업은 중간단계의 주체에게 내부통제시스템을 확인 또는 인증받는 절차가 마련되어야 할 것이다.

(3) 자율규제기관의 활용

내부통제시스템에 대한 기준을 단계별로 제시하는 경우 중간단계에서 이를 담당할 주체가 요구된다. 내부통제시스템의 경우 법률에 의한 일률적인 규제를 지양하고 기업현실에 맞는 규제를 지향한다는 점에서 볼 때 그 주체는 국가기관이 아닌 사인이 담당하는 것이 타당할 것이다. 또한 개별기업이 모범규준을 개발하는 경우 비용부담이 크다는 점을 고려 할 때, 규제목적의 달성에 필요한 업무프로세스 및 거래조건이 어느 정도 비슷한 피규제주체가 집합하여 공동의 업무프로세스, 거래조건 등의 작성비용을 분담하는 구조가 바람직할 수 있다.[60] 따라서 사업자단체나 협회등과 같은 자율규제기관을 적극 활용할 필요가 있다.

---

59) 중간단계에서는 해당업종이나 분야에 필요한 모범규준이 제시될 것이다. 예를 들어 IT업체와 식품제조업체가 동일한 내부통제기준을 가질 수 없기 때문이다. 이러한 중간단계의 모범규준은 경우에 따라 여러 단계로 나누어질 수 있으며, 단계가 세분화될수록 해당기업에게는 보다 구체적이고 자신의 업종이나 규모에 적합한 기준이 제시될 수 있을 것이다.

60) 小出 篤, 앞의 책, 279면.

상술한 바와 같이 내부통제시스템에 법적효과를 부여하는 것이 필요하다. 이를 위해서는 자율규제기관은 법률 등에 의해 행정주체의 권한을 위임받은 공무수탁사인으로서의 법적지위를 갖게 될 것이다. 자율규제기관에 대한 일정한 자격이 요구될 것이며, 모범규준의 작성을 포함한 업무수행에 대하여 위탁자인 행정주체의 감독을 받게 된다. 즉, 자율규제기관이 작성한 모범규준은 행정주체에 있어 확인(confirmation)을 받는 절차를 거치게 되며, 이에 근거하여 작성된 기업의 내부통제시스템은 자율규제기관에 의해 확인을 받는 절차를 예상할 수 있다.

Ⅳ. 맺음말

규제자 입장에서 내부통제시스템은 기존의 규제시스템이 가지는 한계를 극복할 수 있는 대안으로서 의미를 가지고 있다. 기업의 법률위반행위는 그 발생자체로 기업은 물론 국가경제 전체가 심각한 타격을 입게 된다는 점을 고려 할 때 사전예방적인 규제가 중요하게 대두되었으며, 그 방안으로서 내부통제시스템이 활용될 수 있다.

기업입장에서 내부통제시스템은 기업운영과정에서 발생할 수 있는 리스크를 사전에 예측하여, 이를 적절하게 관리하고 억지할 수 있는 방안을 제공한다는 점에서 중요한 의미를 갖는다. 아울러 기업이나 경영진의 법적책임에 대한 기준을 명확히 한다는 장점도 있다. 현재 주주대표소송이 제기되는 경우 경영진이 주의의무를 다했는가를 명확히 판단하기는 상당히 어려운 문제이다. 경영상의 책임은 결과가 아닌 과정을 통해 판단해야 하며, 결과적으로 실패한 경영판단에 대해 과정상 주의의무를 다하였는지 여부를 판단하는 것은 쉽지 않기 때문이다. 이에 따라 경영진도 경영판단에 많은 어려움을 가질 수밖에 없다. 내부통제시스템을 구축하는 경우 일본의 경우와 같이 주의의무의 판단기준이 될 수 있으며, 이는 경영진의 책임에 대한 예측가능성을 부여한다는 점에서 긍정적 효과와 함께 기업의 자발적 규제를 이끌어내는 방안이 될 수 있다. 우리의 경우도 판례를 통해 내부통제시스템의 구축을 이사의 주의의무로 인정하고 있으므로, 향후 이에 대한 보다 구체적인 기준을 제시하여 경영진이 자신의 책임에 대한 예측가능성을 부여하는 것이 필요할 것이다. 아울러 형사적 제재의 측면의 책임에 있어서도 위법성조각사유에 해당하거나 양형기준상 형의 감경사유가 될 수 있으며, 양벌규정의 경우에 있어서도 법인이나 경영진의 과실유무, 즉 감독의무의 이행여부를 판단하는 기준이 될 수도 있다.

물론 내부통제시스템이 완벽하고 완결적인 규제시스템은 아니다. 내부통제시스템이 구축되었다고 모든 문제를 해결할 수 있는 것도 아니고, 권리의무와 직접관련이 있거나 주주나 소비자보호와 같이 일관적 규제가 필요한 영역에 대해서 내부통제시스템이 기능하기 어렵다는 점에서도 분명한 한계가 있다. 다만, 기업을 규제하는 목적이 단순히 위반기업을 응징하는 것이 아니고, 위반행위를 억지하여 기업과 시장의 지속가능한 발전을 도모하는 것이라고 한다면 일방적인 강제보다 스스로 법을 지킬 수 있는 분위기를 만드는 것이 중요하다고 생각한다. 이러한 측면에서 내부통제시스템은 새로운 규제패러다임을 제시하고 있으며, 따라서 내부통제시스템의 설계도 새로운 규제패러다임의 전환이라는 관점에서 이루어져야 할 것이다.

자금추적수사의 문제점과 개선방안에 관한 연구

김 영 식*

Ⅰ. 들어가며

오늘날 우리는 자본주의가 발달하고 경제활동이 급격히 증가하면서 돈이 모든 가치를 지배하는 황금만능주의 속에서 살고 있다. 그리고 사회에서 발생되는 범죄의 대부분이 돈과 직·간접적으로 연관되어 발생하고 있는 실정이다. 분식회계 및 밀실에서 행해지는 기업관련 대형경제사범, 수십억, 수천억에 이르는 뇌물 사건 등의 화이트칼라 범죄는 물론, 사기·횡령 등 경제범, 강·절도 등 강력사범, 조폭 및 마약류 등의 범죄에서도 자금세탁 행위가 발생하고 있다.

이런 상황에서 범죄자 개인에 대한 처벌위주의 전통적 형사사법 수단만으로는 점차 대규모조직화 되고 막대한 경제적 이득을 매개로 하는 최근의 중요 범죄에 효과적으로 대처하는데 한계가 있음은 이미 증명된 사실이다. 또한, 범죄행위와 직·간접적으로 연관된 경제적 이익에 대한 수사기관의 조사활동은 실체적 진실 발견에 결정적 역할을 할 수 있는 것이다. 이런 이유로 오늘날 범죄수사에 있어서 단순한 형태건 복잡하고 전문적인 형태건 '자금추적' 수사기법은 중요한 수사기법으로 빈번히 활용 되고 있는 것이다.

한편, 현대 사회에서 개인 및 기업의 금융거래는 과거와 달리 전문적인 금융기관을 통해 이루어지는 것이 보편화 되었다. 금융기관은 준 공익기관으로서 방대한 거래량과 함께 복잡하고 다양한 금융 업무를 취

---

* 관동대학교 경찰행정학부 교수

급함으로써 전문화된 금융거래 시스템을 운용하고 있고, 고객과의 분쟁 방지, 자체 금융사고 방지 등을 위하여 전산 시스템의 효과적인 운용과 함께 장부, 전표처리, 보관 등을 엄격하고도 정확하게 하고 있어 수사에 필요한 객관적인 자료 확보가 가능하다.[1)] 결국, 자금추적 수사기법의 성패는 금융기관의 전문적인 운영 시스템 및 금융 업무에 대한 지식과 이와 관련된 회계 분석 능력에 있다고 볼 수 있다.

본 연구에서는 자금추적 수사의 전제가 되는 '자금세탁' 방지를 위한 금융제도상의 자금세탁방지 체계와 우리나라 자금세탁방지의 중추적 역할을 담당하고 있는 금융정보분석원의 역할에 대하여 살펴보고 현행 자금세탁방지의 제도상 문제점 및 개선방안에 대하여 살펴보기로 한다. 그리고 자금추적 수사를 담당하는 경찰의 수사조직 운영 현황 및 문제점을 분석하고 이에 대한 제도적 개선방안에 대한 몇 가지 제언을 하고자 한다.

II. 금융제도상 자금세탁방지 체계

수사기관이 '자금추적'이라는 수사기법을 활용하는 것은 범죄로부터 창출된 범죄수익 등의 불법자금을 적법한 자금인 것처럼 가장하려는 범죄주체의 '자금세탁'행위 때문이다. 그리고 금융기관은 성질상 이윤추구를 위한 영리사업체로서 범죄주체에게는 자금세탁을 위한 중요한 경로가 된다. 이런 이유로 세계 각국은 자금세탁 방지를 위한 법령 제정을 통해 금융기관의 자금세탁방지 조치를 의무화 하고 감독기관을 통해 금융기관이 자금세탁에 이용되지 않도록 관리감독을 하고 있다. 우리나라의 현행 금융제도상 자금세탁방지 제도는 고객확인제도, 혐의거래보고제도, 고액현금거래보고제도가 있다.

---

1) 임채균, 수표, 자금추적수사 이렇게 한다 – 추적 사례를 중심으로 –, 「수사연구」 2006년 7월호, 12면.

1. 고객확인제도(CDD: Customer Due Diligence)

고객확인제도란, 금융회사가 고객과 거래시 고객의 실명확인 이외에 주소, 연락처 등을 추가로 확인하고, 자금세탁행위 등의 우려가 있는 경우 실제 당사자 여부 및 금융거래 목적을 확인하는 제도이다.[2] 이 제도는 자금세탁방지 측면에서 금융회사가 평소 고객에 대한 정보를 파악하고 축적함으로써 후술하는 고객의 혐의거래 여부를 파악하는 토대를 제공해 준다. 우리나라에서 1993년부터 시행 되고 있는 금융실명제는 고객확인제도의 기초에 해당한다고 볼 수 있다.[3] 국제적으로 고객확인제도는 2003년부터 본격적으로 도입되었고, 우리나라는 금융실명제를 토대로 하되 금융실명제가 포함하지 않고 있는 사항을 보완하는 차원에서 특정금융거래보고법에 근거를 두고 2006년 1월 18일부터 이 제도를 도입하였다.[4] 2010년 7월 새롭게 제정·시행된「자금세탁방지 및 공중협박자금조달금지 업무규정(FIU고시)」에서는 고객확인제도의 이행사항을 상세하게 규정하고 있다.[5]

한편, 2008년부터 '강화된 고객확인제도(EDD: Enhanced Due Diligence)'가 시행되어 자금세탁 등의 위험이 높은 것으로 평가된 고객[6] 또는 상

2) 고객확인제도는 금융회사 입장에서 자신의 고객이 누구인지 정확하게 알고 범죄자에게는 금융서비스를 제공하지 않도록 하는 정책이라 하여 고객알기정책(Know Your Customer Policy)이라고도 한다.

3) 금융정보분석원, 자금세탁방지 2009년도 연차보고서, 2010, 12면.

4) 특정 금융거래정보의 보고 및 이용 등에 관한 법률 제5조의 2.

5) 자금세탁방지 및 공중협박자금조달금지에 관한 업무규정(금융정보분석원 고시 제2010-1호).

6) 금융회사는 1. 금융기관등으로부터 종합자산관리서비스를 받는 고객 중 금융기관등이 추가정보 확인이 필요하다고 판단한 고객 2. 외국의 정치적 주요인물 3. 비거주자 4. 대량의 현금(또는 현금등가물)거래가 수반되는 카지노사업자, 대부업자, 환전상 등 5. 고가의 귀금속 판매상 6. 금융위원회가 공중협박자금조달과 관련하여 고시하는 금융거래제한대상자 7.UN에서 발표하는 테러리스트에 포함된 자 8. 신탁받은 개인자산을 운영, 관리하기 위하여 별도로 설립된 법인 또는 단체(「자본시장과 금융투자업에 관한 법률」에 의한 집합투자기구 및 신탁업자는

품 및 서비스에[7] 대하여 기존의 고객확인 제도에 따른 신원확인 및 검증 이외에 추가적인 정보를 확인하도록 하고 있다.[8] 강화된 고객확인제도의 세부적인 확인 내용·절차·방법 등은 금융정보분석원이 고시하는 자금세탁방지 업무지침으로 정하도록 하고 있다.

〈표1〉 강화된 고객확인제도에 따른 추가 확인정보의 범위[9]

구 분	개 인 고 객	법 인 고 객
추가확인정보	1. 직업 또는 업종(개인사업자) 2. 거래의 목적 3. 거래자금의 원천 4. 기타 금융기관등이 자금세탁 우려를 해소하기 위해 필요하다고 판단한 사항	1. 법인구분 정보(대기업, 중소기업 등), 상장정보(거래소, 코스닥 등), 사업체 설립일, 홈페이지(또는 이메일) 등 회사에 관한 기본 정보 2. 거래의 목적 3. 거래자금의 원천 4. 기타 금융기관등이 자금세탁 우려를 해소하기 위해 필요하다고 판단한 사항

2. 혐의거래보고제도 (STR: Suspicious Transaction Report)

혐의거래보고제도란 금융거래와 관련하여 수수한 재산이 불법재산이라고 의심되는 합당한 근거가 있거나 금융거래의 상대방이 자금세탁행

제외) 9. 명의주주가 있거나 무기명주식을 발행한 회사에 대하여 의무적으로 추가정보 확인을 해야 한다(자금세탁방지 및 공중협박자금조달금지에 관한 업무규정(금융정보분석원 고시 제2010-1호) 제30조 제3항).

7) 금융회사는 1. 양도성 예금증서(증서식 무기명) 2. 환거래 서비스 3. 비대면 거래 4. 기타 정부 또는 감독기관에서 고위험으로 판단하는 상품 및 서비스 등에 대하여 자금세탁 등의 위험이 높은 상품 및 서비스로 고려해야 한다(자금세탁방지 및 공중협박자금조달금지에 관한 업무규정(금융정보분석원 고시 제2010-1호) 제31조 제3항).

8) 자금세탁방지 및 공중협박자금조달금지에 관한 업무규정(금융정보분석원 고시 제2010-1호) 제20조 제3항.

9) 자금세탁방지 및 공중협박자금조달금지에 관한 업무규정(금융정보분석원 고시 제2010-1호) 제42조.

위나 공중협박자금조달행위를 하고 있다고 의심되는 합당한 근거가 있는 경우로서 당해 금융거래 금액이 법령이 정하는 금액 이상인 경우, 또는 금융거래의 상대방이 법령이 정하는 금액 한도를 회피할 목적으로 금액을 분할하여 금융거래를 하고 있다고 의심되는 합당한 근거가 있는 경우로서 분할하여 거래한 금액의 합계액이 법령으로 정하는 금액 이상인 경우, '법죄수익규제법'[10] 및 '공중 등 협박목적을 위한 자금조달행위의 금지에 관한 법률'[11]에 따라 금융회사 종사자가 관할 수사기관에 신고한 경우에 금융정보분석원장에게 보고토록 한 제도이다.[12]

동 제도는 기본적으로 불법재산 또는 자금세탁행위로 의심되는 '합당한 근거'의 판단을 금융회사의 종사자에게 전적으로 맡기고 있다. 이를 보완하기 위해 법령상 일정 금액 이상의 거래에 대하여 의무적으로 보고하도록 하고, 그 미만인 경우 임의적으로 보고토록 하고 있다. 현행 혐의거래보고 기준 금액은 외국통화로 표시된 외국환거래의 경우에는 5천 미합중국달러 또는 한화 1천만원이다. 만일, 금융거래의 대상이 되는 재산의 액면금액과 실지거래금액이 다른 경우에는 실지거래금액에 의하고, 금고대여업무에 따른 금융거래 등 금융거래의 금액을 확인할 수 없는 경우에는 기준 금액 미만의 금융거래로 본다.[13]

한편, 금융회사는 혐의거래보고를 위해 자신의 지점 등 내부에서 보고책임자에게 보고하는 내부보고체계와 이를 금융정보분석원에 보고하는 외부보고체제를 수립하여야 한다.[14] 보고체계에 따라 영업점 직원은 업무지식과 전문성, 경험을 바탕으로 고객의 평소 거래상황, 직업, 사업내용 등을 고려하여 취급한 금융거래가 혐의거래로 의심되면 그 내용을 보고책임자에게 보고한다. 보고책임자는 특정금융거래정보 보고 및 감독규정

10) 범죄수익은닉의 규제 및 처벌 등에 관한 법률 제5조 제1항.
11) 공중 등 협박목적을 위한 자금조달행위의 금지에 관한 법률 제5제 제2항.
12) 특정 금융거래정보의 보고 및 이용 등에 관한 법률 제4조 제1항.
13) 특정 금융거래정보의 보고 및 이용 등에 관한 법률 시행령 제6조.
14) 자금세탁방지 및 공중협박자금조달금지에 관한 업무규정(금융정보분석원 고시 제2010-1호) 제81조.

의 별지 서식에 의한 의심스러운 거래보고서에 보고기관, 거래상대방, 의심스러운 거래내용, 의심스러운 합당한 근거, 보존하는 자료의 종류 등을 기재하여 온라인으로 보고하거나 문서 또는 플로피디스크로 제출하되, 긴급한 경우에는 우선 전화나 FAX로 보고하고 추후 보완할 수 있다.[15)]

〈표2〉 연도별 보고기관별 의심거래보고 건수[16)]

구분	은행	증권	보험	기타(우체국, 상호저축은행, 새마을금고, 상호금융 등)	합계
2002	243	30	0	2	275
2003	1,623	101	6	14	1,744
2004	4,380	225	9	66	4,680
2005	12,941	260	51	207	13,459
2006	23,522	199	58	370	24,149
2007	51,330	218	56	870	52,474
2008	89,542	710	90	1,751	92,093
2009	128,564	3,049	121	4,548	136,282
합계	312,145	4,792	391	7,828	325,156

3. 고액현금거래보고제도 (CTR: Currency Transaction Reporting System)

고액현금거래보고제도는 일정금액 이상의 현금거래를 금융정보분석원에 보고토록 하는 제도이다. 1일 거래일 동안 2천만원 이상의 현금을 입금하거나 출금한 경우 거래자의 신원과 거래일시, 거래금액 등 객관적 사실을 전산으로 자동 보고토록 하고 있다.[17)]

우리나라는 2006년에 이 제도를 처음 도입하였으며, 도입 당시는 보고 기준금액을 5천만원으로 하였으나, 2008년부터는 3천만원, 2010년부터는 2천만원으로 단계적으로 인하하여 운영하고 있다. 이 제도는 객관적 기준에 의해 일정금액 이상의 현금거래를 보고토록 하여 불법자금

15) http://www.kofiu.go.kr/

16) 출처: 금융정보분석원, 자금세탁방지 2009년도 연차보고서, 2010, 66면.

17) 특정 금융거래정보의 보고 및 이용 등에 관한 법률 제4조의 2.

의 유출입 또는 자금세탁혐의가 있는 비정상적 금융거래를 효율적으로 차단하려는데 목적이 있다. 특히 현금거래를 보고토록 한 것은 1차적으로는 출처를 은닉·위장하려는 대부분의 자금세탁거래가 고액의 현금거래를 수반하기 때문이며, 또한 금융기관 직원의 주관적 판단에 의존하는 의심거래보고제도만으로는 금융기관의 보고가 없는 경우 불법자금을 적발하기가 사실상 불가능하다는 문제점을 해결하기 위한 것이다.[18]

위에서 살펴본 금융제도상의 자금세탁방지 제도에 의해 금융회사들이 보고하는 고객의 금융거래 정보는 모두 '금융정보분석원'에 취합되어 정리·분석 되는 것이다.

Ⅲ. 금융정보분석원(KoFIU: Korea Financial Intelligence Unit)과 경찰의 자금추적수사 조직

1. 금융정보분석원의 역할

금융정보분석원은 특정금융거래보고법에 의거 설립된 우리나라 자금세탁방지기구로서 금융회사로부터 자금세탁 관련 금융정보를 수집·분석하여, 이를 법집행기관에 제공하는 역할을 한다. 2001년 11월 설립당시에는 재정경제부 소속 독립기관이었으나, 2008년 금융위원회 소속으로 이관되고, 그 업무 또한 공중협박자금조달방지 영역까지 확대되었다. 현재 금융정보분석원은 금융위원회, 법무부, 국세청, 관세청, 경찰청, 금융감독원 등 관계기관의 전문인력으로 구성되어 있다.

특정금융거래보고법에 따라 금융기관은 의심스러운 금융거래를 적발하여 금융정보분석원에 혐의거래로 보고한다. 금융정보분석원은 보고된 혐의거래 내용과 외환전산망, 신용정보, 외국 금융정보분석기구(FIU)의 정보 등 자체적으로 수집한 관련자료를 종합·분석한 후, 불법

18) 금융정보분석원, 앞의 책, 11면.

거래 또는 자금세탁 행위와 관련된 거래라고 인정할 때에는 금융거래 자료를 경찰청·검찰청·국세청 등 법집행기관에 제공한다. 아래 〈표3〉은 금융정보분석원이 혐의거래 분석결과의 법집행기관별·연도별 제공 현황을 나타내고 있다.

〈표3〉 금융정보분석원의 연도별 의심거래정보 분석결과 제공 현황[19)]

연도	검찰청	**경찰청**	국세청	관세청	금융위	선관위	합계
2004이전	655	**308**	245	286	27	10	1,531
2005	593	**292**	313	570	31	0	1,799
2006	534	**612**	413	657	50	1	2,267
2007	561	**607**	490	629	44	0	2,331
2008	763	**1,354**	2,215	884	18	0	5,234
2009	986	**2,105**	3,836	745	39	0	7,711
합계	4,092	**5,278**	7,512	3,771	209	11	20,873 (기관간 중복제공 1,421건)

금융정보분석원에서 제공한 혐의거래 정보 이외에 경찰청장은 특정형사사건의 수사 등을[20)] 위하여 필요하다고 인정되는 때는 금융정보분석원장에게 특정금융정보 제공요구서를 제출하여 필요한 정보를 요구할 수 있다.[21)] 이때 경찰이 요구할 수 있는 정보는 금융정보분석원이 외국 금융정보분석기구, 금융기관 등으로부터 보고 또는 통보 받은 후 정리·분석한 정보에 한정된다. 특정금융거래보고법상 금융정보분석원이 관련기관 등으로부터 보고 또는 통보 받은 원정보를 수사기관에 별도로 제공하는 것은 불가능하다.[22)] 아래 〈표4〉는 금융정보분석원에서 수사기관에 제공할 수 있는 정리·분석한 정보에 포함된 원정보의 내용을 나타낸다.

19) 출처: 금융정보분석원, 앞의 책, 2010, 71면.

20) '특정형사사건의 수사 등'이란 불법재산, 자금세탁행위 또는 공중협박자금조달행위와 관련된 형사사건의 수사, 조세·관세 범칙사건 및 「정치자금법」 위반사건의 조사 또는 금융감독업무를 말한다.

21) 특정 금융거래정보의 보고 및 이용 등에 관한 법률 제7조 제4항.

22) 특정 금융거래정보의 보고 및 이용 등에 관한 법률 제7조 제1항 제3호.

〈표4〉 특정금융거래보고법 제7조 제1항 제3호의 정리·분석 정보에 포함된 원정보 내용[23)]

원정보	내 용
혐의거래보고자료	금융기관으로부터 보고받은 혐의거래보고(STR) 대상자의 계좌에 국한, 대상자의 성명과 주민등록번호(사업자등록번호)로 조회 가능
외국환 거래자료	한국은행에서 보고된 1만불 초과의 외국환 거래에 관한 자료, 당발송금·타발송금·외환출금·외국통화매매·외화수표매매·기술도입대가지급 등 10종
지급수단 수출입자료	관세청에서 통보받은 수출입관련 자료, 대상자의 성명과 주민등록번호(사업자등록번호)로 조회 가능
신용정보	은행연합회에서 제공받은 자료, 카드개설·대출·채무보증·채무불이행·기업여신 등 5종
기업정보	신용보증기금에서 제공받는 자료, 기업체개요, 대표자, 경영진, 대차대조표, 손익계산서 등 기업체조사정보 등 34종
기 타	고액현금거래보고, 외국금융정보분석기구 제공정보, 금융기관 고객정보조회 등

경찰청장이 금융정보분석원장에게 특정금융거래 정보를 요구할 수 있는 '특정형사사건'이란 불법재산, 자금세탁행위 또는 공중협박자금조달행위와 관련된 형사사건의 수사, 조세·관세 범칙사건 및 정치자금법 위반사건 등을 말한다. 구체적으로 살펴보면, '불법재산'이란 범죄수익은닉의 규제 및 처벌 등에 관한 법률(이하 "범죄수익규제법"이라 한다) 제2조 제4호의 규정에 의한 범죄수익 등, 마약류 불법거래방지에 관한 특례법(이하 "마약류불법거래방지법"이라 한다) 제2조 제5항의 규정에 의한 불법수익 등, 공중 등 협박목적을 위한 자금조달행위의 금지에 관한 법률 제2조 제1호의 공중협박자금을 의미 한다.[24)] '자금세탁행위'란 범죄수익규제법 제3조의 규정에 의한 범죄행위, 마약류불법거래방지법 제7조의 규정에 의한 범죄행위, 조세범 처벌법 제3조, 관세법 제270조 또는 특정범죄가중처벌 등에 관한 법률 제8조의 죄를 범할 목적으로 재산의 취득·처분 또는 발생 원인에 관한 사실을 가장하거나 그 재산을 은닉하는 행위를 말한다.[25)] 그리고 '공중협박자금조달행위'란 공중 등

23) 출처: 경찰청, 자금추적수사 매뉴얼, 2006, 194면.
24) 특정 금융거래정보의 보고 및 이용 등에 관한 법률 제2조 제3호.
25) 특정 금융거래정보의 보고 및 이용 등에 관한 법률 제2조 제4호.

협박목적을 위한 자금조달행위의 금지에 관한 법률 제6조 제1항의 죄에 해당하는 행위를 말한다.[26)]

위에서 설명한 '특정형사사건'에 해당하는 사건을 수사하는 중에 특정금융정보가 필요한 경우 경찰청장은 금융정보분석원장에게 해당 정보를 요구하게 된다. 실무상 각 지방경찰청에서 경찰청 지능범죄수사과로 특정금융정보 제공요구서를 송부하면 경찰청에서 내용을 검토한 후 '경찰청장'명의로 금융정보분석원장에게 정보제공을 요구한다. 한편, 경찰청에서는 효율적인 업무 처리를 위해 정보제공요구를 하기 전 금융정보분석원 파견 경찰관에게 해당자료의 보유 여부 및 제공가능 여부를 확인한다.[27)]

〈표5〉 법집행기관별 특정금융거래 정보 처리 현황[28)]

기관	제공	종결				처리중
		계	조치	무혐의	내사중지	
검찰청	4,092	2,553	1,073	1,225	255	1,539
경찰청	**5,278**	**1,161**	**246**	**830**	**85**	**4,117**
국세청	7,512	3,681	2,443	1,238	-	3,831
관세청	3,771	2,726	1,013	1,713	-	1,045
금융위	209	88	41	47	-	121
선관위	11	11	1	10	-	0
계	20,873	10,220	4,817	5,063	340	10,653

이와 같이 금융정보분석원은 자금세탁방지를 위한 중추적 역할을 하면서 법집행기관과 금융회사의 매개자 역할을 하고 있다. 경찰은 금융정보분석원이 제공한 혐의거래 정보를 내사하거나 수사의 필요상 금융정보분석원에 특정 금융거래정보를 요구하여 자금추적 수사를 실시하는 것이다.

26) 특정 금융거래정보의 보고 및 이용 등에 관한 법률 제2조 제5호.
27) 경찰청, 자금추적수사 매뉴얼, 2006, 195면.
28) 출처: 금융정보분석원, 앞의 책, 2010, 75면.

2. 경찰 자금추적 수사조직 현황

경찰의 자금추적수사는 수사부서 특히, 지능범죄[29] 수사부서에서 이루어지는 것이 일반적이다. 경찰청에는 수사국내에 마약지능수사과가 있고, 하부조직으로 지능1계, 지능2계를 두고 있다. 지능1계는 통화관련 범죄의 수사지도·불법도청 등 사생활침해사범 수사지도·금융 및 경제사범의 수사지도·부동산관련 범죄의 수사지도·물가 및 공정거래관련 사범의 수사지도·지적소유권사범의 수사지도·금융정보분석원(FIU) 제공 특정금융거래정보 관련 업무·해당범죄의 민원 및 이의사건 처리·기타 다른 업무에 속하지 아니한 형법 및 특별법위반사범의 수사지도 업무를 담당한다. 지능2계는 공무원범죄의 수사지도·병무 및 군수물자관련 범죄의 수사지도·무역 및 밀수사범의 수사지도·농·수·축산물관련 범죄의 수사지도·문화관광에 관한 범죄의 수사지도·총기관련 범죄의 수사지도·보건위생 및 환경사범의 수사지도·직업안정에 관한 범죄의 수사지도·선거관련사범의 수사지도·해당범죄의 민원 및 이의사건 처리를 담당한다.

참고로 경찰청 마약지능수사과는 직접 수사활동을 하는 조직은 아니다. 경찰청에서 직접 수사를 담당하는 조직은 수사국 산하의 특수수사과가 있다. 특수수사과는 1. 국가 및 사회이익에 반하는 중대한 범죄의 첩보수집 및 수사 2. 정부기관 등에서 고발되는 중요사범의 수사 3. 국민경제·보건 및 환경 등과 관련된 중요사건의 수사 업무를 담당한다.

지방경찰청 단위의 지능범죄 수사업무는 각 지방경찰청의 실정에 맞게 탄력적으로 운영되고 있으나 통상적으로 수사2계 및 수사3계에서 지능범죄에 대한 인지사건 수사 및 전형적인 지능범죄 수사업무를 담당하고 있다. 그리고 기존의 각 지방경찰청에 설치되었던 형사기동대가 2004년 10월 1일 광역수사대로 승격되면서 인원 및 조직이 확대되었는데 광역수사대는 주로 강력범죄와 조직범죄 등에 대한 수사를 담당하며

29) 지능범죄라는 용어는 수사실무상 일본과 우리나라에서 자주 사용되며 전통적인 범죄학의 일반적 분류체계에는 직접적으로 나타나지는 않는다(김영식 외, 지능범죄수사론(경찰대학, 2009), 5면).

지방청의 규모에 따라 별도의 지능팀을 두어 지능범죄에 대한 중요사건의 첩보수집 및 인지수사를 담당하는 경우가 있고 경제범죄특별수사대를 별도로 편성하거나 경제범죄특별수사팀을 운영하는 경우가 있다.

서울지방경찰청의 경우를 살펴보면 지능범죄 수사관련 조직으로 수사부 수사과 수사2계, 경제범죄특별수사대, 형사과 광역수사대의 지능범죄 수사계가 운영되고 있다.30)

〈표6〉 서울지방경찰청 지능범죄 수사조직 및 사무분장31)

수사2계	1. 지능범죄(형법상 사기·횡령·배임)에 관한 인지사건 수사 2. 공무원의 직무에 관한 범죄(형법 제7장)수사 3. 통화 및 유가증권 위·변조사범 수사 4. 선거와 국민투표에 관련된 범죄에 관한 사항 5. 시위관련사범에 대한 기초수사와 신병처리에 관한 지도 및 조정 6. 시위관련사범 중 집회및시위에관한법률, 형법, 경범죄처벌법 적용대상자의 조사, 송치 및 수배 7. 공무집행방해사범 수사지도
경제범죄 특별수사대	1. 중요 대형 경제사범 수사(밀수, 금융, 회계, 물가사범 포함) 2. 1억원 이상 조세범처벌법위반 사건 수사 3. 3천만원 이상 뇌물(배임수증죄) 사건 수사 4. 지적재산권 침해사범, 문화재관리법위반사범, 보건범죄 수사 5. 직업안정법 및 관광에 관한 범죄 수사 6. 농·축산물 관련 범죄 수사 7. FIU 통보자료 분석·하달 및 주요사건 직접수사 8. 「범죄수익은닉의 규제 및 처벌에 관한 법률」적용범죄 수사와 관련 몰수·부대보전 절차 지원 9. 1~8호 관련 공무원 직무비리 사건 수사 10. 경찰서 취급 주요 경제사건의 증거분석·법률·기법지원
광역수사대	1. 지방청장이 지시한 중요한 광역사건(2개 이상의 경찰서에 걸쳐 발생한 동종 또는 유사사건)과 사회적 관심도가 큰 사건 수사 2. 강력·폭력·지능 등 수사팀별 중요사건의 첩보수집 및 인지수사 3. 범죄권에 대한 집중단속 및 검거활동 4. 신종 수법범죄 등에 대한 기획수사 5. 기타 지방경찰청장이 필요하다고 인정하는 범죄수사

30) 서울특별시지방경찰청과경찰서의조직및사무분장규칙, 2007.3.20. 훈령 제222호 제54차 개정으로 경제범죄특별수사대 설치.

31) 출처: 서울특별시지방경찰청과 경찰서의 조직 및 사무분장규칙(2010.10.6. 훈령

경찰서 단위의 지능범죄수사는 과거 수사과(형사과) 산하의 조사계에서 고소 또는 고발사건을 처리하거나 수사2계에서 선거사범, 기업범죄 수사 및 인지사건 수사 등을 담당하였으며 2005년 1월 죄종별 팀제를 근간으로 한 수사경과제의 시행과 더불어 사기, 횡령, 배임 등의 재산범죄의 경우에 경제수사팀에서, 부정수표단속, 밀수 및 탈세, 금융 및 경제사범은 지능수사팀에서 담당하는 것이 기본이며 경찰서의 실정에 따라 탄력적으로 운영된다.[32)]

Ⅳ. 나오며: 문제점과 개선방안

이상에서는 우리나라의 금융제도상 자금세탁방지 및 자금추적수사와 관련된 제도적·조직적 현황에 대하여 알아보았다. 그렇다면 자금세탁방지 제도와 자금추적수사 조직상의 문제점은 무엇이고 알아보고 그에 대한 개선방안에 관하여 알아보기로 한다.

1. 금융제도상 자금세탁방지체계의 문제점과 개선방안

금융제도상의 자금세탁방지체계로서 고객확인제도, 혐의거래보고제도, 고액현금거래보고제도에 대하여 알아보았다. 각 제도의 내용을 통해 알 수 있듯이 이들 제도가 실효성 있게 운영되기 위해서는 금융기관과 그 종사자들의 협조가 매우 중요하다. 그러나 금융기관의 입장에서는 불법자금을 운용하는 고객일지라도 수익적 측면에서 오히려 투자유치의 대상이 되는 것이 현실이다.[33)] 이런 우려로 인해 정부는 법제정을 통해 금융기관의 협조를 의무화하고 보고의무 위반에 대하여 제재를 가하고 있는 것이다.

제259호 제64차 개정).

32) 김영식 외, 앞의 책, 2009, 56면.

33) 강석구, 「주요국가의 불법자금추적체계 연구」(한국형사정책연구원, 2005), 79-81면.

문제점과 관련하여 우선 특정금융거래보고법은 금융회사로 하여금 혐의거래보고시 보고와 관련된 자료(금융거래 상대방의 실지명의를 확인할 수 있는 자료, 보고대상이 된 금융거래 자료, 금융기관등이 의심되는 합당한 근거를 기록한 자료)의 보존의무를 부과하면서 그 기간을 보고한 날로부터 5년간으로 규정하고 있다.[34] 그러나 기록보존의무의 제도적 취지를 살리기 위해서는 보존기간의 기산점을 보고한 날을 기준으로 할 것이 아니라 금융거래 종료일을 기준으로 해야 기간상의 공백을 최소화 할 수 있을 것이다. 자금세탁방지를 위한 국제적 협력체인 FATF(Financial Action Task Force)도 권고안을 통해 금융기관이 고객실사조치를 통해 취득한 기론은 거래 종료 후 최소한 5년간 보존할 것을 필수사항으로 권고하고 있다.

다음으로 현행 고액현금거래보고 제도는 보고 대상을 일정 금액 이상의 현금이나 현금과 유사한 기능의 지급수단(카지노사업자가 지급 또는 영수하는 수표 중 권면액이 100만원을 초과하는 수표를 말함. 다만, 카지노사업자가 그 수표를 지급하거나 영수하면서 실지명의를 확인한 후 실지명의 및 수표번호를 기록·관리하는 때에는 제외)으로 제한하고 외국통화를 제외하고 있다. 그러나 자금세탁의 최종 목표가 실거래에서 바로 사용할 수 있는 현금으로의 전환에 있다면 실거래에서 현금과 유사한 기능을 하는 모든 통화수단이 고액현금거래보고의 대상이 될 수 있어야할 것이므로 외국통화, 전자화폐, 수표, 어음, 상품교환권 등 현금에 준하는 모든 지급수단이 고액현금거래보고의 대상에 포함되어야 할 것이다.[35]

2. 자금추적수사의 조직적 문제점 및 개선방안

특정금융거래보고법상 경찰청장은 금융정보분석원장에게 '특정형사

34) 특정 금융거래정보의 보고 및 이용 등에 관한 법률 제4조 제4항.
35) 강석구, 앞의 책, 189-190면.

사건'의 수사를 위해 필요한 경우 특정금융거래 제공을 요구할 수 있다고 규정하고, '특정형사사건'에 해당하는 범죄에 대하여 법령상 제한적으로 열거하고 있다. 그러나 오늘날 대부분의 범죄가 경제적 이익과 관련되어 있고 형사처벌의 실효성 확보를 위해 범죄로부터 창출된 경제적 이익의 몰수 및 추징이 요구되는 상황에서 현행 특정금융거래보고법상의 해당범죄의 범위가 지나치게 협소하다는 비판이 있다.

이에 대한 개선방안으로서 해당범죄의 범위를 가능한 폭넓게 하기 위해 FATF가 권고하는 범죄수익규제법상의 '중대범죄'의 범위와 같이 '장기 1년 이상의 구금형에 처해지는 모든 범죄 또는 단기 6개월 이상의 구금형에 처해지는 모든 범죄'로 확대해야 한다.[36] 그리고 이에 해당하지 않는 경미범죄에 대하여도 자금추적수사의 필요성이 있는 범죄에 대하여는 현행 법제와 마찬가지로 제한적으로 규정한다면 자금세탁방지의 그물망이 보다 촘촘해 질 것이다.

다음으로 경찰의 지능범죄수사조직의 문제점을 지적할 수 있다. 자금추적 수사기법을 활용하여 경찰의 지능범죄수사조직이 주로 취급하는 경제범죄수사는 수사관의 자금추적·회계장부 분석에 대한 사전지식이 필수적이다. 또한, 금융거래 시스템의 지속적인 변화 및 범죄의 지능화로 자금추적 또는 회계분석 전문 수사관의 필요성이 증대하고 있고 일선 수사관들에 대한 지속적인 교육이 요구된다고 할 수 있다.

현재 경찰 수사연수원에서 금융·경제범죄수사, 회계부정수사 과정에서 자금추적기법 교육이 정기적으로 이루어지고 있고, 경찰간부후보생 선발시 경제·회계분야 5명을 채용하고 있으나 교육 및 채용 후 인사관리가 제대로 이루어지고 있지 않은 실정이다. 앞으로 금융·경제범죄가 지속적으로 증가할 것으로 예상되므로 보다 체계적이고 장기적인 자금추적 전문 수사관 양성과 공인회계사, 세무사 등 전문가의 특별채용을 통해 인적 인프라를 구축해야 한다.

최근 서울지방경찰청의 경제범죄특별수사대내에 자금추적 경험이 풍

36) FATF 제1권고.

부하고 실력이 검증된 전문수사관과 회계 관련 학과 출신자로 구성된 자금추적지원팀을 신설하고 자금추적 수사 지원업무에 전종시켜 지방청 타기능 및 일선 경찰서 수사관에 대한 교육 및 금융거래자료·회계장부 분석 업무를 지원하게 한 것은 매우 바람직하다. 이런 지원조직이 전국 지방청에 확대된다면 경찰의 자금추적수사 능력이 보다 향상될 것이다. 그리고 2011년부터 경찰청 수사국에 설치되는 지능범죄수사대의 회계분석팀은 공인회계사를 포함한 전문가들로 구성되어 있어 앞으로 자금추적수사에 있어 큰 역할을 할 것으로 기대된다.

원자재 가격담합에 대한 경쟁법 적용: 국제법적 접근

이 상 현*

Ⅰ. 서론: 공정거래위원회의 원자재 가격담합 조사

1. 물가인상에 대한 행정기관의 대책

2011년으로 접어들며 돼지고기, 쇠고기 가격인상에 더하여, 석유 및 곡물가격까지 상승함으로써 한국 경제 전반과 서민생활에 어려움을 더하고 있다. 2007년말에서 2008년초반에 국제경제를 위협했던 유가 및 곡물가 인플레이션이 3년만에 다시 나타나고 있는 것으로 보인다. 이러한 경제상황에 대응하기 위해 우리나라 정부는 각 경제분야 장관급 관료들이 모여 대책회의를 통해 강력한 물가억제의지를 천명하고 있다. 그런데, 이 과정에서 공정거래위원장은 공정위의 물가안정 역할을 강조하며 곡물, 석유관련 품목 가격인상에 대해서는 가격담합 여부를 철저히 조사할 것임을 다짐하고 있다. 공정위는 2010년 우유가격 인상을 부당한 공동행위(가격담합 또는 가격획정 카르텔)로 적발한 사건[1]에서 힘을 얻어 각종 가격인상에 대해 부당한 공동행위로서의 공정거래법 위반으로 과징금을 부과하겠다는 의지를 천명하고 있다.

---

* 숭실대학교 법과대학 교수, 법학박사

1) 공정거래위원회(이하 공정위), 보도자료: 우유가격 인상 논란, 공동행위로 밝혀져 (2010.12.20). http://www.ftc.go.kr에서 검색.

2. 원자재 가격인상의 가격획정 카르텔 및 공정거래법 위반 여부

원자재 가격인상은 한국 경제 전반에 상품, 서비스 비용상승을 낳게 되고, 전반적인 물가상승으로 이어지게 되며, 이러한 물가상승은 서민생활을 위협하면서 국민총생산을 감소시키는 등 악영향을 미친다는 점에서 해결해야 할 국정의 문제임은 분명하다. 그렇다면, 이러한 원자재 가격인상은 합리화될 수 없는 경성 카르텔(hard core cartel)로서 공정거래법상 합리성 원칙이 적용될 여지가 없는 가격담합 행위일 가능성이 현저히 높은 것일까? 국내외 생산자들의 원자재 가격인상이 가격담합의 개연성이 현저하다면, 공정거래위원회 차원의 범기관적 조사팀을 운영하여 공정거래법 위반 여부를 조사하는 것이 공정거래위원회(이하 공정위)의 본연의 임무를 충실히 수행하는 것일 것이다. 그러나, 만약 그렇지 않다면, 즉 가격담합의 개연성이 현저하지 않거나 또는 담합이 인정되는 경우에도 합리성 원칙의 적용가능성이 있어 법위반 여부가 불분명하다면, 이러한 범기관적 조사팀의 운영이나 우선적 공정거래법 위반 여부의 조사는 공정위의 본래 임무를 소홀히 하는 직무유기와 같은 과잉자원 투입으로 인한 부작용을 낳을 수 있다.

본 논문은 위의 관점에서, 먼저, 가격인상의 가격획정 카르텔(price-fixing cartel, 이하 가격카르텔로 약칭)여부를 관련사례 및 특징을 통해 검토한다. 두 번째, 원자재 가격카르텔과 국제원자재협약의 개념을 구별하면서, 원자재 가격카르텔에 대한 경쟁법 적용, 원자재 가격카르텔과 국제원자재협약간의 국제법상 차이점 및 국제원자재협약에 대한 경쟁법 적용 가능성을 검토한다. 세 번째, 물가인상의 원인을 분석하고, 물가 및 원자재 가격 상승에 대한 각국의 대응책 및 공정위의 태도를 조사한다. 마지막으로, 물가상승 국면에서 공정거래법의 집행을 담당하는 공정위의 적절한 자세를 제안함으로써 본 논문을 마무리하고자 한다.

II. 원자재 가격인상의 가격카르텔 개연성

1. 원자재 가격인상과 가격담합 여부

1) 국내외의 사례들

원자재 가격인상이 가격담합으로 밝혀진 사례들은 상당 수에 이르는 것으로 보인다. 최근 사건으로는 공정위가 원유가격 상승에 기인한 것이라는 우유회사들의 우유가격 인상이 부당한 공동행위임을 밝혀낸 사건을 들 수 있다. 12개 유업체들이 2008년 8월 원유가(原乳價) 인상를 계기로 제품별 가격인상안을 상호교환, 가격인상 여부, 인상시기, 인상율을 협의하여 9~10월에 걸쳐 시유 및 발효유 가격을 공동으로 인상하였다. 공정위는 2009년 9월 추석 특수를 이용한 가격급등 예상품목에 대한 선제적 대응차원의 조사, 현장조사, 담합제보에 근거하여 위 12개 유업체들에게 총 188억원의 과징금을 부과하였다.[2)]

한편, 남아프리카 공화국의 경쟁당국도 2005년 원유 및 가공우유 가격의 불규칙성에 대해 가격담합의 의심을 갖고 조사를 시작하여 가격담합 및 시장분할의 공동행위(카르텔)를 적발하여, 2009년 피조사업체 중 하나와 1십만 란드의 과징금에 합의하였고, 다른 유업체들에 대한 형사소송이 진행되고 있다.[3)] 2006년에는 빵생산산업의 경쟁업체들간 가격담합을 비롯한 부당한 공동행위를 적발하였다.

또한, 최근 러시아의 수상 푸틴도 주요 석유생산업체들의 석유가격 인상을 비난하며 이들의 유가 담합여부를 조사할 것을 경쟁당국에 명하였다. 석유업체들은 석유가격 인상에 대해 석유 공급부족과 높은 수

2) 앞의 보도 자료, 2면 참조.

시기	원유 기본가격 인상폭/1리터	소비자가격인상폭/1리터
2008년	120원(20.5%)	220~350(11~19%)

3) Competition Commission South Africa, Competition Commissino Settles with Milk Cartel Participant(Jan.16, 2009).

요에 기인한 것이라 반박했으나, 경쟁당국에서는 이들의 인위적인 수요 공급 조작 또는 가격담합 협의를 조사하기 시작하였다. GazpromNeft를 포함한 이들 주요 석유생산업체들은 2008년 석유제품의 과잉가격설정으로 각각 십에서 십오억 루블, 2009년에도 총 육십사억 루블의 벌금을 선고받은 바 있다.[4)]

그러나, 2010년 철광석 광산업자에 대한 철강생산업체들의 가격획정 카르텔여부의 의혹 제기는, 철광석 가격이 90~100% 상승에도 불구, 브라질의 철광석 최대 광산업체측의 강한 반박에 부딪혀 이후 별다른 결과를 내놓지 못하고 있다. 광산업체측은 철광석 가격상승은 수요, 공급의 변화에 따른 것이며 전 분기의 가격변동을 반영한 투명한 시장메커니즘의 결과일 뿐이라고 반박하였다.[5)]

2. 가격담합 카르텔 및 원자재 가격상승에 따른인상의 특징적 요소

1) 가격담합의 정황

미국의 코네티컷주 법무부는 다음 사정들 아래서 경쟁업체간 동일한 가격설정, 유지시 가격담합 개연성이 높다고 설명하고 있다. ① 상품 또는 용역 가격이 장기간 동일하게 유지되거나, ② 종전에 낮았는데 갑자기 상승했거나, ③ 가격상승이 통상의 인플레이션율이나 비용상승에 의해 뒷받침되지 않는 것으로 보이거나, ④ 원자재의 가격과 함께 변동될 가격이 변동하지 않는 경우. 이에 더하여, 종전에 가격할인이 부여되었던 시장에서 경쟁자들간 할인이 제거된 상황, 그리고 판매자들이 장거리 고객들보다 근거리 고객들에게 더 높은 가격을 설정하고 있는 상황을 가격담합의 정황이 높은 것으로 서술하고 있다.[6)]

---

4) ITAR-TASS, Government controls fuel prices, experts question non-market steps(Feb.10, 2011).

5) Patti Waldmeir & Jack Farchy, Vale denies iron ore price fixing accusations (Financial Times, Jun.1st, 2010).

2) 가격담합의 특징적 요소

위의 가격담합 카르텔의 특징적 정황들을 살펴보면, 원자재 가격의 인상분만큼 경쟁자들이 판매제품 가격을 인상하는 시장에서는 ②에 해당할 여지가 있어 보이며, 제품판매가격 인상시 원자재 가격인상분을 초과하여 경쟁자간 모두 일정한 비율로 동시 또는 매우 근접한 시기에 가격을 인상하는 경우도 ③에 해당한다. 반면, 원자재 가격하락의 경우에도 경쟁업체 거의 전부가 판매가격을 인하하지 않는 경우는 ④에 해당할 여지가 있다.

3) 원자재 가격인상에 따른 비담합적 판매가 인상의 특징적 요소

결국 원자재 가격상승이 있는 경우도 판매가격 인상이 경쟁회사들간에 자연스럽게 보일 정도로 인상분 반영의 다양성, 인상시기의 다양성, 지속적 가격변화가 있는 때 가격담합의 의심을 없앨 수 있다고 판단된다.

3. 소결: 정황 등 개연성 판단에 근거한 조사

시장에서의 물품가격이 종전에 낮았는데 갑자기 상승했거나, 국제시장의 원자재 가격인상분을 초과하여 인상되거나, 원자재가격인상분을 일정한 비율로 경쟁사업자들이 동시에 또는 매우 근접한 시기에 인상하는 경우에는 가격담합의 징후가 있다고 판단될 수 있다. 이러한 경우 공정위는 직권조사를 실시하는 것이 원칙이라고 보여진다. 그러나, 원자재 가격상승을 다양한 정도로 가격에 반영하거나 가격인상시기가 다양하게 흩어져 분포하여 자연스러운 경쟁자간 가격인상이라고 볼 여지가 있는 경우에는 분명한 증거없이 가격인상을 담합으로 조사하는 것은 무리라고 보여진다. 단순히 가격인상 자체를 물가인상 억제를 위해 차단하려는 가격담합 조사의 위협은 적법한 공정위 권한 행사라고 보기 어렵다.

---

6) State of Connecticut Attorney General, Price Fixing & Bid Rigging－It Can Happen in Connnecticut(Oct. 2009), 5-6면.

Ⅲ. 원자재 가격카르텔에 대한 공정거래법 및 국제법적 취급

1. 원자재 가격카르텔과 국제원자재협약

1) 원자재 카르텔과 경쟁법

카르텔(a cartel)은 경쟁하는 독립 기업들간 경쟁을 제한하기 위한 합의[7])로 볼 수 있다. 이러한 카르텔은 경쟁자간 판매가격을 획정하는 가격획정 카르텔, 생산량을 획정, 분배하는 생산량획정 카르텔, 시장을 분할, 배분하여 분할된 시장에서 독점적 지위를 행사케 하는 시장분할 카르텔 등이 있다. 특히, 생산품이 생산원료인 석유, 철광석, 구리, 금, 옥수수, 원유(原乳)인 경우는 원자재에 관한 카르텔로 볼 수 있다. 원자재 카르텔은 이 원자재를 원료로 사용하는 2차, 3차 상품의 가격, 생산량에 영향을 미칠 수 있는 광범위한 파급력으로 인해 중요시 취급되고 있다.

이러한 카르텔은 18세기 후반 영국을 기점으로 서구 각국이 산업혁명으로 대량생산의 산업체제를 갖추고 시장에서 경쟁이 심화되는 상황에서, 독과점과 함께 가격인상, 생산량감소, 기술혁신 쇠퇴, 신규사업자 제한 등 소비자 및 시장에 미치는 부작용으로 인해 행정벌 내지 형벌로 처벌하게 되었는데, 이러한 법을 공정거래법 또는 경쟁법이라고 한다. 미국과 유럽에서는 20세기 초, 중반에 원자재 카르텔도 소비자와 시장에 미치는 광범위한 부작용으로 인해 각각 형사처벌, 행정규제의 대상

7) 원래 카르텔은 문서, 편지를 뜻하는 라틴어 charta에서 유래하여 전쟁국간 포로 교환 같은 군사협정을 나타내는 말로 사용되다가, 시장과 무역의 발달과 함께 '상품, 용역에 관해 경쟁하는 기업간 경쟁에 필요한 조건에 대해 하는 합의'로 일컬어지기 시작하였다(George W. Stocking & Myron W. Watkins, Cartels or Competition ?, 3(Twentieth Century Fund, 1948); John Eatwell, Murray Milgate & Peter Newman, The New Palgrave: a Dictionary of Economics, Vol. 1, 372 (Stockton Press Ltd., 1998)).

이 되어 왔다.

2) 원자재 카르텔과 국제원자재협약

위와 같이 원자재 카르텔은 시장경제체제가 고도화되어 독과점 문제를 해결해야 했던 선진각국에서 경쟁법 적용대상에 포함되어 왔다. 그런데, 원자재 생산국가들간의 원자재 판매조건에 관한 합의를 이 원자재 카르텔의 포섭범위에 포함시킬 것인지에 관해서는 포함하는 견해[8]과 포함하지 않는 견해[9]가 나뉘어져 있다. 생산국의 원자재 생산이 사경제작용의 측면이 있더라도 주권행사의 속성이 있는 국가 행위와 이윤추구를 목적으로 하는 사기업의 행위는 법학적 관점에서 분명히 구분되는 특징을 가지고 있으며, 원자재의 경제적 파급력이 다른 상품에 비해 훨씬 큰 점에 비추어 경제전체를 규율할 수 있는 국가에 원자재 생산에 관한 권한은 주권적 경제정책에 속할 수 있는 점, 국가의 경제활동에 대한 공법적 규율의 필요성은 여전히 인정되는 점을 고려할 때, 카르텔 범위를 경쟁조건에 관한 사기업간의 합의만으로 제한하는 불포함설이 타당하다.

2. 원자재 가격카르텔에 대한 경쟁법 적용

1) 공정거래법상 부당한 공동행위 여부

독점규제및공정거래에관한법률(이하 공정거래법) 제19조 1항[10]은 부

8) The New Encyclopaedia Britannica, Vol. 2 Micropaedia 980(15th ed., Encyclopaedia Britannica Inc. 2007).

9) Bryan A. Garner, Black's Law Dictionary(2nd pocket ed. 2003).

10) 공정거래법 제19조 1항는 "사업자가 계약·협정·결의·기타 어떠한 방법으로도 다른 사업자와 공동으로 부당하게 경쟁을 제한하는 다음 각 호의 어느 하나에 해당하는 행위를 할 것을 합의하거나 다른 사업자로 하여금 행하도록 해서는 안된다"며 경쟁을 실질적으로 제한하는 행위의 8가지행위들 중 (1) 가격을 결정, 유지 또는 변경하는 행위, (2) 상품 또는 용역의 거래조건이나 그 대금 또는 대가

당한 공동행위를 금지하면서, 카르텔과 같이 하나의 시장에서 같은 상품에 관해 경쟁하는 사업자들간 가격을 결정,유지,변경하거나, 생산량을 제한하거나 또는 시장을 그 사업자들간에 분할하는 행위(제1호에서 제9호에 규정)를 합의해서는 안 됨을 규정한다. 구체적 구성요건은 ① 사업자의 행위가 법 제19조 제1항 각 호 중 하나의 행위에 해당하여야 하고, ②사업자가 이러한 행위를 함에 있어 다른 사업자와 합의하였어야 하고, ③사업자와 다른 사업자와의 합의가 부당하게 경쟁을 제한하여야 하며, ④공정거래위원회로부터 그러한 부당한 공동행위에 대해 인가를 받은 사실이 없어야 한다.[11] 이러한 위반행위를 한 사업자들은 매출액의 10%를 초과하지 아니하는 범위 또는 20억원이내의 과징금을 받거나(제22조), 공정위의 고발이 있는 경우 3년이하의 징역 또는 2억원이내의 벌금을 받는다(제66조 제1항 제9호).

그런데, 영업으로 원자재를 생산, 판매하는 자는 공정거래법상 사업자(제2조 제1호)에 해당한다. 그리고, 이러한 사업자들이 상호연락을 통해 판매대상인 원자재의 가격 또는 생산량을 설정하거나 거래지역 또는 상대방을 제한하거나 거래조건을 설정하는 행위, 즉 원자재 카르텔은 공정거래법이 금지하고 있는 부당한 공동행위에 해당하며, 다른 경쟁사업자와의 합의도 존재하고, 카르텔 구성사업자들의 가격결정이 실제 그 제품의 가격인상을 야기하게 되는 경우는 시장에서 경쟁을 실질적으로 제한하는 것에 해당한다. 결국 원자재 카르텔은 공정거래법 제19조 2항상 공정위 인가를 받지 못한다면 형사처벌이 가능한 범죄행위가 되는 것이다. 위법성 조각사유로서의 공정위의 인가는 6가지 사유를 인정하는데, 불황의 극복과 거래조건의 합리화라는 사유가 원자재 가격카르텔에 적용될 여지가 있다. 극심한 불황으로 소비수요가 감소되거나 원자재 생산판매자들간 원가 미달의 가격인하 경쟁을 통해 판매가가 생산원가를 하회하는 상황에서 원자재 가격카르텔이 인가될 여지가 있

의 지급조건을 정하는 행위, (3) 상품의 생산의 제한이나 용역의 거래를 제한하는 행위, (4) 거래지역 또는 거래상대방을 제한하는 행위를 들고 있다.

11) 공정위 의결 제 2010-160호(2010.12.6).

다. 그러나, 공정위에서 실제 카르텔을 인가한 예가 거의 없는 것과 현재의 물가상황을 고려할 때 원자재 가격카르텔이 현재 인가되기 어렵다. 결국 현재 상황에서 원자재 가격카르텔은 부당한 공동행위로서 형사 내지 행정벌의 대상이 된다.

2) 미국의 입법 및 판례

미 연방대법원은 경쟁법 적용에 관해 원자재 카르텔을 중간재나 최종제품 또는 용역 카르텔과 다르지 않게 취급하고 있다. 과거 가축매입·도살·판매업을 행하는 사업자들간의 매입가격설정행위 관련 사건과 설탕정제업자들의 사탕무우(sugar beet) 매입가격설정관련 사건에서 원자재 가격획정 카르텔이 연방 경쟁법으로 경쟁제한적 합의를 금지하는 Sherman Act 제1조를 위반하였다고 일관되게 판결하였다.[12] 이 사건들에서 원자재 가격담합이 최종제품 판매시장의 경쟁에 영향을 미치지 않았다는 주장이나 원자재가 최종생산품과 구별된다는 주장은 모두 기각되었다.

반면, 농산물 생산자들의 이익을 대변하는 농업협동조합(agricultural cooperative)에 대해서는 경쟁법의 적용제외를 연방법률들 – 1914년 클레이턴법(Clayton Act) 제6조(sec.6)[13], 1922년 Capper-Volstead Act(CVA), 1933년의 농업마케팅약정법(Agricultural Marketing Agreement Act(AMAA)) – 을 통해 인정하고 있다. 농업생산자(farmers)에게 20세기 초반

12) Mandeville Island Farms, Inc. et al v. American Crystal Sugar Co., 68 S.Ct. 996, 1006-1008(1948)(설탕정제회사들의 사탕무우 구매카르텔 형성을 가격담합으로 판단); Swift & Co. v. U.S. 196 U.S. 375, 25 S.Ct. 276(1905)(가축매입 및 도살업자들의 매입가격 설정을 Sherman Act 제1조 위반의 가격담합으로 판결).

13) Clayton Act는 Sherman Act와 함께 미국 연방 경쟁법체계를 이루고 있으며 경쟁제한적 M&A 규제, 삼배배상, 협동조합에 대한 적용제외를 규정한다. 경쟁법 적용면제는 협동조합이 적법한 목적을 수행하고 있는 경우에만 그 구성원을 경쟁법 적용으로부터 보호하며 그 협동조합의 존재와 운영에만 한정하여 (경쟁법 적용) 면제를 인정하고 있다.

연방 법무부는 경쟁법을 적용하여 기소하였었다. 그러나, 대형 유통업자들에 대한 농업생산자(farmers)의 열악한 협상지위 및 미약한 가격협상력을 고려하여, 1914년 클레이턴법상 적용제외 조항 및 1922년 CVA를 미의회에서 입법하여 보호 자격있는 농업협동조합(dairy cooperative)에 대한 경쟁법 적용제외를 인정하였다.[14] 그러나, 연방법원은 CVA상의 보호[15]를 받는 협동조합의 범위를 제한하여 구성원들이 생산자들인 경우만으로 본 법상 협동조합으로 보고 가공업자 또는 생산자들의 가축을 보유만 하는 자를 구성원으로 하는 조합은 경쟁법 위반으로 처벌을 인정하기도 하였다.[16]

한편, AMAA의 적용범위에 속하여 경쟁법 적용이 배제되는 협동조합의 행위에 관해 미연방사법부는 제한적으로 해석하여, 조합목적 달성을 위해 불법수단을 사용하였음을 이유로 경쟁법 위반의 유죄를 인정하는 판례들이 나타났다.[17] 농업협동조합이 농산물 가격경쟁을 제한하는 측면을 고려하여 경쟁법의 적용범위를 확대하려는 미국 연방법원의 태도라 판단된다.[18]

3) 국제법상 원자재 가격카르텔과 국제원자재협약의 차이

국제법에서도 원자재에 관한 국가간 합의는 국제원자재협약(international

---

14) American Bar Association, Federal Statutory Exemptions from Antitrust Law, 91면(ABA 2007). 이 CVA는 협동조합이 농업생산자들로만 구성된 조합원에게 각 1개의 투표권을 준다는 전제라면, 회사형태 협동조합 운영을 경쟁법의 적용대상에서 제외하고 있다.

15) ABA, 앞의 책, 90-92·95면 CVA상 승인된 협동조합에 대해 AMAA는 협동조합의 대리투표권 등 특별한 독자적 권리를 부여하고 있다.

16) Case-Swayne Co. v. Sunkist Growers, 389 U.S. 384, 387-93(1967).

17) United States v. King, 250 F. 908(D.Mass, 1916)(협동조합도 다른 조합에게 허용되지 않는 불법수단－집단적 거래거절－을 사용하는 경우 경쟁법을 적용).

18) ABA, 앞의 책, 100면에서도 Alexander v. Nat'l Farmers Org., 687 F.2d 1173, 1182(6th Cir. 1981)을 인용하며, 협동조합이 경쟁을 억압하기 위한 목적으로 사용된 경우 이를 경쟁법 위반이라고 판시하였다고 한다.

commodity agreement)[19]로 부르며, 국제경쟁법과는 다른 별도의 국제법 영역으로 보고 별개의 법적 취급을 해 왔다.

첫째, 법적 성질에서 차이가 있다. 국제원자재협약은 일종의 국제법상 조약이며, 특정 원자재의 가격과 공급 안정화를 위한 규제조치를 행하는 국제기구를 설립시킨다.[20] 이러한 국제원자재협약은 70년대 원자재생산국들인 개발도상국의 주도로 활발히 작동하다가 원자재 가격·생산량 유지 비용의 과다, 관리상 오류 등의 이유로 90년대를 거치며 다수가 파기되었으나, 여전히 국제커피협약(international coffee agreement) 등 20여개가 작동하고 있다.[21] 또한 '89년에 설립되어 100개 이상의 회원국을 보유한 Common Fund for Commodities(CFC)는 이러한 국제원자재협약의 생산쿼터 등 운영재정 보조와 생산의 다양화 등 공급량제한을 해소하는 역할을 수행하고 있다.[22] 그러나, 사기업간 원자재 가격카르텔은 국제법상 조약이 아니며, 각국정부를 구성원으로 포함함으로써만 국제기구로 설립될 수 있다. 원자재 가격카르텔의 형성은 미국, EU의 경쟁법 위반행위로 그들의 경쟁법 역외적용의 대상이 되어 자국시장에 영향을 미치는 국제 카르텔로 적발되면 형사처벌 또는 막대한 과징금 부과의 대상이 된다.[23] 이러한 원자재 가격카르텔의 형성, 운영

---

19) 국제원자재협약(international commodity agreement)은 특정한 원자재에 관한 국제무역의 조건을 규제하기 위한 생산국과 소비국간의 합의를 일컫는다. Christopher Gilbert, International Commodity Agreements, 2(Jan.14, 2005).

20) Kabir-ur-Rahman Kahn, The Law & the Organization of International Commodity Agreements, 9면(Martinus Nijhoff Pub., 1982).

21) Organization of Petroleum Exporting Countries(OPEC)는 수입국을 배제한 수출국만의 기구로 국제생산국연합(international producers' association)이라 칭하며, 수입국과 수출국 모두의 협약인 국제원자재협약과는 구별되며, 수출국의 협약 위반 여부가 수입국에 보고된다는 점에서 후자가 더 강한 내부 통제력을 갖는다. Gilbert, 앞의 글, 14면. Common Fund for Commodities(CFC), Current Trends & the New Development Role of Commodities, 7 & 30-31(Nov. 2006); Brown, Developing Countries in the International Trade Order, 14 N.Ill.U.L.Rev. 347, 364(1994).

22) CFC, 앞의 글; Brown, 앞의 글, 같은 면.

을 보조하는 국제기구는 존재하지 않는다.

둘째, 국제원자재협약의 구성원은 국제법상 주권면제이론 및 정부행위론을 통해 책임면제의 보호를 받는 개별국가들이다. 반면 원자재 가격카르텔의 구성원은 국제법상 법인격 자체가 의심받아 왔고 국내법상으로는 경쟁법의 적용대상인 사인(私人)으로서의 회사들이다.

셋째, 국제원자재협약은 국제법상 특별한 처우를 받고 있다. 생산과 소비의 가격 비탄력성, 생산량과 소비량의 만성적 불균형, 가격 불안정, 재고축적 등 원자재 거래의 특수성은 국제원자재협약에 관한 특별한 처우를 가능하게 하였다. UN과 UN무역및개발회의(UN Conference on Trade and Development; UNCTAD)는 카르텔과 유사한 경쟁제한적 효과를 갖는 국제원자재협약의 작용에 조력하기 위한 법적 기초를 놓았다. 대표적으로 1970년대를 거치며 New International Economic Order (신국제경제질서) 법원리, 자연자원에 관한 영구주권원리 등를 제안하였다. 국제통상법인 1994년 관세및무역에관한일반협정(GATT) 제20조는 수출국과 수입국을 참여시키는 국가간원자재협약(intergovernmental commodity agreement)에 따른 정부의 조치를 협정상 의무로부터 면제시키고 있다. 한편, 자연자원으로서의 원자재는 국제법상 국가의 이용권이 인정[24]되고 있다. 원자재생산이 GDP의 50%를 넘는 개발도상국가들이 수십개국에 달하는 상황에서 원자재생산의 지나친 경쟁은 이러한 개도국의 생존에 위협을 미칠 수 있다. 다른 면에서 자연자원의 낭비를 막는 환경보존과 병행하는 지속적 성장(sustainable development)의 측면에서 국가의 일정한 원자재생산 규제는 인정되고 있다. 석유수출국기구(OPEC)도 이같은 NIEO 및 개발도상국의 지속가능한 경제발전이라는 국제법적 근거에 따라 적법하게 운영되고 있는 것이다.

23) 알루미늄 국제카르텔, 비타민 국제카르텔에 대한 미국 법무부의 벌금형 부과가 그 대표적인 사건들이다.

24) 그러한 권리는 United Nations의 General Resolution on Permanent Sovereignty over Natural Resources art. 31과 Conference on New & Renewable Sources of Energy에서 인정된다.

넷째, 식료품에 사용되는 원자재의 생산에 대해 국제법은 무역이 아닌 안보 내지 인권의 문제로 접근하고 있다.[25] Food and Agricultural Organization(FAO)도 쌀, 밀가루 등의 식량 원자재의 생산에 대해 인권법적 접근을 지지하고 있다. 이는 식품생산 카르텔도 원칙적으로 경쟁법 적용의 대상으로 하고 있는 경쟁법적 접근과는 구분된다.

3. 국제원자재협약에 대한 경쟁법의 적용 문제

1) 원자재 카르텔에 관한 국제경쟁법

현재까지의 국제법은 원자재 또는 최종생산품인지에 대한 구분없이 사기업간의 카르텔에 대한 규제를 인정하고 있다. UN 총회는 1980년 '경쟁제한적 기업실무 규제를 위한 다자간 합의된 형평성있는 일련의 원리 및 규칙(이하 UN Set)'을 의결하였다. 여기서 경쟁제한적 기업실무는 가격, 생산량획정, 시장분할, 집단적 공급거절의 카르텔을 포함함을 명시[26]하였다. 이러한 UN Set상 결의의 구속력 흠결을 보완하고자 UN회원국들간 정기적 모임과 보고서 채택을 통해 위 UN Set시행확보를 위한 조치를 협의할 것을 명하고 있다. 또, 1998년에는 주로 선진국들로 이루어진 OECD는 경성카르텔을 법으로 금지할 것을 회원국에 권고[27]함에 있어 대상 품목이 원자재 여부를 구분의 기준으로 하지 않고 있다. 다만, 이들 규제에서는 카르텔 구성원이 개별 기업들임을 명시하여, 가격 또는 생산량을 국가가 직접 통제하는 경우를 불포함설 입장에서 위 규제 적용대상에서 제외하고 있다. 한편, WTO는 2001년 경쟁법에 관한 협의를 도하개발과제(Doha Development Agenda)에 포함시켜 농업, 서비스 등과 함께 별도의 다자간 합의를 도출할 것을 선언하였으

25) UN, 세계인권선언, 1948, 제25조 1항.

26) UN General Assembly, the Set of Multilaterally Agreed Equitable Principles and Rules for the Control of Restrictive Business Practices, 1980.

27) OECD, Recommendation of the Council concerning Effective Action against Hard Core Cartels, 921st sess. C/M(98)7/Prov(Mar. 25, 1998).

나, 이 도하 협상은 아직도 타결되지 않고 있다. 따라서, 현재까지 사기업간의 원자재 카르텔은 UN Set과 OECD Hard Core Carte 권고에 따라 개별국가의 경쟁법 입법을 통해 규제토록 함으로써, 개별국가에게 일임되어 있는 상태이다.

강력한 경쟁법 집행을 시행하고 있는 미국, EU의 경우는 원자재 카르텔에 대한 특별한 적용 규정은 없다. 오히려 미국 법무부 반독점국은 최근의 식품가격 상승을 농산품기업들의 가격담합에서 그 원인을 찾아 조사를 하고 있는 상황이다. 다만, 1930년대 미국 대공황 시절 의회가 AMAA를 제정하여 일정한 품 목내에서 정부가 인정한 원자재 카르텔을 법률로 승인하기도 하였다.

2) 국제원자재협약에 대한 경쟁법 적용가능성

먼저, 앞서 논의한 바와 같이 국제법상으로는 UN총회 의결, UNCTAD의 협의를 통해 자연자원, 식품 원자재에 대한 국가간 협약은 국가의 영구적 자원채굴권, 경제정책을 다룰 국가 주권, 환경을 고려한 지속가능한 발전, 식량에 대한 인간의 권리 보호 측면에서 다루면서, 경쟁법적 규율과는 분명히 별개의 영역으로 취급하고 있다. 또한, 이러한 국제법적 근거들은 OPEC와 같은 원자재생산국기구에도 적용될 수 있는 것으로 인정되어 왔다. 따라서, 시장에는 사기업간의 가격, 생산량카르텔과 유사한 영향을 미치는 경우에도 이는 국제원자재협약 등 별도의 국제법적 영역으로 다루어져야 하며, 경쟁법의 적용대상은 아니다.

각국의 경쟁법에서도 위와 같은 논리를 수용하고 있다. 강력한 경쟁법 집행을 100년이상 유지해 오고 있는 미국의 경우, 2차 오일쇼크 이후 OPEC를 상대로 공정거래법 위반임을 이유로 한 카르텔을 주장하며, 기계설비기술자 및 항공업근로자들의 노조(Int'l Association of Machinists and Aerospace Workers(IAMAW))가 제기한 손해배상 청구소송이 캘리포니아 중부 연방지방법원과 제9지역 항소법원에서 각각 기각되었다. 지법 판결문은 'OPEC는 사기업간의 카르텔이 아닌 외국주권면제법

(Foreign Sovereign Immunities Act) 또는 국제기구면제법(Int'l Organization Immunities Act)에 의해 국내 법원에서 적법하게 제소될 수 없고', 개별 국가들에 대한 경쟁법 위반에 관해서는 '구성 국가의 행위가 주권면제 이론의 예외인 상행위에 해당하지 않아 법원의 판단대상이 될 수 없다' 고 판결하였다.[28] 원고의 항소에 대해 연방항소법원도 역시 'OPEC 구성원의 석유생산량 제한행위는 주권행위에 해당하여 국가행위이론을 적용하여 법원의 판단대상이 아니라'고 판시[29]함으로써 OPEC의 경쟁법 위반의 여부에 대해 판단하지 않을 것임 분명히 하였다.

IV. 원자재 가격 상승에 대한 정부의 대응

1. 국내 물가 및 국제 원자재가격상승의 원인

국제금융위기 직전인 2007년후반에서 2008년전반 한국의 물가 상승을 국제유가 등 원자재 가격의 급등에 그 원인을 찾는 문헌들이 많았다. 이들 문헌들 중에는, 선진국 경기상승에 따른 수요증가, 국제원자재 가격 급등의 원인을 중국의 경제발전 및 국내 재고 감소에 따른 국제시장에서의 수요의 증가, 기후 이상 및 바이오연료 사용으로 인한 곡물의 공급량 감소의 경제학적 수급원인을 지적하기도 하였다. 또, 달러화 약세, 미국을 비롯한 선진국의 이자율 인하로 풀린 국제투기자금의 원자재 선물시장 교란 이라는 경제외적 요인에서 찾는 경우가 있었다. 한편 선물시장이 없는 원자재의 가격상승은 중국, 인도 등 신흥국의 시장수요 증대, 과점공급자들의 시장지배력에서 찾기도 하였다.[30] 2011년의

28) IAMAW v. OPEC, 477 F.Supp.553(U.S.D.C., C.D.CA,1979).

29) IAMAW v. OPEC, 649 F.2d 1354, 1358-59 & 1361(9th Cir.C.A. 1981).

30) 원자재 가격의 급등원인과 전망, 삼성경제연구소, CEO Information 第648호, 2008.4.2, 1·18면; 해외경제 포커스 제2007-3호, 2007.1.14~1.20; 해외경제 포커스 제2007-14호, 2007.4.1~4.7; Korea PDS 물가분석팀 선임연구원 송경재, 국제

원자재 가격상승의 원인으로는 이집트 민중봉기에서 파생된 중동의 정세 불안으로 인한 원유 공급 제한, 이상기후로 인한 식품원자재의 공급 축소, 국내적 요인으로는 과다책정된 유류세,조류독감과 구제역으로 인한 닭·돼지·소고기·우유·계란 등의 공급 감소를 원인으로 지적하고 있었다. 한편, 1년 넘게 유지된 저금리 정책으로 인해 시중으로 풀린 통화량에서 그 원인을 찾기도 한다.

2. 물가안정을 위한 공정위의 직권조사

1) 물가안정을 위한 각국의 대책

원유 및 원자재 가격 상승에 대한 세계 주요국가들의 대책에 관해 대한무역투자진흥공사(Korea Trade-Investment Promotion Agency(KOTRA))는 2004년 보고서를 내었다. 이 보고서에 따르면, 각국 정부는 금리인상의 통화정책, 긴축재정의 재정정책, 관세(반덤핑제재)철폐 또는 조세인하의 조세정책 뿐만 아니라 직접 시장가격을 통제하는 정책, 대체원료 및 에너지 효율 향상 기술 개발의 중장기형 대책을 수립·시행하고 있었다.

먼저, 금융정책을 채택한 캐나다 정부는 '금리인상'을 통한 캐나다 달러 강세로 해외 원유 수입가격을 낮추어 국내 물가상승률을 최소화하면서도, 운송업계의 휘발유세 인하 요구는, 고유가가 장기화되는 경우가 아니라면, 수용하지 않았다. 또한, 원자재 특히 수입 철강가격의 안정을 위해서는 기초철강에 대한 반덤핑조치를 억제하였다.[31]

다음, 조세정책을 이용하였던 대만 정부는 물가 및 석유제품 수급안정을 위한 긴급회의를 소집하여 석유제품에 대한 수입관세 인하, 전기/수도 사용료 및 영업세 상향 계획 보류, 에너지 절약 대책을 마련하였

원자재 가격변동 원인에 대한 연구－2000년 이후 경제적 비경제적 변수를 중심으로, 17-25면(Korea PDS); 송송이, 2008년 원자재 시장 동향 및 2009년 전망(한국무역협회(Institute for International Trade) 국제무역연구원, 2009년 2월), 35-36면.

31) KOTRA 통상전략팀, 원유 및 원자재 가격 상승에 대한 주요국 동향, KOTRA기획조사 04-37, 7-8면.

다. 인도 정부도 석유제품의 소비세를 인하하였고 원유관세도 종가세에서 종량세로 물가상승 압력을 조세정책을 통해 차단하였다. 또, 철강 및 철강제품에 대한 수입관세를 인하하였다.[32)]

반면, 사회주의 기반의 중국 정부는 '시장가격 통제시스템'으로 직접 가격을 통제하였다. 중국정부는 석유 기준가격을 고시하면서 국영 석유기업이 고시가의 8% 이내에서 매월 한 차례 석유가격을 조정할 수 있도록 하면서, 중장기적으로 원유비축량 확대, 수입선 다변화, 원유선물시장 활성화, 산유국과의 외교협력 강화 대책을 수립하고 있었다. 원자재 가격 상승에 대해서는 긴축재정을 통해 경기과열을 억제하면서 무분별한 투자를 막고 산업의 구조조정을 통해 원자재 수요를 억제하고 있었다.[33)] 한편, 브라질 정부도 국내 유가 인상의 시기와 폭에 관해 직접 검토를 하면서, 장기적으로 원유 탐사 및 개발을 통해 원유 수입을 감소시키려는 노력을 하고 있었다.[34)]

중장기형 대책을 시행하고 있는 일본 정부는 1974년 1차 오일쇼크 후 에너지 고효율 이용기술 개발 및 대체에너지 개발에 주력하였고 원유 수입선도 다변화하여 왔는데, 2000년대 중반에는 원자재 가격상승에 대비, '민관협의체'를 구성하여 원자재 확보 대책, 투기적 거래 감시, 해외 자원개발 문제를 협의하였다. 또한, 제철원료, 비철금속 등에 대한 비축의 제도적 방안을 연구하였다.[35)] 프랑스 정부도, 일본과 유사하게, 고유가로 인해 직접 피해가 야기될 것으로 예상되는 산업분야의 관계자들과 함께 고유가 관련 종합대책을 마련하고 있었고, 장기적으로는 바이오 연료를 대체에너지로 적극 개발한다는 전략을 실행하고 있었다. 독일 정부 역시 단기보다는 장기 대책으로 화석연료 의존도를 낮추는 '연방정부 기후보호 프로그램'을 추진하여 에너지 절약 및 이용효율의 증진과 함께 재생가능(친환경) 에너지의 비중을 확대할 계획을 운영하였다.[36)]

---

32) KOTRA 통상전략팀, 앞의 보고서, 21-23면.
33) KOTRA 통상전략팀, 앞의 보고서, 10-11면.
34) KOTRA 통상전략팀, 앞의 보고서, 20면.
35) KOTRA 통상전략팀, 앞의 보고서, 12-13면.

우리 정부도 관계부처합동 물가안정대책회의를 통해 구제역으로 국내공급이 대폭 축소된 돼지고기, 우유, 계란 가격 인상에 대응하고자 관련제품에 대해 무관세 수입을 결정하고, 치즈, 버터, 유당, 코코아 등 할당관세[37]를 적용하기로 하여 조세정책을 활용하고 있다. 유가가 배럴당 100불을 초과하면 공공기관, 지자체의 조명, 유흥업소 네온사인 소등조치 등 에너지 절약조치를 시행할 예정이다.[38] 곡물가 상승에 대해서는, 보리, 밀, 옥수수, 대두에 대해서는 쌀에 대해 실시하던 공공비축제를 곡물비축제로 확대 전환하여 해외 곡물가 상승의 충격을 단기적으로 완화하며, 중장기적으로는 국제 곡물회사 설립 형태의 곡물조달 시스템을 구축하며 해외농업개발을 장려하고 국내 재배곡물도 쌀 위주에서 보리 등 기타 곡물로 전환토록 장려하겠다는 계획을 발표하였다.[39]

2) 법과 사회 조정의 트릴레마

그러나, 우리 정부는 조세정책, 에너지절약, 곡물비축제나 중장기 곡물조달 대책과 같은 정책뿐만 아니라, 사기업의 가격결정에 대한 외적 압력도 병행하고 있다.[40] 특히 공정거래위원장은 물가안정에 관한 법률이나 공정거래법에 명시되어 있지 않은 공정위의 '물가안정'기구로서의 역할을 강조하며 사기업의 가격인상을 직접 저지하는 태도를 보이고 있다.[41] 이러한 원자재 가격인상 및 국내 제조업체의 판매가격 인상에 대한 한국의 공정위 및 앞서 언급한 러시아 경쟁국의 가격담합 조사를 앞세우는 태도에 대해 부정적 시각[42]이 존재한다. 본고는 법치국가정부

36) KOTRA 통상전략팀, 앞의 보고서, 13-16면.

37) 할당관세는 물가안정을 위해 수입품 관세율을 낮추거나 높일 수 있는 제도이다. 이명희 기자, 삼겹살 5만t·분유 2만1000t 무관세 수입, 국민일보(2011.2.19), 9면.

38) 김도훈 기자, 교량 조명 유흥업소 네온사인 끈다, 국민일보(2011.2.19), 9면.

39) 김찬희 기자, 옥수수·밀·콩도 3개월치 비축한다, 국민일보(2011.2.11), 1·5면.

40) 김도훈 기자, 최중경 장관 "기름값 직접 원가계산" SK이노베이션 "협조할건 협조하겠다", 국민일보(2011.2.11), 5면; 이명희, 김찬희 기자, 대통령 이어 장관까지…"휘발유값 내려라" 전방위 압박, 국민일보(2011.2.10), 8면

41) 김찬희, 대형 유통업체 판매 수수료 인하를, 국민일보(2011.2.10), 8면.

기관의 행위 근거로서 법을 무시한 정책집행은 다음과 같은 조종의 트릴레마(regulatorisches Trilemma)[43]를 발생시킬 수 있다고 분석한다.

'물가안정'이라는 국익에 대한 맹목적 충성으로 '시장에서의 공정한 경쟁확보'라는 경쟁법 고유의 목적이나 물가안정에 관한 법률상의 물가안정위원회의 역할을 도외시하고 경쟁제한적 가격담합에 대한 정황이나 증거도 없이 기업의 가격인상에 대해 가격담합 조사를 위협하며 인위적인 가격인하를 시도하는 정책(정책과 법의 상호무관심)은 시장의 가격결정메커니즘에 장애를 야기하여 일정 시간 경과후 가격담합이 없는 것으로 밝혀졌을 때 대폭적 가격인상의 부작용이 발생할 수 있다(법에 의한 사회 통합의 저해). 이뿐만 아니라 공정거래법 집행의 권위에 대한 시장 참여자들의 경시적 태도를 확산시켜 공정위의 조사를 정치적 의도로 해석하거나 공정거래법 준수에 대한 법적 인식을 떨어뜨려 공정거래법의 목적 달성을 어렵게 한다(사회에 의한 법적 통합의 와해).

가격담합에 대한 조사는 담합의 징후가 나타나는 경우에만 행해지는 것을 원칙으로 해야 하며, 물가안정의 목적을 달성을 전면에 내세우면서 담합 징후 여부를 불문하고 전방위 가격담합 조사를 실시하는 것은 경쟁법의 왜곡을 낳을 우려가 크다. 다시 말해, 시장지배적 사업자의 지위남용, 경쟁제한적 기업결합, 불공정거래행위 규제라는 공정위 본래의 임무가 소홀히 되며, 만약 시장가격 조절메커니즘에 의해 물가가 반등하여 물가안정의 목적을 달성하지 못했을 때에는 공정위는 많은 인력과 자원을 투입하고도 두 마리의 토끼를 모두 놓치는 무능한 사냥꾼으로서 책임을 지게 될 가능성이 높다.

---

42) 신현윤, [테마진단] 물가상승률 4%시대의 공정위 역할, 매일경제(2011.2.1); Lyudmila Alexandrova, Government controls fuel prices, experts question non-market steps(ITAR-TASS, 2011.2.10). http://www.itar-tass.com에서 검색.

43) 이상돈, 윤리경영과 형법, 65면에서 인용한 용어이다. 각주 83)에서 인용된 Teubner, Verrechtlichung-Begriffe, Merkmale, Grenzen, Auswege, Kuebler 편, Verrechtlichung von Wirtshcart, Arbeit under sozialer Solidaritaet, 1985, 313면; 이상돈 편역, 법제화 이론(한국법제연구원, 2004), 35면 이하에서 비롯되었다.

V. 결론: 원자재 가격인상에 대응하는 공정위의 자세

올해 기업경영의 가장 큰 '대내적' 위협요인을 꼽으라는 30대 그룹 전략·기획담당자들의 설문조사 결과, 물가 불안이 1위(28%)를 차지하였고, 국세청 공정위, 검찰 등 행정기관의 전방위 기업조사(15%)가 2위에 랭크되었다. 반면 '대외적' 위협요인으로는 고유가(油價) 등 원자재 가격급등이 1위(26.7%)를 차지하였고 근소한 차이로 유동성 증가에 따른 물가상승과 글로벌 환율갈등(각 23.3%)이 공동 2위를 차지하고 있었다.[44] 물가안정의 필요성이 이러한 설문조사에서도 드러나고 있으나, 물가안정을 0순위 정책목표로 하여 공정위가 업무를 수행하였을 때 여러 가지 대외적 요인으로 물가억제에 실패한다면, 이는 전방위 기업조사로 인해 대내적 위협요인을 키우게 되는 새로운 위협을 기업에 제공하게 되는 셈이다.

경쟁사업자들의 동반 가격상승시 숨어있는 가격담합은 엄중히 조사하여 이에 대해 시정명령과 과징금을 부과하고 형사고발을 하는 것이 공정위에게 법이 부과한 권한이다. 이를 통한 시장에서의 공정한 경쟁의 유지가 국민들에게 가격인하로 나타나게 되는 것이다. 그런데 이러한 권한과 그 권한 행사의 결과를 뒤바꾸어 물가인하 또는 억제를 목적으로 삼고 공정위의 권한을 행사하는 것은 법적 권한을 남용하는 것일 뿐만 아니라 앞서 언급한 '조정의 트릴레마'로 인해 그 목적 또한 달성하기 어렵다. 정부의 물가안정정책은 물가상승의 원인을 다각도에서 처방하는 접근이어야지 공정위 등 경제부처 장관이 명확한 증거 제시 없이 특정기업들의 가격억제를 명하는 형태는 장기적 효과를 거두지 못한다. 그 결과로 나타날 국가기관의 정책실패는 세금과 인력자원 낭비 뿐만 아니라 기업과 국민들에게 커다란 피해를 야기한다. 급한 때일수록 공정거래법상의 권한을 적법하게 수행하는 공정위의 지혜로운 업무수행이 요청된다.

---

44) 조해동 기자, 경영 최대위협은 물가·전방위 기업조사, 문화일보(2011.2.7), 1면.

기업의 불법행위와 민사책임

- 자동차의 결함과 제작자 배상책임 이론의 구성을 중심으로 -

문 성 제*

Ⅰ. 들어가는 글

국토해양부는 2010년 12월 말 기준으로 우리나라에서의 자동차 등록 대수는 17,941,356대라고 발표하면서, 이 같은 수치는 우리나라 주민등록 인구수를 기준할 때 2.82명 당 1대를 소유한 것으로 평가할 수 있다는 보도 자료를 발표하였다.[1)] 이 같은 통계에 비추어 볼 때 우리나라의 자동차 등록대수의 증가 추세는 지난 2000년 1,205만 9천 대를 등록 한 이후 10여 년 동안 588만대(연간 평균 약59만대)가 증가하여 우리나라의 자동차 시장은 완만한 성장세를 거쳐 이제는 성숙단계에 들어선 것으로 파악할 수 있으며 자동차는 이제 현대인의 생활방식 마저 바꾸어 놓기에 이르렀다. 그러나 자동차가 증가함에 따라서 교통사고도 증가하고 있는데 사고로 인한 인명과 재산상의 피해는 개인적인 문제를 넘어 사회적인 문제로 제기되기에 이르렀다.[2)] 우리나라에서 교통사고의 발

* 선문대학교 법과대학 교수, 법학박사

1) 우리나라 자동차 등록 증가의 추이

연도	‘00	‘01	‘02	‘03	‘04	‘05	‘06	‘07	‘08	‘09	‘10
대수	1,206	1,291	1,395	1,458	1,493	1,540	1,590	1,643	1,679	1,733	1,794
증가	896	855	1,035	637	347	463	499	533	366	531	616
증가	8.0	7.1	8.0	4.6	2.4	3.1	3.2	3.4	2.2	3.2	3.6

단위, 대수(만대), 증가(천대), 증가율(%). 출처: 국토해양부 보도자료 2011.1.5(수)

2) 우리나라 교통사고에 대한 모든 기록과 통계는 매년 경찰청에서 취합 정리하여 발표하고 있는데, 경찰청 통계에 의하면 2009년 1년 한 해 동안 발생한 도로교통사고는 231,990건(인적피해를 수반한 교통사고 건수로 단순 물적피해 교통사고

생률이 높은 것은 국민들의 교통안전에 대한 불감증은 물론 도로 기타 교통안전시설의 미비 등이 사고로 이어질 수 있다는 점에서 교통사고 방지를 위하여 운전자의 안전교육은 물론 교통질서를 앙양하고 교통안전시설을 개선, 정비해야 할 필요성에 대해서는 아무리 강조해도 부족함이 없다. 나아가 운전자들에게는 자동차를 운행하기 이전에 차량을 점검하여 정비해야 하는 등 안전운행을 위한 의무를 부여하는 등의 조치를 수립하는 것도 필요할 것이다.

문제는 현재의 자동차 산업은 점차 대형화하고 있는 가운데 대량생산을 위한 자동화 시스템을 구축하여 대량으로 제작되어 판매되고 있다는 점을 감안할 때, 결함이 없는 완전무결한 자동차를 생산한다는 것은 현실적으로나 기술적으로 불가능 할 것이다. 결국 자동차에는 불가항력에 의한 결함이 있을 수 있으며, 이 경우에는 자동차 운행을 통한 편익보다 달리는 흉기로서 인명과 재산상의 손해를 발생시킬 수 있다는 점에서 이를 위한 대책의 수립이 필요하다 하겠으나, 지금까지 우리나라에서 자동차 사고로 인한 손해배상 사건에서 심리의 대부분은 자동차 운행자의 과실에 치중하였을 뿐 자동차 제작과정에서 개입된 결함 등이 검토되었던 적은 그리 많지 않았던 것 같다. 그러나 2000년 서울지방법원남부지원에서 자동차의 급발진과 관련한 판결에서 법원은 운전자의 운전미숙 보다는 차량의 결함으로 인한 사고로 보인다는 판결이 있은 이후[3] 오늘에 이르기까지 급발진사고를 포함하여 자동차 결함에 대한 논의가 많은 시각에서 이어져 왔다. 그 결과 차량급발진으로 인한 사고로 볼 만한 여러 사정들이 있음을 이유를 들어 자동차 제작자의 책임을 인정하는 판결이 나타나게 되었고,[4] 주행 중에 발생한 급발

건수는 포함되지 않음)으로 5,838명이 사망하고 361,875명이 부상한 것으로 집계하고 있다. 즉 1일 평균 636건의 교통사고로 인하여 약16명이 사망하고 약 991명이 부상을 입었으며, 약 1분 26초 당 사상자가 발생했다('09 도로교통 사고비용의 추계와 평가, 2010, 도로교통공단).

3) 문성제, 자동차 제조자의 책임, －서울지방법원 남부지원 2001.8.8. 선고 2000가소195572 판결, 「JURIST」 Vol. 374, 2001.11, 18면 이하.

4) 대법원 2008.6.12. 선고 2007도5389 판결.

진 사고로 승용차가 파손된 사안에서도 사고는 운전자가 승용차를 통상의 용법에 따라 사용하는 과정에서 승용차에 존재하는 하자로 인하여 발생하였다고 추인하여, 매도인은 민법 제581조에 의한 담보책임이 있다는 판결로 이어지게 되었다.[5] 이와 같은 판결이 있기 이전에 이미 우리나라에서는 자동차의 결함과 관련한 보도들이 있었는데, 1986년 1월부터 1995년 7월까지 미국에 수출한 승용차의 절반가량이 결함이 있었다고 발표된 예가 있으며,[6] 그 결함의 유형으로는 점화장치의 결함, 전자장치의 결함, 연료누출의 위험, 안전벨트의 작동불량 등을 이유로[7] 1백 9백만 대가 미국에서 Recall된 예가 있었다. 이 같은 통계는 당시 미국에 수출했던 차량의 약 49%에 결함이 있었던 것으로 당시 자동차 산업의 국제경쟁력 제고에 있어 많은 상처를 입기도 하였다.[8]

한편 2009년 미국에서는 도요타의 급발진 사고와 관련하여 사상최악의 리콜사태가 발생하였는데, 급발진이라고 주장된 사고 이후에 리콜 된 일본의 차량은 약 800만대에 달하고 있는 가운데 이로 인하여 미국 정부에 지급한 과징금도 무려 4천 8백만 달러에 달하고 있으며, 아직 급발진 사고와 관련해서도 약 1백여 건의 법적분쟁이 진행되고 있다. 그러나 2011년 2월 9일 미국 정부는 도요타의 급발진사고는 전자장치의 결함과 무관하다고 발표하면서,[9] 미국 의회와 소비자단체가 제기한 전자

---

5) 서울중앙지법 2009.9.30. 선고 2008가단388929 판결.

6) 美 수출 국산車 엔진부위 "취약", 중앙일보(1995.7.15), 29면.

7) 엘란트라 국내 첫 "리콜명령", 동아일보(1996.1.12). 정부는 출고 된지 5년이 경과하지 않았거나 주행거리가 8만km 이내인 국내에서 생산된 승용차 9종에 대해 배출가스를 검사한 결과 엘란트라 DOHC 1.5와 1.6, 2종의 승용차가 일산화탄소와 탄화수소 배출이 허용기준을 초과했다고 하여 엘란트라 승용차 8만 9천 2백 23대에 대한 결함시정계획서를 제출하도록 현대자동차에 통보한 예가 있다.

8) 1990년 현대 자동차가 미국에 수출한 엑셀 승용차에 탑승했던 9살 된 소년이 충돌사고로 뇌손상을 입어 피해자 가족으로부터 사고의 원인이 현대자동차의 안전벨트의 결함 때문이라는 이유를 들어 손해배상을 청구한 사건에서 LA지방법원은 1993년 피고 현대자동차에게 1천 3백만 달러를 지급하라는 판결을 한 예가 있다(국내기업 美 수출암초, 조선일보(1994.5.20), 5면).

9) 도요타 급발진, 전자장치 결함과 무관, 연합뉴스(2011.2.9).

장치의 결함 때문에 급발진 사고가 발생한 것이 아니라 운전자가 밟은 가속페달이 문제가 되었거나 바닥의 매트가 가속페달을 눌러 사고로 이어졌다는 내용에 대하여 발표하였다. 이 같은 발표로 인하여 결국 급발진 사건으로 인한 갈등은 일단락 해결된 것 같아 보이나 상실한 신뢰를 회복하기 위해서는 앞으로도 상당한 기간이 필요할 것으로 보인다.

이 같은 문제의식을 갖고 본고에서는 자동차급발진을 포함한 자동차의 결함으로 인한 피해에 관한 기업의 책임론을 검토하려고 한다. 이를 위하여 우선 축적된 미국의 사례들을 집중적으로 분석하면서 최근 우리나라에서도 급발진 사고와 관련하여 자동차의 결함의 문제가 제기되고 있는 점을 고려하여 우리나라에서 제기되었던 문제점들을 검토하면서 미국 판결례에서 나타난 결함의 유형과 책임 이론을 검토하여 향후 이 같은 문제가 제기되는 경우 문제해결을 위한 방향성을 제시하는데 목적을 두려고 한다. 나아가 이 연구의 결과는 결함이 있는 자동차로 인한 피해자 구제는 물론 우리나라 자동차 제작자들의 국제경쟁력 제고를 위해서도 필요하다고 본다. 물론 자동차는 약 3만 여개의 부품이 조립되어 하나의 제품이 된다는 점에서 자동차 결함의 모습은 다양하게 나타날 수 있으므로 결함의 유형에 따라 광범위한 연구가 필요하겠으나, 본고에서는 그 범위를 한정하여 우리나라 제조물책임법에서 규정하고 있는 결함의 유형에 따라서 자동차결함의 유형을 검토하고, 피해자 구제를 위한 기업의 책임론을 검토하도록 하겠다.

II. 자동차의 결함과 관련한 법률문제

1. 우리나라 급발진 사고 판결의 주요 내용

우리나라는 2000년 초반에 들어서 자동차의 급발진과 관련된 문제가 제기되기 시작하였다고 본다.[10] 당시 원심판결의 급발진과 관련한 사안

---

10) 문성제, 자동차 제조자의 책임, －대상판결 서울지법 남부지원 2001.8.8. 선고

에서 법원은 "운전자의 운전미숙보다는 차량의 결함으로 인한 사고로서 자동차 제작자의 과실을 인정하면서"[11], 차량의 주행행적, 파손상태, 운전자의 운전경력, 자동차 제작자 기술팀의 현장조사자료, 경찰조사의 내용 등을 고려하여 자동차사에게 입증책임을 전환하도록 하여 결함이 있는 제조물책임을 둘러싸고 나타나는 문제해결에 있어서의 방향성을 제시하였다.[12] 이 같은 판결이 있은 이후 "승용차가 사고가 발생한 주차장 담 벽 앞 약 2.7m 떨어진 곳에 주차되어 있었고, 담 벽 앞에 원탁과 의자가 놓여 있었으며 그 의자에 피해자가 앉아 있어, 승용차를 전진시킬 상황이 아니었고, 사고 장소는 복잡한 주차장 내로 운전자가 급히 가속페달을 밟아 출발할 상황이 아니었으며, 운전자가 사고 승용차를 대신 주차하기 위하여 소유자로부터 열쇠를 받아 소유자의 아들이 동승한 상태에서 시동을 걸고 기어레버를 만지자 갑자기 타이어와 바닥 사이에서 마찰음을 내면서 급출발하였고, 사고 직후 승용차의 기어는 주차상태였으며 사이드 브레이크도 당겨져 있는 상태였던 사실 등을 고려하여 이 사건은 운전자의 과실이 아니라 승용차의 결함에 따른 급발진 사고로 보인다고 하는 판결이 있었다.[13] 그러나 본 원심판결에 대하여 대법원은 운전자의 경찰진술 등에 비추어 검찰 진술만으로 그가 기어를 만지는데 그치고 조작에까지 이르지 않았다는 사실을 인정하기 어렵고 사고 후 기어 위치 및 사이드 브레이크의 작동상태와 사고 후 운전자가 경황없이 사고 승용차에서 내렸으며, 사고 승용차가 주차장 담 벽 등에 충돌한 직후 운전자가 기어를 만지더니 차가 후진하였다고 한 동승자의 진술 등에 비추어 이 사건 사고는 승용차의 자체결함으로 인한 급발진 사고에 해당한다고 단정할 수 없다"[14] 하여 자동차의 결함을 부정하였다.

반면에 차량자체에서 발생한 피고인이 통제할 수 없는 어떤 불가항

2000가소195572 판결, 「JURIST」, 2001.11, 18면.

11) 서울지법 남무지원 2001.8.8. 선고 2000가소195572 판결.

12) 서울중앙지방법원 2008가단388929 판결.

13) 대구지법 2001.6.13. 선고 2000나17979 판결.

14) 대법원 2001.11.27. 선고 2001다44659 판결.

력적인 상황에 의하여 상상하기 어려운 속력의 역주행이 일어났을 가능성이 있는 것으로 의심할 여지가 없는 여러 정황들이 확인되고 있으므로 피고인에게 이 사건 사고 당시 조향 및 제동장치를 정확하게 조작하여 이 사건과 같은 사고를 방지할 것 까지 기대할 수 없었을 뿐만 아니라(피고인이 브레이크 페달을 밟았던 점에 비추어 제동장치는 작동하지 않았던 것으로 보인다) 설사 피고가 그렇게 했더라도 이 사건과 같은 사고를 미리 방지하기 어려웠을 것으로 보인다고 하여 운전자 과실을 부정한 예도 있다.[15)]

급발진 사고와 관련한 의미 있는 판결로는 자동변속기가 장착된 차량의 급발진 사고에서 대체설계 미채용에 의한 설계상의 결함 유무에 관한 논의와 관련하여 법원은 "급발진사고가 운전자의 액셀러레이터 페달 오조작으로 발생하였다고 하더라도 만약 제조자가 합리적인 대체설계를 채용하였더라면 급발진사고를 방지하거나 그 위험성을 감소시킬 수 있었음에도 대체설계를 채용하지 아니하여 제조물이 안전하지 않은 경우 그 제조물의 설계상의 결함을 인정할 수 있지만, 그러한 결함의 인정 여부는 제품의 특성 및 용도, 제조물에 대한 사용자 기대의 내용, 예상되는 위험의 내용, 위험에 대한 사용자의 인식, 사용자에 의한 위험회피가능성, 대체설계의 가능성 및 경제적 비용, 채택된 설계와 대체설계의 상대적 장단점 등의 여러 사정을 종합적으로 고려하여 사회통념에 비추어 판단해야 한다"는 예가 있으며,[16)] 시프트록의 미장착한 자동차에 대하여 자동차의 급발진을 예방하는 효과가 크지 않고 그 정도를 가늠하기 어렵다고 하면서, 올바른 페달 조작법을 숙지하는 것이 운전자의 기본 사항이라고 하면서 페달 오조작을 감소시키려면 시프트록 이외에도 여러 가지 안전장치를 강구할 수 있다고 한 판결도 있다. 본 판결에서 급발진사고를 대비한 안전장치가 없다고 하여 그 자동차가 통상적으로 기대되는 안전성이 없다 할 수 없다고 하면서 자동차

15) 대법원 2008.6.12. 선고 2007도5389 판결.
16) 대법원 2004.3.12. 선고 2003다16771 판결.

설계상의 결함을 부정하였다.[17] 반면에 주행 중에 발생한 급발진 사고로 승용차가 파손된 사안에서 "운전자가 승용차를 통상의 용법에 따라 사용하는 과정에서 승용차에 존재하는 하자로 인하여 발생한 것으로 추인되므로 매도인은 민법 제581조의 담보책임의 이행으로 위 승용차와 동종의 신차를 인도할 의무가 있다"[18]는 판결도 있다. 이하에서는 자동차 결함의 모습과 입증책임 그리고 결함이 있는 자동차를 제작하여 시중에 유통시킨 기업의 책임론에 대하여 살펴보도록 하겠다.

2. 자동차 결함소송의 주요 쟁점

1) 자동차의 결함과 그 개념

자동차 제작자의 책임을 둘러싸고 나타나는 소송의 대부분이 자동차 제작과정에서 발생하는 결함과 관련하고 있다. 자동차의 설계와 관련한 결함은 대체적으로 자동차 제작자의 과실과 관련하게 되는데, 제작과정에서의 결함은 적어도 논리적으로 볼 때 과실의 개념과 별개의 문제로 이해된다. 자동차가 공장에서 출하될 때 설계된 바와 다르게 제작된 경우에는 결함이 있다고 할 수 있으나, 불법행위의 성립요건인 결함(defect)이 있다고 하기 위해서는 그 같은 결함이 부당한 위험(unreasonably dangerous)을 가져오는 것이어야 하며, 이 같은 결함이 제조자의 과실에 의한 경우에는 과실(negligence per se)소송에 의하여 제작자의 책임을 물을 수 있다.

문제는 자동차의 결함으로 인한 피해에 대해서 제작자에게 책임을 묻는 것은, 결함제품에서 발생한 하자야기손해(하자결과손해)에 관한 책임을 문제로 삼는 것이므로,[19] 결함의 개념을 어떻게 정의하느냐에 따라서 책임론의 목적과 방향성이 정해지게 된다. 따라서 우리나라 제

---

17) 대법원 2004.3.12. 선고 2003다16771 판결.

18) 서울중앙지법 2009.9.30. 선고 2008가단388929 판결.

19) 洪天龍, 「消費者被害救濟論」(三英社, 1980), 129면.

조물책임법에서 규정하고 있는 결함의 개념을 잠시 살펴볼 필요가 있다. 우리나라 제조물책임법에서는[20] "제조물의 결함으로 인하여 발생한 손해에 대한 제조업자 등의 손해배상책임을 규정하여 피해자의 보호를 도모하고 국민생활의 안전 향상과 국민경제의 건전한 발전에 기여함을 목적(제1조)"으로 제정한다고 규정하고 있다. 동법 제2조의 2에서는 다음 세 가지의 결함 유형을 규정하고 있다. 즉 "제조상의 결함"이라 함은 제조업자의 제조물에 대한 제조·가공상의 주의의무의 이행여부에 불구하고 제조물이 본래 의도한 설계와 다르게 제조·가공된 것을 말하며, "설계상의 결함이란 제조업자가 합리적인 대체설계를 채용하였더라면 피해나 위험을 줄이거나 피할 수 있었음에도 대체설계를 채용하지 않음으로서 당해 제조물이 안전하지 못하게 된 것을 말하며, "표시상의 결함"은 제조업자가 합리적인 설명·지시·경고 기타의 표시를 하였더라면 당해 제조물에 의하여 발생될 수 있는 피해나 위험을 줄이거나 피할 수 있었음에도 이를 하지 아니한 경우라 규정하고 있다. 이 같은 결함의 유형 가운데 앞에서 전술한 바 자동차급발진은 설계상의 결함으로 판단하고 있는 것이 우리나라 법원의 입장이다.

한편 미국 Restatement of Torts, (2d) 402 A[21]에서 제조물책임의 책임

---

20) 2000년 1월 12일 법률 제6109호.

21) Restatement of Torts 2d, §402 A. Special Liability of Seller of Product for Physical Harm to User or Consumer

(1) One who sells any Product in a defective condition unreasonably dangerous to the user or consumer or to his property is subject to liability for physical harm thereby caused to the ultimate user or consumer, or to his property, if

(a) the seller is engaged in the business of selling such a product, and

(b) it is expected to and does reach the user or consumer without substantial change in the condition in which it is sold.

(2) The rule stated in subsection(1) applies although

(a) the seller has exercised all possible care in the preparation and sale of his product, and

(b) the user or consumer has not bought the product from or entered into any contractual relation with the seller.

요건으로서 「이용자 또는 소비자의 재산을 부당하게 위험하게 하는 상태」[22]라 하면서, 동조 comment (i)에서 「제품이 이용자 또는 소비자를 부당하게 위험하게 하는 상태(…in a defective condition unreasonably dangerous…)」를 결함이라 하고 있다. 여기서 부당한 위험은 당해 제품의 성상이 일반적인 지식수준을 가진 소비자인 매수인이 예기한 것 이상의 위험이 있다는 것으로 이는 법원에 의하여 판단하게 된다. 뿐만 아니라 Restatement of Torts (2d) §402 A (2)[23]에서도 매도인은 제조, 매매과정에서 모든 주의를 다하고, 피해자와 계약관계가 없어도 책임을 부담한다고 규정하고 있다. 이 같이 미국 Restatement of Torts (2d) §402 A에서 결함의 개념은 '사용자에게 부당한 위험(unreasonably dangerous to the user)[24]'이라는 것이 일반적인 입장이다.[25]

또 유럽연합에서의 결함상품에 관한 가맹국법률, 규칙 및 행정규정의 조정을 위한 각료이사회지침(1985.7.25. 85/374/EEC)[26](이하 EC 지침이

22) Restatement of Torts (2d) §402 A comment i 에서는 부당한 위험에 대하여 다음과 같이 설명하고 있다, "The article sold must be dangerous to the extend beyond that which would be contemplated by the ordinary consumer who purchases it, with the knowledge common to the community as its characteristics".

23) Restatement of Torts (2d) A (2) The rule stated in Subsection (1) applies although
(a) the seller has exercised all possible care in the preparation and sale of his product, and
(b) the user or consumer has not bought the product from or entered into any contractual relation with the seller.

24) Restatement

25) Restatement of Torts (2d) §402 A가 규정된 이후 많은 법원에서 이를 적용하여 왔는데, 그럼에도 몇몇 주에서는 이 규정을 적용하고 있지 않다. 그 대표적인 예로써는 Cronin v. J.B.E. Olson Corp., 8 Cal. 3d 121, 501 P. 2d 1153, 104 Cal. Rptr. 433(1972). 이 사건에서 켈리포니아주 대법원은 "원고는 제조물에 결함이 있었다는 것을 증명하면 되고, 부당하게 위험한 것이었다는 것은 증명할 필요는 없다"고 하고 있다.

26) COUNCIL DIRECTIVE－on the approximation of the laws, regulations and administrative provisions of the Member States concerning liability for defective products

라 함) 제6조에서는 "다음 사항을 포함하여 모든 사항을 고려한 후에 소비자로서 당연히 기대되는 안전성을 구비하지 못한 제품은 결함이 있다"는 입장이다. 즉 ① 제품의 표시, ② 제품의 용도에 비추어 합리적으로 기대될 수 있는 사용, ③ 당해 제품을 유통시켰을 때 보다 우수한 제품이 유통되었다는 사실만으로 기존의 제품에 결함이 있다 할 수 없다는 것 등이 그것이다.

그렇다면 자동차의 경우에 어느 정도의 안전성을 갖추어야 통상적으로 안전하다 할 수 있는가. 미국에서는 이미 1916년 Macpherson v. Buick Motors[27]사건 이후에 자동차의 결함과 관련한 사례들이 많이 나타나고 있는데, 제조공정에서 규격 외의 조잡한 재질이 혼합된 경우[28], 부품에 하자가 있는 경우[29], 사양(仕樣)과 달리 조잡하게 조립된 경우[30], 지정된 공정 가운데 일부가 누락된 경우[31]등이 그 예이다. 또 자동차를 제작당시의 학문과 기술수준으로 예측할 수 없었던 위험이 이후에 나타난 경우, 나아가 제작 당시에 위험을 예견할 수 있었으나 당시의 기술수준으로 그 위험을 회피할 수 없었던 경우, 현재의 과학·기술수준에 비추어 통상 갖추어야 할 안전성을 결하였다고 하여 자동차에 결함이 있다 할 수 있는가 하는 문제는 개발위험에 따른 제조자의 항변에 관한 문제이다.[32]

반면에 우리나라에서는 최근에 들어 자동차의 급발진과 관련한 문제

---

27) James A. Henderson, Aaron D. Twerski, Products Liability－Problems and Process, Little, Brown and Company 1992, 109면.

28) Macpherson v. Buick Motor Co., 217 N.Y. 382, 111 N.E. 1050(1916); Parker v. Ford Motor Co., 296 S.W. 2d 35(Mo. 1956).

29) Washburn Storage Co. v. General Motors Corp., 90 Ga. App. 380, 83 S.E. 2d 26 (1954); Butler v. General Motors Corp., 240 F. Supp. 2d 92(1956); Markel v. Spencer, 171 N.Y.S. 2d 770(1958).

30) Guagliardo v. Ford Motor Co., 184 N.Y.S. 2d 1012(1959); Le-Blance v. Ford Motor Co., 191 N.E. 2d 301(Mass. 1963).

31) Monaco v. Hall－Ehlert GMC sales, 158 N.Y.S. 2d 444(1956); Duckworth v. Ford Motor Co., 261 F. 2d 187(1958).

32) 이에 대하여는 졸고, 제조물책임에서의 개발위험의 항변, 「민사법학」 제20호(한국사법행정학회, 2001), 523-540면 참조..

들이 제기되기 시작하고 있는데, 법원은 물품을 제조·판매하는 제조업자는 그 제품의 구조·품질·성능 등에 있어서 유통 당시의 기술수준과 경제성에 비추어 기대 가능한 범위 내의 안전성과 내구성을 갖춘 제품을 제조·판매하여야 하며, 이 같은 안전성과 내구성을 갖추지 못한 결함으로 인하여 소비자에게 손해가 발생했을 때에는 불법행위로 인한 손해배상 의무를 부담한다 하면서, 급발진사고가 운전자의 액셀러레이터 페달 오조작으로 발생하였다고 할지라도, 제조자가 합리적인 대체설계를 채용하였더라면 급발진사고를 방지하거나 그 위험성을 감소시킬 수 있었음에도 대체설계를 채용하지 않아 제조물이 안전하지 않게 된 경우 설계상의 결함을 인정할 수 있지만, 이 같은 결함의 인정여부는 제품의 특성 및 용도, 제조물에 대한 사용자의 기대, 예상되는 위험의 내용, 위험에 대한 사용자의 인식, 사용자에 의한 위험회피의 가능성, 대체설계의 가능성 및 경제적 비용, 채택된 설계와 대체설계의 상대적 장단점 등 여러 사정을 종합적으로 고려하여 사회통념에 비추어 판단해야 한다는 입장이며,[33] 나아가 입증책임에 있어서도 신중한 태도를 취하고 있다.

그렇다면 자동차의 경우 어느 정도의 안전성을 갖추어야 통상적인 안전성을 갖추었다고 할 수 있는가. 나아가 제작 당시의 학문과 기술수준으로 예측할 수 없었던 위험이 제작 판매된 이후에 나타난 경우, 자동차를 제작할 당시에 위험을 예견할 수 있었음에도 당시의 기술수준으로 그 같은 위험을 회피할 수 없었던 경우에 현재의 학문과 기술수준을 기준으로 판단하여 이전에 제작된 자동차는 통상 갖추어야 할 안전성을 결하기 때문에 이를 결함이라고 할 수 있는가 하는 등의 문제가 남는다. 오늘날 자동차 산업은 제작공정이 컴퓨터 제어시스템 등에 의하여 자동화되어 대량생산을 위한 품질관리, 공정관리가 이루어짐으로서 제작과정에서의 결함발생 가능성은 많이 줄어들었지만, 그렇다고 결함 발생요인이 모두 제거되었다고는 말 할 수는 없다. 따라서 이와 관련하여 나타나는 문제들은 앞으로 더 증가할 것으로 예상할 수 있는데

33) 대법원 2004.3.12. 선고 2003다16771 판결.

이하에서 살펴보도록 하겠다.

2) 결함에 대한 입증의 곤란성

지난 2009년 미국에서 도요타 자동차의 급발진 사고와 관련하여 사상 최악의 리콜사태를 겪었으며 본 사태에서도 자동차의 급발진과 전자장치 결함과의 인과관계를 밝히지 못하고 단순히 기계장치의 결함인 것으로 판단하여 사건을 일단락 맺었으나 근본적 문제 해결을 위한 논란은 앞으로도 계속될 것으로 본다. 일반적으로 자동차 급발진으로 인한 사고의 경우 사고의 원인이 설계상의 결함인지 아니면 운전자의 운전미숙인지의 여부에 대한 논쟁은 이미 1970년 초반에 미국에서부터 시작되었다. 이 같은 문제해결을 위하여 미국도로교통안전청(National Highway Traffic Administration)은 1987년부터 조사에 착수하였으며, 1989년 자동차 자체에 급발진사고에 직접적인 영향을 줄만할 기계적 결함은 발견할 수 없었으며, 운전자의 운전 미숙 등에 의한 것으로 보인다는 조사결과 발표를 한 이후에 대부분의 국가들도 자동차 급발진 사고는 운전자의 조작 잘못으로 인한 것으로 이해하고 있다.[34] 이 같은 발표가 있은 이후에도 미국에서는 급발진으로 인한 사고소송이 자주 제기되었는데 소송에서 승소하는 대부분의 내용은 자동차 구조상의 결함에 대한 제작자의 책임을 묻고 있는 점에서,[35] 이를 설계상의 결함으

34) 1999년 11월 미국 교통안전공단 자동차시험성능연구소가 발표한 자동변속기 자동차 급발진사고 조사연구보고서에서 실험되지 않은 사항에 대하여 미국 자동차 엔지니어 협회(Society of Automotive Engine)의 ECU단품에 대한 전자파간섭시험서 SAEJ1113/25에서 TEM방(Cell)의 양측 면에 영향을 받는 반면에 TPL(TEM의 새로운 모델)은 그런 심각한 문제가 없다고 밝히고 있다(SAE's report about "Electronic Compatibility Measurement Procedure for Vehicle Components－Immunity to Radiated Electromagnetic Fields, 10kHz to 1000MHz－TRi-Plate Line Method"(J1113/25 199509).

35) Burden of Proving Feasibility of Alternative Safe Design in Products Liability Action Based on Defectiveness, 78 ALR 4th 154, Products Liability; Sudden or Unexpected Acceleration of Motor Vehicle 66 ALR 4th 20 ; Products Liability;

로 이해하고 있는 우리나라 대법원의 판단과는 다소 차이가 있다.

자동차 결함으로 인한 소송상의 문제는 피해자가 주장하는 결함이 사고의 직접적인 원인이 되었는가 하는 증명상의 문제이다. 그러나 이 보다 더 큰 문제는 사고 당시에 주장된 바의 결함이 존재한다고 해도 그것이 제작과정에서 발생한 것인지의 여부를 증명하지 않으면 안 된다는 점이다. 나아가 제작과정에 결함이 있는 자동차가 사고를 야기하여 운전자가 사망하였거나 차량의 원형이 보존되지 않을 만큼 파손된 경우에 사고원인을 규명함에 있어 어려움이 따르게 된다. 또 제작과정과 관련 없는 운전자의 운전미숙, 난폭운전 등으로 특정 결함이 언제 발생했는지 확정함에 있어 곤란한 점도 있다. 따라서 주장된 사고원인의 결함이 자동차 제작 작정에서 발생한 것임을 증명하기 위해서는 결국 정황증거(circumstantial evidence)에 의할 수밖에 없는데, 미국의 판례를 분석해 보면 자동차를 인도한 후 비교적 단기간 내에 사고가 발생한 경우에는 주장된 결함은 제조당시에 이미 존재했던 것으로 용이하게 추측하고 있는 것 같다. 그 예로서 Ford Victoria Wagon을 인도받은 후 3일이 지나서 총 주행거리 45mile을 운행한 상태에서 제동장치의 고장으로 대향차와 충돌하면서 상대방 차의 승객이 부상을 입은 사건에서 운전자와 동승자가 자동차의 결함을 주장하여 Ford Motor Co를 상대로 소를 제기한 예가 있다. 이에 대하여 New York주 제1심법원(Supreme Court)은 제동발판과 지주를 연결하는 볼트에 결함이 있었다는 원고의 청구를 인정하였으나, Ford Motor Co는 소송당시 볼트의 소재를 찾을 수 없으므로 볼트의 결함에 대해서 충분하게 증명되지 않았다고 주장하여 항소하였다. 그러나 항소법원(Appellate Division)은, 첫째 볼트가 부러졌다는 증언에 대하여 일반적 상태에서 45mile 밖에 달리지 않은 차에 1/2인치의 볼트가 부러졌다는 것은 볼트에 결함이 있었음을 추측할 수 있으며, 둘째 자동차를 인도받은 후에 당해 자동차를 수리를 했

Modern Cases Determining Whether Product Is Defectively Designed, 96 ALR 3d 11.

다거나 기타 사고가 있었다는 증거가 없으므로 이 같은 결함은 자동차가 Ford Co에서 출하할 때 이미 결함이 존재하고 있었다는 것을 추측할 수 있다[36]고 하였다. 나아가 판결에서 결함의 존재에 대한 제조자의 과실에 대해서도 언급하고 있는데, 이에 대해서는 「부품제조자의 과실과 제작자의 의 책임」에서 설명하도록 하겠다. 한편 Dodge차를 구입 후 3일이 지나서 주행거리 45mile밖에 되지 않은 자동차가 주행하는 중에 제동장치에 문제가 발생하여 충돌한 사건에서, Georgia주 항소법원은 제동장치의 고장은 제동액에 공기가 혼입되었기 때문이라고 하면서 언제 어떻게 해서 공기가 혼입되었는가에 대하여 직접적인 증명을 하지 못했다는 이유를 들어 Chrysler Co의 妨訴抗辯(demurer)을 기각한 제1심을 전복한 예도 있다.[37] 이 같은 사례들은 자동차 제작상의 결함에 대하여 자동차제작자의 책임을 추급할 수 있는 길을 막는 것 같이 보이지만, 이 사건에서의 손해배상청구의 대상이 인적손해가 아니라 단순히 새 자동차의 차량손해에 한정됨으로서 그러한 것 같다. 반면에 자동차가 인도된 후 오랜 시간이 경과한 이후에 사고가 발생한 경우에 사고발생 후의 조사에 의하여 결함이 제조당시에 발생했다고 할 수 없는 경우를 제외하고,[38] 입증에 있어 많은 어려움이 있다. 즉 9개월 동안 사용하던 자동차(Chevrolet)가 주행 중에 갑자기 자동차가 미끄러지면서 전복한 사고와 관련하여 원고는 갑자기 1개 내지 그 이상의 바퀴가 고착(Lock)되었고, 사고 후 견인차가 왔을 때 해머로 치지 않으면 바퀴를 움직일 수 없었던 점등을 이유를 주장하면서 제동장치의 결함에 대한 몇 가지의 가능성을 주장했지만(design결함 포함) Oklahoma연방지방법원은 9개월간 사용한 자동차에 대하여, 제동장치에 문제가 없다고 하는 피고의 妨訴抗辯을 지지한 예도 있다.[39] 또 16개월 사용한 디젤내연기

36) Markel v. Spencer, supra note.

37) Chrysler Corp. v. Rogers, 92 Ga. App. 109, 88 S.E. 2d 318(1995).

38) Monaco v. Hall Ehlert GMC Sales, supra note(4); Butler v. General Motors Corp., supra note(2).

39) Dillingham v. Chevrolet Motor Co., 17 F. Supp. 615(1936).

관이 폭발한 사건에서 Delaware 제1심 법원(Superior Court)은 Oklahoma 연방지방법원의 판례를 인용하면서 사용으로 인하여 내연기관이 약해진 것으로 추정하여, 피고의 妨訴抗辯을 인정한 예도 있다.[40] 이와 같이 사고의 발생 이후 어느 정도의 시간이 경과하더라도 구입당시 이미 이상이 있었고, 그에 대한 문제가 제기된 특별한 사정이 있는 경우에는 정황증거로서 결함의 존재를 추측하기도 한다. 예를 들면 Ford 화물차의 핸들이 갑자기 공전하면서 운전이 불가능하게 되면서 자동차가 전복된 경우, 이미 구입 후 2개월 이상 경과하고, 주행거리가 9,000mile에 달하는 자동차와 관련한 사안에서 New York 항소법원은 이 화물차를 구입한 당시부터 운전조작에 어려움이 있었고, 판매자(딜러)에게 이 같은 점을 고지하였음에도 불구하고, 판매자(딜러)가 결함을 발견할 수 없었다고 한 점, 밀폐된 steering sector box를 열어보니 steering shaft가 파손되어 있었고, 금속이 마모되어 있어 steering shaft의 연결부위의 결함을 추측할 수 있으며, 이 경우에 연결부위가 잘못된 정확한 성질까지 확정할 필요는 없다고 하였다.[41] 이와 같이 자동차 제작상의 결함은 그것이 제작 당시에 이미 존재하고 있었는가의 여부를 밝히는 것은 그리 쉬운 일이 아니다.

나아가 자동차 구조상의 결함으로 인한 손해를 제작자에게 묻기 위해서 우리나라의 경우에는 불법행위의 법리에 따라서 자동차 구조상의 결함을 증명하여야 하는데, 이를 위해서 피해자는 자동차를 통상의 용도에 따라 정상적으로 운행하였음에도 자동차 구조상의 결함으로 인하여 발생한 사고가 자동차 제작자의 배타적 지배영역 하에 있는 원인으로 발생하였다는 것을 증명하지 않으면 안 된다. 그러나 소비자와 자동차 제작자 간의 경제적 비대등성 나아가 소비자는 자동차 메커니즘에 대한 전문적 지식이 결여되어 있다는 점 등을 고려할 때 피해자가 자동차 제작자의 과실을 증명한다는 것은 실제적으로 불가능하다. 특히 급

40) Gorman v. Murphy Diesel Co., 29 A. 2d 145(1942).

41) Guagliardo v. Ford Motor Co., supra note(3).

발진사고(sudden acceleration accident)와 같이 고도의 기술력에 대한 결함을 증명해야 하는 경우에는 더 많은 어려움에 처하게 된다. 반면에 자동차 제작자는 자동차의 결함을 식별할 수 있는 지식과 능력을 갖추고 있으며, 결함의 발생은 보통 제작과정이나 검사과정의 과실에 의하는 경우가 많다는 점 등을 고려할 때 이 같은 내용을 피해자가 증명하는 것은 곤란할 수밖에 없을 것이다.

이 같이 자동차 결함으로 인한 피해에 대한 배상책임의 법리를 불법행위 법리로 이해하는 경우에 법적으로 무방비한 상태에 피해자들을 방치하는 결과가 되며, 따라서 자동차의 결함 사건에 있어서는 제조자의 과실을 추정하여 자동차 제작자가 반증이 없는 한 자동차 제작자에게 책임을 과하는 증명책임의 전환의 문제를 고려하지 않으면 안 된다. 이에 대해서도 후술하겠다.

3) 당사자 관계

자동차 결함으로 인한 피해에 대하여 민사책임을 묻기 위한 당사자 관계는 자동차 제작자·판매자·이용자 그리고 제3자로서 사고로 인한 피해자를 생각할 수 있다. 자동차 제작자에게는 자동차 제작에 동원된 인력(자동차 제작사의 종사자)을 생각할 수 있으며, 나아가 자동차가 약 3만여 부품으로 조립되어 하나의 제품으로 완성된다는 점에서 부품 제작자로부터 납품받은 것을 사용하였으나, 당해 부품에 결함이 있어 사고가 발생한 경우, 또 자동차 판매자와 소비자 간의 특약, 나아가 sub-dealer가 개재되는 경우도 있다는 점에서 관계자들에 대한 법률관계를 명확하게 하지 않으면 안 된다.

먼저 자동차의 결함으로 자동차의 운행자가 피해를 입었을 경우에 있어서의 법률관계로서 자동차 제작자와 운행자간에 직접적인 계약관계가 없을 경우에 몇 가지의 문제를 예상할 수 있다. 자동차 판매자(딜러, 제작자가 직접 판매한 경우에는 제작자도 같은 지위에 있다)와 운행자(소비자)간에는 하자담보책임(민법 제580조·제581조) 또는 불완전이행(민법 제390조)책임, 나아가 청구권경합을 인정할 경우 불법행위책임(민법 제750조 이하)이 각각 문제가 된다. 하자담보책임에 의할 경우 손해의 범위와 관련한 논란이 제기될 수 있으나 이에 대한 논의는 본 주제와 거리가 있어 생략하도록 하겠다. sub-dealer가 개재되어 있는 경우에는 sub-dealer는 운행자에 대한 하자담보책임이 발생한다 할 것이다. 이 때 sub-dealer가 손해를 운행자에게 배상한 경우에는 제조자와의 법률관계가 발생한다.

제작자와 운행자간에 어느 법률관계(제작자의 배상의무)를 적용할 것인가는 제조물책임에 관한 문제이다. 자동차 제작자의 배상책임을 인정한다고 하더라도 불법행위책임에 의할 것인가 아니면 계약책임에 의할 것인가 아니면 제3의 책임법리에 의할 것인가 하는 문제가 있다. 이 때 운행자를 제3자로 하는 제작자·판매점(딜러)간의 제3자를 위한 계약(민법 제539조)의 법리를 생각할 수 있는가. 나아가 자동차손해배상보장법 제3조(자동차 손해배상책임)와의 관계도 고려하여야 하는가. 뿐만 아니라 자동차 제작사에서 근무하는 근로자의 유책행위로 인하여 결함이 야기되었을 때, 제작자의 책임을 불법행위책임에 의하는 경우에 사용자책임(민법 제756조), 또 제작자와 운행자간에 계약 기타 이에 준하는 법률관계를 인정할 수 있는 경우에는 이행보조자(Erfüllungsgehife)의 책임이 각각 문제가 된다.

판매점을 통하여 자동차를 구입하고 동시에 제작자에 대해서도 책임을 인정해야 한다고 이해하는 경우, 운행자는 제작자와 판매점에 대한 공동책임을 물을 수 있는가. 이를 긍정할 경우에 공동불법행위책임에 의할 것인가 아니면 그 이외 다른 책임에 의할 것인가 하는 문제도 있다.

자동차의 결함과 운전자의 운전과실이 경합되어 사고가 발생하여 피해가 발생한 경우에 피해자는 운행자와 판매점, 제작자에게도 배상을 청구할 수 있는가. 이를 긍정하는 경우 운행자, 판매자, 제작자에게 어떤 책임을 물을 수 있는가. 또 부품제조자가 제작하여 공급한 부품의 결함으로 자동차 제작자가 결함이 있는 자동차를 제작하게 되었고 그 결함이 원인이 되어 사고가 발생한 경우, 운행자는 피해자에게 직접적인 책임을 부담해야 하는가 아니면 제작자가 그 손해를 배상하고 부품 제작자를 상대로 구상권을 행사할 것인가 하는 문제도 있다. 나아가 운행자의 가족과 친지 등이 결함이 있는 자동차로 인하여 손해를 입었을 경우의 책임관계도 고려하여야 하며, 랜트-카 등 리스한 자동차에 결함이 있어 그 결함으로 인하여 손해가 발생한 경우의 책임관계도 고려하지 않으면 안 된다.

이와 같이 자동차의 결함은 운행자 및 기타의 자(통행인 등)의 생명·재산에 위험을 가져오는 것과 그에 이르지는 않지만 단순히 성능이 불완전하여 운행자에게 손해를 야기하는 경우가 있는데, 이하 본고에서는 범위를 한정하여 제조물책임(제작자와 운행자간의 법적책임)과 담보책임(판매자와 운행자 간의 법적책임)을 중심으로 살펴보도록 하겠다. 왜냐하면 이외의 영역은 채무의 본지에 따른 이행여부와 관련한 계약법의 문제이기 때문이다.

Ⅲ. 자동차 결함의 유형과 책임론

1. 자동차 결함의 유형

1) 제작상의 결함

"제작상의 결함이란 제작자가 제작물에 대하여 제조·가공상의 주의의무를 다했음에도 제작물이 본래 의도한 설계와 다르게 제작·가공되어 안전하지 못하게 된 것을 말한다."(제조물책임법 제2조의 1가) 이 같은 유형의 결함은 자동차, 기계 및 기구 전반에 걸쳐 나타나게 되는데 이는 제작과정에서의 착오에 의하여 제작자가 의도하지 않은 결과가 나타나는 경우, 설계 및 사양(仕樣)과 다른 제품이 제작됨으로서 나타나는 결함이다.

제작상의 결함이 전형적으로 나타나는 경우는 자동차의 제작(설계, 공작, 재질 등) 및 수리의 부적절성을 들 수 있으며, 또 완성되지 않은 제품, 완성품의 검사를 제대로 하지 않아서 나타나는 결함, 결함이 존재하는 비완성품, 법률상 의무위반에 의한 제품, 욕실의 환기·배기장치의 부존재 등이 그 예이다. 이 같은 제작상의 결함은 품질검사 단계에서 발견하여 배제되어야 하는데, 이를 발견하지 못하고 결함이 있는 제품을 시장에 유통시켰을 경우에 문제가 된다. 따라서 제작자는 결함발생의 방지를 위하여 가능한 최고의 기술을 적용하고, 안전성이 보장된 재료를 사용할 의무가 있으며, 예견되는 위험성이 내재된 재료를 사용하는 경우에 제작자는 안전배려의무의 위반이 된다. 즉 제작자는 당해 제품을 이용하는 모든 이용자들에 대하여 안전배려의무가 있으므로 제품에 결함이 없다고 하여 만족해서는 안 되고 적절한 조치(경고 및 설명)를 하지 않으면 안 된다. 이때 제작자의 경고나 설명을 무시하여 이용자가 손해를 입었을 경우에는 “위험의 인수(Risikoübernahme)”가 되어 제조자는 책임을 면하게 된다. 제작상의 결함이 나타난 구체적인 예는 미국에서 자동차의 결함과 관련하여 많이 나타나고 있는데 다음과 같은 문제가 제기되고 있다.

(1) 제작과정에서 제작자의 과실

자동차 제작자의 과실이 문제로 제기되었던 유명한 사례로서 미국에서의 Macpherson v. Buick Motor[42)]사건을 들 수 있을 것 같다. 본 사건은 MacPherson이 판매원(dealer)에게 구입한 Buick Co의 제품을 사용하던 중 목재로 된 바퀴 하나가 갑자기 파손되면서 자동차가 전복되어 MacPherson이 중상을 입은 사건이다. 소가 제기된 이후 Buick은 부품제조자로부터 납품 받은 문제의 목재바퀴에 하자가 있음이 판명되었고, 소송에서 제작자는 직접적으로 계약관계가 없는 제3자에 대해서도 책임을 져야하는가와 부품제조자의 과실로 인하여 발생한 손해와 관련하

42) MacPherson v. Buick Motor Co., 217 N.Y. 382, 111 N.E. 1050(1916). James A. Henderson, Jr. Richard N. Pearson, John A. Siliciano, The Torts Process 5ed, Aspen Law and business, 509-514면.

여 당해 문제가 된 부품을 사용한 제작자인 Buick Co도 책임을 져야하는가 하는 문제가 제기되었다.

첫 번째의 문제는 영미법 특유의 문제로서 특정 법률관계에서 당사자관계(privity)가 존재하지 않는 자에게는 주의의무가 없으므로 제3자에 대하여 제조자의 책임을 인정할 수 없으나, 자동차에 대해서는 예외적으로 당사자관계가 없어도 책임을 인정하여야 하는가의 문제이다. 참고로 당시에는 예외적으로 독약, 총포 등에 대해서 사람의 안전에 「본질적 위험(inherently dangerous)」이 된다는 이유를 들어 제3자에 대한 주의의무를 인정하고 있었다. 그러나 자동차의 경우 본질적으로 위험한 물건이라 할 수는 없지만, 부주의한 경우에 위험으로 연결될 수 있다는 점에서 「본질적 위험」이라는 개념을 확장하여 해석 적용하게 되었다. 그 결과 이후에 만들어진 자동차에 본질적 위험의 개념을 적용하여 제조자의 제작과정의 부주의에 대한 위험을 인정하게 되었고 이것이 계기가 되어 오늘날 제조물책임법을 제정한 계기가 되었다. Macpherson 사건을 분석해보면 자동차 제작자는 과실로서 소비자의 안전을 해할 수 있는 결함이 있는 자동차를 만들지 말아야하며, 자동차 제작자는 전문가로서 통상적인 주의의무를 가지고 자동차를 제작하여야 하고 이를 해태 한 경우에는 과실책임을 지게 된다는 것이다. 두 번째 자동차 제작자는 타 부품 제조자로부터 납품된 부품에 대해서도 상당한 검사를 하여야 할 주의의무가 있으며, 이를 해태하는 경우에는 과실책임을 면할 수 없다는 점이다. 이에 대해서는 후에 다시 검토하기로 하고 우선 주의의무와 관련하여 검토하도록 하겠다.

자동차 제작과 관련한 주의의무의 기준은 무엇인가. 다시 말하면 자동차 제작자의 주의의무의 기준이 문제가 되는데 주의의무의 기준은 사례에 따라서 달리 정해질 수밖에 없는 문제이다. 이와 관련한 미국의 주요 판례를 분석해 보면 결함을 인정하는 경우 과실도 용이하게 인정하고 있다. 즉 자동차는 계획된 설계(design)에 따라서 제작되고 있는 이상 설계와 같이 제작되지 않았을 경우에 제작자의 과실을 인정할 수 있다. 구체적으로 제동장치의 결함으로 추돌한 Ford Co사건(Markel v.

Spencer)[43]판결에서 New York주 항소법원은 결함의 존재를 추론하고 제조자의 과실과 관련하여 결함은 일반적으로 제조 또는 검사과정에서 제작자의 과실로 발생하게 되며, 결함이 존재 함에도 과실이 없다고 하는 예외적인 주장의 경우에 제작자가 그에 대하여 증명하여야 한다고 하고 있다. 나아가 제작자는 제조·검사에서 소비자보다 많은 지식을 가지고 있으므로 과실 유무의 입증은 피해자보다 매우 유리한 입장에 있다고 하면서, 결함의 존재로부터 제작자의 과실을 추론하고 있다. 이 사건에서 Res ipsa loquitur(사실추정의 원칙)을 언급하고 있는데 이는 제조자의 과실을 추정하기 위한 도구로 지금까지 제조물책임의 분야에서 활용되고 있다. 즉 맥주병 속에 썩은 달팽이가 들어가 있었을 경우 병의 뚜껑을 열기 전까지는 제조자 이외의 자는 만질 수 없었다는 점, 또 제조 공정상에서의 과실이 없으면 달팽이가 맥주병 속에 들어갈 수 없다는 점 등을 들어, 「사물이 사실을 말한다」는 원칙에 의하여 과실을 추정하는 것이다. 그러나 본 사건에서는 이미 정황증거를 통하여 피고의 과실을 추론할 수 있기 때문에 Res ipsa loquitur의 원칙은 적용될 여지가 없다 하였다. 즉 Res ipsa loquitur는 정황증거로서 과실이 추론되지 않을 경우에 적용되어야 한다는 것이다. 이유야 어떻든 자동차의 경우 인도 후에 일반적으로 이용자에 의하여 다루어지기 때문에 밀폐된 부분을 제외하고 Res ipsa loquitur를 적용함에는 무리가 있을 것이다.

(2) 제3자의 행위와 제조자의 과실

a) 부품 제조자의 과실과 자동차 제작자의 책임

aa) 부품검사 의무

자동차는 약 3만여 부품이 조립되어 하나의 물건인 자동차로 완성되게 되는데, 결과적으로 자동차 제작자는 각종의 부품 제조자로부터 납품된 부품을 종합하여 최종적으로 자동차라는 물건으로 조립하는 제작

43) Markel v. Spencer, supra note.

자가 된다. 문제는 부품제조자로부터 납품받은 부품에 하자가 있어 이 하자가 사고로 이어지게 되는 경우, 조립자인 자동차 제작자는 당해 사고 손해에 대한 책임여부가 소송의 목적이 될 수도 있다. 이미 앞에서 살펴본 MacPherson v. Buick사건에서 법원은 부품제조자가 납품한 목재바퀴의 하자를 Buick Co가 상당한 검사(reasonable inspection)를 하였다면 발견할 수 있었을 것이라고 하면서 「피고는 목재 바퀴를 신뢰할 수 있는 제조자로부터 구입했다 하더라도 검사의무를 면하는 것은 아니며, 피고는 단순히 자동차 판매자가 아니라 자동차 제작자라고 하면서, 제작자는 완성품에 대해서 책임을 지며 부품을 통상적 간단한 시험도하지 않고 완성품을 유통시켜서는 안 된다.…(중략)…위험의 개연성이 클수록 주의의 필요성도 커진다.」[44]는 입장이다. 이 같이 자동차 제작자 책임의 기초를 검사의무의 해태에서 구하는 이론은 오늘날에도 넓게 적용되고 있다. 즉 Dodge Ford에 달려있는 재떨이의 끝이 날카롭고 뾰족하여, 차가 급정차했을 때 담배에 불을 붙이려고 웅크리고 있었던 승객이 얼굴을 부딪치면서 한쪽 눈을 실명한 사건에서, 미연방항소법원(제8구)은 재떨이가 다른 제조자에 의하여 제조된 제품이라 할지라도 Ford는 상당한 검사를 하지 않았다는 이유로 Ford의 책임을 인정하였다.[45] 나아가 제작자의 검사의무는 부품제조자에게 위임할 수 있는 사항이 아니라고 하면서, 제동장치의 유압관을 제조한 자가, 조립제작자가 요구한 품질에 적합하도록 스스로 검사를 했다 하더라도, 조립제작자의 검사의무는 면하는 것이 아니라고 한 예도 있다.[46]

하자는 외견상의 검사로 발견될 수 있음을 요구하지 않는데, 즉 기어박스내의 웜 기어가 부품제조자의 과실로 그릇된 위치에 조립되었을

44) MacPherson v. Buick Motor Co., 217 N.Y. 382, 394-5, 111 N.E. 1050, 1051.

45) Ford Motor Co., v. Zahn, 265 F.2d 729(1959). 운전자가 급정차한 것에 대하여 판결은 그러한 것은 예상할 수 있는 것이므로 그것을 전제로 제조자의 주의의무를 고려해야한다고 하고 있다.

46) Standard Motor Company v. Blood, 380 S. W. 2d 651(Tex. 1964). 피고회사는 표본 검사를 실시했다고 주장했지만 법원은 이를 받아들이지 않았다.

경우에도 시운전 등을 통하여 정상적 작동여부를 발견할 수 있었을 것이라 하여 최종 조립을 한 자동차 제작자의 책임을 인정하였다.[47] 그러나 하자가 자동차 제작자의 상당한 검사에 의하여 발견할 수 없는 경우, 제작자는 검사의무의 해태를 근거로 하는 한 제작자는 책임을 지지 않는다. 즉 핸들의 조립에 들어가는 볼 베어링 내부의 볼 하나가 단조에서 잘못(forging lap)된 것이 들어가 핸들 조작 중에 마모가 되고, 그 결과 조작할 수 없게 된 자동차가 도로 옆의 전주에 충돌한 사건에서 New Jersey항소법원은 볼 베어링은 완성품으로 납입되었고 볼 베어링 내부 개개의 하자는 볼 베어링을 분해하여 개개의 볼에 대하여 파괴 시험을 하지 않는 한 발견할 수 없다고 하여 조립제작자인 Ford Co는 이러한 하자에 대해서 신뢰할 만한 부품제조자의 주의를 신뢰한 것에 대한 과실은 없다 하였다.[48]

문제는 무엇이 상당한 검사인가 하는 것으로 실례를 살펴보면 앞서 살펴본 사안(Markel v. Spencer)에서 볼트 제조자가 납품한 볼트의 결함을 발견하지 못했던 것은 조립제조자 검사에 과실이 있었다고 추측하는 것이 상당하다고 한 예가 있다.[49] 단 부품제조자에 과실이 있고 또 조립 제조자가 검사의무를 해태한 경우에는 양자가 함께 공동불법행위의 책임을 지게 된다.[50]

bb) 하자 고지의무

부품의 하자를 자동차 제작자의 상당한 검사에도 불구하고 발견할 수 없었으나 후에 당해 부품의 결함이 발견되거나 보고된 경우, 자동차 제작자는 동 종류의 부품을 장착한 모든 자동차 이용자에 대하여 이 같은 결함의 존재를 고지하지 않으면 안 된다. Michigan주 최고법원은 1953년형 Buick Road Master의 제동장치 마스터 실린더에서 브레이크

47) Alexander v. Nash-Kelvinator Corporation, 261 F. 2d 187(2nd Cir. 1958).
48) Pabon v. Hackensack Auto Sales, Inc., 63 N.J. Super. 476, 164 A. 2d 773 (1960).
49) Markel v. Spencer, 171 N. Y. S. 2d 770(1958).
50) Levitt v. Ford Motor Co., 215 N.Y.S. 2d 677(1961).

유가 새는 결함과 관련하여 GM이 마스터 실린더의 검사를 하였다는 점을 인정하면서도 모든 증거로부터 GM이 검사에 있어서 과실이 있었음을 추론할 수 있다고 하면서, 만약 이 경우 상당한 시험을 실시하고 또 브레이크유가 새는 것을 예견할 수 없었더라도, 후에 그 같은 결함이 발견된 이상 바로 이용자들에게 고지하지 않은 것은 GM의 과실이라고 하였다.[51)]

cc) 부품 제조자 과실의 자동차 제작자에의 귀책

결함을 상당한 검사에 의해서도 발견할 수 없었다 하더라도 자동차 제작자는 당해 결함이 있는 부품을 사용하여 자사 이름으로 시장에 유통시킨 이상 결함으로 인한 피해에 대하여 책임이 있다고 한 판결이 있다. 1961년형 Ford자동차를 운전중인 자가 전조등을 상향에서 하향으로 바꾸고 다시 대향차가 지나간 뒤 상향으로 전환하려 하였으나 전조등이 모두 꺼지면서 시야를 확보할 수 없어 도로에서 이탈하여 나무와 충돌한 사건에서, 전조등이 켜지지 않은 원인으로 Ford가 다른 제조자로부터 납품 받았던 절환 스위치 내에 있는 핀이 부러졌기 때문으로 밝혀졌다. 이 사건에서 Ford Co는 외부에서 눈으로 보고 검사 했다고 항변하였으나 배심은 이 같은 하자는 그 같은 검사에 의하여 충분히 발견할 수 있는 것이라 하면서도 하자있는 자동차를 시장에 유통시킨 그 자체는 Ford Co의 과실이라고 평결하였다. 연방항소법원(제5구)은 이 사건을 다음과 같은 이유로 2 : 1의 평결을 하였다.[52)] 즉 타인에 의하여 제작된 동산을 자기의 제조물로 시장에 유통시킨 자는 자기가 제조자인 것과 같은 책임이 있다는 불법행위 Restatement(1934) 제400조의 규정을 원용하여 부품제조자의 과실은 자동차 제작자에게 귀책 한다는 것이다.

현대사회에서 광고가 성행하고 있는 점을 고려할 때 자동차 제작자는 광고 등을 통하여 자사의 자동차는 안전성과 높은 품질의 제품이라는 점 등을 강조하여 소비자에게 신뢰를 주고 있는 만큼 자동차 제작자

51) Comstock v. General Motors Corp., 358 Mich. 163, 99 N.W.2d 627(1959).
52) Ford Motor Co., v. Mathis, 332 F. 2d 267(1963).

의 검사의무의 이외에 부품 제조자의 과실에 이르기까지 책임을 부담해야 하는 것은 결코 부당한 것이 아니다.

b) 제작사의 과실과 제3자의 행위(－intervening cause)

제조자의 과실로서 결함있는 자동차가 제작된 경우에 당해 자동차를 판매하는 판매자(dealer)는 판매 전에 그에 상당한 검사를 했더라면 결함을 발견할 수 있었거나, 또 판매 후에 이용자의 불만사항 등을 주의깊게 고려했다면 당해 결함을 발견하여 조치를 취할 수 있었을 경우에는 당해 결함으로부터 발생한 사고에 대해서도 과실책임이 있다. 그렇다고 자동차 제작자의 책임이 소멸하는 것은 아니며,[53] 양자는 공동불법행위자로서의 책임을 지게 된다.[54] 이에 대한 구체적인 사례로서 Ford Co의 특정 차종의 엔진룸 덮개 잠금 장치에 결함이 있어 딜러를 통하여 당해 차량의 엔진룸 덮게 잠금 장치의 교환을 요구하였으나, 본래의 잠금장치에 이상이 없다고 하여 이의 교환을 거부하였다. 그 후 당 차량은 주행 중 엔진룸 덮개가 열리면서 운전자의 시야를 가려 차가 충돌하면서 피해를 입은 사건에서 미국 테네시주 최고법원은 전 소유자로부터 위험의 인수(assumption of risk)가 있었기 때문에 그는 인식있는 행위자(conscious agent)라 할 수 있으며, 그의 행위로 인하여 제조자 최초의 과실에 대하여는 인과관계가 중단된다고 하여 새로운 소유자에게 Ford Co에 대한 손해배상청구를 부정하였다.[55] 그러나 앞에서 소개한 Comstock v. General Motors Corp사건에서 Michigan주 최고법원은 매우 흥미로운 견해를 밝히고 있다. 즉 power brake master cylinder의 결함과 관련한 사건에서 GM은 판매 후에 그에 대한 결함을 알았고 판매자들에게(dealer) 그 같은 내용을 통고하면서 당해 차량을 무상으로 즉시 수리하라고 고지하고 교환용 부품을 지급하였으나, 판매자는 구매

53) Pierce v. Ford Motor Co., 190 F. 2d 910(4th Cir. 1951).

54) 대부분의 사건에서 원고는 제조자와 딜러를 공동피고로 하고 있다. 양자의 관계에 대해서는 예를 들면, Duckworth v. Ford Motor Company, 320 F. 2d 130(2nd Cir. 1963)참조.

55) Ford Motor Co., v. Wagoner, 183 Tenn. 392, 192 S. W.2d 840(1946).

자들에게 아무런 통고를 하지 않았는데, 소 외의 자동차 소유자들은 이 같은 내용을 알지 못하고 자동차가 제동되지 않아 수리를 위하여 판매 서비스 공장에 자동차를 입고시켰다. 서비스 공장의 부 지배인이 이 같은 claim을 접수했지만 그는 이 사실을 잊고 이후 당해 차량의 수리를 위하여 수리공장 안으로 자동차를 옮기기 위하여 운전을 하였으며, 그 결과 본 건의 원고인 수리공에게 부상을 입힌 사건이다. 본 사건 판결에서 GM이 즉시 이용자에게 제동장치의 결함을 통고하였다면 이용자들은 수리 등을 통하여 사고발생을 미연에 방지할 수 있었을 것이라고 하여 GM의 과실을 인정한 배심평결을 지지하고, 자동차 수리공장의 부 지배인의 과실에 대해서는 다수의 차량에 제동장치에 결함이 있을 경우, 제조자는 그 어떤 사람의 부주의로 당해 차량을 취급할 가능성을 예측할 수 있다고 하면서 부 지배인의 과실은 제조자가 예기하여야 할 범위 내에 있다는 이유를 들어 GM에 대하여 인과관계의 중단을 인정하지 않았다.[56] 판결에서 위의 테네시 사건을 언급하면서 그 사건에서는 제3자(전소유자)의 행위가 고의(deliberate)였으나, 본 사건에서 부지배인의 운전은 과실에 의한 것이라고 하여 양자를 구별하고 있다. 인과관계의 중단이라는 논리는 결국 법적 책임 유무에서 문제가 되는데,[57] 전자는 제조자가 전소유자까지 하자를 경고한 것에 대하여, 후자는 이용자에게 결함을 은닉하였다는 점에 차이가 있는 것 같다.

2) 제작자의 설계상의 결함

(1) 설계상 결함의 개념

"설계상의 결함"이라 함은 제조업자가 합리적인 대체설계를 채용하였더라면 피해나 위험을 줄이거나 피할 수 있었음에도 대체설계를 채용하지 아니하여 당해 제조물이 안전하지 못하게 되는 경우의 결함을 말한다(제조물책임법 제2조의 2나目). 즉 설계상의 결함이란 상품의 기

56) Restatement of Torts 2d §447 참조.
57) Prosser, Torts 309(3rd ed. 1964).

획·설계에 이미 존재하는 결함으로 구조상의 결함, 안전장치의 결여, 의도되지 않은 사용에 대한 적합성 등이 문제가 되는데, 설계에 결함이 있는 경우에 당해 설계에 의하여 제작된 모든 제품에 결함이 있게 된다. 또 제조물의 안전성, 효용성, 구매력 및 가격 등을 기초로 하여 제조자의 설계(planning) 또는 의식적 선택(conscious choice)의 결과에 의하여 발생하기도 한다.[58] 문제는 설계상의 결함의 판단 기준이 되는데 설계상의 결함은 제조상의 결함과 비교할 때 객관적 판단이 곤란하다는 점이다. 즉 과실과 결함의 미묘한 관계로 인하여 결함의 엄격한 증명을 요구하는 경우에는 과실의 입증책임을 부담하게 되는 것과 그다지 다르지 않게 될 우려가 있다.

즉 California 주 대법원은 중기(high-lift)로 목재를 쌓아올리던 중 낙하한 목재에 부상당한 원고가 설계상 안전장치의 결여를 이유로 Lull Engineering Co를 상대로 낸 소송[59]에서 ① 제품이 의도 및 합리적 예견 가능한 방법으로 사용된 경우, 일반적 소비자라면 기대가능한 정도의 안전성을 갖추고 있지 않았다는 것을 원고가 입증하는 경우(if the product has failed to perform as safely as an ordinary consumer would expect when used in an intended or reasonably foreseeable manner), ② 설계상의 결함을 원고가 입증하였음에도 피고가 관련된 요인(factors)에 비추어, 문제로 된 설계의 효용이 당해 설계에 내재하는 위험을 상회하고 있음을 입증하지 못한 경우(if, in light of the relevant factors discussed below, the benefits of the challenged design do not outweigh the risk of danger inherent in such design)에는 설계상의 결함이 있다는

58) Jerry J. Phillips, "A Synopsis of the Developing Law of Products Liability", 28 Drake L. Rev., 1978～1979, p.345; 이에 대한 판례로는 Metal Window Products Co. v. Magnusen, 485 S.W. 2d 355, 359～369(Tex. Ct. App. 1972); Hagens v. Oliver Mach. Co., 576 F. 2d 97～100(5th Cir. 1978); Jeng v. Witters, 452 F. Supp. 1349, 1356 (M.D. Pa. 1978); Laterpillar Tractor Co. v. Gonzales, 562 S.W. 2d 573, 578(Tex. Ct. App. 1978).

59) Baker v. Lull Engineering Co., 20 Cal 3d 413, 573 P. 2d 443, 143 Cal. Rptr. 225(1978).

기준을 제시하였다.

이에 대하여 첫 번째 기준은 Restatement of Torts에서 규정하고 있는 합리적 소비자기대 기준에 해당되며, 두 번째는 위험효용분석(risk-benefit analysis)에 의한 위험효용기준으로서, 제품의 효용이 매우 높음에도 불구하고 결함이 내재되어 있어 문제의 위험을 피하기 위하여 필요한 설계를 변경할 경우, 고비용으로 오히려 효용이 저하되어 판매시에 그에 대하여 인지하고 있음에도 제품을 그대로 유통시킨 것이 합리적인 경우이다. 이 경우에는 "제품이 비록 위해의 원인이 되었다 할지라도 위험한 결함이 존재한다고 할 수 없다"[60]는 판결에서 그 의미를 찾을 수 있을 것 같다.[61]

그러나 더 중요한 것은 Baker사건 판결에서의 제2의 기준과 관련하여, 제품의 효용이 위험보다 금전으로 환산하면 큰 것에 대한 입증책임은 피고가 부담하게 된다는 점이다. 따라서 원고는 피해가 당해 제품으로부터 발생한 것만 입증하면 되나 사실상 이 같은 입증은 매우 곤란한 문제를 야기한다. 또 동종의 다른 회사가 제조·판매하고 있는 동종의 제품과 비교하여 안전성에 차이가 없다는 사실(industry-wide practices)만으로는 결함이 없다고 단정할 근거가 되지 않는다는 것이다.[62] 나아가 사고발생 후에 설계를 변경한 것을 결함의 증거로서 법원에 제출하는 경우 사고발생 후 제조자가 그 이상의 사고발생과 확대손해를 막기 위한 노력을 방해하게 되므로 허용할 수 없을 것이다.[63] 그러나 California 주대법원은 자동차 기어 박스의 결함에 대한 Ault사건 판결에서 전통적인

---

60) Phillips v. Kimwood Mach. Co., 269 Or. 485, 525 P. 22d 1033(1974). 목제품 제조자의 종업원이 섬유재를 연마기를 사용하다가 부상을 입어, 이에 대하여 設計上의 결함이 있다고 연마기 제조자에 대하여 소를 제기한 사건이다.

61) Jerry J. Phillips, Nicolas P. Terry, Frank L. Maraist, Frank M. McClellan, Tort Law－Cases, Materials, Problems 2d, Contemporary Legal Education Series, 1997, 498면.

62) Caterpillar Tractor Co. v. Beck, 593 P. 2d 871(Alaska 1979).

63) McCormick, On Evidence 815-818(3d ed. 1984); Columbia and Puget Sound R. R. v. Hawthorne, 144 U.S. 202(1892).

Common Law의 증거배제 법칙의 적용을 과실책임의 경우로 한정하고, 엄격책임의 경우에는 피고의 행위가 아닌 제품의 성질에 주목하면서 증거배제법칙을 인정하지 않더라도 제조자는 피해 확대를 막기 위한 조치를 취하게 되므로 증거로서의 제출이 허용되어야 한다는 입장이다.[64)]

그러나 미연방증거규칙(Federal Rules of Evidence) 제407조는 사고 후 개선조치를 과실 및 유책행위의 증거로 인정하지는 않지만, 「예방조치의 실시 가능성」에 관한 증거의 제출은 허용되므로 이 같은 경우에도 위험효용분석의 증거로 채택할 수 있도록 하고 있다.[65)] 위험효용기준의 구체적 내용은 1973년 Wade교수의 논문에서 제기한 7가지의 기준[66)]이 있는데 그 내용은 다음과 같다.

i. 제품의 유용성과 전망－사용자 및 일반 대중에 대한 효용
ii. 제품의 안전성－제품이 손해를 야기할 개연성 및 그 경우 손해가 예상되는 중대성
iii. 같은 수요를 충족시키고, 보다 위험하지 않은 대체 제품의 입수가능성

---

64) The contemporary corporate mass producer of goods, the normal products liability defendant, manufactures tens of thousands of units of goods; it is manifestly unrealistic to suggest that such a producer will gorego making improvements in its product, and risk innumerable additional lawsuits and the attendant adverse effect upon its public image, simply because evidence of adoption of such improvement may be admitted in an action founded on strict liability for recovery on an injury that preceded the improvement.

65) Richard A. Epstein, "Cases and Materials on TORTS, 6d, Little, Brown and Company, 1995. 812면. "When, after an event, measures are taken which, if taken previously, would have made the event less likely to occur, evidence of the subsequent measures is not admissible to prove negligence or culpable conduct in connection with the event. This rule does not require the exclusion of evidence of subsequent measures when offered for another purpose, such as proving ownership, control, or feasibility of precautionary measures, if controverted, or impeachment".

66) J. W. Wade, On The Nature of Strict Tort Liability for Products, 44 Miss. L.J. 825, 837(1973).

iv. 그 효용을 해함이 없이, 그 효용을 유지하기 위하여 과도의 경비를 소비함이 없이 제품의 위험성을 제거하는 제조자의 능력
v. 제품을 사용함에 있어 주의를 기울임으로써 위험을 회피하는 사용자의 능력
vi. 제품에 대한 일반인의 지식, 적절한 경고, 지시의 존재에 의하여, 제품에 내재하는 위험에 대하여 사용자가 인식하고 있음이 예기되거나, 그 위험의 회피 가능성
vii. 제품 가격을 정함에 있어, 책임보험에 가입함으로써 손실 확산의 방지를 위한 제조자의 실행가능성

이 같은 위험효용기준은 과실판단의 기준과 그다지 큰 차이가 없다는 점, 나아가 제조자에게 유리하게 해석될 수 있다는 비판을 면치 못하고 있음에도 불구하고 미국에서 설계상의 결함판단의 기준이 되고 있으며 Restatement of Torts 3d 최종안에서도 설계상의 결함의 판단 기준으로서 이 같은 내용을 채택하고 있다.[67] 이하에서 자동차 설계상의 결함과 관련한 법적문제에 대하여 살펴보도록 하겠다.

(2) 「의도된 사용」

급발진 사고가 운전자의 가속페달의 잘못된 조작으로 발생하였다고 할지라도, 만약 제조자가 합리적인 대체설계를 채용하였더라면 급발진 사고를 방지하거나 그 위험성을 감소시킬 수 있었음에도 대체설계를 채용하지 아니하여 제조물이 안전하지 않게 된 경우 그 제조물의 설계상의 결함을 인정할 수 있지만, 그러한 결함의 인정여부는 제품의 특성 및 용도, 제조물에 대한 사용자의 기대의 내용, 예상되는 위험의 내용, 위험에 대한 사용자의 인식, 사용자에 의한 위험회피의 가능성, 대체설계의 가능성 및 경제적 비용, 채택된 설계와 대체설계의 상대적 장단점

67) Restatement of Torts 3d §2(b) is defective in design when the foreseeable risks of harm posed by the product could have been reduced or avoided by the adoption of a reasonable alternative design by the seller or other distributor, or a predecessor in the commercial chain of distribution, and the omission of the alternative design renders the product not reasonably safe;

등 여러 사정을 종합적으로 고려하여 사회통념에 비추어 판단하여야 한다.[68] 자동차의 경우에는 완벽한 설계가 없는 이상 설계의 선택에는 상당한 재량성이 있다는 점에서 경제성을 고려한 설계 등도 예상할 수 있을 것이다. 문제는 특정 설계가 사고발생의 원인이 되었다 하여 바로 이 설계에 결함이 있다고 말할 수 없다는 것인데 구체적으로 자동차 설계의 결함과 관련된 사례를 살펴보면, 자동차 운전 중 엔진룸 덮개가 열리면서 운전자 시야를 가리면서 시야를 확보할 수 없어 도로에서 전락한 사건에서 운전자는 엔진룸 덮개 잠금장치가 내부에 있지 않고, 외부에 걸리게 한 것은 설계상의 결함이 있다고 주장하였다. 이에 대하여 미 연방공소법원(제6구)은 이 같은 장치는 당해 Chrysler Co에서 25년 이상 사용되어 왔음을 강조하면서 제조자는 보험자(insurer)가 아니며 또 모든 사고를 면할 수 있는(accident proof or fool proof) 제품을 design할 의무는 없다는 입장이다.[69]

본 판결에서는 「의도된 사용」이라는 개념을 들어 좁은 의미에서의 결함을 인정하고 있다. 즉 자동차 제조자는 「의도된 사용」에 합리적으로 적용되는 자동차를 설계할 의무가 있으며, 자동차가 의도되지 않은 사용으로 이용된 경우 그 어떤 설계로도 안전이 확보될 수 없다고 하면서 이를 가지고 설계에 결함이 있다고 할 수 없다고 하여 「의도된 사용」의 개념을 매우 좁게 해석하고 있다. 특히 특정 설계가 직접 사고발생의 원인이 아니라 다른 원인으로 발생한 사고의 손해를 더 악화시키는 경우에는 더 좁은 의미로 해석을 하고 있는데 다음과 같다.

(3) 사고발생의 원인이 된 설계

a) 설계의 결함을 부정한 예

주차되어 있는 자동차 앞부분에 돌출된 곳에 부딪쳐 보행하던 6세 소년의 한쪽 눈을 다치게 된 경우,[70] 주차된 Dodge 자동차 뒤에 돌출된

68) 대법원 2004.3.12. 선고 2003다16771 판결.

69) Gossett v. Chrysler Corp., 359 F. 2d 84(6th Cir. 1966).

fin에 자전거를 타던 7세 소년이 충돌한 사건[71]에서 Texas주의 연방법원과 California주 공소법원은 자동차 제작자는 자기 스스로 자동차에 충돌하는 자까지 보호해야 하는 설계상 의무는 없으므로 이를 가지고 설계상의 결함이라 할 수 없다고 하였다. 또 자동차 문이 일반적 자동차와 같이 열고 닫치도록 되어있는 것이 아니라 반대로 되어있는 Ford Co의 자동차를 운전하던 사람이 잘 닫히지 않은 문을 다시 닫으려고 주행 중에 문손잡이에 손을 걸고 약간 문을 열다가 주행 중의 바람에 의하여 열리면서 추락하여 사망한 사건에서, 유족들은 자동차의 문이 일반자동차와 반대로 되어있는 것은 설계상의 결함이라 주장하였다. 이에 대하여 미연방공소법원(제5구)은 이 경우에도 승객이 타당한 조작을 하는 경우에 안전하다고 하여 자동차 제작자는 주행 중에 문을 여는 것으로 인하여 발생할 수 있는 사고에 이르기까지 예상할 필요는 없다고 하였다.[72] 또 엔진 키를 빼도 엔진이 회전하는 ignition switch를 장착한 자동차가 정차 중 인도로 뛰어들면서 통행인이 부상을 입은 사건에서, 운전자는 시동상태에서 운전석을 이탈하는 것을 법으로 금하고 있으므로 ignition switch의 설계에는 결함이 없다고 한 판결도 있다.[73] 이 같은 예는 기존의 장치와 새로운 장치를 비교하여 후자가 보다 안전하다

70) Hatch v. Ford Motor Co., 329 P. 2d 605(1958).

71) Kahn v. Chrysler Corp., 221 F. Supp. 677(1963).

72) Amason v. Ford Motor Co., 80 F. 2d 265(1935).

73) Muncy v. General Motors Corp., 357 S. W. 2d 430(Tex. 1962); General Motors Corp, v. Muncy, 367 F. 2d 493(5th Cir. 1966); 이와 유사한 예로 시동장치를 변조하여, 운전기어가 걸려있는 상태에서 엔진을 시동할 수 있게 설계한 트랙터를 수리하고 있던 자가 윤활유를 넣기 위하여 동료에게 시동 스위치를 누르라고 하였는데, 기어가 들어가 있었기 때문에 트랙터가 움직여 다른 차 사이에 끼여 부상을 입은 경우의 사안에서 연방항소법원은 변속레버에 금속판이 대어있었고 레버를 공전상태로 있지 아니하면 금속판이 장애가 되어 시동버튼을 누르기 어렵게 되어있는데도 불구하고 동료는 금속판 밑에 손을 넣어 시동하였고, 그러한 방법은 의도된바 아니다. 뿐만 아니라 버튼을 누른 자도 그렇게 하면 안 된다는 알고 있었다고 한 이유로 설계에 결함이 없었다고 판시 하였다(Brown v. General Motors Corp., 355 F. 2d 814(1966).

고 하여 제조자는 보다 안전한 설계를 채택할 의무는 없다고 하는 판결이다. 그렇다면 결함 자동차 문제와 관련하여 다른 자동차보다 내구성이 낮은 부품을 사용함으로 인하여 문제가 되는 경우 이 같은 입장을 따를 때, 일반적 내구성만 갖추면 통상적인 내구성 보다 낮은 부품을 사용해도 되는가 하는 문제가 발생한다. 이와 관련한 사례가 있는데, 시보레 인프라가 시속 115mile로 운행하다가 다른 차와 충돌한 사건에서, 피해자는 고속으로 운전할 수 있게 설계한 차에 결함이 있다고 주장하였으나 미연방공소법원(제7구)은 위와 같이 115mile의 속도로 운전한 것은 위법행위이며 자동차의 위법운행은 의도된 사용이 아니라고 판결하였다.[74] 그러나 본 판결에서 소수의견은 제조자는 법정속도를 훨씬 넘는 가속능력을 가진 자동차를 설계하고 이를 광고하였기 때문에 그 자동차는 부주의한 운전자에 의해 사용되었고 일반인에게 부당하게 위험을 줄 가능성이 있다는 것을 예상했어야 한다고 주장하였으나 법원은 이를 받아들이지 않았다.

b) 설계상의 결함을 인정한 예

설계상의 결함을 부정한 사례와 달리 설계상의 결함을 인정한 사례가 있다. 즉 운전석에 앉아 운전할 때 자세가 불안정하게 앉을 수밖에 없도록 설계되어있어 핸들을 신체를 지주로 조작해야 하는 구조로 되어 있는 화물차가 핸들이 일반 자동차와 달리 특수 고무 등으로 제작되어 있어 그에 가해지는 힘을 견디지 못하고 파손된 경우, 운전자가 몸을 앞으로 쑥 내밀면서 핸들을 지주로 하여 트랙터를 조종하다가 핸들의 연결 부위가 부러지면서 전락하여 부상을 입은 사안에서 연방지방법원은 원고패소의 지시평결(directed verdict)을 하였으나, 공소법원(제6구)은 핸들의 연결부위에 대하여 제작자는 합리적으로 예기해야 할 의무가 있다고 하여 사실심리를 다시 명한 예도 있다.[75] 또 버스 공기압 제동장치인 pet cock이 방호장치 없이 지면과 가까운 곳에 설계되어 있

74) Schemel v. General Motors Corp., 384 F. 2d 802(1967).

75) Goullon v. Ford Motor Co., 44 F. 2d 310(1930).

어서 버스가 많은 승객을 태우고 돌이 많은 산길을 주행하던 중에 우측 핀이 돌에 맞아 빠지면서 제동 공기압이 빠져나가 버스를 제어할 수 없게 되면서 60여명의 승객이 참사한 사안에서 연방공소법원(제3구)은 제작자의 설계상의 과실을 인정하였다.[76] 본 사안에서 제작자는 이제까지 이 같은 사고가 버스에서 발생하지 않았었다는 점을 주장하면서 과실이 없음을 항변하였으나 법원은 "지금까지 이와 같은 핀으로 인한 사고 유무 등이 일반적인 자동차업계의 관행이라는 등의 입증은 과실의 입증에 있어 의미는 있지만 결정적인 것이 아니라"[77]는 입장이다. 기타 자동차 엔진부위 밑에 흙막이 금속판이 있었고, 차체의 밑에 손을 넣어 엔진부위를 수리할 수 있도록 개구부(開口部)가 있었는데, 이 개구부 구멍 면이 칼날같이 예리하게 되어 있어서 수리공의 손 인대가 절단된 사안에서 연방공소법원(제7구)은 위의 개구부는 손을 넣어 자동차를 수리할 수 있게 설계되어 있음에도 그 개구부가 칼날같이 예리하게 된 것은 의도한 목적과 달리 위험한 것이라 하면서, 이러한 개구부의 상태는 통상의 주의로서 발견할 수 있었음에도 불구하고 이러한 주의를 하지 않고 제작된 자동차를 판매하였고, 나아가 부주의로 발생한 결함을 자동차 매뉴얼 등을 통하여 자동차를 수리하는 자에게 경고 및 지시 할 수 있음에도 이를 하지 않았다 고 하여 General Motors Co의 책임을 인정하였다.[78]

경고의무와 관련하여 당해 설계가 「의도된 사용」에 부합하지 않은 경우에는 이 같은 설계를 채택하면 안 된다. 그러나 경제성 등으로 인하여 채용할 수밖에 없었고 이에 의하여 제작 판매된 후에 설계의 결함이 발견되는 경우에 제작자는 이용자에 대하여 그 같은 내용을 경고해야 할 의무가 있다.[79]

---

76) Carpini v. Pittsburgh & Weirton Bus Co., 216 F. 2d 404(1954).

77) Gossett v. Chrysler Corp., supra note(1); Dillingham v. Chevrolet Motor Co., 17 F Supp. 615(d. Okla. 1936).

78) Elliot v. General Motors Corp., 296 F. 2d 125(1961).

79) Comstock v. General Motors Corp., 358 Mich. 163, 99 N.W. 2d 627(1959). 판매

이 같이 자동차 제작자에게 설계상의 결함을 인정하는 경우 특정 목적을 위하여 설계되었음에도 그 목적에 부합하지 않는 경우로서 이 같은 판례들을 종합해 볼 때 설계상에서의 제작자 책임을 인정함에는 매우 신중할 필요가 있다.

c) 사고발생 후 손해를 확대시키는 설계

특정 설계에 문제가 있고 그로 인하여 발생한 사고는 아니지만 당해 설계에 문제가 있어 손해가 확대되는 경우, 종래에는 「의도된 사용」이 아니기 때문에 사고에 대비한 설계에까지 요구되지 않는다는 이유로 제작자의 책임을 부정한 예가 있다. 즉 자동차가 충돌 후 발화되거나,[80] 승객이 소사(燒死)한 사건[81]에서 Ohio연방지방법원은 자동차 제조에 모든 가연물을 재료로 사용하는 것을 중단하지 않는 한 연소하지 않는(fire proof)자동차를 제조할 수 없으며, 연소되지 않는 자동차를 설계한다는 것은 불가능하다고 하면서 자동차 제작자는 통상적으로 주행 중 화재가 발생하지 않도록 자동차를 설계하여야 할 의무가 있을 뿐, 충돌사고에 대해서까지 안전한 자동차를 만들어야 할 의무는 없다고 하여 자동

된 이후에 제동장치에 결함이 발견된 예: Blitzstein v. Ford Motor Co., 288 F. 2d 733(1961). 영국의 포드차를 판매한 미국 포드에 연료탱크의 구조상의 결함에 대한 경고의무: Lovejoy v. Minneapolis-Moline Power Implement Co., 248 Minn. 319, 79 N.W.2d 688(1956).

80) 이와 관련하여 우리나라에서도 주행 중 화재가 발생한 승용차에 대하여 교환 요구한 예가 있다. 즉 청구인은 '91년 7월 피청구인이 제작한 승용차를 구입하여 운행하던 중, 동년 10월 6일 16시 30분경 호남고속도로 광주인터체인지 전방 2km지점에서 화재가 발생하여 전소되었다. 그리하여 청구인은 차량결함에 의하여 발생한 화재이므로 새차로 교환해 줄 것을 요구하였으나 피청구인은 문제의 차량을 조사한 결과 청구인 거주지 인근 카센터에서 비순정부품 오일휠터를 교환하면서 동 휠터를 완전하게 장착하지 않음으로 엔진 오일이 누출되어 발생한 화재로 판단되므로 새 차로 교환해 줄 수 없다하여, 이에 대하여 분쟁조정위원회의 조정결과 피청구인은 청구인에게 1992년 3월 14일까지 금 1,100,000원을 지급하라고 하였다(한국소비자보호원, 「소비자분쟁조정위원회 조정사례집」, 1993.8, 37면).

81) Shumard v. General Motors Corp., 270 F. Supp. 311(1967).

차 제작자의 책임을 부정하였다. 이와 유사한 사건으로 Evans사건[82]이 있다. 이 사건은 자동차가 측면으로 충돌하면서 X型 차체 후레임의 차체 측면이 차체 내부로 크게 침범하면서 운전자가 사망한 사고이다. 본건에서 연방공소법원(제7구)은 자동차의 의도된 사용의 범위는 다른 물건과 충돌하는 것까지 포함되지 않으며, 자동차 제작자는 이와 같은 사고에 견딜 수 있는(accident proof)자동차를 제작할 의무는 없다고 하면서, 일반적 자동차는 평행지주 프레임을 채용하고 있으나, 당해 차량은 안전도가 낮은 X형 프레임이 채용된 것도 자동차의 의도된 사용 목적에 비추어 볼 때 자동차 제작자는 충돌에 대비하여 보다 안전한 자동차를 제작해야 할 의무는 없다고 하면서 제작자의 손해배상청구를 부정하였다. 본 판결은 앞에서 소개한 자동차 고속주행 사건을 다루었던 법원에서 동 판사에 의하여 다루어 졌는데, 판사는 소수의견을 언급하면서, 자동차의 제작자는 자동차 매수인에 대하여 예측할 수 있는 사고에 대한 합리적인 보호만을 인정하였다. 본 판결에서는 자동차의 「의도된 사용」의 개념을 너무 좁게 해석하는 것 같이 보인다.[83] 주지한 바와 같이 자기의 행위로 인하여 위험이 발생하고 그 위험을 예측할 수 있는 경우, 행위자는 위험발생에 대한 방지의무가 있으며 이를 위반할 경우 과실을 인정하게 되는데, 여기서 위험발생이 예지된다 하더라도 예지된 모든 위험을 방지해야할 의무가 있는 것이 아니라 물건의 「의도된 사용」에 관하여 발생한 위험에 대해서만 방지의무가 있다는 입장이다.

이와 관련하여 연방항소법원(제8구)은[84] 기존의 견해와 다른 관점에서 「의도된 사용」의 개념을 해석하고 있다.[85] 즉 1963년 시보레 콜베이어의 조향장치는 좌전방으로부터 충격을 받을 경우 steering shaft가 타

82) Evans v. General Motors Corp., 359 F. 2d 822(1966).

83) 이 사건판결을 비판한 것이 있다. Comment, Liability of Maker of Chattel-Manufacture is Not Liable for Failure to Design "Crash-worthy" Vehicle, 80 Harv. L. Ewv. 688(1967).

84) Larsen v. General Motors Corp., 391 F. 2d 495(1968).

85) 이에 관하여는 Case Comment, Automobile Manufacturers-A New Liability for Design Defects, vol. 48 Boston Univ. L. Rev. 167(1968).

차종보다 크게 후방으로 튀어나오는 경향이 있었는데, 본 건에서 다른 자동차와 정면으로 충돌한 결과 steering shaft가 바로 운전자의 머리 쪽으로 돌출하면서 운전자가 큰 부상을 입게 된 사건과 관련하여 제1심에서는 종래의 예에 따라서 제작자의 책임을 부정하였다. 법원은 제작자의 의무를 판단함에 있어서는 제조물이 사용되는 환경도 고려하여야 하며, 자동차는 충돌하기 위하여 제작된 것은 아니지만 일반적으로 운행에 있어서 불가피한 충돌사고로 인하여 신체상의 피해를 입게 되므로 제작자는 이용자를 불합리한 위험에 노출되지 않도록 상당한 주의를 하여 안전한 설계를 해야 할 의무를 진다고 하였다. 이 판결은 자동차의 「의도된 사용」이 종래에는 단순히 운송에 있다고 하던 입장에서, 현상에 있어서 가능한 한 「안전한 운송」수단을 제공하는 즉, 환경적 제 조건들을 고려하여 판단한 것으로 이해된다. 즉 자동차 제조자는 예측가능한 제 위험에 대하여 발생방지 의무를 진다는 이러한 논리는 결함의 개념을 더욱더 과실개념과 불가분한 것으로 하고 있다.

1966년 국가교통차량안전법(National Traffic and Motor Vehicle Safety Act)은 충돌발생방지를 위한 안전기준과 충돌 후 승객이 차량 내 뿐만 아니라 차 밖으로 튕겨나가서 받는 손상(second collision)에 대한 안전을 위한 제 기준을 마련하고 있는데, 이 같은 기준에 달하지 않는 자동차의 설계는 그것 자체로서 과실(negligence per se)이며, 이 같은 내용은 결함의 개념을 정의함에 있어 많은 영향을 주고 있다.

3) 표시상의 결함

"표시상의 결함"은 제조업자가 합리적인 설명·지시·경고 기타의 표시를 하였더라면 당해 제조물에 의하여 발생될 수 있는 피해나 위험을 줄이거나 피할 수 있었음에도 이를 하지 아니하여 손해를 야기한 경우로(제조물책임법 제2조의 2다目) 우리나라 제조물책임법은 설명·지시 및 경고상의 결함을 포함하는 포괄적인 개념으로 규정하고 있다. 즉 표시상의 결함이라 함은 제조업자가 합리적인 설명·지시·경고 기타의 표시를 하지 않음으로써, 제품의 설계나 제조상의 결함은 없으나 당해 제품 자체에 결함이 있는 것으로 평가하는 개념이다.

실제로 제조물책임소송에서 많은 건수가 제조물의 사용에서 나타나는 실제적이거나 잠재적 위험에 대한 제조자나 매도인의 위험경고의무(duty to warn)와 관련하여 나타나고 있다[86]. 이 같은 표시상의 결함은 경고와 지시가 부적절 하다고 판단된 경우에 당해 생산된 제품 모두에 대하여 결함이 있는 것으로 간주되며, 결함의 존재를 판단할 경우 표시의 적절성 여부의 가치평가를 하지 않을 수 없다는 점에서 설계상의 결함과 유사한 성질을 갖는다. 이 같은 결함유형은 자동차의 결함과 관련한 사건 사고보다 의약품 기타 전동공구 등과 같은 사건 사고에서 많이 나타나고 있는데, 이와 관련한 대부분이 설명의무위반·경고의무위반이 문제가 되고 있다.[87] 표시상의 결함은 이제까지의 결함의 유형과 달리 당해 제품의 사용에 대하여 정확하고 적절한 지시와 경고를 하지 않은 그 자체에 결함이 있다고 평가하는 것으로 미국 Restatement of Torts (2d) comment (i)에서 위험·경고의무를 적절하게 행한 경우에는 결함도 아니고 부당한 위험도 아니라 하고 있다. 이에 대한 법률문제를 해결하기 위하여 제조물의 사용에 대한 적절한 지시의무(the duty to direct)·설명의무(the duty to explain)·경고의무(duty to warn)의 개념 정의가 필요하다.

먼저 지시는 제조물의 효과적인 사용방법을 목적으로 하며, 설명은 제조물이 가지고 있는 특성 등을 설명함으로써 소비자에게 선택의 자유를 부여하기 위한 목적이며, 경고는 소비자의 안전을 위한 사전적인 예방을 위한 것이다. 대부분 소비자들은 당해 상품에 대한 지식이 적으

---

86) 제조물의 경고의무에 관하여 Restatement of Torts(2d) §402 A comment j에서 다음과 같이 밝히고 있다. “When warning of given, the seller may reasonably assume it will be read and heeded: and a product bearing such a warning which is safe use if is followed, is not in defective condition, nor is it unreasonably dangerous”.

87) 이에 관하여는 石熙泰, 醫藥品에 관한 製造者와 醫療人의 注意義務, 「民法學의 回顧와 展望－民法典施行三十周年記念論文集」(韓國民事法學會, 1993), 698면 이하.

며 사용방법에 있어서도 경험이 없는 것이 일반적이므로 지시·설명·경고의 내용은 구체적일수록 좋을 것이다. 이에 대하여 부적절한 경고등의 증명은 설계상 결함의 증명보다 더 용이하다. 왜냐하면 경고의 필요성이나 타당성에 대한 소비자의 기대는 일반상식의 문제이며, 위험경고가 문제가 될 때 해당 제품의 제조 년 월 일을 추적하여 경고의 부적절성을 찾아낼 수 있기 때문이다[88].

표시상의 결함을 파악하기 위해서는 「제조물이 갖고 있는 위험성」을 중시하고 소비자를 보호하기 위하여 어떤 결함이 원인이 되어 안전성을 결하고 있는가를 밝혀야 한다. 이때의 경고 및 지시는 당해 제품이 사용되는 환경에서의 통상인, 즉 평균인으로서의 이용자의 주의를 집중시키는 것이 합리적으로 기대될 수 있는 방법으로 행하여져야 하며 제조자는 단순히 위험성을 설명·경고하는 사실만으로 충분하지 않고 소비자에 대하여 제품의 위험을 알기 쉽고 정확·명료하게 표시하지 않으면 안 된다. 즉 위험의 개연성, 유해의 가능성이 많은 제조물은 위험성이 적은 제조물에 비하여 경고가 강하게 요구된다. 특히 이 경우 적절한 경고가 되기 위해서는 그것이 합리적임과 동시에 명백하여야 하고 그 내용에 위험성을 기술하고 위험을 피하는 방법까지도 알려야 한다.[89]

2. 자동차 제작자 책임이론의 전개

1) 계약법적 책임이론의 적용

결함 자동차로 인한 피해자 손해에 대하여 제작자의 책임을 계약책임이론으로 구성하는 경우에는 하자담보책임(민법 제580조·제581조)과 채무불이행책임(민 제390조)을 생각할 수 있다. 그러나 이 같은 책임이론은 당사자 간에 계약관계가 있음을 전제로 하므로, 직접적인 계약관

88) Jerry J. Phillips, A Synopsis of the developing Law of Products Liability, 28 Drake L. Rev.(1978), 351면.

89) Boyl v. Cal. Chem. Co., 221 F. Supp. 669, 674～675(D. Or. 1963).

계가 없는 자동차 제작자와 당해 결함있는 자동차로 인한 이용자 피해에 대한 손해전보를 위하여 계약법이론을 적용하는 것은 한계가 있어 보인다. 물론 이들 사이에 직접적인 계약관계가 있다면 하자담보책임 내지 채무불이행책임이 적용되는 것에는 異論이 없을 것이다. 그러나 당사자 간에 계약관계가 존재하지 않는다 하더라도 채무불이행책임의 법리를 적용할 수 있다는 견해가 이른바 채무불이행책임의 제조물책임에의 전용이론이다. 즉 제조자는 소비자와 직접적인 계약당사자 관계가 없더라도 오늘날의 상품 유통구조 하에서는 소비자(이용자)에 대하여 상품에 관한 묵시적 보증을 하는 경우가 일반적이며, 설사 명시적 보증을 하지 않은 경우라 할지라도 이는 묵시적으로 품질보증을 하고 있다고 보아야 한다. 왜냐하면 제조자가 제품을 시장에 유통시켰을 때에는 안전성에서 소비자가 기대하고 요청하는 상품을 유통시켜야 하고, 이 같은 소비자의 기대는 생산·유통과정에서도 보증되어야 하기 때문이다.[90] 그러나 제조물책임을 채무불이행책임(제390조)으로 이해하는 입장에서는 제품의 하자로 인하여 야기되는 확대손해는 특별한 사정으로 인한 손해(민 제393조 제2항)로 전보되며[91], 이와 더불어 본래의 채무불이행으로서 이행이익 내지 제조물자체의 배상청구, 수리 및 교체청구 등이 가능하다는 것이다.[92]

90) 한봉희 교수는 그의 「제조물책임에 관한 고찰」에서 "묵시의 품질보증책임설"과 "부수의무위반설"을 내용으로 하는 "특별책임이론"을 별도로 전개하고 있다(한국민사법학회 학술대회자료 1977.6.4).

91) 결함상품으로 인한 확대손해를 적극적채권침해론에 의하여 전보할 수 있다는 설이 있다(곽윤직, 「채권총론」(박영사, 1979), 136면; 현승종, 「채권총론」(일신사, 1975), 128면).

92) 김용한, 불완전이행론, 「현대민법학의 제과제－청헌김증한교수 화갑기념론문집」(박영사, 1981), 454면에서 불완전이행의 법적 근거를 민법 제390조에서 구하고 있다. 그러나 조규창, 민법 제390조와 적극적 채권침해, 「민법학논총－후암곽윤직교수화갑기념론문집」(박영사, 1985), 346면에서는 적극적 채권침해는 원래 채무불이행으로서 상대방이 불법행위보호법익이 침해된 경우에 이를 계약법으로 구제하는 제도이므로 이를 민법 제390조의 불완전이행으로 보는 것은 모순이라고 하고 있다(홍천용, 「소비자피해구제론」, 94면; 北川善太郎·植木 哲, 「現代

이 같은 문제에 대하여 미국에서는, 식품·음료 등에 대하여 오래 전부터 예외가 인정되어 제조자와 직접적인 계약관계가 없는 소비자도 보증책임을 그 근거로 부패식품으로 인한 인신손해에 대하여 제조자를 상대로 소를 제기할 수 있도록 하는 주가[93] 있다. 다소 우리와 차이는 있지만 결함자동차로 인한 피해자 구제를 위하여 고려해볼 수 있는 이론이다.

2) 하자담보책임으로의 구성

제조물책임을 계약법리로 이해하는 경우에 매도인의 하자담보책임의 법리(민 제580조·제581조)를 생각할 수 있다. 하자담보책임론은 피해자가 제조자·매도인의 과실을 증명할 필요가 없다는 점과 현실적 거래의 신속성에 비추어 6월의 제척기간(민법 제582조, 상법 제69조)을 규정하고 있다는 것을 그 장점으로 제조물책임의 추급을 위한 전용론거로 삼을 수 있다. 반면에 이 이론은 제조자와 소비자 간의 계약관계의 증명이 곤란하고, 전보될 손해배상의 범위가 신뢰이익에 한정되므로 하자결과손해에 대해서는 충분하게 수용할 수 없으므로 소비자에게 불리하게 된다는 점을 들어 하자담보책임의 전용이론으로 불가능 하다는 주장도 있다.[94] 그러나 제조물책임에 하자담보책임의 적용은 불법행위에서 원고가 손해에 대한 입증책임이 요구되는 것에 비하여 진일보한 것이라 평가할 수 있겠으나 특칙으로 매도인의 하자담보책임 배제조항 등을 규정할 경우에 결함 제품으로 인한 소비자 피해를 보호할 수 없게 되는 단점도 있다. 이같이 매도인의 하자담보책임은 민법상 피해자를 보호하는 중요한 제도라 할 수 있는 반면에 매도인의 입장에서는 면책을 위하여 활용할 수 있는 조항이 된다. 즉 하자담보책임에 계약해제권, 손해배상청구권(민 제580조·제575조 제1항), 대체물청구권(민 제581조)을 인정하고 있으나, 보수청구권에 대한 명문의 규정이 없다.[95] 반면에 제조

損害賠償法講座(4)」, 316면).

93) Prosser, William L, Handbook of the Law of Torts, 4th ed. Handbook Series, Minnesota: West Publish Co.(1971), 674-678면.

94) 한봉희, 자보호와 피해구제의 법리, 「대한변호사회지」 제43호, 1979, 33-34면.

자는 일방적으로 작성한 거래약관에 하자담보책임에 관한 면책조항을 명기하여 그의 책임을 면할 수 있다.

일반적으로 제품에 대한 품질 보증서를 교부받은 소비자는 민법상 매도인의 하자담보책임의 내용인 계약해제권(민법 제544조 이하), 손해배상청구권(민 제390조), 완전물급부청구권, 대금감액청구권 및 보수청구권등이 있으나, 현재 자동차 제작사의 약관은 품질 보증서에서보수청구권만 인정하고 있는 실정이며 이 같은 내용은 결과적으로 매수인을 보호할 수 있는 매도인의 하자담보책임을 배제하는 결과를 낳는다. 따라서 자동차 제작자는 중대한 하자로 인한 소비자의 피해를 거래약관을 이유로 그 보상을 거부하고 있으며 그 교환기준 조차 마련되어 있지 않고 있다. 그 결과 최근 자동차 급발진과 관련한 갈등에서도 이 같은 문제가 구체적으로 제기되고 있는 실정이다.

3) 불법행위법적 구성

(1) 불법행위이론의 구성

우리나라 제조물책임의 법적성질의 다수설[96)]과 판례[97)]는 민법 제750조에 의한 불법행위책임으로 이해하고 있다.[98)] 불법행위법의 일반

---

95) 단, 민법 제667조에서는 도급인의 보수청구권을 인정하고 있다.

96) 김현태, 제조물책임에 관한 연구, 「사회과학논집」 7집(연세대 사회과학연구소, 1975); 한봉희, 제조물책임에 관한 고찰, 「한국민사법학회학술대회자료」; 이은영, 「채권각론」, 672-674면; 홍천용, 「소비자피해구제론」, 98면 이하.

97) 각주 4) 참조.

98) 이영수, 미국에 있어서의 제조물책임, 「서울대학교 법학」 제23권; 이은영, 「채권각론」 672면; 최식, 제조물책임, 「법조」, 1972.8; 권용우, 제조물책임, 「불법행위론」(고시원, 1974); 김현태, 제조물책임에 관한 연구, 「사회과학논집」 제7집(연세대사회과학연구소, 1975); 한봉희, 제조물책임에 관한 고찰, 「한국민사법학회 학술대회자료」; 배철세·강위두, 기업의 사회적 책임에 관한 연구, 「석당논총」 1집; 전창조, 소비자보호의 사법적 법리에 관한 연구, 「아카데미 논총」 제5집; 이태재, 복지국가관에 따른 민사책임론의 변질에 관한 연구; 홍천용, 「소비자피해구제론」; 김용한, 품질결함에 대한 소비자보호의 법리, 「판례월보」 103호, 1978; 정조근,

원칙에 따르게 되는 경우 피해자는 과실의 입증책임과 결함의 존재와 결함과 손해발생간의 인과관계를 증명하지 않으면 안 된다. 문제는 앞에서 지적한 바와 같이 소비자는 제조된 상품에 대하여 전문적 지식이 결여되어 있는데 반하여, 제조자는 제품의 결함을 쉽게 식별할 수 있는 지식과 능력을 가지고 있으며, 제조물에 대한 결함의 발생은 일반적으로 제조과정이나 검사과정에서 제조자의 과실에 의하는 경우가 많다는 점에서 결과적으로 피해자에 의한 제조자의 과실을 입증하는 것은 어려울 수밖에 없다. 그 결과 제조물책임을 과실책임에 따르는 불법행위의 법리로 이해해야 한다는 것은 결국 피해자를 법적 무방비상태에 방치하는 결과가 된다.

또 일반불법행위 책임에서는 제품의 하자와 손해발생 사이에 인과관계를 생각하여야 하는데, 결국 불법행위 법리에 의한 제조물책임에 의하여 결함있는 자동차를 제작한 제작사의 책임을 추급하기 위해서 피해자는 제조물의 결함과 손해발생 사이에 인과관계를 증명하지 않으면 안 된다. 그러나 피해자가 이를 입증하는 것은 매우 어려우므로 제조물에 결함이 있으면 제조자의 과실을 추정하고, 제조자의 반증이 없는 한 그 책임을 과하는 이른바 증명책임의 전환을 생각할 수 있다. 마찬가지로 피해자가 제작자의 과실을 입증하기 곤란하다는 점에서 이를 완화할 필요성이 제기되는데 이것이 바로 개연성설[99]이다. 개연성설을 따를 경우 피해자는 결함과 피해에 대한 인과관계 존재의 개연성만 증명하면 충분하고, 제조자는 이에 대한 반증으로 인과관계의 부존재를 증명하지 않으면 책임을 면할 수 없게 된다는 점에서 자동차 결함으로 인한 피해자 구제를 위한 바람직한 이론이 된다.

소비자보호법의 특성과 기본원리, 「사법행정」, 1978.1.2; 한국법학교수회, 「법과 소비자 보호」(삼영사, 1980); 서규석,「제조물책임보험연구」(학문사, 1981).

99) 제조물책임법에 있어서 인과관계의 증명은 과학적으로 엄밀한 증명을 필요로 하지 않으며 인과관계의 존재에 관하여 상당한 정도의 증명으로 족하며 피고는 인과관계의 존재를 반증한 경우에만 책임을 면하게 된다는 입장이다.

(2) 인과관계 증명의 제 문제

a) 학설의 검토

불법행위법은 법익침해에 의해서 피해자에게 발생된 손해를 가해자에게 전가시키는 것을 그 목적으로 하므로, 책임귀속이 가능하기 위해서는 행위와 법익침해 사이 그리고 법익침해와 그 법익침해로 인하여 야기된 손해사이에 인과관계가 있어야 한다.[100] 이에 대하여 우리나라는 상당인과관계설이 통설이며,[101] 민법은 불법행위에 대하여 제393조를 준용하는 입법태도를 취하고 있으므로(민 제763조), 인과관계가 있다고 하기 위해서는 채무불이행의 경우와 마찬가지로 「통상」의 인과관계가 있거나 또 특별한 사정으로 인한 경우에는 행위자가 「그 사정을 알았거나 알 수 있었던」것과 같은 관계가 있어야 한다.[102] 판례도 같은 입장이다.[103] 따라서 제조물의 결함 유무와 결함과 손해사이에 인과관계의 유무는 별개의 문제이며,[104] 피해자가 입은 손해에 대하여 제조자에게 책임을 지우기 위해서는 당해 제조물에 결함이 존재하여야 하고, 그 결함과 손해사이에는 인과관계가 있어야 한다. 그러나 제조물책임에

---

100) 김형배 교수는 전자를 책임설정적 인과관계, 후자를 책임보충적 인과관계라고 설명하고 있다(불법행위에 있어서의 책임귀속의 근거와 손해배상의 범위, 「법률행정논집」, 제18집, 고려대 법대, 138면).

101) 원인 결과관계에 있어서 무한한 사실 가운데에서 객관적으로 보아 어떤 전행사실로부터 보통 일반적으로 초래되는 후행사실이 있는 때에 량자는 '상당인과관계'에 있다는 주장이다.

102) 김증한, 「채권총론」, 1983, 77면; 곽윤직, 「채권총론」, 1984, 184면 이하; 김용한, 「채권총론」, 1983, 202면 이하; 현승종, 「채권총론」, 1975, 160면.

103) 대판 1960.12.8. 4293 민상 470; 대판 1977.8.23. 77다 686: 인과관계라 함은 일정한 전행사실과 일정한 후행사실 사이의 필연적 또는 과학적 인과관계가 아니라 법률적 관점 또는 법적 견지에서 본 인과관계이다. 대판 1974.12.10. 74다 1774: 불법행위의 성립요건으로서의 인과관계는 현실로 발생한 손해를 누구에게 배상책임을 지울 것인가를 가리기 위한 개념이므로 자연과학에서의 분야에서 말하는 인과관계가 아니다.

104) 황적인, 제조물책임에 있어서의 인과관계의 추정, 「민법·경제법논집－성헌 황적인 교수정년기념」, 1995, 597면.

서 결함과 현실의 손해발생 사이의 인과관계의 증명은 매우 어려우며, 따라서 제조물책임에서 인과관계의 확정은 원칙적으로 개별적 인과관계의 증명이 그 중심이 된다.

b) 인과관계의 증명과 문제점

aa) 증명의 정도

인과관계의 증명은 자연과학적 증명이 아니고 경험칙에 비추어 모든 증거를 종합적으로 검토하여 특정한 사실이 특정한 결과의 발생을 초래했다는 관계를 시인하는 고도의 개연성을 증명하는 것으로, 그 판정은 통상인이 의심을 품지 않을 정도의 진실성을 확신할 수 있어야 한다. 그러나 이 같은 증명은 피해자에게 곤란하다는 점에서 피해자의 입증책임을 경감하려는 새로운 법리[105]가 주장되고 있는데, 실제적으로 공해사고의 경우 인과관계의 증명은 개연성의 증명으로 족하다는 것이 일반적인 학설의 추세이며,[106] 판례[107]도 이 같은 입장을 따르고 있다. 이 같은 추세에 비추어 결함 자동차로 인한 피해자 구제를 위해서 결함있는 자동차와 피해의 인과관계의 증명도 과학적으로 엄밀한 증명을 요구하는 것을 완화할 필요가 있다는 점에서 인과관계의 증명을 개연성만 증명되면 충분하도록 하고, 자동차의 제작자는 인과관계의 부존재의 반증을 한 경우에만 책임을 면하도록 하는 개연성설을 원용하여야 할 것이다.

bb) 증명상의 제 문제

제조물책임에서 제조물의 하자와 그로 인한 손해발생과의 인과관계를 증명하는 것은 매우 어려운 일이라는 것은 앞에서 언급하였다. 더욱이 약 3만여 개의 부품의 결합으로 이루어지는 자동차의 경우에 하나의

105) 홍천용, 「소비자피해구제론」, 104면; 졸고, 공해사고에서의 피해자의 사법적 구제, 「경암 홍천용박사화갑기념론문집」, 1997, 622-625면.
106) 김형배, 「민법학연구」, 236면; 홍천용, 「소비자피해구제론」, 104면.
107) 대판 1974.12.10. 72다 1774: "…이런 확신은 통상인이 일상생활에 있어서 그 정도의 판단을 얻을 때는 의심을 품지 않고 안심하고 행동할 것을 말한다…". 반대; 대판 1973.11.27. 73다 919.

부품에 결함이 있어 급발진과 같은 예측하지 못한 사고로 이어지는 경우, 당해 시스템과 급발진에 의한 사고와의 인과관계의 증명에 있어 많은 어려움이 따른다. 이를 위하여 피해자 증명의 곤란성을 구제할 수 있는 방법이 강구되어야 하는데 이것이 바로 인과관계의 일응추정과 입증책임의 전환이다.

cc) 증명책임의 경감

① 사실추정칙(res ipsa loquitur)

'사실추정칙'108)이란 "사실 그 자체가 말한다"는 뜻으로, 일정한 요건이 충족되는 경우에 제조자에게 과실이 있다고 추정함으로써 피해자의 과실증명의 곤란을 완화시키는 이른바 증명책임을 전환한 중간책임109)이다.110) 이 원칙은 앞에서 살펴 본 바와 같이 우리나라에서 급발진 사고와 관련한 사건에서도 과실추정을 언급하고 있다.

그러나 이 원칙은 영미법에서 다음의 네 가지 요건이111) 갖추어 지는

108) Byrne v. Boadle, 2H. & C. 722 (EX.1863)의 사건에서 Baron Pollock가 "There are certain cases of which it may be said res ipsa loquitur and this seems one of them. In some cases the court has held that more fact of the accident having occurred is evidence of negligence…"라고 하여 처음 사용하고 Scott v. London & St. Katherine Docks Co. 3H. & C. 596, 601(EX.1865)의 사건에서 Erle판사가 사용하였다.

109) 중간책임은 기존적으로 과실책임을 고수하면서 립증책임을 전환하는 등의 방법으로 결과적으로는 무과실책임에 접근하는 효과를 유도하는 것을 말한다. 중간책임의 이론구성에는 다음과 같은 방법들이 동원 된다. ① 과실개념의 객관화, ② 과실의 추정, ③ 입증책임의 경감, ④ 사용자책임의 가중, ⑤ 감독자책임의 가중, ⑥ 공작물책임등의 확대적용 등으로 '과실책임과 위험책임'의 절충적 책임체계로서 기능한다.

110) 홍천용, 제조물책임, 「주석채권각론(Ⅲ)」, 636면.

111) Escola v. Cocacola Bottling Co. of Fresno, Supreme Court of California, 1994. 24 Cal. 2d 453, 150 P. 2d 436에서 다음과 같이 그 요건을 두 가지로 요약하고 있다. Gibson판사는 …res ipsa loquitur does not apply unless ⓐ dependant had exclusive control of the thing causing the injury and ⓑ the accident is of such a nature that it ordinarily would not occur in the absence of negligence by the

경우에 적용하고 있다. 첫째, 물건에 대하여 피고가 통상적인 주의를 하였다면 손해는 발생하지 않았을 것, 둘째, 손해는 피고의 배타적 지배하에 있는 행위 또는 물적 수단에 의하여 발생 하였을 것, 셋째, 손해가 원고 측의 임의적 행위 또는 기여에 의한 것이 아닐 것, 넷째, 손해의 진실을 증명하기 위한 증거는 원고보다 피고에게 더 가까울 것 등이다. 미국의 경우에 이 같은 책임론은 사람의 생명, 신체에 위험한 식품을 판매하는 제조자 또는 매도인의 과실을 추정하여 책임을 긍정하고 있으며 결함있는 자동차 소송에서도[112] 이 같은 원칙을 적용하여 피해자 입증의 곤란성의 문제를 해결하고 있다.

② 과실의 추정(negligence per se)

과실의 추정이란 가해자의 과실을 추정하여 피해자의 입증책임을 경감시키려는 원칙이다. 이 원칙은 산업의 발전과 확대에 따른 "손해의 공평분담"이라는 차원에서 제기되었는데, 현대 산업사회에서는 사고의 경우 피해자는 기업의 생산과정이나 기술상의 문제를 알기 어려우므로 과실의 입증이 거의 불가능하다. 과실의 추정이 있는 경우 배상책임은 거의 무과실책임에 가까운 중간책임으로 된다. 구체적으로 중간책임을 인정하고 있는 특별법으로는 자동차사고손해배상보장법에서 자동차 사고로 인적 손해가 발생할 경우 피해자의 보호를 위하여 사용자에게 사실상의 무과실책임을 인정하고 있는 것이 그것이다. 이 같은 원칙을 적용한 예를 우리나라에서는 찾아 볼 수 없으며 미국에서 설계와 관련한 Hatch사건[113]에서 구체적으로 살펴 볼 수 있다.

4) 징벌적 손해배상의 문제

징벌적 손해배상이란 신체피해와 관련한 소송에서 피해자의 손해전보의 목적보다는 가해자를 벌하기 위하여 전보배상에 부가하여 징벌적

---

dependant.

112) Dunn v. Vogel Chevrolet(1959) 168 CAL. App. 2d 117, 335. p. 2d. §17: 44.

113) Hatch v. Ford Motor Co.,(1958) 163 Cal. App. 2d. 393, 329.

성질의 손해배상을 인정하려는 것이다. 통상적 징벌적 손해배상은 가해자의 행위가 고의(willful)이거나 이유가 없거나(wanton) 무모한 경우(reckless), 비난가능성이 높은 중과실의 경우에 인정하게 된다.[114] 징벌적 손해배상의 목적은 가해자를 제재하기 위한 목적의 민사벌과 사고의 재발방지를 위한 억지(deterrence), 법의 준수(law enforcement)가 그 목적이 된다. 이 같은 의미에서 제조물책임법에서의 무과실책임과 관련한 책임이라 단정 할 수 없는 것이다. 최근 우리나라에서도 징벌적손해배상의 도입을 주장하는 경향이 있으며, 이미 1989년 당시 한국소비자보호원에서 제안한 제조물책임법 제7조 제1항 후단에 실 손해액 2배의 범위 내에서 부과금의 지급의무를 과하도록 하는 규정을 두었으나, 이는 징벌적 손해배상의 취지와 목적에 반하는 내용이라 할 수 있을 것이다.

미국에서는 1970년 이후 제조물책임소송 위기를 맞은 이후 현재 징벌적 손해배상의 적용을 함에 있어 매우 신중한 입장을 취하고 있다. 나아가 징벌적 손해배상은 미국 제조물책임법에서 소비자의 안전을 위하여 제조자의 책임을 가중시키는 제도이므로, 이 같은 제도를 우리나라에 도입하게 되는 경우[115], 산업계의 극심한 저항을 예상할 수 있으며 도입한다 해도 그 비용은 소비자가 부담하게 된다는 점 특히 우리나라 손해배상법의 근간을 혼란하게 할 수 있으므로 이 같은 제도의 도입은 신중한 검토가 필요하다고 본다.

Ⅳ. 맺는 글

자동차의 결함과 관련하여 민법 제581조 제1항의 '하자'는 매매의 목

114) W.P. Keeton, D. B Keeton, D. B. Dobbs, R. E. Keeton & D. G. Owen, Prosser and Keeton on the Law of Torts, 5th ed, 1984, 9-15면.

115) 징벌적손해배상과 제조물책임의 문제에 대해서는 尹正煥, 징벌적손해배상에 관한 연구, 단국대학교 박사학위논문, 1991, 114면에서 긍정적인 입장을 취하고 있다.

적물에 물질적인 결함이 있는 것으로, 하자의 존부는 특정 물건이 통상 갖추고 있어야 할 품질·성능을 표준으로 판단하여야 하고, 그에 관한 입증책임은 이를 주장하는 매수인이 하여야 한다. 그러나 고도의 기술이 집약되어 대량으로 생산되는 제품의 결함을 이유로 제조업자에게 손해배상책임을 귀속시키는 경우 당해 제품의 생상과정은 전문가인 제조업자만이 알 수 있어서 그 제품에 어떤 결함이 존재하였는지, 그 결함으로 인하여 손해가 발생한 것인지 여부는 일반인으로서 밝힐 수 없는 어려움이 있으므로 소비자가 제품의 결함 및 그 결함과 손해발생 사이의 인과관계를 과학적·기술적으로 입증하는 것은 매우 어려우므로 당해 제품이 정상적으로 사용되는 상태에서 사고가 발생한 경우 소비자는 당해 사고가 제조업자의 배타적 지배하에 있는 영역에서 발생했다는 것과 그 사고가 특정인의 과실 없이는 통상 발생하지 않는다고 하는 사정만을 증명하면 제조업자가 당해 사고가 제품의 결함이 아닌 다른 원인에 의하여 발생한 것임을 증명하지 못하는 이상 당해 제품에 결함이 존재하며, 그 결함으로 인하여 사고가 발생했다고 추정하여 손해배상책임을 귀속시킬 수 있도록 입증책임을 완화하는 것이 손해의 공평·타당한 부담을 그 지도 원리로 하는 손해배상제도의 이상에 부합할 것이다.[116)]

급발진 사고가 운전자의 가속페달 오조작으로 발생하였다고 하더라도 만약 제작자가 합리적인 대체설계를 채용하였더라면 급발진 사고를 방지하거나 그 위험성을 감소시킬 수 있었음에도 대체설계를 채용하지 않아 자동차가 안전하지 못하게 된 경우 당해 자동차의 설계상의 결함을 인정할 수 있겠으나, 그 같은 결함의 인정여부는 제품의 특성 및 용도, 제작물에 대한 사용자의 기대의 내용, 예상되는 위험의 내용, 위험에 대한 사용자의 인식, 사용자에 의한 위험회피의 가능성, 대체설계의 가능성 및 경제적 비용, 채택된 설계와 대체설계의 상대적 장단점 등

116) 대법원 2000.2.25. 선고 98다15934 판결; 대법원 2004.3.12 선고 2003다16771 판결.

여러 가지 사정을 종합적으로 고려하여 사회통념에 비추어 판단하지 않으면 안 된다.

제조자가 합리적인 설명·지시·경고 기타의 표시를 하였더라면 당해 제조물에 의하여 발생할 수 있는 피해나 위험을 줄이거나 피할 수 있었음에도 이를 하지 아니한 때에는 표시상의 결함에 의하여 제조물책임을 인정할 수 있으나, 그 같은 결함의 유무를 판단함에 있어서는 제조물의 특성, 통상 사용되는 사용형태, 제조물에 대한 사용자의 기대의 내용, 예상되는 위험의 내용, 위험에 대한 사용자의 인식 및 사용자에 의한 위험회피 가능성 등 여러 가지 사정을 종합적으로 고려하여 사회통념에 비추어 판단하여야 한다.

자동차의 결함(defect)에 대한 제작자의 책임은 제조물책임(Products Liability)의 한 적용으로 생각할 수 있으며, 그에 대한 법적 구성은 다음 3가지의 책임론으로 전개할 수 있는데 불법행위법상의 과실책임(negligence), 계약책임으로서의 담보책임(warranty), 그리고 불법행위법상의 엄격책임(strict liability)가운데 하나가 주장될 수 있으며 대부분의 경우 전기 3가지의 소송원인(cause of action)이 동시에 주장될 수도 있다.

일반적으로 과실책임은 제조자의 행위가 원인이 되어 피해자에게 손해가(因果關係) 고의 또는 과실에 의한 것이라는 요건을 충족했을 때에 성립한다. 이 때 과실책임 이론을 자동차 제작자에게 적용시키기 위해서는 ① 그가 만들어낸 특정 자동차의 성질과 설계가 원인이 되어 원고에게 손해가 발생하여야 하고, ② 그 같은 성질과 형태를 만들어 낸 것에 대하여 제작자에게 고의 또는 과실이라는 2가지 요건이 충족되어야만 한다. ②의 요건 가운데 중요한 것은 과실이며, 여기에서 과실이란 상당한 주의를 기울였다면 발생할 수 있는 손해를 막을 수도 있었음에도 이를 하지 않아 손해가 발생하는 것 즉 예견할 수 있는 손해를 방지하기 위하여 상당한 주의를 하지 않은 것을 말한다.

또, 담보책임으로 법적책임을 물을 경우에 소송 당사자 사이에 직접적 계약관계(privity)가 요구된다. 그러나 소비자는 직접 제작자가 아닌 판매자(딜러)를 통하여 자동차를 구입하고 있는 것이 일반적이므로 담보책임을 적용하기에 적지 않은 문제가 있을 수 있다. 다시 말하면 하자담보책임은 피해자가 제조자·매도인의 과실을 증명할 필요가 없다는 점과 거래의 신속성에 비추어 6월의 제척기간(민법 제582조, 商法 제69조)을 규정하고 있다는 것을 그 장점으로 제조물책임의 추급을 위한 전용론거로 삼을 수 있으나, 제조자와 소비자 사이의 계약관계의 증명이 곤란하고, 전보된 손해배상의 범위가 신뢰이익에 한하므로 하자결과손해의 경우에는 이를 충분하게 수용할 수 없어 소비자에게 불리하다는 점을 들어 하자담보책임의 전용은 불가하다는 이론도 있다.[117] 나아가 자동차 보증서에 자동차 제조자가 면책조항을 둔 경우 계약책임으로서의 담보책임을 어느 정도 제한할 수 있는가 하는 문제가 남는다. 그러나 담보책임은 무과실책임이므로 특정 결함의 존재에 관한 자동차 제조자의 과실을 입증할 수 없을 경우[118] 과실책임의 유효한 수단이 될 수도 있다. 따라서 제조물책임에 하자담보책임의 적용은 불법행위에서 원고가 손해에 대한 증명책임이 요구되는 것에 비하여 진일보 한 것이라 할 수 있지만 매도인의 하자담보책임에서 면책조항 등을 규정할 경우에는 결함제품으로 인한 소비자피해를 보호할 수 없다는 단점도 있다.[119]

이에 대하여 불법행위법상의 엄격책임은 계약책임으로서의 담보책임에 따른 제 제약을 제거하려는 새로운 이론으로서 미국에서도 자동차 제조자에게 이를 적용한 예는 그리 많지 않은 것 같다.[120] 결과적으로 과실책임(negligence)에 의한 제조자책임을 인정하고 있는 것이 일반적이라 할 수 있다. 우리나라에서의 제조물책임의 법적 성질을 논함에 있어서 다수설[121]과 판례[122]는 민법 제750조에 의한 불법행위책임으로

117) Prosser, William L, Handbook of the Law of Torts, 4th ed. Handbook Series, Minnesota: West Publish Co., 1971, 674-678면.

118) 예를 들면 Henningsen v. Bloomfield Motors, Inc., 161 A.2d 69(N.J.1960).이에 대하여는 Cases and Materials on TORTS, 6d, Richard A. Epstein, Little, Brown and Company, 751면 이하 참조.

119) 이의 상세는 문성제, 자동차 제조자의 책임, 「JURIST」 Vol 374, 2001.11 참조.

120) Vandermark v. Ford Motor Co., 61 Cal, 2d 256, 391 P.2d 168, 37 Cal. Rptr, 896(1964); Suvada v. White Motor Co., 32 Ill, 2d 612, 210 N.E.2d 182 (1965).

이해하고 있는 실정이며,[123] 결국 불법행위의 일반원칙에 따르면 피해자는 과실에 대한 입증책임 및 결함의 존재와 결함과 손해발생 사이의 인과관계를 증명하지 않으면 안 되는데, 소비자는 제조상품에 대하여 전문적인 지식이 결여되어 있는데 반하여 제조자는 제품의 결함을 식별할 수 있는 지식과 능력을 가지고 있으며, 제조물에 대한 결함의 발생은 일반적으로 제조과정이나 검사과정에서 제조자의 과실에 의하는 경우가 많으므로 결과적으로 피해자에 의한 과실의 입증은 어려울 수 밖에 없어 결과적으로 제조물책임을 과실책임에 입각한 불법행위 법리로 이해하는 경우 피해자를 법적으로 무방비상태에 방치하게 되는 결과를 낳는다.

또 일반불법행위 책임에서는 제품의 하자와 손해발생과의 인과관계를 고려하지 않으면 안 되는데, 자동차 제작자의 책임에서도 피해자는 자동차의 결함과 손해발생 사이에 인과관계를 증명하지 않으면 안 된다. 그러나 실제적으로 피해자가 이를 증명함에는 많은 어려움이 있으므로 자동차에 결함이 있으면 제작자의 과실을 추정하고 제작자의 반

121) 김현태, 제조물책임에 관한 연구, 「사회과학논집」 제7집(연세대 사회과학연구소, 1975); 한봉희, 제조물책임에 관한 고찰, 「한국민사법학회학술대회자료」; 이은영, 「채권각론」, 672-674면 ; 홍천용, 「소비자피해구제론」, 98면 이하.

122) 대판 1977.1.25. 75다 2092; 대판 1979.3.27. 78다2221; 대판 1979.7.10. 79다714; 대판 1979.12.26. 79다1772; 대판 1983.5.24. 82다390, 82다카924; 대전지법 1987.9.17. 85가합828; 대판 1992.11.24. 92다 18139.

123) 이영수, 미국에 있어서의 제조물책임, 「서울대학교 법학」 제23권; 이은영, 「채권각론」, 672면; 권용우, 제조물책임, 「불법행위론」(고시원, 1974); 김현태, 제조물책임에 관한 연구, 「사회과학논집」 제7집(연세대사회과학연구소 1975); 한봉희, 제조물책임에 관한 고찰, 「한국민사법학회 학술대회자료」, 1977.6.4; 배철세·강위두, 기업의 사회적책임에 관한 연구, 「석당논총」 제1집(동아대학교 석당학술연구장려회, 1976); 전창조, 소비자보호의 사법적 법리에 관한 연구, 「아카데미논총」(세계평화교수아카데미, 1977); 이태재, 복지국가관에 따른 민사책임론의 변질에 관한 연구; 홍천용, 「소비자피해구제론」(삼영사, 1980); 김용한, 품질결함에 대한 소비자보호의 법리, 「판례월보」 103호, 1978; 문성제, 자동차 제조자의 책임, 「JURIST」, 2001.11.

증이 없는 한 그 책임을 인정하는 이른바 입증책임의 전환을 고려하여야 한다. 이는 과실의 입증과 마찬가지로 인과관계의 입증이 곤란하므로 이를 완화시킬 필요가 있다는 점에서 개연성설[124]에 의하는 것이 타당하다. 이에 따라서 피해자는 인과관계 존재의 개연성만 증명하면 충분하며, 제작자는 이에 대한 반증으로 인과관계의 부존재를 증명하지 않으면 책임을 면할 수 없도록 하는 제도의 마련이 필요하다.

124) 제조물책임에 있어서의 인과관계의 증명은 과학적으로 엄밀한 증명을 필요로 하지 않으며 인과관계의 존재에 관하여 상당한 정도의 증명으로 족하며 피고는 인과관계의 존재를 반증한 경우에만 책임을 면하게 된다는 입장이다.

납품단가 연동제의 위헌성 여부에 관한 고찰

이 건 묵*

Ⅰ. 서설

우리 헌법은 원칙적으로 시장에서 자유로운 경쟁을 보장하면서도 궁극적으로 국민 전체적 이익을 위한 국가의 판단을 요구하고 있다. 헌법 제119조 제1항은 대한민국의 경제질서의 기본이 '개인과 기업의 경제상의 자유와 창의 존중'임을 강조하면서도, 제2항에 "국가는 균형 있는 국민경제의 성장 및 안정과 적정한 소득의 분배를 유지하고, 시장의 지배와 경제력의 남용을 방지하며, 경제주체간의 조화를 통한 경제의 민주화를 위하여 경제에 관한 규제와 조정을 할 수 있다"고 규정하고 있어, 국민경제 전체적 이익을 전제한 기업의 자유와 창의 존중을 요구하고 있다. 따라서 헌법은 우리에게 우리 경제체제의 근간이 되는 것이 시장경제질서이고, 이로서 우리경제생활에 경쟁의 유지·촉진은 어떠한 경우에도 도외시해서는 안 되는 핵심적인 사항임을 천명하고 있으면서도(헌법 제119조 제1항), 한편으로 시장경제질서를 유지하기 위한 국가의 역할을 강조하고 있다(헌법 제119조 제2항).

이렇게 우리 헌법이 보장하고 있는 자유로운 경쟁과 국민 전체적 이익의 원칙은 지켜나가는 과정에서 서로 희생과 양보가 이루어지기도 하나, 때로는 서로 충돌하여 논란을 가져올 수 있다. 납품단가 연동제의 경우에도 이러한 양 원칙의 충돌은 논란으로 나타났다.

* 국회 입법조사처 입법조사관, 법학박사(Dr. juris.)

현재 기존의 납품단가 조정제도의 대안으로 제시되고 있는 납품단가 연동제는 비경쟁적 특성으로 인해 우리 헌법 제119조의 시장경제질서에 부적합함을 지적하는 반대여론에 부딪치고 있다. 납품단가 연동제의 비경쟁성은 동 제도가 도입되면 납품단가가 시장에서 수요와 공급의 법칙에 의해 자율적으로 결정하지 못하게 한다. 이는 경쟁의 원칙에 반하는 것으로 다른 경제영역의 경우 경쟁의 원칙하에 거래가 이루어지게 하면서 유독 납품관련 상품시장에서만 경쟁을 훼손하는 상황을 발생하게 한다.

납품단가 연동제의 비경쟁적 특성은 동 제도의 도입을 부정적인 입장에게 핵심적인 반대근거를 제공하고 있다. 물론 경쟁당국인 공정거래위원회 역시 납품단가 연동제의 비경쟁적 특성을 동 제도의 도입반대에 대한 핵심적인 근거로 내세우고 있다. 그리고 기존 납품단가 조정제도의 발전적 대안으로 「하도급거래 공정화에 관한 법률」(이하, 하도급법)에 도입된 사적자치를 기저로 한 납품단가 조정협의 의무제, 하도급거래 서면실태조사, 하도급계약 추정제도 등이 납품단가 조정기능에 실효성을 보여주고 있지 못하고 있음에도 불구하고, 납품단가 연동제의 도입에 대한 공정거래위원회의 부정적인 반응은 여전하다.

하지만 납품단가 연동제의 도입에 긍정적인 측은 이러한 경쟁적 부정적인 특성을 인정하면서도 국민경제차원에서 어느 정도 수용해야 된다는 입장을 취한다. 특히 이러한 목소리는 납품단가 연동제의 도입은 불합리한 납품단가 문제가 사회적 이슈로 거론될 때마다 제기될 것이고, 하도급법상에 '납품단가 조정협의 의무제' 뿐만 아니라 여타 다른 하도급거래 공정화 제도를 도입하였지만 더 커지고 있다. 특히 헌법 제119조 제2항은 납품단가 연동제의 입법가능성을 열어두고 있다. 이 조항은 실무에서도 납품단가 연동제를 법적으로 강제해야 한다는 견해의 근거가 되기도 한다.

그렇다면 과연 납품단가 연동제에게 헌법 제119조의 시장경제질서에 대한 적합성을 기대할 수 있는가, 그리고 적합성을 가지기 위한 방안은 무엇인가?

납품단가 연동제가 도입된다면 이는 동제도가 관련당사자간에 자율경쟁을 배제한 채 강제적으로 납품단가를 결정하게 하는 반경쟁적 성격을 가지고 있음에도 불구하고 도입되는 만큼, 시장경제질서체제에서 사적 자치의 예외적으로 인정될 수 있는 제도이다. 그런 만큼 납품단가 연동제의 시장경제질서 적합성을 파악하기 위해서는 다음 두 가지에 대한 논의가 필연적이다.

첫째, 납품단가 연동제의 비경쟁적인 특성은 경쟁이 핵심인 시장경제질서체제 속에 있는 우리에게 동제도의 시장경제질서 적합성에 대해 물음을 던지게 하고, 도입이 적절한지에 우려를 가지게 하는데 이에 대한 논의가 있어야 한다. 시장경제질서체제는 활발한 경쟁을 통해서만 원활하게 작동할 수 있다

둘째, 납품단가 연동제는 시장경제질서에 국가의 개입인 만큼, 동 제도가 반드시 필요한가에 대한 논의가 있어야 한다.

납품단가 연동제의 도입은 국가에 의해 시장경쟁이 조정되는 것을 의미하며, 이러한 점이 시장경제질서에서 적극적으로 요구되는 국가개입의 원칙에 순응하지 못한다면 동제도의 도입정당성은 훼손될 수도 있다.

본 논문은 먼저 납품단가 연동제의 하도급법상 위치를 파악하기 위하여 배경, 각계의 동향과 견해 등을 개관하고, 아울러 하도급법상 여타 하도급거래 공정화제도와 비교에 지면을 할애한다. 그런 후에 납품단가 연동제의 시장경제질서 적합성여부에 대해 이론적인 설명이 이어질 것이다. 즉, 경쟁정책의 특성을 통해 경쟁보호와 국민 경제적 유의미성 측면에서 납품단가 연동제의 역할을 밝혀보며, 더불어 동 제도를 국가개입의 정당성 측면에서 조명해 본다. 그리고 마지막으로 결론에서는 납품단가 연동제가 시장경제질서의 유지측면에서 용인될 수 있는 경우를 살펴본다.

II. 납품단가 연동제 개관

1. 배경

납품단가 연동제의 도입이 제기된 주요 원인은 유가·원자재가격이 상승함에 따라 생산비가 증가되었음에도 불구하고, 기존 납품단가 조정제도로는 생산비 증가에 따른 제대로 반영된 합리적인 가격조정을 기대할 수 없어 납품기업에게 커다란 손실부담이 발생하기 때문이다.[1] 합리적인 조정이 되지 않는데 두 가지 이유가 존재하였다.

첫째, 기존 납품단가 조정제도를 통한 합리적인 조정이 불가능한 이유는 수급사업자(납품기업)와 원사업자(대기업)간에 교섭력 격차 때문에, 원자재가격의 상승이 납품단가에 제대로 반영되지 않더라도 시정을 요구하기 어렵기 때문이다. 중소기업청에 따르면 원자재 가격 결정 방식에서 기업규모(상시 근로자수, 매출)가 작은 기업일수록 공급자가 일방적으로 제시한 가격을 받아들이는 비중이 높았고, 기업 규모가 큰 기업일수록 협상에 의한 가격 결정 비중이 높았다. 즉, 기업의 규모가 작을수록 공급자의 영향력이 커서 중소제조기업에 가장 효과적인 가격 결정이 어렵다는 것이 분석되었다.[2]

둘째, 「하도급법」상 납품단가 조정규정은 의무사항이 아닌 권장사항이기 때문에 원사업자가 이 규정을 활용하지 않거나 시정요구를 하더라도 거절할 경우 이를 강제할 법적 수단이 존재하지 않았다. 「하도급법」상 납품단가 조정규정(제3조의 2)[3]에 의하면 공정거래위원회는 동

---

1) 중소기업중앙회, 납품단가 조정 법제화 조사 결과 보고서(중소기업중앙회, 2008), 2면.

2) 이재광, 중소기업 원부자재 구매패턴 조사를 통한 구매방식 개선방안(중소기업청, 2007), 25면.

3) 「하도급법」 제3조의 2(표준하도급계약서의 작성 및 사용) 공정거래위원회는 이 법의 적용대상이 되는 사업자 또는 사업자단체에게 표준하도급계약서의 작성 및

법의 적용대상이 되는 사업자 또는 사업자단체에게 표준하도급계약서의 작성 및 사용을 권장하도록 규정하고 제3조의 다만 공정거래위원회는 「하도급법」 제3조의 2에 따라 표준하도급계약서를 마련하여 인센티브를 제공함으로써 그 사용을 권장할 수만 있을 뿐이다.

2. 납품단가 연동제와 하도급법상 여타 하도급거래 공정화제도의 특성 비교

1) 납품단가 연동제의 특성

납품단가 연동제를 하도급법상 여타 하도급거래 공정화제도와 비교해 보면, 여타 하도급거래 공정화제도는 가능한 한 하도급거래가 사적자치에 따라 관련 당사자간에 자율적으로 이루어지도록 가능한 한 보장한다는 원칙 하에서 단지 불공정한 경우가 발생하는 요소를 제거함으로써 공정한 거래를 보장해주는데 역점을 두고 있다.

반면에 납품단가 연동제는 원자재 가격이 상승하게 되면 관련당사자의 이해와 상관없이 상승분만큼 납품단가를 상승하도록 보장해주는 기능을 가진다. 이는 납품단가연동제가 하도급 계약기간 중에 원자재 가격의 급등 등 납품단가 변경사유가 발생할 경우 납품단가를 원부자재 가격 변동비율 만큼 변경하도록 강제하는 근거가 되는 점에서 잘 알 수 있다. 따라서 납품단가 연동제는 원자재가격이 급등하더라도 대기업이 납품단가를 깎는 불공정거래 관행을 막을 수 있어 원자재가격 변동에서 오는 중소기업인 수급사업자의 경제적 부담을 줄일 수 있는 긍정적인 면을 가지고 있다.[4)]

납품단가 연동제의 도입을 적극적으로 주장하는 측에서는 동 제도로 인해 경제적 약자인 중소기업이 대기업의 일방적 납품단가 인하 압력에서 벗어나 선진형의 혁신적 사업파트너로서의 기능을 할 수 있음을

사용을 권장할 수 있다.

4) 중소기업중앙회, 중소기업벤처토탈정보(중소기업중앙회, 2008.8.28).

강조하고 있다.[5)]

2) 하도급법상 여타 하도급거래 공정화제도의 특징[6)]

「하도급법」상 각 하도급거래 공정화를 위한 제도는 하도급계약내용을 공정화하거나 원사업자에게 협상의무를 부과하는 등 하도급거래과정에서 각자 고유한 역할을 담당하고 있으며, 이들 제도 모두가 하도급거래과정에서 각자의 역할을 제대로 수행하였을 때 더욱 공정한 하도급거래질서를 유지하는데 효과적이다.

하지만 이들 제도는 우월한 지위와 교섭력 격차에 따른 원사업자의 불공정한 하도급거래 문제를 해결하고 못하고 있으며, 따라서 이들 제도로서는 공정한 하도급거래문화를 충분히 정착시키는 데는 한계를 보여주고 있다. 즉 이들 제도는 원사업자의 우월적 지위와 원·수급사업자간 교섭력 격차를 유지한 채 수급사업자의 계약권리 보장과 조건의 개선, 원사업자의 협상의무 등을 통해서 공정한 하도급거래질서를 유도하고 있어, 하도급거래의 공정성 확보차원에서의 실효성은 떨어질 수밖에 없다. 예컨대 납품단가 조정협의 의무제의 경우 어떤 중소기업도 동 제도가 존재한다고 해서 하도급대금을 올려야 한다고 원사업자에게 대금조정을 신청하기는 상당히 힘들다. 현재 대기업과 중소기업의 관계는 갑과 을의 관계인데, 을이 갑에게 공식적으로 가격조정을 신청하는 것은 상당히 어려울 것이다.[7)]

납품단가 연동제의 특성에 비추어 하도급법상 여타 하도급거래 공정화제도는 다음과 같은 특징을 가진다.

---

5) 최용록, 납품단가 연동제 개선방안, 「원자재가격과 납품단가 연동제 방안모색을 위한 토론회」(중소기업중앙회/경제정의실천시민연합, 2008), 8면.

6) 자세한 것은 이건호, 하도급거래 공정화제도에 대한 검토(국회입법조사처, 2010. 10) 참조.

7) 이종옥, 中企'납품단가 조정 협의제'보완 희망, 중소기업뉴스 제1703호(2008.9.10). 참조: http://smenews.kbiz.or.kr/article/view.jsp?site=smenews&ch=economics|opinion|&contentId=32113b9e3a13c110VgnVCM100000660101c0RCRD&utype=N

첫째, '표준하도급계약서(하도급법 제3조의 2)'는 수급사업자에게 공정한 하도급계약 내용을 보장해주고 있다. 표준하도급계약서의 사용은, 하도급계약단계에서 수급업자인 중소기업이 원사업자인 대기업에게 납품단가의 조정을 요청기업경우 납품단가 조정의 요건, 방법 및 기준을 제시해 줌으로써 공정한 내용이 담긴 하도급계약을 체결하도록 한다. 중소기업은 표준하도급계약서를 사용함으로써 교섭력이 취약하여 대기업과의 계약체결 과정에서 받게 되는 불이익과 분쟁발생요소를 사전에 방지할 수 있으며, 원사업자는 표준하도급계약서를 사용할 경우 공정거래위원회로부터 벌점감면 등 인센티브를 부여받을 수 있는 장점을 가진다.

둘째, '납품단가 조정협의 의무제(하도급법 제16조의 2)'는 수급사업자에게 협상기회를 보장하고 있다. 납품단가 조정협의 의무제는 시장경제질서의 핵심인 경쟁과 충돌될 수 있는 납품단가 연동제의 대안으로 도입된 것으로서, 원사업자가 납품단가를 결정하도록 하는 과정에서 협의를 거부하거나 해태하는 것을 막기 위하여 마련된 것이다. 이 제도에 따라 수급사업자는 공식적으로 협상의 기회를 보장받는 '납품단가 조정협의 신청권'을 가지게 된다. 하지만 납품단가 조정협의 의무제는 수급사업자에게 원사업자와 납품단가가 납품단조정협의를 담보하고 있음에도 불구하고, 조정협의는 대기업의 협조 없이 실현되기 어렵다는 속성 때문에 동 제도의 실효성에 의문을 제기하지 않을 수 없다.[8] 특히 위에서 언급하였듯이 갑과 을의 관계에서 그 실효성의문은 자명한 것으로 보인다.

8) 중소기업뉴스에 의하면 원자재가와 납품가의 괴리는 2008년 들어 더욱 큰 격차를 보이고 있어 실로 중소기업의 생산자체를 불가능한 상황으로 몰고 가고 있는데, 대기업의 협조가 필수적인 상생기반 하의 조정협의제는 거의 실효성이 없다고 평가되고 있다(최용록, 中企의 신용위기, 해법은 없는가, 중소기업뉴스 제1708호(2009.10.22). 참조: http://smenews.kbiz.or.kr/article/view.jsp?site=smenews&ch=economics|opinion|&contentId=01079b947b8fc110VgnVCM100000660101c0RCRD&utype=N).

셋째, '하도급거래 서면실태조사(하도급법 제22조의 2)'는 무기명으로 불공정한 하도급거래 정보를 공정거래위원회에 제공할 수 있는 기회를 보장해 준다. 즉, 하도급거래 서면실태조사는 수급사업자가 직접 신고를 하지 않고도 원사업자의 불공정행위를 공정거래위원회에 전달할 수 있는 기회를 제공하고, 공정거래위원회에게 하도급거래실태에 대한 정확한 판단자료를 제공하는 상시감시체계로서 역할을 한다. 반면에 원사업자는 우월적 지위와 수급사업자와의 교섭력 격차를 남용하여 사전에 상대적 약자인 하도급업체에게 허위로 서면실태조사표를 작성하도록 유도할 가능성을 배제할 수 없다. 이는 위에서 언급하였듯이 원사업자와 수급사업자간의 갑과 을의 관계를 고려해 볼 때 충분히 예상할 수 있는 경우이다.

넷째, '하도급계약의 추정제도(하도급법 제3조 제5항 내지 제7항)'는 원사업자와 중소기업인 수급사업자간의 하도급거래과정에서 성립된 구두계약을 확인해 주는 역할을 한다. 하도급계약 추정제도로 인해 원사업자가 구두위탁 후 일방적으로 위탁을 취소하거나 대금을 감액하는 경우 등과 같은 불공정행위를 하는 경우, 이로 인해 피해를 받은 수급사업자는 해당 피해를 구제받는 기회를 보장받는다.[9] 하지만 이 제도에서도 원사업자가 우월적 지위와 교섭력 격차를 남용하는 경우 수급사업자가 자유로이 계약내용을 서면으로 통지하여 위탁내용을 확인하도록 요청할 수 있는가라는 의문이 제기될 수밖에 없다. 이외에도 우월적 지위에 있는 원사업자가 고의로 불리한 지위에 있는 수급사업자에게 구두계약과 다른 위탁내용의 확인을 요청하도록 강요하는 경우, 수급사업자는 원사업자의 요청을 거부하기 어려울 것이다.

9) 공정거래위원회, 보도자료: 하도급계약 추정제도'도입 등을 위한 하도급법 개정안 국무회의 의결(2009.9.28).

3. 납품단가 연동제 도입에 대한 입장과 견해

1) 행정부의 입장

2008년 1월 대통령직 인수위원회는 불공정하도급 관행을 없애기 위해 납품가 연동제 등 제도적 장치의 마련을 역설하였고[10], 이 후 2008년 3월 11일 이명박대통령은 "납품단가의 원가연동제 문제와 관련해서 제도적인 문제를 검토할 필요가 있으며 중소기업들이 대기업으로부터 일방적으로 피해를 당하지 않도록 해야 한다"고 밝힌 바 있었다.[11] 이에 중소기업청은 2008년 3월17일 대통령 업무보고에서 태스크포스를 구성해 6월까지 원자재가격 납품단가 연동제의 법제화를 추진하겠다고 하였다. 하지만 홍석우 중소기업청장은 납품단가 연동제를 법제화하는 것은 매우 신중히 접근해야 할 것이고 우선 「대·중소기업상생법」에 규정된 '표준약정서'를 통해 최근의 원자재 사태를 해결해야 한다고 주장하였다.[12] 그 구체적인 방안으로 2008년 6월부터 표준약정서'를 채택하는 기업에 대해 2년간 실태조사 면제, 벌점감면, 연구개발 자금 추가제공 등의 인센티브 제공하여 대기업의 참여를 유도할 계획임을 밝혔다. 또한 지식경제부는 시장친화적인 방법인 표준계약서를 1단계로 권고하고 상황이 나아지지 않으면 2단계로 공정거래위원회를 통한 다른 방안을 강구할 수 있다고 발표하였다.[13] 특히 이윤호 지식경제부 장관은 "원자재 납품단가 연동제를 제도화하기에 앞서 재료가격 인상시 표준계약서에 따라 가격을 조정할 수 있도록 하는 등 시장친화적인 방법이 필요하다"고 하면서 표준계약서를 권고하였다.

한편 백용호 공정거래위원장은 2008년 6월 25일에 "원자재 값과 납품단가를 연동할 경우 시장질서에 어긋날 수 있다"고 강조하며 원자재 상승분을 납품단가에 의무적으로 반영하는 방안에 대해서는 반대의견

10) 서울경제(2008.5.31).

11) 아시아경제(2008.5.28).

12) 한겨레(2008.5.8).

13) 연합뉴스(2008.5.24).

을 분명히 하였다. 이에 따라 공정거래위원회는 2008년 6월 30일까지 원자재가격 상승으로 인한 비용 증가요인이 납품단가에 합리적으로 반영될 수 있는 근거 및 절차를 하도급 관련 법규에 도입 검토하겠다고 밝혔다.[14] 이후 공정거래위원회는 납품단가 연동제가 ① 시장경제의 원칙에 반하고, ② 소비자, 원사업자의 과도한 부담을 국가가 강제하는 결과를 가져오고, ③ 기업경쟁력을 약화시키며, ④ 해외 아웃소싱에 의한 국내 산업의 공동화를 우려가 있다고 지적하였다. 결국 2008년 8월 20일에 공정거래위원회는 납품단가 연동제의 합리적 대안으로 '납품단가 협의조정 의무제'의 도입을 추진하게 되었고, 이후 하도급법에 도입되었다.

그 외 백용호 공정거래위원장은 2008년 11월 12일에 두산그룹 협약체결 선포식 참석하여, 이 협약이 '납품단가 조정협의 의무제'와 함께 최근 도입여부에 대해 논란이 있는 납품단가 연동제의 합리적 대안이 될 수 있음을 강조하였다[15]

2) 입법부의 입장

한나라당은 '납품단가 조정협의 의무제'의 도입을 찬성하고 있는데, 그 이유로 납품단가 연동제의 도입으로 사적계약의 원칙을 침해할 수 있다는 것이었다.[16] 2008년 10월 9일 임태희 한나라당 정책위의장은 한나라당·중소기업 간담회에서 납품단가 연동제 도입과 관련하여, "원자재 가격이 올라가면 이를 납품 단가에 반영하도록 하는 제도의 입법을 추진하고 있다" 그리고 "협동조합 등 제3의 통로를 통해 납품중소기업이 조정협의를 할 수 있도록 금년 중 법제화를 추진하겠다"고 밝혔었다.

반면에 민주당은 납품단가 물가연동제를 기업정책의 일환으로 제시하였고[17], 창조한국당과 자유선진당은 공동발의한 「하도급법」 개정안

14) 공정거래위원회 연두 업무 보고(2008.3.28).

15) 공정거래위원회, 보도자료(2008.11.12).

16) 데일리안(2008.10.8).

17) 민주당 2008년 총선 공약 보도자료(2008.3.24).

원자재 가격변동에 따른 납품단가 연동제를 포함하였다. 민주노동당은 '정부의 민생대책 발표에 대한 민주노동당의 입장 및 대책안'에서 "국내 고용의 88%를 차지하는 중소기업이야 말로 우리 경제의 근간이며 고용창출의 보고이다. 이명박 대통령의 대선공약이기도 했던 원자재-납품단가 연동제를 조속히 시행하는 것은 중소기업을 살리고 고용을 창출하여 국내경제를 회생시키는 첩경이다"고 언급하였다.[18] 창조한국당과 자유선진당은 원자재 가격변동에 따른 납품단가 연동제를 명시하는 것을 골자로 한 「하도급법」 개정안을 공동발의 하였는데, 이 발의는 창조한국당의 문국현의원 외 40인의 의원들에 의해서 이루어졌다.[19]

> 주요내용
> 하도급계약기간 중 대통령령으로 정하는 단가 변경사유가 발생하면 원사업자, 수급사업자는 납품단가를 연동하도록 함(안 제16조의 2 제1항 신설)
> 합리적인 단가협상을 위하여 수급사업자는 업종별 협동조합 또는 협회에 단가협의를 위임할 수 있도록 함(안 제16조의 2 제2항 신설)
> 제16조의 2를 위반하여 단가협상을 거부·방해 또는 기피하는 업체는 국가나 지방자치단체가 시행하는 입찰에 6개월 이상 3년 이내의 범위에서 참여할 수 없도록 자격 제한을 둠(안 제31조의 2 신설)

민주노동당의 이정희의원 외 12인의 의원들은 2008년 8월 13일에 납품단가 연동제의 도입을 내용으로 하는 「하도급법」일부개정법률안을 발의하였다.[20]

> 주요내용
> 수급사업자는 원자재의 가격이 하도급대금의 결정 당시에 비하여 100분의 50 이상의 범위에서 대통령령으로 정하는 비율 이상 상승하는 경우에는 대통령령으로 정하는 바에 따라 원사업자에게 하도급대금의 원가 연동을 통지할 수 있고, 통지에 따른 효력은 법원의 판결에 따르지 아니하고는 부인되지 아니함(안 제16조의 2 신설)

18) 민주노동당, 정책소식(2008.6.18).

19) 의안번호: 603, 발의연월일(2008.8.13).

20) 의안번호: 2133, 발의연월일(2008.11.20).

3) 이해당사자의 견해

전경련은 납품단가 연동제는 물론이고, 납품단가 조정제도 자체도 시장경제에 위배됨을 지속적으로 주장하고 있다. 더 나아가 납품단가 조정제도를 안건(案件)으로 하여 자신과 더불어 중앙회간 대·중소기업 상생협의체를 개최하는 것도 담합이 될 수 있음을 강조하였다.[21] 그 외에 조합이 일괄적으로 가격협상을 하는 것 역시 담합으로 공정거래법을 위반할 가능성이 있음을 언급하면서, 해당업종과 직접 관련된 구매대기업들이 모이는 것은 곤란하다는 입장을 취하였다.

경실련은 납품단가 연동제 취지는 경제적 약자인 중소기업이 대기업이 일방적 납품단가 인하압력에서 벗어나 선진형의 혁신적 사업파트너로서의 기능을 강조하는 것인 만큼 정부에서 적극적으로 도입을 시도하는 것이 필요하다는 견해를 밝히고 있다.[22] 특히 중소기업중앙회는 「대·중소기업상생법」의 '표준약정서'로는 원부자재 급변에 따른 납품단가 조정협의가 가능하지 않고 납품단가 연동제의 조속한 법제화만이 원부자재 인상분을 즉시 제품가에 반영시킬 수 있어, 중소기업은 안전하게 제품생산에 전념할 수 있음을 강조하였다.[23]

중소기업중앙회의 납품단가현실화특별위원회는 최근 중소제조업체 139개사를 대상으로 '납품단가 조정 법제화 관련 설문조사'를 실시하였다. 이때 원자재가격 인상분의 납품단가 반영을 위한 「하도급법」 개정에 대해 중소기업의 45.3%가 경영에 '도움이 매우 클 것'이라고 응답했고 '어느 정도 도움이 될 것'이라고 응답한 업체도 41.0%에 달하였고, 원자재가격 인상분의 납품단가 반영을 위한 「하도급법」 개정의 실효성에 대해서는 중소기업의 73.7%가 '법이 만들어져도 대기업 등이 이를 무시할 것'이라고 응답했고 '업계 관행상 활용하기 힘들것'과 '중소기업들이 활용을 기피할 것'이라고 응답한 업체도 각각 15.8%와 10.5.%에

21) 한겨레(2008.5.25).

22) 최용록, 「원자재가격과 납품단가 연동제 방안모색을 위한 토론회」(중소기업중앙회/경제정의실천시민연합, 2008).

23) 중소기업중앙회, 앞의 책, 11면.

달하였다. 따라서 대부분 수급사업자인 중소기업은 납품단가 조정의 법제화에 찬성을 하면서도, 공정거래위원회의 '납품단가 조정협의 의무제'의 효과에 대해 부정적인 견해를 보이고 있다.24) 중소기업중앙회에서는 납품단가 연동제의 도입을 건의하고, 독자적인 「하도급법」 시행령 조문 신설(안)을 제시하였다.25)

주요내용

·적용범위: 제조원가대비 원·부자재 비율이 50%를 넘는 품목 중 해당 원부자재 가격이 5% 이상 증감했을 경우

·제반절차: 단가조정 신청 후 15일 이내 조정

계약 당사자간 단가조정이 성립하지 않을 경우 표준원가센터에 가격조정을 위한 원가산정을 의뢰할 수 있으며 원가센터는 15일내에 당사자에게 회신하고, 계약 당사자는 표준원가센터에서 회신 받은 내용을 토대로 15일 내에 단가 결정

·협동조합의 공동행위 허용

III. 시장경제질서 적합성 검토

1. 국민경제적 유의미성 여부

1) 경쟁보장의 한계

헌법 제119조는 시장경제질서체제 하에 경쟁의 보장은 원칙적이나, 국민경제적 유의미성 또한 중요한 헌법가치요소가 되고 있음을 알려주고 있다. 헌법 제119조 제1항에 경쟁이 핵심인 시장경제질서를 규정하고 있으면, 제2항에 "…균형있는 국민경제의 성장 및 안정과 적정한 소득의 분배를 유지하고…"라고 규정하고 있다. 이는 이 규정은 경쟁정책의 특성을 충실히 반영한 결과이다.

24) 중소기업중앙회, 앞의 책, 11면.

25) 중소기업중앙회, 「중소기업간 공정경쟁 촉진을 위한 중소기업계 애로 건의」(중소기업중앙회, 2008), 3-4면.

경쟁정책의 특성을 살펴보면, 첫째, 경쟁정책에 있어서 상위목적인 국민경제 전체적 이익은 필수적 판단요소인 반면, 경쟁의 보장은 필요 최소의 존재요소로 기능한다. 왜냐하면 경쟁정책은 경제정책의 목적달성을 위한 경쟁정책의 수단으로 경쟁의 보호를 임무로 하고 있기 때문이다. 따라서 경쟁정책에서 경쟁을 보호하는 경우는 그로 인해 국민경제적 목적달성이 가능한 경우일 것이다.[26] 경쟁정책이 국민경제차원에서 유의미성을 가져야 함은 공정거래법의 목적조항에서 잘 나타나고 있다. 「공정거래법」 제1조에 의하면 동법은 창의적 기업활동의 조장, 소비자 보호, 국민경제의 균형있는 발전의 도모의 전제 하에 공정하고 자유로운 경쟁이 유지·촉진될 필요가 있음을 규정하고 있는바, 여기서 동법은 하위목적(공정하고 자유로운 경쟁의 보장)은 상위목적(국민경제의 균형있는 발전의 도모 등)의 도달에 기여해야 하는 중요한 임무를 가짐을 알 수 있다. 이 유의미성은 시장경제질서를 강조하는 헌법 제119조와 자유롭고 공정한 거래질서를 요구하는 하도급법의 목적조항에서도 강조되고 있다.

둘째, 경쟁정책에서 경쟁의 보장을 제한하거나 저해하는 요소들은 어느 정도 존재할 수밖에 없고[27], 그 만큼 경쟁의 보장은 제한받는다. 경쟁정책에서 국민경제적으로 유의미적인 경쟁만이 의미를 가진다고 했을 때, 경쟁의 보호는 절대적 임무이지 않고, (오히려) 국민경제 전체적 입장에서 경쟁은 어느 정도 제한되어 보호되는 만큼 국민경제발전과 연관 속에서 경쟁을 보호하는 정도는 달라질 수 있다. 이 경우 경쟁제한정도는 모든 경제정책의 목적이나 수단을 특정한 산업이나 계층의 입장에서가 아니라, 전체적 사회후생(특히 소비자후생) 입장에서 극대화한다는 시각에서 판단될 필요가 있다.[28] 특히 경쟁제한의 적정성은

26) 이는 경쟁정책상 금지대상인 반경쟁적 행위를 구별하는데 국민경제 전체적 이익에 도달하기 위한 유연성을 강탈당하지 않으면서도 경쟁의 기능(동일한 기회와 분배의 보장 등)을 보장하도록 합리적인 판단을 필요로 한다는 것을 의미한다.

27) 권오승, 아시아경쟁법의 비교, 「경쟁법연구」 제12권 제1호(한국경쟁법학회, 2005), 128면.

현재 처해진 경제적·사회적 상황과 맞물려서 고려되었을 경우에 더욱 탄력을 받는다.[29] 「공정거래법」의 목적조항에서도 동법적 정당성의 판단은 경쟁의 유지·촉진의 존재가능성 속에서 (고유하고 특유한 사회적·경제적 상황과 더불어) 국민경제 전체적 이익여부에 따라야 함을 보여주고 있다.

여기서 국민경제적 유의미성 한계를 가지는 경쟁보장은 납품단가 연동제에서 고려되어야 할 경쟁정책적 특징이라는 것이 잘 나타난다. 다시 말하면 납품단가 연동제가 경쟁정책적으로 정당성을 얻기 위해서는 경쟁보호와 더불어 국민경제 전체적 이익이 있음을 입증할 필요가 있다. 납품단가 연동제의 국민경제적 유의미성은 동 제도가 경쟁정책적으로 정당성을 얻을 경우에 가능하다.

그렇다면 납품단가 연동제가 경쟁정책적 정당성을 획득하여야 하는 이유는 무엇인가?

2) 경쟁정책측면에서 납품단가 연동제의 의미

납품단가 연동제는 시장경제질서에서 경쟁을 희생하도록 하여 국민경제차원에서의 성과를 기대하게 하는 특성을 가진다. 따라서 앞의 성과와 희생에 대한 정당성을 고려하는 것이 필수적으로 요구되는 제도이다. 그리고 그 정당성은 납품단가 연동제가 경쟁정책의 상위목적인 경제정책을 실현하는데 필요한 제도라고 볼 수 있을 때 확인할 수 있다.

물론 납품단가 연동제는 (법에 의해 원자재가격의 인상을 납품단가에 강제적으로 연동시킨다는 점에서) 경쟁적 시장환경을 형성·유지하는데 반하고, 그런 만큼 시장경제질서적 사고에서 용납되기 어렵다. 이러한 측면에서는 시장경제질서체제에서 납품단가 연동제의 도입은 거론하는 자체가 무의미하다는 견해도 가능할 수 있다. 하지만 이러한 견해는 (시장)경쟁의 보호가 국민경제의 목적달성에 있는 만큼, 둘의 관계

28) 공정거래위원회, 앞의 책, 65면.

29) 위의 납품단가 연동제의 개관 내용 참조.

에서 하나의 목적이 절대적일 수 없고 서로 유기적인 관계라는 사실을 잊고 있다. 따라서 시장경제질서에서 납품단가 연동제의 도입에 대한 고민이 충분히 있기 위해서는 앞의 두 목적의 관점에서 납품단가 연동제를 살펴 볼 필요가 있다.

국민경제적 차원에서 볼 때 납품단가 연동제의 도입은 경제적 약자인 중소기업을 대기업의 일방적 납품단가 인하 압력에서 벗어나게 해주는 만큼 중소기업의 육성에 (어느 정도는) 도움을 줄 것이고, 이에 따라 국민경제의 균형 있는 발전에도 기여할 것이다. 반면에 납품단가 연동제는 관련시장의 참여자들에게 선택의 자유를 보장해주지 않는 제도로, 경쟁성에 있어서는 부정적인 제도이다. 납품단가 연동제의 주요 비경쟁성은 다음과 같다.

납품단가 연동제가 도입되면 (국내시장에서) 원자재공급업자 - 수급사업자 - 원사업자 - 최종소비자로 형성된 관련제품거래의 (경쟁)연결고리에서 수급사업자의 경쟁단계가 사라질 것이다. 다시 말하면, (가격)경쟁거래관계에서 원사업자는 가격경쟁에서 취할 이득을 위해 수급사업자를 배제하고 원자재공급업자와 직접원자재공급가격을 결정하려고 할 것이다. 왜냐하면 원자재가격의 인상이 납품제품가격에 그대로 반영되기 때문에, 원사업자는 원자재공급업자와의 협상을 통해 원자재가격을 조절하여 납품가격을 조절할 수 있기 때문이다. 이렇게 되면 수급사업자는 가격경쟁에서 최소한의 아무런 역할도 하지 못하게 된다. 다만 원자재공급업자와 원사업자간의 가격협상에 종속될 수밖에 없게 된다. 그 결과 수급사업자는 다른 수급사업자와 경쟁을 하여 더 좋은 조건 하에서 납품단가를 형성하도록 노력할 의사가 있음에도 이 의사를 실현할 수 있는 길이 배제된다. 즉, 수급사업자간에는 가격경쟁을 통해 구매자를 결정하기 보다는 비가격경쟁을 통해서 구매자를 결정할 수밖에 없는 상황이 오게 된다. 비가격경쟁에 대한 부담은 고스라니 수급사업자의 부담으로 다가올 수밖에 없다. 따라서 납품단가 연동제는 경쟁정책이 경쟁의 보호에서 높은 가치를 가지고 있음에도 불구하고, 경쟁정책에서 일반적으로 기대되는 경쟁을 완전하게 보장하지 못하고 있다.

3) 소결

결국 경쟁정책적 사고에서 경쟁은 보호되나 국민경제 전체적 이익이 존재하지 않는 경우 그리고 국민경제 전체적 이익은 있으나 경쟁이 보호되지 않는 경우에 납품단가 연동제의 도입에는 난색을 표할 수밖에 없다. 특히 납품단가 연동제의 경쟁정책적 특성에서 국민경제 전체적 이익차원에서 중소기업보호 기여가능성은 찾아볼 수 있는 반면, 경쟁의 원칙은 침해당하고 있음을 살펴보았다. 위 사례로 볼 때, 납품단가 연동제의 경쟁보장개념은 국민경제 전체적 이익을 가능한 한 확보하기 위하여 폭넓게 이해될 필요가 있음에도 불구하고, 동 제도의 경쟁침해의 정도가 필요최소한의 경쟁을 보장해 주고 있는가에 대해 회의를 가지게 한다.

국가별 경제발전의 경쟁탄력성을 비교·분석한 결과 여타 국가들과 비교할 때 우리나라는 경제발전 수준에 비해 경쟁정도가 (현저하게) 낮음을 알 수 있다.[30] 우리나라 전 산업에서 상위 100대 기업이 전체 매출액의 30% 가량을 책임지고 있는 것으로 나타났다. 예컨대, 광업 및 제조업부문 제품 중 23.5%는 독점형 시장이었고, 11.6%는 과점형 시장으로 집계되었다.[31] 2006년도에는 상위 5대 기업집단의 시장점유율이 가장 높은 산업은 '기관차 및 기타 철도차량 제조업'(94.1%)이었고, 그 뒤를 이어 '재생섬유 제조업'(89.4%), '컴퓨터 기억장치 제조업'(81.4%), '화물자동차 및 기타 특수목적용 자동차 제조업'(78.2%), '액정 표시 장치 제조업'(76.1%), '승용차 및 기타 여객용 자동차 제조업'(74.1%), '방송 및 무선통신기기 제조업'(67.9%), '방송수신기 및 기타 영상－음향기기 제조업'(64.1%), '항공기용 부품 제조업'(63.5%), '기타 산업용 유리제품 제조업'(62.6%) 등이 있다. 상위 5대 기업집단이 차지하는 비중

30) 공정거래위원회, 「경쟁과 경제발전의 관계－실증연구－」(공정거래위원회, 2004), 93면.

31) 서울특별시, 글로벌뉴스, 국내제조업 35%가 독과점시장. http://global-economy.seoul.go.kr/center/biz06_5_2_3_view.jsp?seqid=57692&mypage=1&mcode=090102&industry=M®ion=

이 상위 10개 산업 모두에서 60%를 넘고 있음을 보여주고 있다.[32)]

하지만 경쟁여건이 충분히 주어지지 않은 상황에서 납품단가 연동제에 높은 수준의 경쟁정도를 요구하는 것은 무리일 것이다. 즉 납품단가 연동제에 최소한의 경쟁적 의미가 존재한다면, 이의 도입을 인정할 필요가 있을 것이다. 예컨대, 국내 자동차시장은 오랫동안 자동차 3사의 과점구조를 유지해왔으나, 외환위기를 거치면서 (GM)대우의 시장점유율이 급속하게 하락한 반면 기아를 인수한 현대자동차그룹의 지배력은 두드러지게 강화되었다. 현대자동차그룹에 의한 생산물시장의 공급독점은 부품시장에서는 수요독점으로 나타난다. 2002년 현재 848개 1차 부품업체의 납품총액 23조 7,622억 원 중 현대와 기아를 합한 현대자동차그룹에 납품한 금액이 20조 1,426억원으로 전체 납품액의 84.7%에 이른다. 외환위기 이후 경쟁적 수출시장에 대한 의존도가 높아지면서 완성차시장에서는 현대자동차그룹의 시장지배력을 완화시키는 요인이 작용한다면, 부품시장에서는 그러한 요인이 작용하지 않기 때문에 현대자동차그룹의 수요독점적 구조는 확고한 것이다. 이와 같은 수요독점적 시장구조 속에서 부품업체들은 생존을 위한 치열한 수주경쟁을 벌일 수밖에 없다.[33)]

2. 국가개입의 정당성여부

1) 국가개입의 한계요소

헌법 제119조 제2항은 시장경제질서를 유지하기 위해서 국가에게 경제주체의 시장 활동을 규제하고 조정하는 것을 보장해주고 있으며, 그 전제로 국민경제의 성장 및 안정과 적정한 소득의 분배유지, 시장의 지배와 경제력의 남용방지, 경제의 민주화를 규정하고 있다. 시장경제질

32) 시장경제연구원, 시장조사(공정거래위원회, 2008), 22면.

33) 한국노동원, 부당한 납품단가 인하를 방지하기 위한 하도급거래 관련 정보 공개(한국노동원, 2004), 29면.

서에서 국가의 개입이 허용되는 경우는 시장에서 자유로운 경쟁이 '보이지 않는 손에 의하여' 스스로 형성되지 못하고 경쟁제한과 자기붕괴(Selbstzerstörung)를 통해 지속적으로 위협을 받는 경우, 이 경쟁위협이 '국가의 보이는 손'에 의해서만 방지가 될 수 있는 경우이다. 이때 국가개입은 경쟁의 유지·촉진을 위한 것이며, 사회·경제정책적 이익에의 기여가능성은 중요한 개입판단기준이다. 따라서 시장경제질서에서 국가의 개입이 인정되는 경우는, ① 국가는 경쟁과정에 개입하지 못하고, 다만 경쟁과정에서 경쟁제한이 발생하는 경우 공정한 경쟁조건의 형성을 위해 개입하는 경우이고, ② 국가의 개입이 사회적 이익의 실현을 위해서만 가능한 경우이고, ③ 보충성의 원칙에 따라 국가가 개입되는 경우이고, ④ 수동적이고 소극적으로 국가가 개입하는 경우 등이다.

납품단가 연동제는 결국 납품시장의 경쟁에 국가가 개입하는 것이기 때문에, 그 정당성은 시장경제질서에서 국가개입의 원칙이 충실히 지켜졌을 때 확보되며, 정당한 국가의 간섭은 경쟁을 보장하는 경우에 인정될 수 있다. 따라서 국가개입 정당성 확보는 납품단가 연동제의 도입여부에 중요한 판단수단이 된다. 그리고 납품단가 연동제가 사회적 이익의 실현을 목적으로 경쟁제한적 시장에 공정한 경쟁조건을 형성하기 위해 도입되는 것이고, 이 도입은 필요최소한이며, 최후의 수단으로 어쩔 수 없는 선택이라면, 시장경제질서적 의미를 부여 받는 것은 가능할 것이다.

그렇다면 납품다가 연동제의 도입은 국가개입의 원칙에 충실한가?

2) 국가개입측면에서 납품단가 연동제의 의미

(1) 사회적 이익실현

납품단가 연동제의 사회적 이익실현 여부는 경쟁의 사회·경제정책적 기능이 동 제도로써 개선되는가를 통해 판단되며, 그러한 개선의 실현가능 여부는 경쟁이 시장참여자들에게 가져다주는 긍정적인 경제적 성과를 납품단가 연동제 또한 가져다 줄 수 있는가에 의해서 결정될 것이다. Norbert Eickhof는 경쟁이 시장참여자들에게 가져다주는 긍정적인 경제적 성과를 5가지 경쟁기능을 통해 설명하고 있다.[34]

① 경쟁은 배분적 또는 생산적인 효율성을 증가시킨다.
② 경쟁은 재화와 용역의 공급 구성을 소비자 선호에 맞도록 조정한다.
③ 경쟁은 기업가들에게 끊임없이 변화되는 수요구조와 생산기술에 그들의 생산능력이 빠르게 적응할 수 있도록 자극을 준다.
④ 경쟁은 생산과정과 생산혁신의 형태로 기술 및 경제적인 진보를 생성하고, 투입과 확대를 촉진시킨다.
⑤ 경쟁은 시장성과에 따라 기능적인 소득분배를 가능하게 한다.

(2) 공정한 경쟁조건 형성

납품단가 연동제로 인한 공정한 경쟁조건 형성 여부는 다음을 통해 판단할 수 있을 것이다. "경쟁제한적 시장에 공정한 경쟁조건을 만들어 준다" 함은 기업의 경쟁이 시장의 경쟁을 제한하는 경우를 방지하는 시장의 경쟁조건을 형성하는 것을 말할 것이다. 시장경쟁조건의 형성개념에는 관련 경제분야의 경쟁의 유지·촉진뿐만 아니라, 다른 경제분야의 경쟁조건개선 가능성도 포함될 것이다. 예컨대 자유로운 경쟁상태가 유지되고 있는 시장에서 개별기업을 위한 경제적 행위가 강요되거나 시장지배적 지위가 형성되어 시장진입에 대한 위험성이 증가하는 경우, 이를 방지하는 경우가 위의 시장경쟁조건이 형성되는 것으로 이해할 수 있을 것이다.[35]

납품단가 연동제는 납품단가가 법에 의해 원자재가격의 상승분만큼 강제적으로 인상하는 특성을 가지는 만큼, 원사업자가 납품단가의 결정 시 수급사업자와 힘(교섭력)의 불균형에 기인하여 가지는 우월적 지위를 이용한 시장지배적 지위남용과 불공정거래행위, 수요독점 등을 활용하는 것을 기대할 수 없게 한다. 동시에 수급사업자의 경쟁적 효과도

---

34) Norbert, Eickhof, 독일의 경쟁정책 – 역사적 출발, 중심적 요소와 국민경제적인 평가 –, 「유라시아 연구」 제1권 제2호(아시아유럽미래학회, 2004), 5-6면.
35) 참조, Norbert, Eickhof, 앞의 논문, 6면.

빼앗아 간다.

(3) 필요최소성과 최후적 수단

납품단가 연동제가 필요최소한이고 최후적인 수단인지 여부는 다음을 통해서 파악될 수 있을 것이다. "필요최소한이고 최후적인 수단이어야 한다" 함은 다른 수단을 통해서 경쟁제한적 시장의 개선이 가능하지 않은 경우에만 개입하여야 하고, 개입하더라도 과도한 국가개입은 허용되지 않음을 의미한다. 왜냐하면 국가개입이 강할수록 경쟁은 제한될 수 있기 때문이다.

"납품단가 연동제가 필요최소한의 개선책인가"에는 의문점이 남는다. 즉, 납품단계에서 시장의 수급상황과 개별 기업의 특성과는 무관하게 법에 의해 일률적으로 가격을 결정하게 되는데, 법에 의한 강제적 가격결정은 경쟁조건의 개선이라기보다는 경쟁의 원천적 봉쇄로서 과도한 국가개입의 결과로 보일 수 있다.

"납품단가 연동제가 기존 납품단가 조정제도를 개선할 수 있는 최후의 수단인가"에도 의문점은 남는다. 왜냐하면 납품단가 연동제의 개관에서도 언급하고 있듯이 기존 납품단가 조정제도에 관한 문제의 핵심은 불공정거래행위 등의 원인이 되는 대기업인 원사업자의 우월적 교섭력 남용이기 때문이다.

물론 납품단가 연동제는 원사업자의 우월적 교섭력의 남용이 불가능하도록 하는 특성을 지닌다. 하지만 국가개입의 전제가 경쟁조건의 개선이라는 점에서 볼 때, 경쟁조건의 개선과는 관련 없는 우월적 교섭력의 남용 방지대책은 과잉된 국가개입으로 이해될 수도 있다.

3) 소결

결국, 납품단가 연동제의 특성에서 사회적 이익실현에 대한 정당성은 찾을 수 있는 반면, 경쟁의 보장이라는 측면에서 정당성을 입증하기는 쉽지 않다. 즉, 납품단가 연동제가 경쟁정책적 의미를 갖기 위해서는 최소한 국가개입의 원칙에는 충실해야 하는데, 특히 동제도가 필요최소한이고 최후적인 수단인지에 의문이 존재할 수밖에 없다.

Ⅳ. 결론

납품단가 연동제는 시장경제질서체제에서 자유경쟁의 희생 하에 예외적으로 인정되는 제도인 만큼, 동제도의 시장경제질서 적합성에 대해 물음을 던지지 않을 수 없고, 또한, 도입이 적절한지에 우려를 가지는 것도 당연하다. 하지만 위에서 살펴본 바와 같이 시장경제질서체제 속에서 납품단가 연동제를 도입하는 경우에 발생하는 경쟁정책적 그리고 국가개입 측면에서의 문제점을 해결한다면, 반시장경제질서적 측면에서 도입을 마냥 바라볼 필요는 없다.

납품단가 연동제의 도입이 시장경제질서 적합성을 지니기 위해서는 동 제도의 기본적 취지에 대한 긍정 여부와 관계없이 최소한 경쟁적 의미가 있다는 것을 증명하여야 할 것이고, 최소한의 경쟁적 의미는 국가개입의 정당성에서 찾아볼 수 있을 것이다.

위에서 언급한 바와 같이, 납품단가 연동제가 납품단가를 조정하기 위한 최후의 최소의 국가개입이 아니라면 납품단가 연동제의 헌법적 정당성을 확보하는데 상당한 어려움이 따른다. 따라서 이러한 경우를 피하기 위해서는 먼저 납품단가 연동제의 핵심적인 헌법상의 문제점은 무엇인가를 정확히 파악하여 입법과정에서 반영하는 것이 필요하다.

만약 이러한 노력이 충분히 있었으나, 결과적으로 기대한 효과를 얻지 못한다면, 이후에 비로소 납품단가 연동제의 도입을 결정함으로써 시장경제질서 적합성을 획득할 수 있을 것이다.

그리고 "카르텔에서 적용제외가 부득이한 것으로 판단되는 경우, 투명하고 반경쟁적 결과를 최소화하기 위해서 제도의 제정에 있어서 법적용이 제외되는 행위의 범위, 기간, 허용요건 등을 엄격히 한정함과 동시에 허용절차를 효과적으로 정비하는 것이 중요한데",[36] 이 원칙은 경쟁정책에 있어서 「하도급법」상 납품단가 연동제의 도입을 용인하는데도 그대로 적용될 수 있을 것이다. 즉, 납품단가 연동제는 적용대상, 적용기간 등에 대한 합리적인 판단이 충분히 있은 후에 도입되어야 할 것이다. 왜냐하면 어떤 가격규제도 완벽할 수 없으며, 또 소비자와 생산자를 보호하기 위하여 정부가 취하는 가격규제도 장기간 지속될 때 원래 규제목적과는 반대로 보호하고자 하는 경제주체를 해하고 자원배분의 비효율성을 초래하는 결과를 낳는다. 이 경우는 납품단가 연동제의 도입시에도 같은 결과를 가져올 것이다.[37] 즉, 납품단가 연동제는 중소기업의 보호·육성 측면에서 단기적으로 긍정적인 효과를 가지나, 오히려 장기적으로 부정적인 효과가 있을 것이다.

납품단가 연동제가 장기화되면 경쟁의 부존재에 익숙해진 중소기업에게 제품개발과 자기혁신을 기대하기 힘들어지고, 이 상황이 장기화된다면 관련기업의 부실화로 국제경쟁압박을 극복하기 힘든 상태가 될 수 있다. 또한 경쟁이 존재하지 않으므로 비효율적인 기업을 시장에서 퇴출시키지 못하고 효율적인 기업에게 성장의 기회를 가져다 줄 수가 없다. 이렇듯 납품단가 연동제가 장기화될 경우 독점방지로 인한 경쟁촉진의 효과, 즉 장기성장시 경쟁과 경제발전의 상관관계에서 오는 긍정적 효과[38]는 기대할 수 없게 될 것이다.

이와 같은 납품단가 연동제의 경쟁정책적 문제를 해결해주는 시장경제질서 적합성요건을 고려하였을 때, 납품단가 연동제의 도입은 국민경제적 필요성이 인정되는 개별품목에 대하여 한시적으로 이루어져야 하고, 동 제도의 도입 필요성 및 도입 기간의 정도는 관련 상품과 시장의 특성의 고려 하에 모색될 필요가 있을 것이다.

---

36) 공정거래위원회, 「경쟁제한적 제도의 타당성 검토 및 합리적 개선을 위한 연구」, 63면.

37) 공정거래위원회, 「경쟁제한적 제도의 타당성 검토 및 합리적 개선을 위한 연구」, v면.

38) 공정거래위원회, 「경쟁과 경제발전의 관계 – 실증연구 –」, 8면.

기업과 영업*

- '기업'과 '영업'에 대한 이해방식에 관한 시론적 고찰 -

이 영 종**

Ⅰ. 프롤로그

이 글의 주제인 '기업(企業)과 영업(營業)'은 상법학(商法學)의 기초개념(基礎概念)인 두 개념에 대한 이해(理解)를 위해서 선택된 것이다. '기업'과 '영업' 모두 우리들의 생활 속에서 자주 만나는 용어이기에 무척 익숙한 용어이다.[1)] 하지만, 이들 용어(用語)는 일의적이지 않아서 그

---

* 이 글은 2008년 10월 24일 개최된 '한국상사법학회·한국민사법학회·한국비교사법학회 공동학술대회'에서 발표한 내용을 수정·보완하여 비교사법 제15권 4호(2008.12)에 게재하였던 것을 약간 수정한 것임을 밝힌다. 기업 개념은 '기업범죄'라는 대주제를 구성하는 두 개념 중의 하나이므로 기초개념으로서 우선적으로 파악할 필요가 있다고 본다. 기업이 무엇인지 규명되지 않은 채로 기업범죄가 무엇이라고 규정할 수 없기에 그러하다. '기업범죄연구'와 관련해서는 바로 이 점에서 이 글의 의미를 찾을 수 있을 것이다.

** 가톨릭대학교 법학부 조교수, 독일 마르부르크대학교 LLM 및 Dr.iur.

1) 우선 일상용어를 살펴보자면, '기업가'란 '기업하는 사람'을 가리키는 말인데, 이는 주로 '상공인(商工人)' 내지 상공업자(商工業者), 즉 '상인'과 '공인'을 주된 대상으로 하는 말이다. 세상이 바뀌면서 말도 바뀌어 '상인'이나 '상공인(상공업자)' 같은 말 대신에 '기업가'라는 말이 선호되게 된 것이다. 나아가서 '기업가'라는 지칭과 '기업한다'는 말은 '사장님'이라는 호칭과 함께 언어 인플레의 한 예로 들 수 있을 정도로 흔히 쓰인다고 할 수 있는데, 그것은 '기업'은 우리 일상에서도 '영업'보다는 좀 더 격이 높아 보이는 말로 자리매김하였기 때문이라고 여겨진다. 사실 '상업' 하면 '장사꾼'이 연상되고, '영업' 하면 '세일즈맨(판매직원)'이나 '돈벌이'가 떠오르는데, '기업' 하면 좀 달라 보여서 아무래도 뭔가 좀

개념이 사실 분명하게 다가오지는 않는다. 즉, 다양한 맥락(脈絡)에서 여러 가지 의미(意味)로 쓰이므로, 그 의미는 맥락에서의 쓰임새에 따라서 다르게 파악해야 하는 것이다. 그런데 이 글에서는 상법학에서 이 두 개념을 어떤 식으로 이해하는지에 초점을 맞추기로 한다.

'기업'과 '영업' 모두 상법과 상법학에서는 중요하고 핵심적인 개념이 아닐 수 없다. 상법을 기업법으로 이해하는 입장을 취할 때 기업 개념은 상법학에 중요하며, 영업 개념도 상법전에서 핵심개념으로서 중요한 역할을 하는 것이기에 이 두 개념을 규명할 필요가 있다고 하겠다. 결국 '기업'과 '영업' 개념의 상법학적 의미를 파악하고 양자 간의 관계를 분명하게 하는 것은 상법학의 과제가 아닐 수 없는 것이다. 그런데 과거 우리 상법학 초기(初期)에는 기업법론(企業法論)과의 관련 하에서 기업 개념에 대하여 큰 관심을 보였던 바 있는데, 기업 개념은 영업 개념과 함께 상법학계에서 논의 대상이 되었었다. 하지만, 그 이후에는 '기업'과 '영업'이란 개념에 관해서 드문드문 문헌에서 다루어져 왔을 뿐이고 활발한 논의가 이루어지지는 않은 것이 사실이다.[2] 이와 같이 그 동안 상법학계(商法學界)에서 큰 주목(注目)을 받지 못한 까닭에 3개 학회 공동학술대회에서 단체법(團體法)을 논하는 기회에 그에 관한 논의를 하게 된 것은 더 의미 있어 보인다.

격이 높고 규모도 커 보이는 효과가 있다. 이러한 뉘앙스 내지 뒷맛을 가지게 된 것은 그러한 용어가 쓰인 시대를 살펴보면 이해가 된다('상업'이나 '상인'은 사농공상을 논하던 조선시대부터 있던 말이고, '기업'이나 '기업가'는 경제발전을 하면서 주목받게 된 말이다).

2) 기업 개념에 관하여 다룬 상법학 문헌은 많지는 않다. 이들 문헌을 시간 순으로 정리하면 다음과 같다: 손주찬, 상법의 기초개념으로서의 기업의 개념과 경제법, 「법조」, 1959.7, 34면 이하; 정희철, 기업개념의 상법적 의의, 서울대학교 「법학」 제3권 제2호, 1962, 225면 이하; 고준환, 기업법의 체계화를 위한 기업개념 고찰, 「상법논총－인산정희철선생정년기념논문집」, 33면 이하; 정찬형, 상법학상의 기업개념, 기업법의 행방, 1991, 237면 이하(및 정찬형 저, 「백산상사법논집－백산정찬형교수화갑기념논문집」, 3면 이하); 노일석, 결합기업에 있어 기업개념, 「기업법의 현대적 과제－행솔이태로교수화갑기념논문집」, 31면 이하; 임홍근, 영업과 기업, 「상사법의 기본문제－해암이범찬교수화갑기념논문집」, 19면 이하.

이 글에서는 우선 두 개념의 상법학적 의미를 밝히고 상호관계를 설명하는 것을 주된 과제로 삼으며, 나아가서 이 두 개념과 '상인' 및 '회사' 개념을 연결시켜 볼 필요가 있다고 생각하여 이들과의 관계도 함께 간략하게나마 조명해 보고자 한다.[3] 그 외에도 이 두 용어에 대한 다른 분야에서의 이해도 알아보고자 한다. 이는 이 두 용어가 다른 분야에서도 쓰이기 때문이다. 이를테면 헌법(憲法)에도 '영업'과 '기업'이 나온다.[4] 특별법으로서의 상법에 대해서 일반법의 관계에 있는 민법이나 행정법에서도 '영업'이 나온다.[5] 기업 개념은 공정거래법(公正去來法) 등의 법률에 등장하고,[6] 법학 이외의 분야 중에서는 상법과 관련된 학문인 경제학과 경영학 같은 학문 영역에서 등장한다. 이를 보건대 이 분야들에서의 '영업'과 '기업'에 대한 이해를 살펴보고, 상법에서의 이해와 비교해보는 것이 필요하다고 여겨진다. 그래서 이 두 개념에 대한 여러 법분야(法分野)와 경제학 및 경영학에서의 이해방식(理解方式)을 살펴보고 그것을 참고하여[7] 우리 상법학에 대한 시사점을 찾아보고자 한다.

---

3) 단체법의 법리를 다루는 3개 학회 공동행사의 주제에 비추어 볼 때 필요하다고 사료된다. 이러한 기회에 상법의 기초개념을 주제로 삼아서 그에 관한 우리나라 상법학계의 선학들과 기존의 학자 분들의 학설의 입장들의 살펴보고 정리하는 기회를 갖는 것도 본 연구자의 천학비재(淺學菲材)에도 불구하고 나름 의미가 있어 보인다.

4) 헌법에서는 이른바 경제조항에서 '기업'이 언급된다. 헌법 제119조 제1항에서는 대한민국의 경제질서는 개인과 '기업'의 경제상의 자유와 창의를 존중함을 기본으로 한다고 하며, 헌법 제123조 제3항에서는 중소기업 보호와 육성을 논하면서 '기업'을 언급하며, 제126조에서는 국유화 또는 공유화와 관련하여 '사영기업'이란 용어도 등장한다.

5) 민법전에는 제8조의 미성년자의 영업에 대한 법정대리인의 허락과 관련하여 나오며, 다른 민사법 법률에서도 '기업'이 나오는데, 공장저당법의 경우는 제1조 및 제3조에서 그리고 광업재단저당법의 경우는 제3조 등에서 '기업'이 등장한다. 행정법 분야에서는 특별경제행정법의 한 영역인 영업법(Gewerberecht)에서 영업(Gewerbe)이 규율대상으로 다루어진다.

6) 공정거래법에서는 '대규모 기업집단'에서 '기업'이 간접적으로 언급된다.

7) 이렇게 여러 법분야에서의 이해방식을 조명하는 것은 그렇게 하는 것이 3개 학회 공동학술대회의 취지에 부합하는 것이라고 생각한다.

논의를 진행하기에 앞서서 우선 짚고 넘어가야 할 것이 있다. 그것은 논의의 무대는 상법학 분야이며, 그것도 우리 상법학이라는 것이다. 논의의 무대가 우리나라라는 것을 이야기하는 것이 새삼스럽기는 하지만, 비교법학적 의미를 가지고 있음을 언급하고 싶다. 그것은 우리나라에서 논의되는 것을 우리말 개념으로 포착하고자 한다는 것을 의미하는 것이다. 우리의 글들에서 보면 외국의 개념과 우리 개념을 일대일 대응시켜서 등치시켜 버린 후 논의를 전개하는 경우가 흔한데, 이는 오류 가능성을 높이며 방법론적으로는 그 자체로서 오류라고 할 수 있는 것이다. 그래서 각 언어에서 의미상 서로 대응되는 용어들이 정확하게 일치하는 것이 아니며 따라서 그 용어들을 등치시켜선 안 된다는 것이다. 이를테면 우리말의 '기업'은 독일어의 'Unternehmen'인데, 이 두 단어가 각각 여러 가지 맥락에서 여러 가지 의미로 사용될 수 있으며, 언어의 역사성과 사회성으로 인하여 각 언어에서 서로 다른 뜻을 가질 수 있는데, 그렇기 때문에 양자를 등치시키는 것은 위험하다는 것이다.[8] 법률용어의 경우는 더 나아가서 법조문에서 등장하는 것도 서로 다르다. 결

8) 민중서림에서 출간한 에센스(Essence) 독한사전(1983)에 의하면 'Unternehmen'은 'Unternehmung'과 같이 '기업, 사업; 기도, 계획; 청부; (Wagnis) 모험'의 뜻을 가지고 있다고 한. 삼화출판사에서 출간한 삼화 모델 독한사전(1995)에 의하면 'Unternehmen'은 (경영학에서 많이 쓰이는) 'Unternehmung'과 같이 '① 기도, 시도 계획'의 뜻과 '② 기업, 사업'의 뜻을 가지고 있다고 한다. Duden 사전 중에서 하나인 Deutsches Universal Woerterbuch(2. Aufl, 1989.)에 의하면 'Unternehmen'은 '1. Vorhaben'과 '2. [aus mehreren Werken, Filialen oder aehnliches bestehender] Betrieb(im Hinblick auf seine wirtschaftliche Einheit)'라고 한다. 여기서 사전마다 설명에 차이를 보인다는 점은 시기나 편찬자들의 생각의 차이에 기인할 것이고, 물론 한 단어의 의미를 여러 가지로 설명하는 것도 세 사전 내용에 공통된 점이다. 이를테면 'Unternehmen'이 '기업'과 '사업'의 의미를 모두 포함하고 있는 것이 공통된다. 그렇다면 이는 믿을 만한 것이라고 볼 수 있을 것이다. 그런데, 여러 뜻을 가진 'Unternehmen'을 단순하게 '기업'으로 번역해 버리고 말면, 번역하면서 왜곡하는 것이며, 특히 '사업'이라는 뜻은 드러나지 않게 된다. 결국 이로 인하여 어려움에 봉착하게 될 것이다. 이러한 점에 대한 우려와 학문적 엄밀성의 추구가 필자의 입장을 설명한다.

국 외국어의 경우 그 단어를 있는 그대로 놓고 그 나라말에서의 각 단어의 용례들과 단어들 사이의 관계를 있는 그대로 탐구하는 것이 바람직하다고 본다. 결과적으로 서로 동일한 것을 찾을 수 있을지 모르지만 방법론적으로는 위와 같이 등치시키지 않고 개별 언어에서 탐구한 후에 정식으로 비교하여 연구하는 것이 타당한 연구방법이라고 여겨진다. 이러한 문제의식을 가지고서 이 글에서는 일단 우리말과 우리 법학에서의 '기업'과 '영업'에 한정시켜서 고찰하고자 한다. 따라서 외국에서의 논의는 별개의 것으로 논할 필요가 있다고 보고, 이 글에서는 배제하고 단지 필요한 경우에만 제한적으로 포함시키기로 한다.

또 한 가지 밝힐 점은 이러한 논구에 있어서 이 글에서는 개념징표를 추출하고 비교·검토하는 방식을 취한다는 것이다. 그 저변에 깔려 있는 생각은 이를 통해서 좀 더 분석적으로 접근하여 논의의 기초를 튼튼하게 놓아서 향후의 논의에 기여하고자 하는 생각이다. 결국 이 글은 시론적 접근일 수밖에 없고 그처럼 중요한 두 개념에 대한 규명의 완결판일 수는 없을 것이다. 또한, 시론적 접근이라는 한계를 설정하기에 기업에 대한 논의를 과거와 현재의 주요문헌에 대하여 차근차근 비교함으로써 전개하기로 한다.

II. 상법과 상법학에서의 '영업'과 '기업'에 대한 이해

우선, 상법과 상법학에서의 영업과 기업에 대한 기존의 이해를 검토하여 논의의 기초로 삼기로 한다. 영업과 논의를 전개하는데 있어서 상법전(商法典)에 등장하는 '영업'을 먼저 다루고, 이를 기초로 기업 개념을 검토하기로 하겠다.

상법학에서의 '영업'과 '기업'에 대한 이해에 집중하더라도 일반적인 의미를 따져보는 데서 시작해야 함은 자명하다. 두 용어에 공통된 부분은 '업(業)'은 '사업(事業)'의 의미를 가진다. 이 '업'이란 말은 이를 테면 농업, 산업, 공업 등에서나 가업, 생업, 직업과 같이 비슷한 맥락을 가진

다른 단어들의 구성부분으로 쓰이기도 하고, 무엇을 “아주 업으로 한다”는 표현에서나 불교에서 말하는 ‘업’에서처럼 그 자체가 홀로 쓰이기도 한다. 불교용어로서의 ‘업(業)’이 본래적 의미에 관련된다. 이 업이란 말의 어원은 산스크리트 어의 Karma(Kharma 또는 Kamma)라고 하는데, 불교 전래와 함께 전래되어 ‘업(業)’이란 말로 정착했다고 한다. 결국 업은 사람의 행위에 의하여 일어나는 일종의 세력, 즉 계속적 행위의 집적이라 한다.[9] 주목해야 할 점은 ‘업’ 개념은 ‘계속성’을 포함한다는 것이다. 이는 우리의 언어감각에 의해서도 확인된다. ‘업으로 한다’는 표현에는 먹고 살기 위해서 한다는 맛도 들어 있지만, 계속한다는 의미도 들어 있는 것이다. 이러한 점들을 기초로 이해할 때 ‘~업’이라고 할 경우에는 ~와 관련된 계속적인 일이라고 할 수 있겠다. 사전적 의미를 살펴볼 때는 사정이 다르다. 앞에서 설명된 측면은 드러나지 않고, ‘기업’이란 ‘어떠한 사업을 기획(계획)함’, ‘기획적 사업’ 혹은 ‘계획적 사업’이라고 설명될 뿐이다.[10] ‘영업’의 경우도 ‘어떠한 사업을 도모함’이나 ‘도모하는 사업’이라고 설명될 수 있겠다. 이는 ‘업’을 ‘일’로, ‘기’나 ‘영’자를 ‘기획하다’와 ‘도모하다’로 푼 결과임을 알 수 있다.[11] 이러한 풀이와 관련하여 글의 시작에서 밝혀야 할 것이 있는데, 이는 ‘사업’의 하부개념 내지 종개념으로서 기업과 영업을 파악한다는 것이다. 이는 용어들 상호간의 기본적 관계 설정의 문제로서 일상적 용어사용법에서 출발한다는 것을 의미한다. 다시 말하면 경제계에서 쓰는 ‘사업부’나 ‘사업’이나 노동법학에서 말하는 제한적 의미의 개념인 ‘사업단위(Betrieb)’ 개념과는 달리 일반적 의미의 사업 개념이라는 것을 말한다.

위에서 풀이한 것처럼 유사해 보이는 두 용어가 상법학에서 중요한

9) 고준환, 기업법의 체계화를 위한 기업개념 고찰, 「상법논총」, 38면: 이 글에서는 (38-39면에서) ‘업(業)’에 관한 불교에서의 설명을 자세하게 전개하는데, 이는 참고할 만하다.

10) 이희승 편저, 국어대사전, 1982, 53면; 고준환, 기업법의 체계화를 위한 기업개념 고찰, 「상법논총－인산정희철선생정년기념논문집」, 1985, 37면에서 재인용함.

11) 이는 단어 구성과도 관련되는데, ‘기(企)’는 ‘바랄 기’ 자로서 ‘기획하다’라는 뜻을 가지고, 영(營)’은 ‘도모할 영’자로서 ‘도모하다’라는 뜻을 가지는 것이다.

역할을 하고 있다는 사실은 그 자체로 흥미롭기도 하다. 아래에서는 상법학에서의 영업과 기업에 대한 이해를 살펴보기로 한다.

1. 상법학에서의 '영업'에 대한 이해

상법에 '기업'은 등장하지 않으나, '영업'은 등장한다. '영업'이 우리 상법에 나오는 경우들을 살펴보면, 우선 상법총칙에서 상법 제41조 이하의 영업양도 규정과 다른 많은 조항에서 등장하고,[12] 다음으로 상행위법에서는 상인의 낙부통지의무(상법 제53조)나 상인의 보수청구권(상법 제61조)에서 각각 '영업부류'와 '영업범위'와 관련하여 그리고 익명조합(상법 제78조)에서 계약의 대상으로서 등장한다. 그리고 회사법에서는 '영업양도'(상법 제375조)나 '영업권'(상법 제452조 제6호)과 관련하여 등장한다. 영업이라는 용어는 이처럼 상법에 등장하며, 다른 실정법과 판례에서 흔히 사용되고 있지만 그에 관한 법상의 정의 규정은 없다.

상법학에서 '영업' 개념을 어떻게 규정하는지 살펴보기 위해서 상법학 문헌을 살펴보면, 별개의 논문으로 다룬 것이 별로 없고[13] 상법학 교과서에 설명되는 것이 전부이다. 상법학 교과서에서는 주로 '영업양도' 부분에서 영업양도와의 관련 속에서 영업을 설명하고 있다. 상법에서는 '영업'이란 용어가 '영업활동'과 '영업활동의 근거'라는 두 가지 의미로 쓰이고 있다. 이 두 가지 뜻은 각각 '영업'의 주관적 측면과 객관적 측면을 나타내는데, 상법학에서는 이들을 각각 '주관적 의의(意義)의 영업'과 '객관적 의의(意義)의 영업'이라고 한다. 주관적인 측면을

12) 다음과 같은 조문에서도 등장한다.
- 무능력자의 영업과 등기(상법 제6조)
- (무능력자의) 법정대리인에 의한 영업의 대리(상법 제8조)
- 상업사용인의 영업주의 영업부류에 속하는 거래의 제한(상법 제17조 제1항)
- 동종 영업의 상호등기 및 사용의 제한(상법 제22조 및 제23조 제4항)

13) 손주찬, 상법의 기초개념으로서의 기업의 개념과 경제법, 「법조」, 1959.7, 46-47면에서 다루어진 바 있다.

가리키는 주관적 의의의 영업은 '활동'을 의미하며, 객관적인 측면을 가리키는 객관적 의의의 영업은 활동으로서의 영업의 근거, 즉 '활동'이 아니라 '존재'를 의미하는 것이다. 이러한 분류에 대해서 학설은 일치된 견해를 보이고 있다.

1) 주관적 의의의 영업

우선 '주관적 의의의 영업'은 '무능력자의 영업과 등기'에 관한 상법 제6조와 같은 조항에서 발견되며,[14] '주관적 의의의 영업'은 주관적인 면, 영업활동의 측면에서 포착한 개념이고, 상법학 문헌에서는 '상인의 영리적 활동',[15] '상인의 영리활동',[16] '영업 주체인 상인이 수행하는 영리활동',[17] '상인의 영업 활동',[18] '상인의 영업상의 활동',[19] '상인의 영리목적을 위한 활동의 전체'[20]라고 한다.

활동으로서의 주관적 의의의 영업에 대한 이와 같은 설명에 기초하여 이 개념의 개념 요소 내지 징표를 하나씩 검토하고 정리해 볼 필요가 있다. 우선 검토할 징표로는 '영리활동' 내지 '영리 목적의 활동'이냐 아니면 '영업활동' 내지 '영업상의 활동'이냐가 문제된다. 필자의 견해로는 '영리활동'보다는 '영업활동'이나 '영업상의 활동'이 적합하다고 여겨지는데, 그것은 한 번의 영리 추구와는 달리 영업은 계속적으로 영리 추구를 하기로 정한 특정한 종류의 영리활동이기 때문이다. 달리 표현하자면 '계속성'을 가지는 '영리활동'이기 때문이며, 그러한 활동만이

14) 위의 주9번에서의 '영업'은 '주관적 의의의 영업'에 해당된다고 하겠다.
15) 이범찬/최준선, 「상법(상)」 제5판, 2008, 152면.
16) 임홍근, 「상법총칙·상행위」, 2001, 73면; 정찬형, 「상법강의(상)」 제11판, 2008, 159면.
17) 김성태, 「상법총칙·상행위법강론」, 1998, 324면; 이철송, 「상법총칙·상행위」 제7판, 2008, 227면.
18) 이기수/최병규, 「상법총칙·상행위법」 제6판, 2008, 221면; 임홍근, 「상법총칙」, 1986, 439면.
19) 안강현, 「상법총칙·상행위법」, 2008, 160면.
20) 손주찬, 「상법(상)」 제14정판, 2003, 191면.

주관적 의의의 영업에 포함되어야 한다고 생각한다. 또한, '영업'을 언급하는 쪽은 상인이 하는 활동 중에서 개인생활을 위한 활동이 아니며 특정한 영업과 관계된 활동이라는 것을 분명하게 드러낸다는 장점도 있다고 여겨진다.

'주관적 의의의 영업'의 개념과 관련하여 다음 징표로 문제되는 것은 활동 전체인지 개별 활동인지이다. 위의 설명에서는 '상인의 영리목적을 위한 활동의 전체'로 보는 견해가 소수의 입장이다.21) 이 둘 중에서 어느 쪽으로 이해하는 것이 나은지 분명하지 않은데, 필자의 견해로는 두 가지 모두 가능한 이해방식이다. 한 발 더 나아가서 생각해보면, 객관적 의의의 영업이 전체인 것에 상응하지는 않지만, 활동이라는 의미로 영업이라는 말은 쓰이는 경우, 즉 '영업한다'라고 할 때 개별적 활동으로 보는 것이 타당하다고 생각한다. 그런데, 사실 이를 논할 실익은 없거나 적어 보인다. '객관적 의의의 영업'이 영업양도의 대상이 되는 것과는 달리 '주관적 의의의 영업'은 영업양도로 이전될 수 있는 성질의 것이 아니며, 따라서 이를 개별 영업활동으로 보든지 아니면 영업활동들의 총합 내지 전체로 보든지 영업양도와 관련하여 차이를 보이지는 않는 것이다.

마지막으로 '상인의 (것)'이라는 징표를 다루어야 한다. 이는 쉽게 인정할 수 있는 개념 징표처럼 보인다. 위에서 보는 바와 같이 이에 관해서는 문헌들에 있어서 차이가 없다. 이와 관련해서는 문제되는 것은 상인의 영업활동만이 '영업활동', 즉 '주관적 의의의 영업'이다. 따라서 영업에 속한 사용인들의 활동은 이에 포함되지 않는다. 주관적 의의의 영업은 상인의 영업활동 그리고 객관적 의의의 영업은 상인의 영업활동을 위한 재산으로 이해하는 것이라고 하겠다. 그런데 사실 객관적 의의의 영업에 의해서 이루어지는 영업활동이란 것은 사용인에 의해서 이루어지는 것이 대부분이고 상인 자신에 의해서 이루어지는 것은 별로 없다. 영업활동이란 법적 차원이 아니라 사실적 차원을 포착하는 개념

21) 손주찬, 「상법(상)」 제14정판, 2003, 191면.

이므로, 상인의 영업활동만이 아니라 사용인들의 영업활동도 포함되는 것으로 이해해야 할 것이다.

물론 '상인의 (것)' 라는 징표는 상인이 자기명의의 활동하는 자이므로 상인이 그 자신의 영업을 위해서 하는 '독립적'인 활동을 포착하게 하는 역할을 한다. 영업 활동은 '독립성'을 가지는 것이고, 따라서 그가 피용자로서 활동하는 경우의 활동과 구별되는데, '상인의 (것)'이라는 징표는 이를 드러내는 것이다. 이를 보면 사용인의 활동은 그 자신에게 영업활동이 되는 것은 아니고 객관적 의의의 영업 전체가 하는 영업활동으로서 이해될 여지는 있다고 본다. 사실 사용인의 영업활동이라는 것은 객관적 의의의 영업을 논할 때 의미를 가지며, 뒤에서 논하기로 한다.

주관적 의의의 영업에 대하여 상법학 문헌에 기초하여 개념규정을 하자면, 주관적 의의의 영업이란 '상인의 영업상의 활동 내지 그 전체' 라고 할 수 있겠다. 또한, 최소한의 개념요소 내지 개념징표를 추출하면, '상인의 행위', '영업귀속성'이 나오는데, 이 중에서 영업귀속성을 '영리성'과 '계속성'으로 치환할 수 있어 보이고, 그렇게 하면 '상인의 행위', '영리성' 그리고 '계속성'을 추출할 수 있다. 상인의 행위에서는 '독립성'이란 징표도 발견되지만, 이는 '상인의 행위'에 내포되어 있는 징표이다.

2) 객관적 의의의 영업

(1) 개념 이해

a) 개념 설명

다음으로 '객관적 의의의 영업'을 살펴보기로 한다. 이러한 의미의 '영업'은 상법 제41조 이하의 영업양도 규정 등의 조항에서 발견되며, 이와 관련하여 의미를 가진다. '객관적 의의의 영업' 개념에 대한 규정은 상법에 있지 않고 학설에서 여러 방식으로 개념 설명이 되어 있다. 기본적으로 '객관적 의의의 영업'을 어떻게 보아야 하는가에 관해서는 기본적으로 세 가지 관점이 있을 수 있는데, 우선 '영업에 이용되는 각종 재산의 총체'를 영업으로 보는 관점과 '거래선 관계, 판매의 기회, 영업상의 비결, 경영조직 등의 영업의 고유한 사실관계'를 영업으로 보는 관점이 있을 수 있고, 그리고 다음으로 영업활동(영업행위)을 영업으로 볼 수도 있겠다. 세 가지 관점을 각각 영업재산설, 영업조직설, 영업행위설이라고 한다.22) 또한, 이 세 가지 요소를 조합한 개념 설명도 가능하다.

현재의 문헌에서 제시되는 설명은 논의 진전을 위해서 살펴볼 필요가 있는데, 다음과 같이 다채롭게 전개된다.

- 영업양도의 대상으로서의 영업과 관련하여 "각종의 재산, 물건과 사실관계로써 성립되는 조직적 재산이라고 보는 것이 옳을 것"이라고 하면서 "객관적 의의의 영업은 각종 영업재산이 영업활동의 침전물이라고도 할 사실관계를 포함하여 일정한 영업목적에 의하여 조직화된 유기적 일체로서의 기능적 재산인 것"이라는 설명23)
- '영리목적을 실현하기 위하여 조직화된 유기적 일체로서의 기능적 재산'이라고 하며, 이를 지칭하여 '영업재산'이라 하고서 영업재산에는 물건, 권리와 같은 영업용 재산뿐만 아니라 재산적 가치 있는 사실관계가 기능적으로 조직화된 일체를 포함한다는 설명24)
- "영업양도의 경우의 영업이란 상인이 영위하는 기업, 즉 상인의 기업으로서 상인이 일정한 계획에 따라 인적·물적 설비를 결합한 조직 경영상의 단위라 할 수 있다. 이러한 영업에는 동산·부동산과 같은 물건이나 채권·특허권과 같은 권리뿐 아니라 영업상의 비결, 명성 등 사실관계가 귀속되고 또한 상인의 영업보조자인 상업사용인을 비롯하여 영업을 위하여 고용된 피용자 등 인적 조직도 이에 속한다"라는 설명25) (여기서는 '상인이 영위하는 기업'이라고 한 점과

22) 손주찬, 「상법(상)」 제14정판, 2003, 191-192면에서는 영업행위설이 조금 달리 설명된다. 맨 앞의 두 견해를 영업재산설, 영업조직설이라고 하고, 다른 학설로 영업행위설을 제시하는데, 이는 보통 영업이 재산, 활동, 사실관계의 세 가지로써 성립되지만, 이 가운데 재산 또는 사실관계는 없어도 영업의 성립에 지장이 없으므로 이러한 의미에서 영업의 본체는 영업활동이라는 학설이라 설명한다. 그런데 이 설명에 따르면 영업조직설이라는 명칭이 사실관계와 간접적 관계 이상을 갖지 않는다는 점을 고려하면 부적절한 것처럼 보인다.

23) 손주찬, 「상법(상)」 제14정판, 2003, 192면.

24) 이범찬/최준선, 「상법(상)」 제5판, 2008, 229면.

인적 조직도 속한다고 한 점이 두드러지는 점이다)
- 영업양도와 관련하여 그 대상이 되는 영업을 일정한 영업목적에 의하여 조직화된 유기적 일체로서의 기능적 재산이라는 설명[26)]
- "영업은 인적 설비와 물적 설비를 갖는다. 물적 설비는 상인이 일정한 영업목적을 위해 조직한 유기적 조직체(객관적 의의의 영업)로서 존재한다"라는 설명[27)]
- '상인의 영리활동'과 '상인의 영업목적을 위하여 결합시킨 재산의 전체'[28)]이며, 후자가 영업에 바쳐진 개개의 재산 또는 그 전체를 말하는 '영업용재산'을 의미하는 것이 아니라, 영업을 위하여 조직화된 한 덩어리의 재산으로서 이와 관련된 재산적 가치 있는 사실관계(영업권)'를 포함한다는 설명 (이 때 '영업권'은 정태적으로 존재하는 '영업용재산')[29)]
- 상인이 추구하는 영리적 목적을 위해 결합시킨 조직적 재산의 총체[30)] 라는 설명 (이 설명은 추가 설명을 보면 입장이 분명해진다)
- 영업양도의 대상인 영업을 '객관적 존재로서의 영업'이라고 하면서 이는 '일정한 영리목적을 위하여 결합한 조직적 재산의 전체'라고 하며, 이에는 영업에 이용되는 각종의 재산뿐만 아니라, 영업조직, 거래선 등의 사실관계를 포함된다는 설명[31)]

이 설명들은 대표적 저서들의 설명인데, 이를 살펴보면 우리 상법학계에서 제시되는 견해 중에서는 위의 학설명명법과 이해방식에 기초하여 표현하면 영업재산설과 영업조직설의 결합설이라고 할 만한 견해가 통설적 견해라는 것이 확인된다.[32)] 왜냐하면 영업재산설을 취하면서 영업에 관한 사실관계도 포함시켜서 조직적 일체로서의 재산이 영업이라고 설명하는 것이 일반적이기 때문이다. 과거에는 영업재산설도 있었다

---

25) 양승규/박길준, 「상법요론」 제5판, 1999, 95면.
26) 임홍근, 「상법총칙·상행위법」, 2002, 164면.
27) 이기수/최병규, 「상법총칙·상행위법」 제6판, 2008, 221면.
28) 정찬형, 「상법(상)」 제11판, 2008, 159면.
29) 정찬형, 「상법(상)」 제11판, 2008, 160면.
30) 이철송, 「상법총칙·상행위」 제7판, 2008, 227면.
31) 홍복기, 「상법개설」 제4판, 2005, 89면.
32) 다음을 참조할 것: 손주찬, 「상법(상)」 제14정판, 2003, 192면; 이범찬/최준선, 「상법(상)」 제5판, 2008, 229면; 정동윤, 「상법(상)」, 2003, 224면; 정찬형, 「상법(상)」 제11판, 2008, 160면; 이철송, 「상법총칙·상행위」 제7판, 2008, 227면; 최기원, 「상법학신론(상)」, 2004, 184면; 홍복기, 「상법개설」, 제4판, 2005, 89면.

고 하는데,[33] 현재는 그에 가까워 보이는 설명은 찾아볼 수 없고, 이전에는 영업재산설과 영업행위설의 결합설을 취하는 것으로 보이는 견해도 제시되었던 바 있다.[34]

대법원 판례는 '객관적 의의의 영업'을 일정한 영업의 목적을 위하여 조직화된 사회적, 경제적 활력을 가진 유기적 일체로서의 기능을 하는 영업재산이라고 하는 입장을 취하여 왔다.[35] 최근 대법원 판례도 영업양도에서의 영업의 의미를 일정한 영업 목적에 의하여 조직화된 유기적 일체로서의 기능적 재산'이라고 하며, '유기적 일체로서의 기능적 재산'이란 영업을 구성하는 유형·무형의 재산과 경제적 가치를 갖는 사실관계가 서로 유기적으로 결합하여 수익의 원천으로 기능한다는 것과 이와 같이 유기적으로 결합한 수익의 원천으로서의 기능적 재산이 마치 하나의 재화와 같이 거래의 객체가 된다는 것을 뜻하는 것이라고 한다.[36] 통설과 견해를 같이하는 것으로 볼 수도 있다.

그런데 위의 설명들에서 구성요소를 언급하는 외에 그에 더해서 '영업목적을 위해서 결합한 조직적 재산'과 같은 부분이 나오는데, 이는 단순한 재산이 아니라 영업 목적을 위한 것이며[37] 조직화되어 있다는 것을 설명한다고 보이는데, 조직화된 것은 모든 구성요소가 영업목적을 위해서 그에 적합하게 결합되어 있는 것을 의미한다. 또 '기능적' 재산이라는 부분을 부가하여 설명하는 경우도 있는데, 이 때 '기능적'은 '기능하는', 즉 '영업목적에 기여하여 영업활동을 하는'의 의미로 풀이된다.

이 모든 논의 뒤에 '객관적 의의의 영업' 개념의 징표들로는 무엇을 들 수 있을지 생각해 볼 필요가 있다. 그러한 것들로 문헌에서 공통적으로 추출되는 것으로는 '영리 목적', '조직화한 재산(조직적 재산)'이

33) 이철송, 「상법총론·상행위」 제7판, 2008, 227면.

34) 임홍근, 「상법총칙」, 1986, 439-440면.

35) 대판 1997.11.25. 97다 35085; 대판 1998.4.14. 96다 8826.

36) 대법원 2008.4.11. 선고 2007다89722 판결.

37) 목적재산의 성격을 가진다는 것을 의미하며, 이 점은 회사법에서의 회사재산으로서의 영업에 대한 이해와 연결된다.

있고, 특별히 '일정한 계획에 따라 인적·물적 설비를 결합한 조직 경영상의 단위'이란 설명이 '계획성', '경영상의 단위'와 같은 징표를 제시한다. 학설이 영업양도의 대상으로서의 재산이라는 성격에 초점을 두어 설명하다 보니까 영업 자체의 개념 징표에 대해서는 소홀히 하였다고 여겨진다. 따라서 결과는 별로 풍성하지 않으나, 이러한 징표들은 의미있어 보인다.

3) 객관적 의의의 영업과 주관적 의의의 영업의 관계

이 두 개념의 관계에 관련하여 근래에는 논의되는 바가 없지만, 상법학의 역사를 거슬러 올라가 보면 일원론이냐 이원론이냐의 논의를 찾아볼 수 있다. 영업활동과 영업재산을 유기적으로 연관시키고자 하는 일원론의 입장에서는 두 개념의 종합으로서 영업 개념이 구성된다고 한다. 양자의 결합 문제와 관련하여 양 요소를 유기적으로 결합하여 융합일체로서 파악할 때 만족할 수 있는 영업 개념 정립이 가능하다는 견해도 피력되었다.[38] 영업과 기업에 관한 주관적 측면 및 객관적 측면과 관련하여 양자의 통합적 이해를 강조하는 견해이다. 이 견해의 이해방식은 기업 개념의 정립에서도 마찬가지로 해당한다.[39]

다른 한편 일원론도 그 연결 고리 내지 연결 모멘텀이 무엇인가에 대해서는 답을 주지 못하였다고 전제한 후 그 연결 모멘텀을 영업의 주체성에서 찾을 수 있다는 견해도 피력되었던 바 있다.[40] 이 견해에 의하면 영업활동과 영업재산이란 두 요소를 연결하는 방식은 영업활동의 주체가 영업이고 영업재산의 귀속체가 영업이라고 관념한다는 것이라고 설명된다. 이러한 설명에 의해서 영업이 영업활동이나 영업재산이

38) 손주찬, 상법의 기초개념으로서의 기업의 개념과 경제법, 「법조」, 1959.7, 48면.
39) 손주찬, 상법의 기초개념으로서의 기업의 개념과 경제법, 「법조」, 1959.7, 47면: 손주찬 교수님의 초기 논문인 이 논문에서는 영업에 대한 이해 방식에 있어서 주관적 측면과 객관적 측면에 강조점을 두는 제 견해들도 소개하고 있다.
40) 이는 정희철 교수님의 견해이다(정희철, 기업개념의 상법적 의의, 서울대학교 「법학」 제3권 제2호, 233면).

모두 영업에 종합되고 통일된다는 것이며, 영업 개념은 종합개념의 의의를 갖게 된다는 것이다. 결국 영업은 행위의 주체이자 법적 주체로 격상되며, 주체적, 객체적, 동태적으로 사용되는 삼원적(三元的)인 개념이 된다고 한다.[41]

뒤의 기업의 주체성 문제에서 함께 다룰 것이지만, 영업의 주체성은 현행법 상 인정할 수 없다고 본다. 위의 설명은 행위의 주체로서의 영업자 내지 영업주의 개념을 영업으로 대체시킨 것으로 파악된다. 영업재산이라는 영업활동의 근거는 영업주에 귀속되고 영업활동은 영업주가 행하는 영업을 위한 활동이라고 파악되며, 이렇게 보아서 영업주는 영업활동의 근거(객관적 의의의 영업)가 귀속되는 귀속점, 즉 법적 주체이며, 또한 영업활동(주관적 의의의 영업)을 하는 활동의 주체인데, 이러한 영업주의 활동의 결과는 객관적 의의의 영업(영업활동의 근거)에 축적되고 이는 다시 영업주에게 귀속되는 것이다. 이러한 설명이 자연스러워 보인다.

2. 기업에 대한 상법학의 이해

다음으로 '기업'에 대한 상법학의 이해를 살펴보자. '정작 기업을 다루는 법이며 기업을 위한 법이라고 하는 법(기업법)으로서의 상법에서 기업 개념은 중요한 개념이다. 상법 영역에 속하는 단행법률 중에서 기업이란 말이 들어간 이름의 것들이 많이 있으며,[42] 상법학 분야의 학설이나 판례에서 '기업'은 흔히 등장한다. 하지만, 상법전에는 등장하지 않는다. 상법학에서는 '기업법'으로 규정되는 것이 상법인데, 그 중에서도 대표 내지 맏형격인 상법전에는 기업이 없다는 것이니 참으로 아이러니라 하지 않을 수 없다. '실질적 의의(義意)의 상법'에 속하는지 결

41) 이에 관해서는 다음을 볼 것: 정희철, 기업개념의 상법적 의의, 서울대학교「법학」 제3권 제2호, 233면.

42) 구법(舊法)도 포함해서 나열해 보면, 기업공개촉진법, 중소기업기본법, 중소기업협동조합법, 중소기업사업조정법, 중소기업은행법, 중소기업진흥법 등이 있어 왔다.

정할 기준을 정하는 문제, 즉 상법대상론(商法對象論)에 있어서 기업법설이 통설이므로 상법에 속하는지에 대한 기준인 기업의 개념이 확정되어야 상법의 범위가 확정될 것이기 때문에 상법학에서의 기업 개념의 규정은 매우 중요하다고 말할 수 있겠다. 그러므로, 기업 개념의 규정은 상법학 최대의 과제가 될 수밖에 없다.

'기업'을 상법학에서는 개념 논의에 있어서 통상 위에서 다룬 '영업' 개념과 동일하다고 보기도 하고[43] 아니더라도 유사하다고 보는 것으로 파악되는데,[44] 그러한 개념 이해와는 달리 견해에 따라서 '회사'와 등치시키거나 아니면 그에 귀속시켜야 할 그러한 존재로 통한다. 그런데, 이와는 다른 용법(용어 사용법)도 있고, 이 경우에는 다른 개념(용어) 이해가 요구되는 것이 사실이다. 그러한 경우는 '기업'이 '회사'에 대한 대용어로서도 쓰이는 경우와 '재벌'을 전체로서 '기업'으로 보는 경우이다. 후자의 경우가 국제통상법이나 국제거래법에서의 특별한 기업 개념이다. 바로 '다국적기업(multinational enterprise)' 내지 '초국적기업(supranational enterprise)'이 그런 경우인데, 이는 '국제재벌(international conglomerate)' 내지 '국제콘쩨른(internationaler Konzern)'을 의미하며, 이는 '여러 국가에 걸쳐 존재하는 다수의 독립적인 회사 또는 다른 기업형태들이 형성하는 경제적인 통일체'를 말하는 것이다. 이런 이해방식은 재벌을 전체로서 '기업'으로 보는 용어사용과 맥을 같이하는 것이라고 하겠다. 사실 기업에 관한 개념 규정과 이해는 여러 학문분야에 따라서 다양하고, 상법학 내에서도 그러한 것으로 드러난 것이다. 그래서 이를 하나로 통일한다든지 하는 종합·정리한다든지 하여 개념 규정을 하는 것은 불가능하고 불필요한 것이라고도 할 수 있겠다.[45] 다만, 우리가 일반적으로 접하는 용어사용법에 따른 '기업'에 대한 이해는 상법학에서 필요하다고 여겨진다. 그래서 그러한 기업 개념에 대한 상법학의 이해를 문헌 검토를 통해서 밝히고, 이어서 위의 두 가지 특수한

43) 손주찬, 상법의 기초개념으로서의 기업의 개념과 경제법, 「법조」, 1959.7, 제48면.
44) 자세한 논의는 아래의 VI.를 볼 것.
45) 정찬형, 「상법(상)」 제11판, 2008, 7면.

용법에 대하여 언급하기로 한다.

1) 상법학 학설에 대한 개관

그렇다면 상법학에서는 기업을 무엇이라 하는가? 영업에 관련해서와는 영업양도 개념을 중심으로 영업이 논하여졌다면, 기업에 관하여는 사정이 달라서 상법학에서 그 초기부터 좀 더 많은 논의를 해 왔다고 할 수 있는데, 그것은 특히 소위 '기업법'으로 상법을 이해한다는 계기와 공동결정 도입과 기업법(Unternehmensrecht)으로의 개편 문제 등을 배경으로 하였다고 여겨진다. 기업 개념은 원래 경제학과 경영학에서 발생·발전되어 온 것인데, 이를 독일의 상법학자 비란트(Wieland) 교수가 상법의 중심개념으로 하였고, 양도의 목적물로서 부분적으로 관찰하는 것을 넘어서서 전체적으로 관찰하였고 상법의 종합적 인식의 견지에서 이를 수용하였다. 그래서 그는 기업법설을 창시하게 된 것인데, 이를 일본학자들이 수용하였고, 우리 학계에서도 수용하였던 것이라 하겠다.

문헌에서 많이 언급하지는 않지만, '주관적 의의'와 '객관적 의의'로 구분하는 것이 영업에 대해서만이 아니라 기업에 대해서도 통한다고 하겠다. 주관적 의의의 기업이란 '기업한다'고 할 때의 기업, 즉 '기업활동'을 의미하고, 객관적 의의의 기업이란 기업자의 기업활동의 근거로서 그가 그 경제상의 목적, 즉 영리 목적을 달성하기 위하여 이용하는 인적 및 물적 제요소의 결합에서 이루어지는 사회적 경제적 유기체라고 할 수 있겠다.[46] 하지만 국내 상법학 문헌에서는 기업활동 측면보다는 기업활동의 근거, 즉 객관적 의의의 기업을 설명하는데 치중하고 있다.[47] 역사적으로 기업에 대한 설명을 살펴보면, 통설인 기업법설에서의 기업 개념에 관하여 상법학자들은 다양한 설명을 통해서 견해들을

---

46) 손주찬, 상법의 기초개념으로서의 기업의 개념과 경제법, 「법조」, 1959.7, 40면: 여기서 이들을 각각 '동적 의의'와 '정적 의의'라고 표현하시기도 한다.

47) 손주찬, 상법의 기초개념으로서의 기업의 개념과 경제법, 「법조」, 1959.7, 48면; 고준환, 기업법의 체계화를 위한 기업개념 고찰, 「상법논총－인산정희철선생정년기념논문집」, 1985, 47면 참조.

개진하였는데, 이를 살펴보고 분석해보기로 한다. 분석에 있어서 국내 문헌에서의 다양한 설명을 하였는데, 그로부터 기업 개념의 징표 내지 구성요소를 추출해가는 방식을 취하기로 한다.

우선 우리 상법학을 일구신 제1, 2세대 원로학자분들의 견해들부터 쭉 살펴보면 나름의 공통적 흐름 내지 맥을 발견할 수 있다. 우선, 서돈각 교수님의 견해에 따르면 기업이란 '대체로 일정한 계획에 따라 계속적 의도로써 영리활동을 실현하는 조직체'이며, '부정량의 재산증가를 달성하기 위하여 경제상의 힘을 투기하는, 다시 말하면 이익획득 목적으로 자본과 노력을 던지는 영리경제'라고도 하며, '인적·물적 설비를 계획적으로 일정한 질서 아래서 통합조직화한 사회적·경제적 조직체' 라고도 한다.[48] 분석적으로 보면, 대체로 '계획성', '계속성', '영리활동', '사회적·경제적 조직체'라는 징표가 포착된다.

이러한 분석은 손주찬 교수님의 견해에 따르면 '일정한 계획에 따라 계속적인 의도 하에 영리행위를 실현하는 독립된 경제단위'라고 하면서, 일정한 금액(자본)을 가지고 경제활동을 영위하며, 그 금액을 기초로 하여 수익을 계산하는 이른바 자본적 계산 하에 재산의 증가를 기도하는 영리경제인 점에서 소비경제인 가계와 구별된다고 한다. 기업 상의 활동은 계획적이고 계속적인 의도를 가지고 통일성 있는 일체로서 행하여져야 하며, 적어도 계산상으로는 가계로부터 분리·독립하여야 한다.[49] 또한, 이윤영 교수님의 견해에 따르면 기업은 '자본주의 경제조직 하에서 계속적·계획적으로 영리행위를 하는 하나의 독립된 경제적 단위'라고 한다.[50] 임홍근 교수님의 견해에 따르면 '일정한 계획에 따라 계속적 의도로써 영리활동을 실현하는 경제적 조직체'라고 한다.[51] 이 세 분의 견해에서도 서돈각 교수님의 견해에서 포착되는 징표들이 발견된다. '계획성', '계속성', '영리행위(영리활동)', '경제적 단위'가 그

48) 서돈각, 「상법강의(상)」 제3보정판, 1984, 29면.
49) 손주찬, 「상법(상)」 제14전정판, 2003, 7면.
50) 이윤영, 「민상법중심기업법개론」, 1982, 98면.
51) 임홍근, 「상법총칙」, 1986, 11면.

것이다. 영리행위는 위의 '영리활동'과 같은 것으로 볼 수 있고, '경제적 단위(혹은 경제단위)'라는 징표는 '경제적 조직체'라는 표현으로 대신할 수 있는 것인데,[52] '단위'가 대외적인 관계에서 바라본다는 점을 표현하는 것으로 보인다.

이러한 설명을 이어받은 기업 개념 설명은 이후에도 출현하는데,[53] 그에 의하면 '기업'은 '기획적, 계속적 영리행위관계 단위'이며 '기획적'이며 '계속적'이라는 점에서 민법 상 영리행위와 구별된다.[54] 이에 따르면 '계속성', '기획성', '영리행위', '단위'가 기업의 징표에 해당한다고 하겠다. 영리행위는 영리활동으로 치환할 수 있겠고, '단위'는 '경제단위'의 의미로 이해할 수 있겠다. 위의 이해방식은 최근 문헌에까지 이어져 내려왔고, 최근 문헌들에서는 '계속적 의도(계속성)', '일정한 계획(계획성 혹은 기획성)', '영리행위', '독립 경제단위' 라는 공통적 개념 징표들이 추출된다.[55]

위의 흐름에서 조금 벗어난 예들이 있는데, 우선 양승규 교수님과 박길준 교수님의 견해는 조금 차이를 보이는데, 이에 따르면 '자본과 노력을 결합하여 이윤획득을 추구하는 영리경제'라고 한다.[56] '영리활동'과 '경제단위'라는 징표는 표현에서 추론할 수 있으며, '자본과 노력의 결합'에서 '생산요소의 결합'이라는 요소를 제시한 것이 특별한 점이라

52) 임홍근, 「상법총칙」, 1986, 11면에서는 '경제적 조직체'라고 한다.

53) 1980년대 중반의 고준환 교수님의 논문에서 나온다(고준환, 기업법의 체계화를 위한 기업개념 고찰, 「상법논총－인산정희철선생정년기념논문집」, 1985, 47면 참조).

54) 고준환, 기업법의 체계화를 위한 기업개념 고찰, 「상법논총－인산정희철선생정년기념논문집」, 47면.

55) 홍복기 교수님의 견해에 의하면 기업이란 '일정한 계획에 따라 계속적인 의도로 영리행위를 실현함을 목적으로 하는 독립된 경제단위'를 말한다(홍복기, 「상법개설」 제4판, 2005, 3면). 김성태 교수님의 견해에 의하면 기업이란 '일정한 계획에 따라 계속적 의도하에 영리행위를 실현하는 독립된 경제단위'라고 한다(김성태, 「상법총칙·상행위법강의」, 1998, 19면). 안강현 교수님의 견해에 의하면 기업이란 '계속적인 의도 하에 영리행위를 실현하는 독립된 경제단위'라고 한다(안강현, 「상법총칙·상행위법」, 2008, 4-5면).

56) 양승규/박길준, 「상법요론」 제5판, 1999, 19면.

하겠다.

다음으로 상법학계 1세대 원로이신 정희철 교수님의 견해에 따르면 기업은 "상인적 설비와 방법에 의하여 영리의 목적으로 경영활동을 하는 독립적인 경제적 생활체라고 한다. 여기서 상인적 설비와 방법이란 영업설비와 영업방식을 말하며, 상인적 설비는 물적 설비와 인적 설비로 나뉘는데, 물적 설비는 동산, 부동산 기사 경영에 필요한 유무형의 재산이 포함되며, 인적 설비에는 상인, 상업사용인, 노동자 등이 모두 포함된다. 이 모두를 포함하는 것이 광의의 기업이며, 이 중에서 노동자를 제외시키면 협의의 기업이 되며, 인적 설비 모두를 제외시키면 최협의의 기업이 된다고 설명된다. 그리고 상법의 대상이 되는 기업은 협의의 기업을 의미한다"라고 설명된다. 이는 통상의 상업사용인이 아닌 통상의 사용인은 배제하는 기업 개념이라고 할 것이다.[57] 정리하자면, '영리활동(영리행위)'과 '독립적 경제단위(경제생활체)'라는 징표는 위의 흐름과 공통적인 요소라고 하겠는데, 인적 요소를 '인적 설비'로 포착하여 그 범위와 기업 개념을 연관시키는 점이 특별한 점이라 하겠으며, 위의 흐름과는 달리 '계속적 의도(계속성)', '일정한 계획(계획성 혹은 기획성)'이라는 징표가 없고 대신에 '상인적 설비와 방법(에 의하여 경영활동을 하는)'이라는 징표가 포함되어 있다. '계속적 의도(계속성)', '일정한 계획(계획성 혹은 기획성)'이라는 징표와 '상인적 설비와 방법(에 의하여 경영활동을 하는)' 모두 상인의 특성이라는 점이 공통적이지만, 전자는 의도와 계획 측면이고 후자는 설비와 방법 측면을 강조하는 점에서 대조된다.

정찬형 교수님의 견해도 마찬가지로 '상인적 설비와 방법(에 의하여 경영활동을 하는)'을 징표로 삼고 있다는 점에서 정희철 교수님 견해의 맥을 잇는 것으로 여겨지는데, 다른 점은 이 징표를 '기업'이 아니라 상법의 대상이 되는 기업이라는 '상기업'의 징표로 삼았다는 점이다. 그리고 이 '상기업' 개념을 다시 협의의 기업 개념이라 하고, 이를 포함하는

57) 정찬형, 상법상의 기업개념, 「백산상사법논집」, 14-15면.

'광의의 기업' 개념을 구축한다. 기업 개념을 광협으로 분류하는 것인데, 이에 따르면 '광의의 기업 개념'은 '법학 상의 기업 개념'으로 경제학상의 그것에서 왔지만, 그것과 다르다고 하면서 모든 법률에서 말하는 기업에 공통적으로 적용될 수 있는 (또는 장래에는 적용될 수 있는) 기업개념이며, '물적 설비와 인적 설비가 결합한 사업체로서의 경제단일체'라고 하여 한다. 다음으로 '협의의 기업 개념'은 상법에서의 기업 개념 내지 상법학 상의 기업 개념으로 '상기업(Handelsunternehmen)' 또는 '상인기업(kaufmaennisches Unternehmen)'으로 불리우며 기업의 하부 종류이며, 상기업만이 상법의 대상이 되는 기업이라고 한다.[58] '기업 개념'을 넓게 잡고, '상기업 개념'을 상법의 대상으로 삼은 이 관점은 독일 상법학의 설명을 적어도 그 점에서 계수한 것으로 보인다. 이어서 상법의 대상이 되는 기업인 '상기업'을 '상인적 설비와 방법에 의하여 영리의 목적으로 경영활동을 하는 경제적 생활체'[59]라고 정의되는데, '상'기업이므로 '상'의 징표를 도입하였고, 그것이 '상인적 설비와 방법(에 의하여 경영활동을 하는)'라고 할 수 있겠다. 정희철 교수님 견해와는 달리 '영리활동'이라는 징표는 제시되지 않으며, 위의 '경제단위'로 풀 수 있는 '경제단일체'라는 징표는 제시된다.

정찬형 교수님 견해가 '기업'과 '상기업'으로 구별하는 점이 다르지만,[60] 정희철 교수님과 정찬형 교수님 두 분의 견해는 상법의 대상이 되는 기업과 관련하여 유사성을 보이고 있어 하나의 흐름으로 파악할 수도 있겠다. 기업을 광협으로 분류하지는 않지만 위의 이해방식에 서 있으면서 조금 비껴나 있지만 유사한 견해가 '자본적 계산방법 하에 경영되며 법률상 독립체로 취급되는' 같은 독특한 징표를 제시하는 견해

---

58) 정찬형, 「상법강의(상)」 제11판, 2008, 8면.

59) 정찬형, 「상법강의(상)」 제11판, 2008, 8면.

60) 독일에서 'Handelsunternehmen', 즉 상기업을 논하는 데서나 공기업의 존재에서 알 수 있는 것처럼 영리기업 이외의 다른 기업도 있을 수 있는 것이므로, 기업개념을 상법에 제한시키는 것은 사실 불가능하다. 즉, 기업은 사경제와 영리추구에만 이용되는 것은 아니라 하겠다.

이다.[61] '자본적 계산방법'을 강조하는 점이 특별한 점이다.

위와 같이 주요 문헌을 살펴보아도 상법학에서의 기업 개념에 대한 견해의 차이는 드러난다. 그럼에도 전체적으로 보면 주요 문헌들에서의 기업 개념에 대한 설명에서는 크게는 두 개의 흐름이 발견된다. 양자에 공통적인 것은 '영리활동', '경제단위'라는 징표이며, 다수적 견해는 '계획성(계속적 의도)', '계속성'라는 상인적 징표를 제시하고, 소수적 견해는 '상인적 설비와 방법'이라는 상인적 징표를 제시한다는 점에서 다르다. 그 외에 이러한 상인적 징표 대신에 '경영상의 자본적 계산방법'과 같은 상인적 징표나[62] '자본과 노동의 결합'이라는 경제학적 관점의 징표를 제시하는 소수적 견해도 있다.

마지막으로 생각해 보아야 할 개념 징표는 '법률상 독립체로 취급되는'인데,[63] 이는 기업 개념과 관련된 문제의식들과 연결시킬 수 있는 징표이고 그래서 순서상 지금 다루는 것이 적절한 것인데, 일단 엄밀하게 보면 옳지 않아 보이는 표현이다. 왜냐하면 기업은 그 자체에 법인격이 부여되어 있지 않아서 법률상 독립적으로 취급되는 것이 아니기 때문이다. 법인격은 기업이 아니라 기업을 담당하는 회사에 부여되어 있는 것이고, 기업은 그에 귀속되는 존재일 뿐이다. 다만, 이 징표를 발전시키거나 수정을 가해서 이해하면 의미 있는 징표가 될 수 있다. 이

---

61) 이철송 교수님의 견해에 의하면 "기업법설에 따라서 상법은 기업에 관한 법이라고 할 때의 기업은 법률적 개념이며, 자본적 계산방법 하에 경영되며 법률상 독립체로 취급되는 계속적, 영리적인 경제단위를 뜻한다"라고 한다(이철송, 「상법총칙·상행위」 제7판, 2008, 7면). 자본적 계산방법 하에 경영된다는 점과 법률상 독립체로 취급된다는 점이 독자적으로 제시하는 징표이다.

62) 원래 표현은 앞의 주에 나오는 바와 같이 '자본적 계산방법 하에 경영되며'이다(이철송, 「상법총칙·상행위」 제7판, 2008, 7면).

63) 이철송교수님의 견해에 의하면 "기업법설에 따라서 상법은 기업에 관한 법이라고 할 때의 기업은 법률적 개념이며, 자본적 계산방법 하에 경영되며 법률상 독립체로 취급되는 계속적, 영리적인 경제단위를 뜻한다"라고 한다(이철송, 「상법총칙·상행위」 제7판, 2008, 7면). 자본적 계산방법 하에 경영된다는 점과 법률상 독립체로 취급된다는 점이 독자적으로 제시하는 징표이다.

는 재벌과 관련시켜 '기업'을 이용하는 용어사용법과 관련된다. 국내 혹은 국제 콘쩨른을 기업이라고 부르는 경우와 구별하기 위해서는 '법적 독립성'이라는 징표가 필요해 보인다. 엄밀하게 표현하자면, '법적 독립체에 귀속되는' 정도의 구별징표가 개념요소로서 필요한 것이다. 현재 우리 법상황을 볼 때 '상인'이 권리주체인 것이고 이러한 상황에서 기업 개념은 영업 개념과 마찬가지로 상인의 기업 활동의 근거로서 상인에게 귀속되는 존재의 의미만을 가질 뿐이다. 그래서 상인은 기업의 보유자(Inhaber)이자 담당자(Traeger)가 된다는 것이다. 이와 관련하여 영업 귀속에 관한 설명이 그대로 기업의 귀속에 대해서 적용될 것이다.

Ⅲ. 관련분야에서의 '영업'과 '기업' 이해

상법 영역에서의 영업과 기업 개념을 다루었으므로, 이와의 비교를 위하여 일상에서의 의미와 사전적 의미, 인접 학문 그리고 다른 법 및 법학의 분야에서의 두 개념에 대한 이해가 어떠한지에 대해서 살펴봄으로써 상법학에서의 이해와의 비교의 기초를 마련하고 그에 대한 시사점을 찾아보기로 하겠다.

1. 상법학의 이해의 원천으로서의 경제학과 경영학에서의 이해

경제학과 경영학에서는 기업을, 특히 객관적 의의의 기업을 주관심 대상으로 삼고 있으며 이는 상법학의 이해의 원천이라는 점에서 주목할 만하다고 하겠다.

1) 경제학에서의 이해

경제학에서 '영업'은 쓰이지 않는 용어인 반면에 '기업'은 매우 중요한 개념을 구성한다. 그런데 문헌에서 '기업'에 대한 명확한 개념 규정은 잘 발견되지 않으나, 그 본질에 관한 논의는 특히 신제도학파 내지 법경제학(Law and Economics)을 중심으로 활발하다는 점과 회사기업의 경우 기업과 회사는 동의어처럼 쓰인다는 점이 특기할 점이므로 우선 밝혀야 하겠다.[64] 또한, 회사가 기업의 소유자라는 이해는 보이지 않으며, 소유자를 나타낼 때는 통상 주주를 든다는 점도 함께 주목할 만한 점이다.

경제학에서는 외부적 시각에서 기업을 바라보며, 그 역할 내지 기능에 초점을 두고 기업으로 이해한다. 기본적으로 외부적 시각에서 바라보는 기업은 거시적 관점에서 보는 기업으로 [경제학에서 말하는 '국민경제'(Nationaloekonomie)에서 정부, 가계와 함께] 경제주체의 하나이다. 이는 상법학에서 제시되는 경제단위라는 징표에 해당하는 것으로 보인다.

경제학에서의 기업 개념으로는 신고전학파의 그것과 제도학파의 그것을 살펴보아야 한다. 신고전학파에서의 기업 개념에 따르면 기업은 생산, 즉 (부가)가치 창출을 하는 존재인데, 가치창출의 과정은 블랙박스와 같이 내부를 다 볼 수 없고 인식할 수 없는 것으로 가정한다. 신고전파의 기업관에 따르면 기업의 본질은 기업이 하나의 생산기술(production technology)이며 주어진 생산함수이며, 그 기업관은 기업의 경계를 시장에서 주어지는 것으로 인식하는 외부결정론적인 것이다.[65] 우리 상법학이 영향을 받은 것은 이러한 기업관이라고 여겨진다.

제도학파의 이해방식은 그와는 다르다. 제도학파는 구제도학파와 신제도학파로 나뉘는데, 구제도학파는 기업을 하나의 '제도'로 본다. 구제

64) 회사는 회사모델론(corporate model theory)에서 중심에 두는 개념이며, 기업은 기업이론(theories of the firm)에서 중심에 두는 개념인데, 전자는 회사가 우선해서 추구해야 할 이익은 누구의 이익인지와 회사의 의사결정 권한은 누구에게 있어야 하는지에 관한 모델이며, 기업이론은 기업의 본질에 관한 이론이다.

65) 조동성, 21세기를 위한 경영학, 서울경제경영서울경제경영, 48면: 기업에 관한 설명에서 신고전학파 세계에서 기업의 존재가치는 규모의 경제 논리와 범위의 경제 논리에 그 뿌리를 두고 있다고 한다.

도학파는 기업의 본질을 살피면서 사회적, 국가적, 공적 차원에서 바라보아서 하나의 실체를 가진 사회적 제도의 측면을 보려고 함으로써 기업의 사회성과 제도성을 강조하고 기업 규율에 있어서는 법에 의한 것을 강조한다. 이에 의하면 회사는 사회적 제도이며 사회적 가치에 기초해서 국가가 적극적으로 운영방향을 제시하고 경영자는 이를 추구해야 한다. 그래서 결국 경영자주의 기업이론으로 귀결한다.[66)]

코즈(Coase)로 대표되는 신제도학파에서의 기업관은 위의 두 이론의 중간에 선다. 양 이론이 각각 기업에 있어서 개인성과 제도성을 강조한다면, 신제도학파는 양자를 고려하는 데 있어서 균형을 추구하는 것이다. 이 양자 간의 관계 설정이 어떠한지에 따라서 다양한 경제학적 기업이론들이 출현한다.[67)] 신제도학파의 기업이론은 우선, 시장의 불완전성을 전제로 하여 기업이 시장을 보완하는 존재라는 관점을 취하고 있다. 그리고는 신고전학파가 간과한 부분,[68)] 즉 시장 외에 기업이라는 조직을 통한 자원배분이 필요하다는 점을 포착하였다. 기업조직을 시장과 비교하면서 대체적 제도로 인식한 연구는 코즈에 의해서 시작되었고 윌리엄슨의 시장실패모형(market failure model)로 집대성되었는데, 이로써 경제학의 기업관이 일대 전환을 맞이하였던 것이다.[69)] 신제도학파에 따르면, 기업은 '생산주체로서 사회에 존재하는 한정된 자원을 가장 효율적으로 배분하여 그 가치를 극대화시킴으로써 사회의 경제수준 향상에 이바지하는 조직'이다. 시장과 마찬가지로 자원배분 기능을 수행한다는 점이 주목할 부분이다. 기업조직이 형성되는 것은 가격에 의해서 생산이 조절되는 것이 비효율적일 때라는 것이다.

66) 신석훈, 회사지배구조모델의 법경제학적 접근－계약주의 회사모델을 중심으로－, 연세대학교 법학박사학위 논문, 2006, 171면.

67) 신석훈, 회사지배구조모델의 법경제학적 접근－계약주의 회사모델을 중심으로－, 연세대학교 법학박사학위 논문, 2006, 172면.

68) Salanie, Bernaud, The Economics of Contracts, 2005, 1면; 신석훈, 회사지배구조모델의 법경제학적 접근－계약주의 회사모델을 중심으로－, 연세대학교 법학박사학위 논문, 2006, 172면.

69) 조동성, 「21세기를 위한 경영학」, 2000, 48면.

시장은 정보전달 체제인데, 가격이 시장정보의 효율적 전달체가 아니며 시장정보를 얻는 데는 거래비용(transaction cost)이 들기 마련인데, 이 비용을 내부화하는 것이 기업이라는 것이며, 이 기업 내부의 비용을 조정비용(coordination cost)이라고 부른다. 결국 기업 활동의 범위는 외부적인 거래비용과 내부적인 조정비용이 만나는 점에서 정해지게 된다.[70]

결국 신제도학파에서는 기업은 제도인데 이 제도성은 개인들의 자발적 선택으로 형성된 것이라고 설명하는 것이다. 신제도학파의 계약주의 회사관 내지 기업관은 다양한 활동을 수행하는 개인들 간의 계약의 결합이 기업이라는 것으로 계약연결망 이론(the nexus of contracts)이라고 한다. 이 때 계약은 자발적 관계로서 시장 메커니즘을 통한 이행강제와 결부되어서 법적 계약과는 다른 것이다. 법경제학, 즉 신제도학파는 회사를 계약의 결합체 내지 연결망으로 봄으로써 회사를 단순히 하나의 사물이나 주체로 보는 인식에서 벗어나 있다고 하겠다.[71] 계약주의 회사 모델 내지 기업관은 두 개의 기업이론을 발전시켰는데, 대리인 비용 이론과 거래비용 이론이 그것이다.[72]

종합하자면 경제학에서의 신고전학파, 구제도학파 그리고 신제도학파의 기업 이해는 서로 다른데, 신고전학파에서 보는 기업은 생산, 즉 (부가)가치 창출을 하는 경제단위, 즉 생산경제단위이며, 생산 내지 가치창출의 과정은 블랙박스와 같이 내부를 다 볼 수도 인식할 수도 없는 생산기술 내지 생산함수라고 본다. 제도학파에서 보는 기업은 제도인데, 구제도학파는 기업의 사회성과 제도성을 강조하고 기업 규율에 있어서 법에 의한 규율이 요구하는 것인데 비해서, 신제도학파는 기업의 제도성이 개인들의 자발적 선택으로 형성된 것이라고 설명하는 점에서 구제도학파와 차별화하였는데, 기업이 시장과 같이 자원배분 기능을 수행한다고 보며 '생산주체로서 사회에 존재하는 한정된 자원을 가장 효

70) 조동성, 「21세기를 위한 경영학」, 2000, 49면.

71) 신석훈, 회사지배구조모델의 법경제학적 접근－계약주의 회사모델을 중심으로－, 연세대학교 법학박사학위 논문, 2006, 77면.

72) 신석훈, 회사모델론에 관한 소고, 「경제법 연구」 제5권 제1호, 2006, 176면 이하.

율적으로 배분하여 그 가치를 극대화시킴으로써 사회의 경제수준 향상에 이바지하는 조직'이라고 본다.

2) 경영학에서의 이해

경영의 현장에서와는 달리[73] 경영학에서는 보통 비즈니스란 용어를 사용하고 '영업'이란 용어를 사용하지 않는다. 하지만, '기업'이란 용어의 경우는 사정이 다르다. 그 동안 경영의 대상으로 기업을 바라보아 왔으며, 이제는 그 외에도 비영리조직(non-profit organization)을 경영의 대상으로 함께 바라본다. 즉, 비영리조직 경영 등으로 경영의 대상의 범위가 확대하였고, 기업의 활동으로서의 비즈니스에 그치지 않고 (더 일반적인) 경영관리를 중심으로 다루기도 한다.[74] 교재에 따라서는 그와 같은 대상을 포함하는 개념인 '조직(organization)'을 중심에 포진시켜서 기업 경영(business management, managing enterprise)이 아니라 조직 경영(managing an organization)을 이야기하기도 한다.[75] 조직은 복수의 사람이 모여서, 공동목표를 설정하고, 분업을 하고, 업무들을 통합하며, 분업과 통합에 관한 약속과 규정으로서 권한체계가 존재한다는 특성을 가지는 것이다.[76] 그렇지만 경영학에서 기업은 그 조직의 하나로서 경영의 대상으로서의 의미를 가지고 있다.[77]

경영학에서의 기업 개념은 범위가 넓어서 영리를 추구하는 사기업, 협동조합, 영리 추구를 목적으로 하지 않는 공기업 그리고 공사합동기업을 포함하는 개념이다.[78] 협동조합은 상법학에서는 중간법인으로 분

---

73) 경영의 영역에서는 "영업은 잘되나?"라고 물을 경우처럼 조직이 아니라 비즈니스(활동)의 의미로 활동에 대해서 사용되는 용어이며, 더 제한적인 의미로는 영업 부문에서 일한다는 경우에 마케팅 내지 현장에서의 '판매'를 의미하는 용어로 쓰인다.

74) 임창희, 「경영학 원론」, 2006, 11면.

75) 그러한 예로는 다음을 볼 것: Hellriegel, Don/Jackson, Susan E./Slocum, John W., Management, 8th. Ed., 1999, 8면.

76) 임창희, 「경영학 원론」, 2006, 8면.

77) 임창희, 「경영학 원론」, 2006, 9면.

류하는 것으로 상호부조를 추구하고 영리 추구를 하지 않는 것으로 보는데, 경영학에서는 회사기업의 하나로 본다.[79]

대부분의 경영학 교과서에서 설명하고 있는 기업 이해는 미시적 관점에서의 이해로서 신고전파 경제학의 기업 개념이다.[80] 이러한 관점에서 보는 기업은 '자본, 노동, 원재료, 에너지, 기술 등의 투입물(input)을 물리적, 화학적으로 가공하여 제품 또는 용역이라는 산출물(output)로 바꾸는 조직'이다. 이는 밀튼 프리드먼(Milton Friedman) 류(流)의 '생산중심적' 기업 개념인데, 이 기업 내부의 과정에서 투입물에 대한 대가, 즉 비용을 극소화하고 산출물에 대한 대가, 즉 수입을 극대화하여 그 차액인 이익을 극대화하려고 추구한다. 이는 기업의 부가가치의 창출과 이익 추구 그리고 이윤극대화라는 기업의 목표에 대한 설명이 되겠다.

이러한 생산중심적 개념 이외에도, 피터 드러커(Peter Drucker) 류의 마케팅 중심적 기업 개념과 앨빈 토플러(Alvin Toffler) 류의 인간 중심 개념이 발전하였다. 전자에 의하면 기업은 고객을 창출하는 존재이며, 후자에 따르면 기업은 인간의 능력을 개발하는 존재이다. 이러한 개념의 기초에는 각각 소비자의 구매가 없이는 기업의 계속적 기능 수행과 존속이 있을 수 없다는 생각과 정보화시대에는 두뇌활동이 가치를 창출할 것이기 때문에 사람은 인건비로써 비용 측면에서 포착할 것이 아니라 중요한 자산으로 파악해야 할 것이라는 생각이 깔려 있다.[81]

2. 다른 법과 법학에서의 이해

1) 헌법과 헌법학에서의 이해

헌법이 국가의 기본법이며 상법의 상위법이라는 점을 감안한다면 이 글의 주제와 관련해서도 헌법과 헌법학의 이해에 관심을 가져보지 않을

78) 조동성, 「21세기를 위한 경영학」, 2000, 51면 참조.

79) 조동성, 「21세기를 위한 경영학」, 2000, 51면 참조.

80) 이는 조동성 교수님의 설명이다(조동성, 「21세기를 위한 경영학」, 2000, 48면).

81) 조동성, 「21세기를 위한 경영학」, 2000, 42-46면.

수 없다고 본다. 우리 헌법을 찾아보면 "대한민국 헌법은 기업은 알지만 영업은 모른다."라고 말할 만하다는 생각이 든다. 우리 헌법에는 '영업'은 직접 언급되지 않으나, '기업'은 직접 언급되어 있는 것이다. 영업과 관련을 가지고 있는 권리나 자유를 찾아보면, '영업의 자유(Gewerbefreiheit)'가 발견된다. '영업의 자유'는 중세 후반에 그것의 맹아가 자라나서 근대 시민사회에서 시민의 자유의 하나로서 확립된 것이며, 이를 '영업의 자유 원칙'으로 법이 선언한 것은 1789년 불란서 대혁명 직후이다. 영업의 자유를 통하여 영업 간의 경쟁이 강화되었으며, 초기 자본주의시대에 '영업의 자유'는 '자유경쟁'과 함께 가장 강력한 지도원리였다고 하겠다.[82] 이 '영업의 자유'와 관련된 헌법 조항은 우리 헌법 제15조이다. 이를 보면, "모든 국민은 직업선택의 자유를 가진다"라고만 규정하여 이로써 '직업선택의 자유(Berufswahlfreiheit)'를 천명하고 있을 뿐이며, 이 조문에 소위 '영업의 자유'는 언급되지 않는다. '영업'은 이 조문에 등장하지 않는 것만 아니라 그 외의 다른 헌법 조항에도 '영업'은 등장하지 않는다. 헌법 제15조에서의 직업 '선택'의 자유는 광의로는 '직업의 자유'를 의미하여 직업 '수행(遂行)'의 자유도 포함하는 것으로 이해되는데,[83] 직업의 자유가 영업의 자유를 포함한다는 것이 다수의 견해이다.[84] 영업의 자유는 적어도 자연인에 있어서는 직업의 자유의 한 부분으로 이해되며, 법인의 경우는 직업의 자유 그 자체이다.[85] 나아가서 직업의 자유가 '영업의 자유'와 '기업의 자유'를 포함하는 것이라는 헌재 판결도 나와 있다.[86] 두 자유를 근거로 누구나 자유롭게 경

82) 영업의 자유를 실현하는 것은 당시에 왕으로부터 시민의 자유를 얻어가는 것을 의미했고, 그 중 핵심적 자유를 얻는 것이었다. 시민계급의 경제적 자유는 그 계급의 경제활동의 핵심적 기초로서 시민계급의 성장과 산업혁명의 토대가 되었다고 하겠다.

83) 김철수, 「헌법학신론」 제16전정신판, 2006, 429면.

84) 구병삭, 「신헌법원론」, 1989, 508면; 권영성, 「헌법학원론」, 2000, 528면; 문홍주, 「한국헌법」, 1987, 254면; 김철수, 「헌법학신론」 제16전정신판, 2006, 429면.

85) 허영, 「한국헌법론」 개정3판, 2007, 460-461면에서는 자연인과 법인의 경우를 구분해서 다루면서 법인의 경우는 직업의 자유 그 자체라고 강조하여 설명한다.

86) 헌재결 1996.12.26. 96 헌가 18, 판례집 8-2, 680-691면.

쟁할 수 있다고 한다.[87)]

이와 관련한 헌법학 문헌의 설명에서는 '영업'을 활동의 측면에서 이해한다. 이러한 이해방식이 영업의 자유를 논하기에 적합하므로, 그러한 이해방식을 취하는 것은 자연스러운 것으로 보이는데, '영업'이란 '개인의 생활의 기초를 이루는 계속적·독립적·수익적 활동'이라고 설명된다.[88)] 영업이란 활동은 업으로 하는 것이며, 노무 제공에 그치는 활동이 아니며, 영리 추구하는 것임을 뜻한다. 다시 말하면 사업으로서 영리추구를 하는 것, 즉 영리사업이라고 풀이되겠다.

'영업'과는 달리 '기업'은 헌법의 여러 곳에서 언급되어 있다. '기업'은 우리 헌법에서 경제조항 부분에 나온다. 우선, 제119조 제1항에서 기업의 자유를 논하며,[89)] 제2항에서 시장의 지배와 경제력의 남용을 방지하며, 경제주체간이 조화를 도모하는데, 여기서는 '기업'을 경제주체로 보고 있는 것으로 보인다. 이어서 제123조에서는 '중소기업(中小企業)'을 이야기하고,[90)] 제126조에서는 국유화 또는 공유화의 대상으로서의 '사영기업(私營企業)'을 이야기한다. 이렇게 우리 헌법의 여러 곳에서 등장하는데, 헌법에서나 헌법학 문헌에서 직접 개념 규정을 하지는 않는다.

2) 헌법과 헌법학 이외의 법영역과 법학 분야에서의 이해

'기업'은 민법전에는 등장하지 않고 공장저당법의 경우는 제1조 및 제3조에서 그리고 광업재단저당법의 경우는 제3조 등에서 '기업'이 등장하지만, 이로 인하여 '기업' 개념이 논의되지는 않는다. 민법전에 '기

---

87) 허영, 「한국헌법론」 전정3판, 2007, 460면.

88) 허영, 「한국헌법론」 전정3판, 2007, 460면.

89) 동 조항은 "대한민국의 경제질서는 개인과 기업의 경제상의 자유와 창의를 존중함을 기본으로 한다."라고 규정한다. 학설에서는 기업의 자유가 헌법 제119조 규정되어 있다고 한다(김철수, 「헌법학신론」 제16전정신판, 2006, 430면 참조).

90) 제123조 제3항에서 "국가는 중소기업을 보호·육성하여야 한다"라고 규정한 후에 제5항에서는 "중소기업의 자조조직을 육성하여야 한다"라고 하여 그 방법의 하나를 제시한다고 할 수 있다.

업'은 나오지 않지만 '영업'은 나온다. 민법에서는 제8조에 미성년자의 영업에 대한 법정대리인의 허락과 관련하여 '영업'이 등장한다. 이 조항은 미성년자의 영업에 대한 규율이라는 제한된 특정 목적을 추구하는 것이라고 볼 수 있다. 민법 제8조의 해석론이라는 맥락에서 영업 개념을 설명 내지 규정하는 것과 관련해서는 영업이란 '상업'에 한하지 않고, '널리 영리를 목적으로 하는 독립적·계속적 사업'을 의미한다는 것이 다수 견해이며,[91] 이에는 '공업이나 농업 기타의 자유업'도 포함된다고 한다.[92] 나아가서 영업과 관련하여 사업주에 고용되어 노동을 제공하는 경우는 영업에 해당하지 않는 것으로 본다.[93] 이는 '독립적'의 의미로 풀 수 있다. 이 견해와는 조금 달리 곽윤직 교수님은 영업을 '널리 영리를 목적으로 하는 독립적·계획적·계속적 사업'이라고 하여 '계획성'이란 요소를 영업의 개념요소를 추가한다.[94] 또 다른 견해에 의하면, '영리목적인 모든 계속적 사업'을 영업이라고 설명한다.[95] 이에 의하면 '독립성'이나 '계획성'은 영업의 개념요소에 포함되지 않게 된다. 이러한 민법학의 논의는 상법학의 논의에 도움이 된다.

독점규제법과 소비자기본법, 물가안정에 관한 법률 등에서는 '영업'이란 용어는 등장하지 않는다. 그 대신에 '사업'이 사용된다. 독점규제법을 살펴보면, '사업자'와 함께 '기업'이라는 용어도 사용된다. '사업자'란 사업을 행하는 자를 말하는데, 경제학상의 기업(Undertaking; Unternehmung)에서 유래된 것이라 한다.[96] 사업자는 독점규제법의 수범자이며 핵심개념이다. 사업이란 일정한 경제적 이익을 제공하고 그 것에 상응하는 반

91) 김준호, 「민법강의」 신정4판, 2003, 82면; 김형배, 「민법학강의」 제3판, 2003, 41면.
92) 김준호, 「민법강의」 신정4판, 2003, 82면.
93) 고상룡, 「민법총칙」, 1990, 130면; 김용한, 「민법총칙론」, 1986, 110면; 김준호, 「민법강의」 신정4판, 2003, 82면; 김형배, 「민법학강의」 제3판, 2003, 41면; 장경학, 「민법총칙」, 1985, 207면.
94) 곽윤직, 「민법총칙」 제7판, 2002, 89면: 여기서 필자는 공업, 농업 기타 실업과 자유업종이라고 기술하고 있다.
95) 양삼승, 곽윤직 외 편, 「민법주해(Ⅰ)」 제8조, 289면.
96) 권오승, 「경제법」 제5판, 2005, 135면.

대급부를 받는 행위를 계속적·반복적으로 하는 것이다. 사업을 행한다는 것은 자기의 계산 하에 사업을 영위한다고 하는 것이지 반드시 영리목적이어야 하는 것은 아니다.[97] '사업' 개념은 상법의 '영업' 개념보다 폭이 넓은 개념이라고 한다.[98] '기업' 개념은 기업 결합 규제나 대규모 기업집단 등에서 등장한다. 하지만, 개념 규정은 법에서 하지도 않고 경제법학에서도 마찬가지이다.

행정법에서는 특별경제행정법의 한 영역인 영업법(Gewerberecht)에서 영업이 규율대상으로 다루어져야 할 것이나,[99] '영업'과 '영업법'에 관한 논의가 발견되지 않는다. 참고로 독일의 경우 영업법(Gewerbeordnung)에서 '영업'을 정의하지 않는다고 한다. 하지만, '기업'만은 공기업과 관련해서 논해진다. 최근 민영화 문제로 관심사가 된 '공기업'은 '사기업'과 짝을 이루는 것이며, 기업 개념과 관련하여 중요한 시사점을 주는 것이다. 공기업은 행정주체가 행정목적 달성의 수단이 되는 기업을 말하며, 최광의로는 '국가 혹은 공공단체가 직접 사회공공이익을 위하여 경영하는 기업과 특허기업'이라고 하는데, 공기업은 수익성(영리성; 영리목적)과 공익성(공익실현 목적)을 동시에 추구하므로, 전자의 실현을 위해서 경영 자율성 보장을 요하며, 후자가 전자에 의해서 해를 입지 않도록 하려면 감독을 요하게 된다는 딜레마에 봉착하게 되지만, 이윤 추구의 독립 경영과 신속급부 제공을 함께 실현할 수 있다는 장점이 있다.[100]

---

97) 권오승, 「경제법」 제5판, 2005, 135면; 권재열, 「경제법」 4정판, 2005, 81면; 신현윤, 「경제법」, 2007, 80면.

98) 정호열, 「경제법」 제2판, 2008, 79면.

99) 독일의 영업법에 대해서는 다음 번역 문헌이 나와 있으니 참조할 것(Stober, Rolf/최송화·이원우 역, Verwaltungswirtschaftsrecht 경제행정법(9. Aufl., 1994), 1996, 357면 이하).

100) 유지태, 「행정법신론」 제10판, 2006, 883면.

IV. 비교검토, 종합 그리고 결론

위에서는 상법학과 다른 분야에서 영업과 기업을 바라보는 내용을 개관하였다. 이제 이를 분석하고 종합하여 상법학에 대하여 대안을 제시하는 일만 남아 있다. 논의를 위해서는 각 개념 별로 개념징표들을 단위로 해서 논하기로 하겠다. 이를 통해서 더 분석적으로 접근할 수 있어서 논의를 정교하게 할 수 있기 때문이다. 그러한 분석에 기초하여 분야들을 비교하여 이들 논의를 종합하고서 상법학적 대안에 대한 검토를 시도하기로 하겠다.

1. 상법학에서의 '영업'과 '기업' 개념의 비교

'영업(營業)'과 '기업(企業)'은 연혁적으로 같은 개념인 것은 아니라고 한다.[101] 상법학 학설에서는 이 두 개념을 비교하여 논하는 경우에 '객관적 의의의 개념'을 다루는 것으로 보이는데, 이 두 개념이 같은 의미를 가지는 것인지에 관하여 학설이 갈린다. 이 두 개념이 대체로 같은 뜻으로 풀이하고 있다는 다수설적 견해도 있으며,[102] 서로 다른 뜻을 가지며 종개념과 유개념의 관계 내지 하위개념과 상위개념의 관계에 있다는 견해도 있다.[103] 후자는 기업 개념의 범위가 영업 개념의 범위보다 넓다고 보는 것으로 해석된다. 또한 두 개념을 같은 뜻으로 이해하면서도 영업은 영업자를 중심으로 비교적 소규모의 사업을 뜻하고 기업은 그 물적 조직을 중심으로 비교적 대규모의 사업을 의미한다고

101) 손주찬, 「상법(상)」 제14정판, 2003, 191면.
102) 손주찬, 「상법(상)」 제14정판, 2003, 191면; 이범찬/최준선, 「상법(상)」 제5판, 2008, 152면; 임홍근, 「상법총칙」, 1986, 204면; 임홍근 교수님은 같은 견해였다가 반대설로 입장을 바꾸신 것으로 보인다. 이와 관련해서는 임홍근, 영업과 기업, 「상사법의 기본문제 - 해암이범찬교수화갑기념논문집」, 43면도 참조할 것.
103) 정동윤, 「상법(상)」, 2003, 137면.

하여서 규모에 따라 차별화하는 견해도 있다.[104] 이는 엄밀하게 본다면 양 개념을 다른 것으로 파악하는 입장이며, 그 내용은 결국 대규모의 것은 기업, 소규모의 것은 영업이라 설명하는 것이라 하겠다. 반면에 두 개념을 종개념과 유개념으로 이해하는 입장에서는 오히려 상법이 규제대상으로 하는 '기업'이 바로 '영업'이라고 하며, 그렇기 때문에 양자를 동의어로 사용하여도 무방하다는 입장을 표명한다.[105] 이는 상법학 영역에서는 영업이 문제되므로 양자의 차이가 없고, 기업은 영업 이외의 것도 포함하는 것이라고 해석된다. 아마도 이러한 이유로 해서 영업과 기업 개념에 관한 학설은 다양한 모습을 보이고 있음에도 "오늘날 상법학 분야에서는 대체로 같은 뜻으로 이해하고 있다."고 설명되기도[106] 하는 것이라 여겨진다. 종합하면 기업을 보는 관점이 둘로 나뉘어 있으며, 협의로, 즉 영업과 동의어로 보는 이해방식에 따라서 상법 입법자의 입장을 표현하면, "상법은 기업관계에 관한 법이지만, 상법의 규제대상인 '영업'이라는 용어로써 표현하고 있다."라고 할 수 있을 것이다.

두 개념에 대한 상법학계의 이해에 대한 문헌의 견해를 살펴보았고, 이제는 앞의 설명 기초하여 두 개념에 대한 분석을 직접 행하기로 하다. 상법학에서는 주로 '영업양도'와 관련하여 '영업' 개념을 논하기에 기능적 재산이라는 측면과 조직성에 치중하여 설명하는데, 통상적으로 제시하는 개념징표로는 '영업 목적'에서 추출되는 '영리성'과 '계속성'과 함께 '조직성'을 들 수 있다. 그 외에 '상인의 기업으로서 상인이 일정한 계획에 따라 인적·물적 설비를 결합한 조직 경영상의 단위'라는 설명에서처럼[107] '경영 단위(성)' 내지 '계획성'을 제시하기도 한다.

이에 대하여 '기업'은 마찬가지로 '영리성(영리활동)'과 '계속성' 이외에 다수의 견해에 따를 때 '경제단위'라는 징표와 '계획성(계속적 의

104) 손주찬, 「상법(상)」 제14정판, 2003, 191면; 이범찬/최준선, 「상법(상)」 제5판, 2008, 152면.

105) 정동윤, 「상법(상)」, 2003, 137면.

106) 손주찬, 「상법(상)」 제14정판, 2003, 191면.

107) 양승규/박길준, 「상법요론」 제5판, 1999, 95면.

도)'이라는 상인적 징표를 제시한다. 이렇게 보면 '기업'은 '영업'이 조직성이라는 강조되는 점 이외에는 그와 차이를 보이지 않는다. 그런데 영업의 경우는 양도와 관련하여 그 구성요소를 언급하게 되고 이들이 조직화되어 있다는 점을 언급하지 않을 수 없다는 사정과 기업도 경제적 조직체임을 상법학에서도 부정하지 않는다는 점을 감안한다면 분석적으로 검토해볼 때도 양자는 차이가 없다. '기업'의 경우 소수적 견해가 '상인적 설비와 방법'이라는 상인적 징표를 제시하거나이 대신에 '경영상의 자본적 계산방법'과 같은 상인적 징표나[108] '자본과 노동의 결합'이라는 경제학적 관점의 징표를 제시하기도 하지만, 영업이 상인에게 귀속되는 까닭에 이들을 '영업'의 징표에 속하는 것으로 볼 수도 있다고 생각된다. 따라서 두 개념은 대체로 같은 것으로 여겨진다. 단지 영업 개념에 대한 설명은 영업양도를 중심으로 이루어졌고, 기업 개념은 경제학을 배경으로 한다는 것으로 인해서 그 강조점들이 서로 조금 다를 뿐이라고 보아야겠다.

마지막으로 생각해 보아야 할 개념 징표는 앞에서 다룬 '법적 독립체에 귀속되는' 이라는 구별징표인데, 이는 상법학에서 '영업'과 '기업'을 동일한 개념으로 포착하려 한다면, 개념상의 확실성을 위해서 '기업'에 부가되어야 할 개념징표가 될 것이라고 본다.

2. 상법학과 타분야에서의 이해에 대한 비교 검토

1) '주관적 의의의 영업' 개념

상법학과 다른 학문 분야에서의 영업 이해를 살펴보았는데, 상법학에서는 영업의 활동 측면도 구별하여 포착하며 '주관적 의의의 영업'이라고 표시한다는 점에서 특별하다. 이 주관적 의의의 영업과 관련하여서는 상법학과 다른 학문 분야에서의 논의를 비교할 수 있다. 우선 상법

108) 원래 표6현은 앞의 주에 나오는 바와 같이 '자본적 계산방법 하에 경영되며'이다(이철송, 「상법총칙·상행위」 제7판, 2008, 7면).

학 논의에서 추출된 개념징표로는 '상인의 행위', '영리성' 그리고 '계속성'을 추출할 수 있었다. 상인의 행위에서는 '독립성'이란 징표는 '상인의 행위'에 내포되어 있다고 하겠다. 영업과 관련해서 헌법과 민법에서 주목할 만한 설명을 발견하는데, 헌법학에서 영업을 설명하는 방식, 즉 영업이란 '개인의 생활의 기초를 이루는 계속적·독립적·수익적 활동'이라는 설명은 시사하는 바가 있다. 또한, 민법학에서 민법 제8조의 해석론에서 '영업'을 다루는데, '영업'이란 '상업'을 넘어서서 '공업이나 농업 기타의 자유업'도 포함하는 넓은 개념으로서[109] '널리 영리를 목적으로 하는 독립적·계속적 사업'을 의미한다는 것이 다수 견해이다.[110] 독립적이어야 하므로, 자영(自營)인 경우이어야 하며 사업주에 고용되어 노동을 제공하는 경우는 영업에 포함되지 않는다.[111] 헌법학과 민법학에서의 다수 견해는 '영업'이 개인의 활동으로서 '계속성', '독립성'을 띠는 것으로 본다는 점에서는 일치하며, 단지 '수익성'이냐 '영리성'이란 표현에서 차이를 보이고 있다. 수익성은 수익을 추구한다는 것이므로 이익을 추구하는 성질을 의미하는 영리성과 동일한 것으로 이해할 수 있겠다. 그렇다면 결국 헌법학과 민법학에서 보는 영업은 독립성, 영리성, 계속성을 띠는 개인의 활동이라고 할 수 있다.

앞에서 언급한 바와 같이 상법은 영업양도의 대상으로서의 영업의 설명에 관심을 집중시켜 영업을 (객관적 의의의) 영업에 대한 이해를 양도의 대상을 설명한다는 목적, 즉 영업양도의 이해의 전제로 다루는 경향이 엿보인다. 이에 비해서 다른 학문분야에서는 관심을 보이지 않는 경우가 많은데, 헌법학에서는 '영업의 자유'라는 큰 틀을 다루기 위해서 나오며 민법학에서는 미성년자의 영업에 대한 허락이라는 맥락에

109) 김준호, 「민법강의」 신정4판, 2003, 82면.

110) 김준호, 「민법강의」 신정4판, 2003, 82면; 김형배, 「민법학강의」 제3판, 2003, 41면.

111) 고상룡, 「민법총칙」, 1990, 130면; 김용한, 「민법총칙론」, 1986, 110면; 김준호, 「민법강의」 신정4판, 2003, 82면; 김형배, 「민법학강의」 제3판, 2003, 41면; 장경학, 「민법총칙」, 1985, 207면.

서 다루는데, 대체로 일치하지만 미묘한 차이를 보인다. 그것은 '영리성'과 관련해서 그 범위에서 보이는 차이와 '상인의 행위'를 징표로 포함시킬 것인지에 관한 차이인데, 이 두 문제는 동일한 문제와 연결되어 있는 것으로 여겨진다. '상인의 행위'이어야 '영업'이라는 설명이 상법학에서 주류적 설명인데, 이는 '독립성'을 포함하는 징표로 그 이상의 의미가 없는 것만은 아니고 '자유업'을 하는 이를 상인이 아니라고 배제한다는 점에서 의미를 가진다고 볼 수도 있겠다. 상법학에서는 의사, 변호사, 회계사 등의 자유업 종사자가 영업적 상행위에 의한 당연상인도 되지 못하고 그렇다고 의제상인도 되지 못하기 때문에, 그들의 행위는 상법상의 영업이 될 수 없다. 그러한 설명은 '영리성'을 민법학에서처럼 자유업도 포함하는 것으로 넓게 파악하는 것과는 다른 것이다. 따라서 상법학에서 들고 있는 '상인의 행위'라는 개념징표는 '영업'을 민법학에서처럼 넓게 이해할 경우에만 필요한 것이 된다. 따라서 상법학에서의 영업 이해에 따를 때 불필요한 개념징표라고 하겠다.

이러한 차이와 관련하여 언급할 만한 점은 민법학에서 영업 개념이 나오는 위와 같은 맥락에서의 관심사 내지 관심의 초점은 '영리추구'라는 점이 아니고 미성년자 보호의 범위(혹은 그 획정이)라는 점이다. 미성년자를 보호하는데 있어서 그가 개입하는 활동이 영리활동인지 아닌지는 중요하게 보지 않는 것이다. 이런 점은 주의할 필요가 있다.

2) '객관적 의의의 기업' 개념

'기업'의 경우도 '영업'과 마찬가지로 '활동'을 가리키는 경우와 '활동의 근거'를 가리키는 경우에 모두 쓰인다. 따라서 상법학의 조어법을 적용하자면 각각 '주관적 의의 기업' 개념과 '객관적 의의 기업'이라고 할 수 있겠다. '기업'의 경우는 '영업'의 경우와는 반대로 상법학이나 다른 학문분야에서나 전자에 관한 논의는 없고, 후자에 대한 논의만이 발견된다. '기업'을 '활동' 측면이 아니라 '활동의 근거' 측면에 초점을 두어 다루는 것이 일반적인 것이다. 그런데 상법학에서는 '객관적 의의의 기업'을 대상으로 하는 상법학에서의 기업 개념 논의를 주요 문헌을 통해서 살펴보면, 위와 같이 견해의 차이가 드러난다. 그런 차이에도 불구하고 전체적으로 보면 주요 문헌들에서의 기업 개념에 대한 설명에서는 크게는 두 개의 흐름을 발견된다. 양자에 공통적인 것은 '영리활동', '경제단위'라는 징표이며, '경제단위' 대신에 '경제적 조직체'를 제시하는 경우는 미시적 내지 내부조직에 중점을 주는 이해라고 하겠다. 그 외의 징표로서 다수 견해는 '계획성(계속적 의도)', '계속성'이라는 상인적 징표를 제시한다. 그 외에 '상인적 설비와 방법'이라는 상인적 징표를 제시하는 소수 견해도 있고, 그 대신에 '경영상의 자본적 계산방법'과 같은 상인적 징표나[112] '자본과 노동의 결합'이라는 경제학적 관점의 징표를 제시하는 소수 견해도 있다.

경제학과 경영학에서는 경제단위면서 '생산' 경제단위라는 점이 주목되는데, 상법에서는 '상인적 설비와 방법'이라는 징표나 '자본과 노동의 결합'이라는 징표를 통해서 그것이 커버된다고 본다. 그 외에 기업을 개인상인이나 회사에 귀속되는 단위로만 포착하기 위해서는 개념 징표로서는 '법률상 독립적 주체에게 귀속되는'이라는 징표는 필요하다고 여겨진다.

그런데 가장 문제되고 주목해야 할 점은 경제학에서나 경영학에서 '영리성'을 기업 개념의 징표로 삼지 않는다는 점이다. 이는 상법학에서와는 다른 이해방식으로 '기업'을 포착하며, '사업' 일반을 가리키는 용어로 '기업'을 사용하고 있다는 것이다. 이는 경영학의 영역 확장과 관련 있어 보이는데, 이로써 상법학에서의 기업 개념은 경제학과 경영학의 기업 개념과의 관련을 가지지만 경제학과 경영학 상의 개념과는 일정한 거리가 있다고 하겠다. 그런데 상법 적용을 '영업'과 관련시킴을 보건대 '영리성'은 상법학에서는 포기할 수 없는 개념 징표가 아니할 수 없다.

---

112) 원래 표현은 '자본적 계산방법 하에 경영되며'이다(이철송, 「상법총칙·상행위」 제7판, 2008, 7면).

3. 종합

‘주관적 의의의 영업’ 이해는 상법학에서의 그것과 다른 분야에서의 그것이 대체로 일치하는데, 민법의 경우에 있어서는 자유업이 포함되는 것으로 이해한다는 점이 작은 차이라고 하겠다. ‘주관적 의의의 영업’과는 달리 ‘주관적 의의의 기업’은 별로 논해지지 않는다. 결국 양 개념의 비교는 어렵다고 하겠다.

‘객관적 의의의 영업’ 개념에 대한 이해는 다른 분야에서 다루어지지 않고 상법학에서만 다루어지는데, ‘영리 목적’, ‘조직화한 재산(조직적 재산)’이 다수 견해가 제시하는 공통적인 징표이다. ‘조직화한 재산(조직적 재산)’은 영업양도의 대상으로 보는 관점에 의존하는 것으로 보이는데, 조직화되어 있다는 점에서 ‘조직성’과 ‘계속성’을 추출해낼 수 있을 것 같다. 그 이외에 ‘일정한 계획에 따라 인적·물적 설비를 결합한 조직 경영상의 단위’란 설명도 제시되는데, 여기서는 ‘계획성’, ‘경영상의 단위’가 개념징표로 추출될 수 있다. 그 외에 ‘인적·물적 설비의 결합’이라는 생산단위로서의 특징을 나타내므로 ‘조직 경영상의 단위’를 구성하는 요소로 볼 수 있겠다. 그러면 결론적으로 대표적 학설 상 견해의 검토를 통해서 ‘영리성’, ‘계획성’, ‘경영상의 단위’ 그리고 ‘조직성’을 추출하고, 타당성이 떨어지기는 하지만 ‘계속성’도 추출할 수 있겠다.

앞에서 상법학 이외의 분야에서의 ‘객관적 의의의 기업’ 이해도 상법학에서의 그것과 대체로 일치한다고 드러났다. ‘객관적 의의의 기업’에 있어서는 상법학에서의 이해에 의하면 공통적인 것은 ‘영리활동’, ‘경제단위’라는 징표이며, 다수적 견해는 ‘계획성(계속적 의도)’, ‘계속성’이라는 상인적 징표를 제시하고, 소수적 견해는 ‘상인적 설비와 방법’이라는 상인적 징표를 제시한다는 점에서 다르다. 그 외에 이러한 상인적 징표 대신에 ‘경영상의 자본적 계산방법’과 같은 상인적 징표나[113] ‘자

113) 원래 표현은 앞의 주에 나오는 바와 같이 ‘자본적 계산방법 하에 경영되며’이다

본과 노동의 결합'이라는 경제학적 관점의 징표를 제시하는 소수견해도 있다.

비교검토를 해 보자면, '객관적 의의의 영업'에 대한 이해와 '객관적 의의의 기업'에 대한 이해는 개념징표 면을 검토해 볼 때 대체로 일치하는 모습을 보이고 있다고 하겠다. 다만 기업 쪽에 대한 관심이 더 커서 더 다채롭다고 하겠다.

4. 관련문제

1) 영업과 기업의 권리주체성

다음으로 언급할 것으로 '영업'과 '기업'의 권리주체성 문제가 있다. 이 문제는 법적 주체로 취급되는지와 관련된 문제이다.

우선 영업과 관련하여 살펴보면, 사실 상법학에서는 영업을 영업양도의 대상으로서 상인에 귀속되는 재산으로 파악되는 까닭에 이 문제에 대해서는 별로 큰 관심을 보이지 않고 있다. 이는 '기업'에 주체성을 인정하고 권리능력을 부여하는 것을 고려한 바 있다는 것과는 대조적인 상황이다. 그럼에도 "영업은 단순한 물건 또는 권리의 집합체가 아니고 사회적인 활동력을 가진 유기적 일체로서의 재산이다. 사회적, 경제적으로 보면 상호는 영업의 명칭이며, 영업소는 영업의 주소인 것 같은 외관을 나타내고, 또 거래의 상대방도 영업주가 누구인가에 대하여는 관심이 없이 거래하는 것이 보통이며, 영업은 그 자체로서 영업주와는 독립하여 신용과 명성을 가질 수도 있는 것이다."라는[114] 설명에서처럼 영업이 사실 상의 주체의 모습으로 등장하는 것이 권리주체성 문제가 언급되는 배경이라고 여겨진다. 다시 말하자면 영업이 주체의 특성인 명칭, 주소, 신용과 명성을 가질 수 있다는 점과 거래에 있어서 영업주에게서 독립된 존재로서 나타나는(기능하는; 활동하는) 점은 사실 상

(이철송, 「상법총칙·상행위」 제7판, 2008, 7면).

114) 손주찬, 「상법(상)」 제14전정판, 2003, 192-193면.

주체로 보이게 하는 힘이 있다는 것이다.[115] 그럼에도 불구하고 실정법상 권리주체는 상인 자신이며, 영업은 권리의 대상, 즉 권리객체일 뿐이다. 또 영업 침해에 대하여 불법행위가 단독으로 인정되지도 않는다.[116]

다음으로 기업과 관련해서 보면 우선 과거에 기업을 법적 주체로 인정하려는 시도가 있었다는 것이 발견된다. 독일에서는 1950년대부터 논의가 전개되었고, 이른바 68세대의 등장과 함께 시작된 격동의 시기에 회사가 아니라 기업을 중심 개념으로 삼아서 근로자의 참여를 보장하는 개념을 구축하려는 학문적 시도가 있었다. 토마스 라이저 교수는 1969년 당시 '조직으로서의 기업(Das Unternehmen als Organisation)'이란 논제로 자신이 작성한 교수자격논문을 발표하였는데, 이를 통하여 기업을 주체로 높이는 학문적 시도를 하였다. 이는 기업의 구성원으로서의 근로자들에게도 사원들에 대해서처럼 기업 의사결정에 참여하는 장치를 마련해주는 것을 포함한다. 그 결과 자본가만이 기업의 주체가 되는 것이 아니게 되고, 근로자와 기업가의 지위도 기업에 참여하는 공동주체의 지위로 격상되는 것이다. 그는 법사회학적 기초 하에 사회학적 존재로서의 기업에 대하여 권리주체성을 부여하자는 제안을 하였던 것인데, 이는 실현되지 못하였다.[117] 하지만, 독일에서는 공동결정제도를 통해서 근로자의 참여 자체는 어느 정도 성취하였다고 할 수 있다.[118]

115) 손주찬, 「상법(상)」 제14전정판, 2003, 193면에서는 이와 관련해서 "영업은 마치 독립된 인격자인 것 같은 느낌을 준다."라고 한다(안강현, 「상법총칙·상행위법」, 2008, 163면에서는 '사실상의 주체성'을 이야기한다). 그 외에도 영업은 부정경쟁에 대하여 특별한 보호를 받기도 한다(예: 부정경쟁방지 및 영업비밀보호에 관한 법률 제2조 제2호, 제4조 참조).

116) 김성태, 「상법총칙·상행위법강론」, 1998, 325면.

117) 이와 관련하여 25년 이후에 행한 라이저 교수의 자평(自評)을 다음에서 찾아볼 수 있다(Thomas Raiser, 25 Jahre Unternehmensrecht in Deutschland, in: Leser, Hans G.(Hrsg.), FS fuer Hyung-Bae Kim, 1995, S. 166 ff).

118) 독일 회사법학에서는 공동결정제도 도입을 통해서 공동결정 주식회사에서 감사회는 근로자 대표자가 참여하게 되었으므로 '회사기관(Gesellschaftsorgan)'에서 '기업기관(Unternehmens-organ)'으로 전환한 것으로 보는 견해도 있다. 이를 위

기업법설에서 말하는 것처럼 기업은 이미 우리 상법에서 중요한 개념으로 자리잡았는데, 이제 기업이 상인 개념과 같은 상법의 중심 개념으로 삼자는 흐름이 있었다. "상인법에서 기업법으로"라는 구호가 어울릴 만한 이러한 주장의 흐름에는 독일에서의 기업법 논의가 중요한 기여를 한 것으로 여겨진다. 이런 까닭에 투자자단체와 근로자단체의 결합으로서의 기업을 상정하고, 이에 관한 법으로서 기업법을 발전시키고자 하는 학자들은 'Unternehmensrecht(기업법)'를 주창하는 독일 학자들의 논의를 소개하면서 기업법으로의 개편을 주장한 바도 있다.[119] 우리나라에서는 기업을 법적 주체로 삼는 데는 아직 무리가 있어 보인다(아직 공동결정도 도입되지 않는 법상황인 것이다).[120] 법인격이 기업에 부여되지 못하는 상황이라면, 상법을 기업 중심으로 보더라도 상인이 법적용과 관련하여 중심적 연결점으로서의 역할을 함을 부인할 수는 없을 것이며, 법정된 것이기에 권리의무 귀속의 문제는 상인 개념에 따라서 해결하는 것이 맞다고 본다.

기업에 대한 권리주체성 부여는 물론 입법론으로 생각해 볼 여지가 없지는 않겠다. 하지만, 현행법 체제 하에서 기업에는 권리주체성이 인정되어야 한다는 주장은 할 여지가 없다. 기업에서의 노동의 제공자인 사용인들을 자본의 제공자인 사원들처럼 기업의 구성원으로 보고 양 구성원들로 기업을 구성하려는 기업 이해는 입법론의 대상으로서 코포

해서는 다음을 참조할 것: Bundesministerium der Justiz(Hrsg.), Bericht, ueber die Verhandlungen der Unternehmensrechtskommission, 1980, passim.

119) 정희철 교수님은 기업을 주체로 보고, 광의의 기업을 자본가와 노동자의 공동생활인 사업체로 파악하며, 기업이 "상법의 대상이 되지 못하고 자본가와 노동자의 협동과 노동관계 자체의 조정이 주목적이 된다"고 한다. 고준환, 기업법의 체계화를 위한 기업개념 고찰, 「상법논총－인산정희철선생정년기념논문집」, 1985, 33면 이하에서는 광의의 기업 개념을 기초로 한 기업법으로 개편하자고 주장한다(안동섭, 상법을 기업법 내용으로 개편하자, 법률신문 1961호(1990.8.23), 3면; 정찬형, 상법학상의 기업개념, 「백산상사법논집」, 21면).

120) 이에 관한 국내 문헌에서의 논의로는 다음을 볼 것: 유진희, 기업의 개념(하), 「사법행정」, 1992.4, 73면 이하.

럿 가버넌스 맥락에서 이해관계자주의(stakeholderism) 강화와 관련하여 앞으로 논의할 수는 있다고 본다. 현행법상의 기업은 상인에게 귀속되는 존재일 뿐이다. 우리나라에서는 공동결정도 도입되어 있지 않다는 것을 보면 이러한 논의를 위해서는 먼 길을 가야할 듯싶다. 어쨌든 기업의 사회적 역할과 존재감이 커지고, 다양한 이해관계의 조정과 반영이 중시되는 시대로 접어들면서 기업법 논의는 새로 불붙을 수도 있을 것 같다. 이와 관련해서 기업에 대하여 법인격을 인정할 것인가 그리고 형식적 의의의 상법, 상법전은 기업법체제로 재편되어야 하는가 하는 문제제기가 이어질 것으로 보인다.

2) 상법(학) 영역에서의 영업 개념과 기업 개념의 위상 내지 역할

상법(학) 영역에서의 영업 개념과 기업 개념의 위상 내지 역할은 한번 생각해 볼 필요가 있다. 기업은 상법대상론에 있어서 중요한 개념이다. 왜냐하면 상법대상론에 있어서의 우리나라의 통설은 기업을 상법대상 확정 기준이 되는 개념, 즉 상법의 중심개념으로 삼는 기업법설이기 때문이다.[121] 기업법설은 기업에 관한 법, 즉 기업생활관계에 관한 법이냐 여부가 상법이냐 아니냐의 기준이 된다고 보는 이 입장 내에서는 기업에 특유한 법규 전체를 상법으로 보는 것이 다수설의 입장인데, 이와는 달리 기업에 관한 특별사법으로 보는 입장도 있다.[122] 기업법설

121) 실질적 의의의 상법이 무엇인가에 관한 문제, 즉 상법대상론에 있어서 그 기준을 제시하는 학설은 다양한데, 우리나라에서는 독일의 상법학자 Wieland가 주창한 학설인 기업법설이 통설로 되어 있다. 상법학 초기부터 서돈각 교수님, 정희철 교수님, 차낙훈 교수님, 박원선 교수님, 김용태 교수님, 손주찬 교수님, 이범찬 교수님께서 취하셨던 견해로서 1921년 독일의 빌란트 교수님이 채택하신 이래로 일본의 西原寛一 교수님, 大隅健一郎 교수님, 大森忠夫 교수님, 石井照久 교수님, 田中誠二 교수님 등으로 이어지고, 우리나라에까지 이르는 입장이라고 하겠다. 기업법설은 행위의 성격을 기준으로 하지 않고 생활관계의 내용을 기준으로 하는 입장인 내용적 파악설의 입장이며, 그 중에서도 실질보다는 형식적 요소를 기준으로 하여 파악하자는 주장이다. 이 때의 형식은 기업의 형식인 것인데, 바로 '경영의 설비와 형태'가 바로 그것이다.

에 있어서 기업 개념은 상법의 외연을 확정하는 중요한 개념으로 역할을 하게 된다. 아울러 상법의 기업법으로서의 성격에 대해서는 입법자도 입장 표명을 한 바도 있다. 1984년 상법 개정의 제안이유에서였는데, 여기서 상법을 기업기본법으로 표현하고 그에 적합한 체제를 구비하는 것이 주목적이라고 밝혔던 것이다.[123]

기업법설을 비판하고[124] 대립하여 상인법설의 입장이 개진되어 있고, 이에 의하면 기업 개념의 역할은 상인 개념이 대체하게 된다.[125] 이에 따르면 우리 상법에는 아직 기업 개념이 없으므로, 입법론은 별도로 다룰 일이고 해석론 상으로는 상인 중심으로 이해해야 한다는 것이다.[126] 이러한 상인법설의 입장은 상법대상론을 형식적 의의의 상법의 적용범위 확정의 연결개념과 관련시키려고 하는 것이 아닌가 싶다. 그래서 크게 두 가지 점을 지적하지 않을 수 없다. 첫째는 상법대상론은 실질적 의의의 상법의 범위를 정하는데 있어서 기준을 무엇으로 삼을

122) 특별사법으로 보는 견해로는 다음이 있다: 정찬형, 「상법강의(상)」 제11판, 2008, 10면; 이철송, 「상법총칙·상행위」 제7판, 2008, 7면; 채이식, 「개정판 상법강의(상)」, 1997, 2면.

123) 고준환, 기업법의 체계화를 위한 기업개념 고찰, 「상법논총－인산정희철선생정년기념논문집」, 1985, 36면.

124) 기업법설에 비판적인 입장으로는 다음의 글이 있다: 고준환, 기업법의 체계화를 위한 기업 개념 고찰, 「상법논총－인산정희철선생정년기념논문집」, 1985, 35-36면; 최기원, 「상법학신론(상)」, 2004, 7면; 이기수, 「상법총칙·상행위법」 제6판, 2008, 14면 이하: 특히 고준환 교수님의 입장은 결국 기업법의 체계화를 도모함에도 불구하고 "있는 상법과 있어야 할 기업법"이라는 표현으로 입법론으로 기업법 체계화를 도모해야 한다는 입장을 분명하게 한다.

125) 최기원, 「상법학신론(상)」, 2004, 7면; 이기수, 「상법총칙·상행위법」 제6판, 2008, 14면: 참고로 독일 상법학에서는 상법(HGB)이 상인법(Kaufmannsrecht)이라는 견해가 통설적 견해이다. 독일 상법은 그 기초를 Kauamann(상인) 개념에 두는 데서 벗어나 'Unternehmen' 개념에 두고자 하면서 중심 이동을 해왔고 그런 흐름 속에서 최근 개정(1998년 HGB 개정)을 통해서 'Unternehmen' 개념도 상법 제1조에 등장하게 되었지만, 아직 상인법 체제를 벗어나지 않았다고 설명된다 (Hattenhauer, Grundbegriffe des Buergerlichen Rechts, 2.A., 255면 참조).

126) 이기수, 「상법총칙·상행위법」 제6판, 2008, 16면.

지에 관한 논의라는 점이다. 상법전, 즉 형식적 의의의 상법에 해당하는 법규의 범위를 논하는 것도 아닌 것은 그것이 필요하지 않으므로 당연한 것이고, 형식적 의의의 상법의 적용범위를 확정하고자 그 인적 혹은 물적 범위를 논하는 것은 아니다. 따라서 상인 개념 중심으로 하는 상인법설이란 것은 실질적 의의의 상법을 확정하는데 상인과 관련되는 법규는 모두 실질적 의의의 상법으로 보자는 주장에 다름 아닌 것이다. 둘째는 우리 상법전이 주관주의를 취하고 있는 독일 상법과는 달리 주관주의에 기운 절충주의를 따른 것이라는 점이다.[127] 우리 상법전의 이런 입장은 독일과의 차이를 낳는데, 그것은 바로 형식적 의의의 상법의 적용범위를 확정하는 데 있어서 '상인' 개념과 '상행위' 개념이 역할을 한다는 점이다.[128]

기업법으로 '실질적 의의의 상법'을 이해하여 그 범위를 정하는 경우의 문제는 기업 개념에 의해서 실질적 의의의 상법의 범위가 확장되거나 아니면 기업 개념을 선이해된 실질적 의의의 상법에 적합한 범위로 이해하게 된다는 점이라고 본다. 우리 상법과 관련해서는 기업은 영업 개념에 부합하게 되고 영리성과 같은 개념징표에 의해서 제한되는 것이다. 나아가서 상법을 '기업에 관한 법규 전체'가 아니라 '기업에 관한 특별사법'이라고 (제한적으로) 이해하지 않을 수 없게 되는 것이다.

다음으로 상법에서의 영업 개념의 위상과 역할을 살펴보면, '영업'은 연결개념으로서 더 중요한 역할을 해야 할 것으로 보인다. '영업' 개념은 여러 조항에서 등장할 뿐만 아니라 상법에서 나름 중요한 역할을 하는데, 그것은 바로 상법의 핵심개념인 상인 개념과 상행위 개념을 결합시키는 역할이다.[129] 달리 말하면 상인 개념과 상행위 개념을 매개하는

---

127) 이기수, 「상법총칙·상행위법」 제6판, 2008, 16면에서는 우리 상법의 입법주의를 주관주의라고 하고 있다.

128) 기업 개념이 아니라 상인과 상행위 개념이 우리 상법전 적용범위 확정의 기준이 된다는 것인데, 이는 자명한 것이라 여겨진다.

129) 안강현, 「상법총칙·상행위법」, 2008, 158면; 임홍근, 「상법총칙·상행위」, 2001, 44면.

개념이며,[130] 연결하는 개념(연결개념; 連結槪念) 내지 '유대개념'이라고도 할 수 있겠다. 이와 관련하여 우선 상인은 '영업을 하는 자'이며, 상행위도 '영업으로 하는 특정한 행위'라는 점에 주목할 필요가 있다. 우선 '상인이 영업을 하는 자'라는 것은 상법 제46조에 의하여 기본적 상행위는 영업으로 해야 하는 것이어서 이를 하는 자, 즉 당연상인은 영업을 하는 자가 된다는 점과 의제상인의 경우도 영업을 하는 자라는 점을 종합하면 도출된다. 여기서 의제상인의 경우 설비상인은 '영업을 하는 자'라고 상법 제5조 제1항에서 명시하고 있고, 회사상인(민사회사)의 경우도 회사이므로 영업을 하는 것이라고 설명된다.[131] 사실 상인의 경우 영업을 하는 자라는 점이 정면으로 다루어지는 개념 규정이 더 합당한 것이라고 여겨진다. 왜냐하면 상인은 기본적 상행위에 속하는 종류의 행위를 대상으로 해서 영업을 하는 자라고 설명하는 것이 합당하다고 여겨지기 때문이다. 어떤 종류의 행위를 정해서 영리 추구 목적으로 계속해서 하면 영업을 하는 것이고, 그 자는 상인이라고 설명하는 것이 더 부드럽지 않은가 말이다. 이렇게 본다면 영업 개념은 상인과 상행위 개념만큼이나 중요한 개념으로 대우받을 만한 것이라고 할 수 있겠다.

3) 자유직업 등의 제외 문제

서양 전통에서는 의사, 변호사, 회계사 등의 전문직을 자유직업 내지 자유업이라고 하면서 영업 범주에서 배제시킨다. 우리 상법에서도 이들의 일은 영업과 기업에 포섭되지 못하는지에 관해서 배제하는 입장이 다수설과 판례의 입장이다.[132] 그와 함께 학문과 예술의 경우나 영업과

130) 동지(同旨): 안강현, 「상법총칙·상행위법」, 2008, 158면.

131) 필자는 우선 회사의 개념 상 영리추구를 하는 것이며, 회사는 그 목적, 즉 일정한 사업을 가지고 있다는 점에서 영업을 추출할 수 있다고 본다. 하지만 영업의 개념요소에 대해서는 더 논의하여야 하겠다.

132) 독일 설명과 관련해서 언급되는 경우는 있다: 임홍근, 「상법총칙·상행위법」, 2002, 150면; 정동윤, 「상법총론」, 94-95면; 정찬형, 상법학상의 기업개념, 「백

기업에 포섭되지 않는다.

V. 에필로그

영업은 활동과 조직체라는 측면에 대해서 두 개념으로써 파악되는데, 주관적 의의의 영업과 객관적 의의의 영업의 통합의 관점에서 영업을 바라봐야 할 것이며, 영업은 상인이 일정한 영리목적 아래 인적, 물적 요소를 통합하여 영리활동을 해나가는 하나의 경제단위인데, 이는 사실상의 주체로서 취급되지만 법적 주체성은 없으며, 물권의 대상도 되지 못한다고 하겠다. 기업에 대해서도 비슷한 개념 설명을 할 수 있음을 확인하였다. 이런 검토를 토대로 삼아서 앞으로 두 개념에 대한 폭 넓은 논의를 함으로써 적실성을 가지면서 엄밀한 개념 규정을 할 수 있도록 학문적 노력을 할 필요가 있다고 본다. 이 글에서는 각 개념의 개념징표들을 추출하여 비교·분석하는 방식을 통하여 두 개념 간의 관계에 초점을 두었다. 앞으로의 과제로서는 '영업'의 상위개념인 '사업'과 영업 및 기업의 관계를 분명하게 다듬는 것과 영업과 상행위 개념의 관계를 분명하게 하는 것이라고 본다. 이러한 과제에 임하여서는 학제적 논의나 외국법에서의 이해에 대한 검토도 함께 필요하다고 여겨진다. 이는 앞으로의 과제로 남겨 둔다.

산상사법 논집」, 9면; 이기수/최병규, 「상법총칙·상행위법」 제6판, 2008, 11면에서는 독일을 소개하는 맥락에서 학술, 예술, 자유업종의 제외된다고 한다. 대법원의 입장도 같다(대판 2007.7.26. 2006마334).

주식회사의 사회경제적 기능*
- 주식회사의 기능과 그 기초로서의 주식의 유용성에 관한 시론 -

이 영 종**

Ⅰ. 프롤로그

이 글은 자본주의(資本主義)의 꽃이라 불리는 주식회사(株式會社; corporation; stock company; AG)의 사회경제적 기능에 관한 고찰을 위한 것이다. 즉, 주식회사 제도에 대한 기능적 접근(functional approach)을 시도하는 글인 셈이다. 어떠한 제도를 분석(分析)하는 데 있어서도 기능적 접근이 중요하다는 것은 자명한데, 그것은 어떠한 존재의 가치(價値) 내지 존재이유(存在理由)를 그 기능에서 찾을 수 있기 때문이라

* 이 글은 경제법연구 게재본을 약간 수정하여 가다듬은 것이다. 주식회사는 자본주의의 꽃이라고 할 정도로 자본주의 경제의 발전과정에서 중요한 역할을 해왔고, 그 만큼 우리 경제에서 차지하는 역할도 크다. 이처럼 큰 경제적 비중은 이 글에서는 살펴보게 되는 주식회사의 순기능과 역기능을 통해서 구체적인 모습을 가지고 드러나게 된다. 바로 앞의 글에서 '기업범죄'라는 분야에서 중심 개념인 '기업'을 살펴보았고 그로써 기업범죄 연구의 초석을 놓고자 하였다면, 이 글에서는 바로 그 '기업'을 담당하는 법형식으로서의 회사형태 중에서 핵심적이라고 할 '주식회사'를 다룸으로써 기업범죄 연구의 또 다른 초석을 놓고자 하였다고 할 수 있겠는데, 글의 주제인 '주식회사의 사회경제적 기능' 중에서도 주식회사가 사회경제적 역기능을 보이는 경우가 특히 우리 연구회의 작업과 깊은 관련을 보인다. 또한 그러한 역기능의 예들이야말로 우리 사회경제의 현실에서 주목을 받는 문제로서 해결책이 강구되어야 할 대상이기도 하다.

** 가톨릭대학교 법학부 조교수, 독일 마르부르크대학교 LLM 및 Dr.iur.

고 설명할 수 있다. 다시 말하면 "기능은 존재이유인 것이다" 법제도의 경우도 그렇다. 그렇다고 한다면 주식회사의 기능에 대한 논의는 주식회사의 존재이유 내지 목적을 설명하는 것이며, 그 현실적 가치를 입증하는 것이 될 것이다.

이 글은 주식회사의 기능을 다루는 데 있어서 주식회사가 목적으로 삼고서 실현하고자 하는 바를 추출할 뿐만 아니라, 주식회사와 주식회사 제도가 사회에서 가지게 되는 필요, 즉 그것에 의해서 충족되는 사회경제적 필요 내지 수요를 바탕으로 하고 있다는 사실을 드러내게 된다. 또한 그것을 인식과 논의의 출발점으로 삼아서 결국 주식회사 제도와 관련하여 '목적(目的)과 도구(道具) 내지 수단(手段)의 연쇄(連鎖; sequence)'를 드러내게 된다. 그래서 주식회사가 경제적 필요에 기초한 특정한 기능들의 수행이라는 '목적'의 실현을 위한 '법적 도구(legal instrument)'라는 점, 다시 말하면 그 '도구성(道具性; instrumentality)'을 드러내게 될 것이며, 다시 그 주식회사에 있어서의 도구는 '주식(株式; share; Aktie)'임을 드러내게 될 것이다. 그리고 나아가서 그러한 목적－도구(내지 수단) 관계의 연쇄는 주식이 도구로서 수행하는 구체적 기능들과 이를 수행하는 데 필요한 유용성 내지 매력들로 뒷받침된다는 것도 드러내게 된다. 또한, 이러한 분석에는 주식에 더해서 그와 유사한 기능을 하는 사채(社債; bond)도 포함된다. 그래서 결국 이 글은 '주식회사에 대한 경제적 필요－주식회사의 기능－주식과 사채의 기능'으로 이어지는 목적과 수단(도구) 관계의 연쇄구조를 드러내게 될 것이다. 더 구체적으로 설명하자면, 이 글은 사회경제적 필요가 어떻게(어떤 방식으로) 주식회사에 의해서 충족되었는지를 살펴보며, 이러한 목적과 수단(도구)의 연쇄구조에서 말단에 있는 도구로서의 '주식'과 '사채'의 기능의 전제조건 내지 기초로서의 여러 가지 유용성(有用性)과 매력(魅力)도 구체적으로 살펴볼 것이며, 나아가서 그것이 주식회사법(제도)에 어떻게 반영되었는지를 밝히게 될 것이다. 이는 주식회사에 대한 기능적 이해에 도움을 줄 것이다. 그러한 이해를 바탕으로 해서 주식회사법학의 핵심적 문제들, 즉 주식회사법의 법규가 어떠한 기능을 하여야 하고, 이를 어떠한 방식으로 실현할지를 논할 수 있게 되는 것이라고 생각한다. 이러한 전체 과정은 기능적 관점의 관철이라는 시각으로 볼 수 있는데, 법학에 있어서 기능적 관점이란 기능 수행을 위해서 법규와 법제도가 존재한다는 관점에 다름 아니다. 주식회사의 존재이유와 그 전제조건에 대한 우리의 이해의 깊이를 점검해 본다는 의미 외에 그러한 관점의 관철 자체만도 의미 있어 보인다.

특히 상법 영역에서는 형법과 같이 도덕과의 관련도가 높은 그런 법 영역에서보다 제도의 목적 내지 기능이 더 중요하게 부각된다고 생각한다. 그런데, 자본주의의 총아인 주식회사의 목적 내지 기능에 대해서는 이렇다 할 만한 논의가 없었음을 발견하고서 쓰게 된, 시론적(試論的) 성격의 이 글은 이러한 공백을 메우기 위한 작은 시도이며, 주식과 주식회사의 사회경제적 역할 내지 기능이 현재와 같이 중요하게 떠오는 시대에는 시의적절한 글일 수 있다는 생각도 든다. 현재의 현실에 생각이 미치니 과거에도 주식회사는 그 탄생부터 계속해서 찬사와 비난을 한 몸에 받아 왔다는 사실이 뇌리를 스쳐간다. 그러한 사실에서 발견하게 되는 것은 사회경제적인 면을 볼 때 주식회사가 자신의 역사를 통하여 순기능(順機能)과 함께 역기능(逆機能)도 보였다는 점이다. 그래서 이 글에서는 주식회사의 사회경제적 기능을 순기능으로 상정하고 그에 이어서 주식회사의 역기능적 요소들도 간단하게나마 살펴보고자 한다. 요즈음처럼 주식회사가 비난을 받는 상황에 이르게 된 것은 그 역기능에 기인할 것임은 자명해 보인다.

글의 성격에 관하여 생각해보건대, 이 글은 이미 언급한 바와 같이 기능 측면과 그 기초가 되는 요소와 원칙들을 다루기 때문에 법해석학의 범주에 들지 않고, 기본원칙과 법현실과 경제현실을 아우르고 이들의 관계를 다루는 글이다. 필자로서는 이러한 글이 주식회사법학의 기초를 단단하게 하는데 일조할 수 있으리라고 의미 부여를 해본다. 그와 더불어서 특히 지금처럼 주식회사와 주식이 우리의 일상 속에서 중요한 역할을 하는 주식회사의 '전성시대(全盛時代)'에 있어서 "주식회사의 기능이 무엇인가?" 라는 질문은 "주식회사는 도대체 무엇인가?"라는 정체성에 대한 질문에 다름 아니라는 견해도 덧붙이고 싶다.

II. 기초적 고찰: 주식회사와 주식

주식회사의 순기능(順機能)과 역기능(逆機能)을 살펴보기에 앞서서 주식회사와 주식에 관한 기초적 고찰이 필요하다. 우선 주식회사의 용도와 이용도를 확인할 필요가 있다는 것인데, 그렇게 함으로써 주식회사의 순기능에 대한 궁구(窮究)의 필요성에 대한 동의(同意)를 이끌어 낼 수 있을 것이다. 아울러서 주식회사가 무엇이며, 주식회사에서 주식이 무엇인지 알아볼 필요도 있다.

1. 주식회사와 주식의 인기와 경제에서의 비중

"주식회사는 자본주의의 꽃이다"라는 말이 무색하다는 생각이 들지 않을 정도로 '주식회사'와 '주식'은 요즈음 엄청난 인기를 누리고 있다. '인기'라는 말이 적절한 것이지 모르겠지만, 금융자본주의 시대에 글로벌화된 세계(globalized world)에서 자유화된 금융을 보면서 사는 우리에게 '주식(share)'이 적어도 '참으로 가까운 존재'라는 것만큼은 분명하다. 이는 주식이 우리 사회에서 나름의 사회경제적 기능을 수행하고 있다는 것을 방증한다. 비단 우리 시대에서만 그러한 것이 아니다. 주식회사가 과거 서구의 경제발전 과정에서 그 나름의 구실을 톡톡히 하였다는 것은 서양 자본주의 발전사 내지 근대경제사에서 드러난다.[1] 그런데 그간의 역사를 통해서 주식회사에 대한 평판은 이중적이었다. 지금도 주식이 '인류 최고의 발명품'의 하나로 꼽히듯이,[2] 주식회사는 탄생 당시에도

1) 이에 관해서는 졸고(拙稿), 주식회사의 초기발전, 「기업구조의 재편과 상사법 – 회명박길준교수님화갑기념논문집」, 195면 이하를 참조할 것.

2) 주식이 전기의 발명보다 중요하다는 평가도 있고, 그것이 '인류 최고의 소프트웨어'라는 평가도 있다. 후자에 관해서는 奥島孝康, プレップ會社法 第3版, 1995,

찬사를 받았는데, 슈미트호프 교수에 따르면 그 출현에 대하여 18세기 영국인들은 '창의적이고 대담한 혁신(imaginative and bold innovation)'이라고 극찬하였다고 한다.[3] 그와 동시에 그에 대하여 인정된 책임제한(責任制限)으로 인하여 주식회사에 대하여 당시에 우려와 비판이 표명되기도 하였다. 또한 주식회사의 책임제한이 악용된 사건과 부실회사가 넘쳐나던 시대에는 주식회사가 낮은 평판을 감수해야 하였었고,[4] 주식회사 남설 문제로 인해 주식회사법이 강화되었던 바도 있다.[5] 그래서 주식회사는 '현대의 괴물(Liviathan)'이라고도 불리는 것이다.[6]

주식회사는 역사 속의 존재인 것만이 아니고, 현재 우리 현실 속의 존재이기도 하다. 역사 속에서의 그 평판이야 어떠했건 간에 주식회사는 우리 현실에서 참 중요한 존재이다. 선진제국(先進諸國)이나 우리나

第4면을 참조할 것.

3) Schmitthoff, Clive M., Palmer's Company Law, 1982, 35면.

4) 영국과 관련된 회사 남설 혹은 남용의 예로 대표적인 것은 미시시피 회사와 남해회사이다. 주식회사 이용 초기에 허황된 사업목적으로 투기붐을 불러일으킨 후에 파산하여 사회문제를 일으켰던 회사들이다. 미시시피 회사는 1719년 영국인 John Law가 프랑스 정부의 재정을 해결해 준다는 구실로 만든 회사이다. 존 로는 이 회사를 이용해서 불란서 정부와 함께 공동사기극을 벌였는데, 미시시피에 매장된 금을 채굴한다는 사업목적을 널리 선전하자 투자자들은 이에 현혹되어 동 회사의 주식과 채권을 매입하여 투기붐이 일었고, 회사는 곧 파산하였던 것이다. 남해회사는 1711년 영국에서 스페인령에서의 무역독점권을 얻어 설립되었고, 이후 정부 채무의 인수를 대가로 스페인 식민지와의 통상에 대한 특권을 포함한 여러 가지 이권을 정부로부터 얻어내었다. 그러자 이 회사 주식에 대한 열광적 투기가 발생하였고, 그와 같은 이권은 사실상 실현가능성이 없는 것이었으므로 동 회사는 1720년에 파산하고 말았다. 이 사건은 '남해포말(south sea bubble) 사건'이라고 불린다. 우리에게 익숙한 '버블(bubble)' 내지 '거품'이라는 표현이 눈에 띈다. 투자된 재산가치가 남해의 포말처럼 부서져 버린 셈이다.

5) 독일에서도 독일구상법전 제정 이후 자유주의적 성향에 따른 느슨한 규율로 주식회사 남설(濫設) 문제가 발생하였다. 1871년 보불전쟁 승리 이후의 '설립자 시대(Gründerjahre)'에 발생했던 주식회사 남설 문제는 결국 1884년 주식회사법 개정을 낳았다. 이 개정으로 독일 주식회사법은 현대적인 모습을 갖추었다. 바꿔 말하면 현행 주식회사법의 기본틀이 이 때 갖추어졌다고 할 수 있다.

6) Bloomberg, Megacorporation in American Society, 1975, 1면.

라의 경제현장을 들여다보면, 주식회사가 현대 자본주의 경제에서 중추적(中樞的) 역할(役割)을 수행하고 있으며,[7] 경제생활에서 빼놓을 수 없는 존재라는 사실을 확인하게 된다. 지금도 주식회사 및 주식과 관련하여 계속해서 사회경제적 문제들이 발생하고 있는데, 이는 오히려 그 중요도와 비중을 방증하는 것이라고 볼 수 있는 것이다.

우리나라에서 주식회사는 특히 인기 있는 회사형태여서 전체 회사 수의 95% 이상을 차지한다. 주식회사가 다른 회사형태에 비해서 이처럼 수적 우세를 보이고 있다는 사실은 회사 설립자들에게 인기가 있다는 것을 보여 주는데, 그 원인으로는 책임제한, 소유와 경영의 분리, 편리한 자금조달, 주식의 자유양도, 독립성과 영속성의 보장과 같은 제도적 요인을 들지만, 그 외에 심리적 측면에서도 원인을 찾을 수 있다. 주식회사는 대기업의 이미지를 준다는 점이 바로 그것이다. 그에 기한 주식회사 선호는 회사 설립자들에게서만 발견되는 것이 아니고, 거래처, 근로자 그리고 경영자에게서도 발견된다. 이와 같은 좋은 이미지가 주는 효과 내지 위신 효과는 주식회사 수 증대에 일조하였던 것이다. 결국 '주식회사'란 이름이 주는 이미지 내지 '위신(prestige)' 때문에 선호된다는 것이고, 그와 함께 대다수의 중소기업들로 하여금 '주식회사' 형태를 취하게 만든 밴드웨건 효과(bandwagon effect)[8]도 주식회사 수의 증대의 원인으로 언급되어야 하겠다.[9]

그런데 위신 효과는 주식회사가 대기업을 위한 회사형태이기 때문에 발생하는 것이다. 그렇다면 주식회사가 대기업이 될 수 있게 하는 근거는 무엇인지 궁금해지는데, 이 문제는 뒤에서 주식회사의 주된 기능과 관련하여 다루어진다.

7) 이범찬/임충희/김지환, 「한국회사법」, 2001, 2면.

8) 밴드웨건 효과란 편승 효과(便乘效果)라고도 하는데, 어떤 선택이 대중적으로 유행하고 있다는 정보로 인하여 그 선택에 더욱 힘이 실리게 되는 효과를 말한다. 선거에서는 우세해 보이는 사람을 지지하는 현상, 상품시장에서는 어떤 상품이 유행함에 따라 그 상품의 소비가 촉진되는 현상 등이 이에 해당한다.

9) 이에 관해서는 다음을 참고할 것: 양동석, 「대소회사구분입법론」, 1995, 15면.

주식회사는 위에 언급된 사람들에게만 인기를 누리는 것은 아니다. 일반 투자자들에게도 인기가 있고, 심지어는 투기꾼이나 사기꾼들에게도 인기가 있으며, 나아가서 일반인들의 관심도 끌고 있는 것이다. 이런 인기와 관심 덕분에 '주식회사'가 특히 우리나라에서는 일반인에게는 '회사'의 대명사에 가까운 용어가 되어 버렸다. 이러한 인기는 외국에서도 확인된다. 일본의 경우는 우리나라보다는 상대적으로 덜 선호되기는 하지만, 주식회사 수가 100만 개를 넘으며 전체 회사의 반을 차지한다.[10] 독일의 경우는 주식회사 남설에 대한 대책 차원에서 중소기업을 위한 회사형태로 유한회사 형태를 창안하여 그 도입 이후에 수가 줄었었는데 최근 주식회사 형태가 다시 유행을 타고 있다.[11]

우리나라에서 투자수단으로서의 주식의 인기는 1990년대 초반 이래 몇 차례의 출렁임은 있었지만 식지 않고 있다. 특히 외환위기 이후 주식에 대한 관심은 더욱 고조되었고, 주식 투자에 대하여 보인 일반인들의 관심은 전례 없는 것이었다.[12] 주식회사의 물적 기초인 자본을 구성

---

10) 1991년에 일본에는 100만 개를 넘는 주식회사와 유한회사가 있었고, 전체 회사 수에서 차지하는 비중은 각각 43.7%와 52.8%를 차지하였었다. 일본의 경우는 주식회사만 선호하는 우리나라와는 차이가 있는 양상을 보여 준다(양동석, 「대소회사구분입법론」, 1995, 12-14면 참조).

11) 이는 1990년대 중반에 진행된 소규모 주식회사를 위한 특별규정을 인정한 주식법 규제완화(Dereulierung des Aktienrechts)를 위한 입법, 즉 1994년 8월의 '소규모주식회사와 주식법 규제완화를 위한 법(das Gesetz für kleine Aktiengesellschaften und zur Deregulierung des Aktienrechts)' 입법과 자본시장에 진입하고자 하는 기업들의 욕구에 기인하는 것이다. 주식회사는 독일에서 유행을 타고 있다는 것은 통계수치로도 입증되는데, 주식회사 수가 2,600개를 약간 상회해서 답보상태에 있다가 소규모 주식회사 법제정 이후로 수직 상승하여 2000년대 초반에 벌써 10,000개를 넘어섰다. 결국 주식회사를 인기 있게 하려던 입법자의 의도는 성공한 셈이다; 소규모 주식회사와 주식법 규제완화를 위한 법과 관련된 주식회사법의 변경에 관해서는 다음을 참조할 것: Ammon/Görlitz, Die kleine Aktiengesellschafte, 1995.

12) 1970년대의 주식붐에서부터 1990년경의 노태우 정권 시절의 주식붐과 1999년에서 2000년의 김대중 정권 시절의 주식붐 그리고 최근의 주식투자 붐 등 간격을 두고 주식붐은 찾아 왔고, 그로 인한 투자 열풍은 많은 투자자 내지 투기자들에게 손해를 준 바 있다.

하는 단위인 주식이 이렇게 인기가 있었던 적이 이전에는 없었다. 바야흐로 글로벌화(Globalization) 내지 세계화와 맞물린 국제적인 자본자유화의 흐름과 자본시장 통합의 흐름에 따라서 지난 1990년대 말 이래로 주식은 기업가들에게 직접금융수단으로서 그리고 투자자들에게 투자수단으로서 인기를 누리고 있으며, 주식은 이제 일반인들의 주요관심사의 하나로 자리잡았다. 이처럼 주식 붐으로 주식과 주식회사가 관심을 한 몸에 받고 있는 현상은 전 세계적 현상이기도 하다. 이로써 확인하게 되는 바는 증권자본주의, 주식자본주의 내지 금융자본주의가 그 모습을 드러내었다는 사실이다.

그 수에서 드러나는 것처럼 주식회사가 인기를 끌고 있고, 주식도 관심과 인기를 끌고 있다는 것이 주식회사와 주식의 중요성을 보여주는데, 나아가서 경제의 다른 영역인 생산활동에서 주식회사가 차지하는 비중도 주식회사의 '국민경제적' 중요성을 보여준다. 이런 까닭에 주식회사는 현대 자본주의의 지주이고,[13] 국민경제의 기관(motor)이다. 그렇기에 주식회사 없는 자본주의 경제는 생각하기 어렵고, 주식회사의 발명이 전기의 발명보다 더 중요한 발명이라 말이 설득력을 가지는 것이다.

2. 주식회사의 용도와 종류의 다양성: 넓은 스펙트럼

주식회사의 규모에 대해서는 앞서 언급했거니와 소기업부터 중견기업 그리고 대기업을 경영하는 회사까지 커버하는 회사형태가 주식회사이며, 심지어 세계 굴지의 다국적기업 내지 글로벌기업들은 거의 모두가 주식회사로 되어 있다고 하겠다. 나아가서는 주식회사가 목적으로 삼아서 경영하는 기업의 업종도 다양하다.

나아가서 주식회사의 쓰임새 내지 용도를 살펴보면, 그야말로 다양하

13) 이런 맥락에서 버얼리 교수는 주식회사는 '자본주의 경제체제를 떠받치고 있는 지주'라고 표현한 바 있다(Berle, Foreword go the Corporation in Modern Society, E. Mason(ed.), 1959).

다고 하겠는데, 이 다양성도 그 자체로서 주식회사가 사회에서 차지하는 비중과 기능을 보여주는 측면이 있다. 주식회사의 용도는 우선 여러 산업 분야 내지 업종에서 주식회사가 이용되는 데서 확인되는데, 역사적 발전 과정에서 주식회사가 무역업이나 철도 건설 그리고 은행업이나 보험업에서 중요한 역할을 한 바도 있거니와 현재도 주식회사는 대자본이 필요한 경우에 이용되어서,[14] 보험회사에서처럼 법형태강제(Rechtsformzwang)를 통해서 주식회사란 회사형태(會社形態; Gesellschaftsform)가 강제되기도 한다.[15] 그런데 그와 같이 대자본을 요하는 산업 분야에 그치지 않고, 주식회사는 전통적 굴뚝기업이나 벤쳐기업까지 산업 전 분야에 걸쳐서 존재한다.

또한, 주식회사는 용도는 그 분류에서도 드러나는데, 매우 다양하다. 이는 회사법 교과서에서 하는 주식회사의 분류만 보아도 드러난다. 지분 소유구조 면에서 보면, 우선 폐쇄회사와 공개회사로 구분할 수 있는데, 주주들의 상호관계나 개방성에서도 차이가 커서 회사 사정에 따라서 폐쇄적 회사로 아니면 공개회사로 활동한다. 나아가서 상장 여부에 따라서 상장회사와 비상장회사로 분류하기도 하는데, 상장회사의 경우 주식이 거래되는 시장도 다양하여서 결국 거래소 시장에 상장한 상장회사, 코스닥 시장에서 그 주식이 거래되는 협회등록법인 그리고 비상장회사로 나눌 수 있다. 그 외에도 지분소유구조(Aktionärsstruktur oder Beteiligungsverhältnisse)와 회사 지배구조와 관련하여 다음 과 같이 나눌 수도 있다: 1인 주식회사(Einmann-AG), 가족주식회사(Familien-AG),[16]

---

14) Siehe Rudolf Wiethölter, Interessen und Organisation der Aktiengesellschafte im amerikanischen und deutschen Recht, 1961, S. 69 f.; 국내문헌으로는 다음을 참조할 것: 졸고(拙稿), 주식회사의 초기발전, 「기업구조의 개편과 상사법 - 회명박길준교수화갑기념논문집(Ⅰ)」, 1998, 214면.

15) 보험업법 제5조 제2항을 참조할 것.

16) Siehe Münchner Kommentar zum Aktiengesetz, 2.A., 2000/Semler u. Heider, Par. 1, Rn. 13; '가족주식회사(Familien-AG)'란 '가족기업(Familienunternehmen)'을 위하여 이용되는 주식회사(AG; Aktiengesellschaft)를 말한다. 가족기업은 참으로 역사가 오랜 존재라고 할 수 있고, 지금도 세계적 재벌들이나 중소기업들이나 가

대주주 지배의 주식회사(majorisierte AG), 대중주식회사(Publikums-AG). 대중회사란 한 눈에 들어오지 않을 만큼 많은 투자자들에게 주식이 분산되어 있는 주식회사이다.[17] 이 경우에 회사 지배의 유형으로는 세 가지가 있다. 다수주주 형성 면에서 다수주주가 없는 유형, 대주주 일인이 있는 유형 혹은 수인이 공조하여 다수를 이루는 유형이 그것이다. 지분분산(Streubesitz)으로 지배주주가 없는 경우는 경영자가 회사를 지배하게 된다. 결국, 지분소유구조가 의사결정구조와 지배구조를 결정한다.[18] 지배와 관련하여 재벌계열 주식회사도 있고,[19] 콘쩨른(Konzern) 내지 재벌(財閥) 관계에서 존재하는 양태는 모회사와 자회사로 하거나, 지주회사로 이용되는 것이 가능하다.

족기업의 모습을 가지고 있는 경우가 많은데, 이들은 가족주식회사란 유형의 주식회사란 법적 형식을 이용하고 있는 것이라고 설명할 수 있겠다. 세계적 기업을 경영하는 가족주식회사로 우리에게 잘 알려져 있는 것으로는 불란서의 쁘조 시트로앵 자동차 주식회사, 로레알 화장품 주식회사 그리고 이탈리아 피아트(Fiat) 자동차 주식회사와 독일의 BMW를 들 수 있겠다. 미국의 경우는 HP 주식회사, 포드 자동차주식회사, 월마트 주식회사 등이 있다. 우리나라의 경우 재벌들이 대부분 가족기업의 모습을 가지고 있다. 물론 상장을 통해서 주식소유가 분산된 경우가 대부분이지만, 그러한 경우에도 가족 구성원들 간의 지분 분산 소유를 확인할 수 있다. 우리나라 재벌들의 경우와는 달리 외국에서는 가족주식회사라고 하더라도 경영권을 반드시 가지고 직접 회사를 경영하지 않고 전문경영인에게 경영을 맡기는 경우가 많다. 이처럼 가족기업도 경영을 위임하는 경우와 직접 담당하는 경우 그리고 여러 가족들의 결합으로 이루어진 경우 등 여러 가지 하부유형이 있음이 확인된다.

17) '대중회사(Publikumsgesellschaft)'에 대해서는 다음을 볼 것: K. Schmidt, Gesellschaftsrecht, 2.A., S. 770; Zöllner, Kölner Kommentar zum Aktiengesetz Einleitungs-Band, S.239, Rn. 90.

18) 독일에서는 다수주주가 없어도 은행의 대리의결권(Depotstimmrecht) 행사에 의하여 의결권의 집중(Stimmrechtskonzentration)이 생길 수 있고, 전통적으로 알리안츠 보험회사(Allianz-Versicherung), 도이체(Deutsche Bank) 같은 금융기관이 독일 경제계의 지배 면에서 결정적인 역할을 해왔다.

19) 독일 회사법학에서는 '콘쩨른에 종속된 주식회사(konzernabhängige AG)'이라고 한다.

나아가서 영리 추구냐, 공익 추구냐 아니면 상호부조(협동)냐에 따라서 구별해 보자면, 공기업(die AG unter Beteiligung der öffentlichen Hand)에도 쓰일 수 있으며, 민간자본도 포함되어 있는 경우인 혼합경제적 기업(gemischtwirtschaftliches Unternehmen)도 있고,[20] 구성원의 공동의 경제적 목적의 촉진 내지 상호부조를 추구하는 협동조합적(協同組合的) 주식회사도 있을 수 있다.[21] 독일에는 주주가 종된 급부의무를 부담하는 종급부주식회사(從給付株式會社; Nebenleistungs-AG)와 같은 특수한 종류도 존재한다.[22] 나아가서 기업들이 부분영역에서 경제적 협력을 실현하기 위해서 설립하는 공동체기업(共同體企業; Gemeinschaftsunternehmen) 내지 합작회사(合作會社; joint-venture)도 있다.[23] 주식회사 형태는 이처럼 폭 넓게 이용되고 있다. 또 그래서 우리나라에서 95%의 회사들이 주식회사 형태를 취하는 것도 가능한 것이라고 설명할 수 있을 것이다.

3. 주식회사 = '주식' 회사!

주식회사란 '자본이 균일한 주식으로 분할되고, 주주는 자신이 인수한 주금액을 한도로 출자의무를 부담할 뿐 회사채권자에 대하여는 아

20) Siehe Münchner Kommentar zum Aktiengesetz, 2.A., 2000/Semler u. Heider, Par. 1, Rn. 11 u. 12; 중앙정부나 지방정부가 100% 출자한 경우도 있지만, 그렇지 않고 민간자본을 흡수한 공기업도 있다. 우리나라의 경우에 많이 존재하며, 독일의 경우는 자동차제조업체인 폴크스바겐 주식회사(Volkswagen-AG)를 예로 들 수 있는데, 이 회사는 니더작센 주 정부가 2000년대 초반에 18.6%의 지분을 보유하고 있었다.

21) Siehe Münchner Kommentar zum Aktiengesetz, 2.A., 2000/Semler u. Heider, Par. 1, Rn. 14; 독일의 경우 중간법인적 성격을 가지는 협동조합도 주식회사 형태로 조직되기도 하여 협동조합적 주식회사(genossenschaftliche AG)도 존재한다. 이에 관해서는 다음을 볼 것: Martin Lutter, Die genossenschaftliche AG, 1978.

22) Zöllner, Kölner Kommentar zum Aktiengesetz Einleitungs-Band, S.242: 이 경우에는 종된 급부의무(Nebenleistungspflicht)가 주주에게 부과되어 출자의무 이외의 의무를 부담하는 경우가 된다.

23) Th. Raiser, Recht der Kapitalgesellschaften, 3.A., 2001, S. 19.

무런 책임을 부담하지 않는 회사'를 말한다.[24] 이러한 설명이 주식회사의 정의로서 충분한지에 관해서는 의문의 여지가 있다.[25] 사실 우리 주식회사법은 주식회사에 대한 (법적) 정의(定義)를 내리지는 않았다.[26]

그렇다면 여러 가지의 법적인 구별징표 내지 본질징표들 중에서 특별히 중요한 것은 무엇일까? 이것을 찾으려면 주식회사와 가장 가까운 회사형태인 유한회사와 비교할 때 주식회사를 특징지을 것이 무엇인가를 찾아보면 되겠는데, 그것은 주식이다. 주식은 주식회사의 구별징표로서 최후적인 혹은 결정적인 것이고, 주식회사를 규정하는데 가장 중요한 역할을 한다. 그래서 주식은 주식회사에 고유하고,[27] 주식회사를

---

24) 이범찬/최준선, 「상법(상)」 제5판, 2008, 515면.

25) 주식회사의 정의(定義; definition) 문제에 대해서는 다음을 참조할 것: 졸고(拙稿), 주식회사의 초기발전, 「기업구조의 개편과 상사법 – 회명박길준교수화갑기념논문집(Ⅰ)」, 1998, 201-202면.

26) 정의와 관련하여 독일의 경우를 살펴보고 논의를 진행시켜보자면, 현행 주식회사법을 담고 있는 1965년 주식법(Aktiengesetz von 1965)은 제1조에 주식회사의 본질('Wesen der Aktiengesellschaft')이라는 표제의 규정만을 두고 있고, 주식회사의 개념을 규정하는 정의규정은 두지 않고 있다. 이러한 입법례들과는 달리 1937년 주식법은 '주식회사의 개념규정(Begriffsbestimmung der Aktiengesellschaft)'이라는 표제의 규정을 처음으로 두었었는데, 다음과 같이 규정하였었다. "Die AG ist eine Gesellschaft mit eigener Rechtspersönlichkeit und mit einem in Aktien zerlegten Grundkapital, für deren Verbindlichkeiten den Gläubigern nur das Gesellschaftsvermögen haftet(주식회사란 자신의 법인격과 주식으로 분할된 기초자본을 가지고 있으며, 그 채무와 관련하여 채권자에게 회사재산만으로 책임을 지는 회사이다)" 이는 개념규정에 가깝지만, 사실은 주식회사의 본질이라는 현행법의 표제처럼 '법적인 본질징표 내지 구조징표들(rechtliche Wesens-bzw. Strukturmerkmale der AG)'을 제시한 것에 불과한 것이라고 볼 수 있다. 개념정의로서 불충분하다는 독일 학계에서의 문제제기에 관하여는 다음을 참조할 것: Gessler und andere, Aktiengesetz-Kommentar, §1 Rn. 2; Denkschrift zum Entwurf eines HGB, 1897, S. 128: Grunewald, Gesellschaftsrecht, 1994, S. 215.

27) 주식합자회사가 없는 한국의 경우는 주식이 주식회사에만 있으므로 주식회사에 고유한 요소라고 말할 수 있다. 물론 주식은 독일 회사법에서는 주식합자회사(株式合資會社, Kommanditgesellschaft auf Aktien)도 가지는 법형상이므로 이와의 준별기준도 되지 못한다. 하지만, 주식회사와 주식합자회사에 고유한 법형상이

주식회사 되게 하는 법형상(法形象; Rechtsfigur)이라고 할 수 있다. 그렇기에 아주 단순하게 말하면 "주식회사란 주식을 발행한 회사이다."라고도 할 수도 있겠다. '주식'은 '주식회사'와 불가분리(不可分離)의 관계에 있으며, "주식 없이는 주식회사도 없다"라고 할 수 있겠다.

4. 주식의 이해

1) 개념 및 본질

주식(株式)은 독어, 영어, 불어에서 각각 Aktie, share, action 등으로 불리는데, 독일어의 'Aktie'란 명칭이 원래 청구권('Anspruch')을 뜻하는 라틴어 actio의 화란어 형태라고 한다.[28] 역사적 발전과정을 보면 주식은 그 기원을 성 죠르지오 은행에서 찾을 수 있는데, 식민지회사에 이르러서는 정착된 형태로 나타난다. 성 죠르지오 은행에서는 주식은 없고 채권자명부만이 있었을 뿐이고, 근대 이후에 있어서의 주식은 식민지회사에서 최초로 발견된다는 것이다.[29]

며, 주식은 결국 양자의 중요한 징표이다. 역사적으로 보면 주식합자회사는 주식회사법의 엄격한 규율을 회피하기 위한 수단으로서 합자회사에서 주식을 발행함으로써 합자회사와 주식회사의 결합형태로서 탄생한 것이다. 독일 주식법에는 주식회사법만이 아니라 주식합자회사법도 포함되어 있는데, 주식이라는 법형상(法形象; Rechtsfigur)을 공유하는 주식회사와 주식합자회사라는 두 회사형태를 함께 규율하는 법으로서 주식법이라는 명칭이 적절하다고 여겨진다.

28) 여기서 말하는 청구권은 일반적 소비대차(Darlehen) 관계에서와는 달리 주주가 가지는 자본과 이익(이익배당)에서의 자기 지분뿐만 아니라 아울러 주주들 공동의 중대사 처리에 대한 참여(Gestaltung der gemeinsamen Belange)도 대상으로 한다. 물론 여기서 말하는 청구권의 대상은 일반적 소비대차(Darlehen) 관계에서와는 달리 주주가 가지는 자본과 이익(이익배당)에서의 자기 지분뿐만 아니라 주주들 공동의 중대사 처리에의 참여(Gestaltung der gemeinsamen Belange)를 뜻한다고 할 것이다.

29) 이에 관해서 자세한 내용을 위해서는 참조할 것: 졸고(拙稿) '주식회사의 초기발전', 「기업구조의 재편과 상사법－회명박길준교수화갑기념논문집(Ⅰ)」, 1998, 206면.

주식 개념은 우리나라 주식회사법학 문헌에서는 통상 세 가지 방식으로 설명하는데, 주주로서의 지위 내지 법률관계로 보는 것이 타당하다고 본다.[30) 흔히 주식은 자본의 구성부분(Bruchteil des Grundkapitals)이라고 풀이하는데, 엄밀하게 따져보면 자본의 구성부분은 사실 '주금액'이지 '주식' 그 자체라고 할 수는 없고, 이는 법적으로 평가하자면 사원의 지위에서 나오는 급부의무의 대상일 뿐이다. 주주는 이미 주금액에 대한 급부의무를 이행했어야 하지만, 이행 후에는 '주금액반환금지원칙'에 기초하여 '주금액반환청구권'이 주주에게는 원칙적으로 부여되어 있지 않다는 점을 감안한다면 주식이 '주금액'이라고 표현하는 것은 더더욱 타당하지 않다고 여겨진다.

그 외에 주식이 그것을 화체(化體, verkörpern)하는 '주권'의 동의어로도 쓰이는 경우도 있는데, '주권'의 대용어로 쓰이지만 정확하게 말하면 '주권'으로 표현해야 하므로, 주식의 본래적 의미는 아니라고 하겠다.

결론적으로 말하자면 주식은 주금액도 주권도 아니고, 주주로서의 지위 내지 주주권(사원권 내지 사원자격)이라고 생각한다. 그런데 주식의 본질에 관한 이해는 주식회사의 본질에 대한 이해 방식에 의존한다. 주식회사를 재단으로 보는 견해도 있고 그에 따르면 주식은 순수하게 목적재산의 구성단위에 불과하겠고 주식의 본질에 관하여 (주식)채권설을 취하게 되지만,[31) 주식회사법이 사단성(社團性) 관념을 기초로 구성되어 있다면, 주식회사는 사단이며, 그렇다면 주식은 그 사단의 구성원의 지위를 의미하고, 주식의 본질에 관하여도 사원권설(社員權說)이 타당하다고 여겨진다.[32) 이는 통설의 입장이기도 하다.[33) 그런데 사원권설

30) 주식회사법학 문헌에서는 보통 출자의무 이행 후에야 주주가 되는 것이므로, 주주유한책임원칙에 기해서 주주의 지위에 있어서 더 이상 의무는 없고 권리만 있고, 따라서 주주의 지위를 주주권이며 주식은 주주권이라고 설명된다.

31) 주식회사재단설에 의하면 주식의 인수는 사단에의 가입, 즉 입사행위가 아니라 출자행위라는 단순한 채권적 계약이라 하며, 주식은 이익배당청구권, 건설이자청구권, 잔여재산분배청구권을 내용으로 하는 채권이고, 그 외의 권리는 자익권이냐 공익권이냐를 묻지 않고 법이 주주보호를 위해서 부여한 권리라고 한다. 이에 관해서는 小和商法學史, 312면을 참조할 것.

이 무색하게도 주식은 경제적 측면에서는 채권화(債權化)하는 경향을 발견하게 된다.[34)]

사원권설에 의하면 주식은 회사에 대한 사원의 지분이고,[35)] 사원으로서 가지는 자익권, 공익권 및 출자의무는 개별적이고 순수하게 채권적인 것이 아니고 사원(주주)으로서의 지위에 포함되는 것이라고 한다.[36)] 사원권설은 사원권의 구성내용에 관하여 하나의 권리로 되어 있다는 단일권설, 여러 권리, 의무의 집합이라는 집합설(集合說) 그리고 주주의 권리와 의무를 생기게 하는 법적 지위라고 하는 자격설(資格說) 등으로 나뉘어 있다.[37)] 단일주주지위설에 의하면 공익권은 기관 자격에서 갖는 권한이지 권리가 아니기 때문에 자익권만 사원의 지위의 내용

---

32) 이태로/이철송, 「회사법 강의」 제5판 1996, 259-261면; 田中慶太郎 교수는 사원권부인설을 취한다.

33) 주식은 주주권이라는 입장에 서서 볼 때 다음으로 주주권은 무엇인가가 문제된다. 종래에는 주식회사를 조합으로 보고, 주식은 회사 재산에 대한 합유지분 내지 지분권에 대한 물권으로 보는 주식물권설도 있었고, 주식을 주주의 법인으로서의 회사에 대한 주주의 청구권에 중점을 두어 주식을 채권이라고 보는 주식채권설도 있었지만, 주주가 회사 재산에 대한 직접적인 지분을 가지는 것이 아니므로 물권설은 근거가 없으며, 주주는 채권만을 가지는 것이 아니고 의결권과 같은 공익권도 가지므로 채권설도 타당하지 않다. 주식회사를 영리재단법인으로 보고 주식은 이자배당 및 잔여재산분배청구권 등을 내용으로 사는 순수한 금전채권이라고 보는 견해도 있었다고 한다(이범찬/최준선, 「상법(상)」 제5판, 2008, 573면).

34) 이범찬/최준선, 「상법(상)」 제5판, 2008, 574면.

35) 주식회사의 주식은 사원의 지위로서 인적회사의 지분과 같은 의미이다. 하지만 지분은 사원으로서의 지위란 의미 외에도 자본지분, 즉 회사자산에 대한 경제적 참가비율의 의미가 있는데, 주식에도 자본의 균등한 구성단위라는 의미가 있다(예: 상법 제329조 2항, 제464조 등). 주식이 인적회사의 지분과 그 성격 상 다른 점은 지분복수주의를 취한다는 점이다. 즉, 주식의 수와 사원의 수는 반드시 일치하지는 않는다. 또 하나 다른 점은 주식의 경우 출자의무 이외에 의무는 없고 그것도 주식인수인의 의무이므로 주식은 의무를 포함하지 않는 반면에, 인적회사의 지분의 경우는 손실분담의무를 기초로 하는 소극지분의 개념이 성립할 여지가 있다.

36) 이범찬/최준선, 「상법(상)」 제5판, 2008, 573면.

37) 이기수, 「회사법」 제6판, 2002, 188면.

으로 보며 주식을 자익권 발생의 기초가 되는 사원의 지위를 의미한다고 한다. 이처럼 주식은 사원권 혹은 사원의 법률관계, 즉 인간관계를 의미하고 매개한다. 직접적 관계는 사원 각개인과 회사 사이에서 복잡하게 형성되어 있는데, 재산법적(財産法的; vermögensrechtlich) 성격을 가지는 제 권리 및 제 의무만이 아니라 인법적(人法的; personenrechtlich) 성격을 가지는 제 권리 및 제 의무도 포함하는 것이라 한다.[38] 이 주주권의 구성부분은 공익권(共益權; actio pro socio)과 자익권(自益權)이다.

2) 주식과 소유권(Aktie und Eigentum): 독일에서의 이해

주주는 경제적 의미 내지는 실질적 의미의 소유자이다.[39] 원칙적으로 회사재산은 법인인 주식회사에 귀속되므로, 법적으로 내지 형식상으로는 주주가 회사재산의 소유자가 되는 것은 아니다. 그렇기 때문에 사원권 내지 사원의 지위를 의미하는 주식은 인간관계를 매개하는 것이고, 적어도 직접적으로는 소유권을 매개하지 않는다고 할 것이다. 그렇지만, 간접적으로는 주식이 소유권을 매개한다고 볼 수는 있는 것이다. 따라서 주주는 법인을 매개로 하여 간접적으로 회사재산의 소유자가 된다고 할 수 있는 것이고, 그렇다면 주식은 '생산수단의 사유(사적소유)'라는 점에서 의미를 가진다고 하겠다.

여기서 '생산수단 사유(privates Eigentum am Produktivvermögen oder Produktionsmittel)'란 자본주의 체제에서의 소유권의 기능에 초점을 두는 말이며, 사회주의 체제의 국가에서처럼 협동조합에 의한 '생산수단의 사회적 소유'나 '생산수단의 국가 소유',와는 구별되는 것이다.[40] 그

38) Kübler, Gesellschaftsrecht, 4. A., 1994, S. 151.

39) 경제적으로 회사재산의 소유자라고 하는 설명에 대해서는 다음을 참조할 것: Henn, Handbuch des Aktienrechts, 6. A., 1997, S. 16; Kübler, Gesellschaftsrecht, 4. A., 1994, S. 162, 171; Kölner Kommentar, 2. A., Par. 8 Am. 1.

40) 소유권의 경제적 기능은 여러 측면에서 발견할 수 있다. 이에 관하여는 Hüffer/Witte가 '무엇을 위한 생산수단사유인가?(Wozu privates Produktiveigentum?)'란 책에서 자세하게 밝히고 있다. 이에 의하면, 그것은 우선 개인관계적 기능과 전

리고 여기서 소유는 공동소유의 한 형태로서 법인을 통해서 매개되므로, 주식은 '매개된 소유권'이라고 할 수 있다. 주주의 소유권은 '회사법으로 매개된(gesellschaftsrechtlich mediatisiertes Eigentum)' 혹은 '주식을 매개로 한' 소유권이라고도 할 수 있겠다. 독일 연방헌법재판소는 주식은 회사법적으로 매개된 소유권이라고 명시한 바 있다.[41)]

이처럼 주식에 소유권이라는 의미를 부여하는 것은 주식이 출자금에 대한 소유권에 기하여 형성된 법적 지위이기 때문이라 설명할 수 있겠다. 그러므로 주식 내지 주주권은 소유권 보호 내지 보장과 관련을 가지게 되는데, 독일 법학에서는 주식에 대한 헌법의 보호는 '소유권 보호(Eigentumsschutz)'를 규정하고 있는 독일 기본법 제14조 1항을 근거로 부여된다고 한다. 주식은 헌법적으로도 독일 기본법 제14조가 의미하는 소유권으로서 헌법에 의한 보호의 대상이다.[42)] 하지만, 보호의 대상은 회사(기업)재산에 속하는 개별 물건이나 권리가 아니라 관리권 및 재산권으로서의 사원권임은 물론이다. 이는 결국 보호범위에 영향을 주며, 회사법적으로 매개된 소유권인 주식의 경우는 개인의 자유의 보장에 대한 인적 측면보다는 그 대신에 사회적 측면과 사회적 기능이 중요한 것이다.[43)] 그러므로 귀속관계(Zuordnungsverhältnis)와 그 실질만 유지된다면, 주식의 경우는 일반적 물권의 경우보다는 더 강한 '사회적 기속(soziale Bindung)'에 따르게 되며,[44)] 따라서 다수결원칙에 의한 주주권 제한도 공동결정에 의한 주주권 제한도 원칙적으로 기본법에 위반하는 것이 아닌 것이라고 설명된다.[45)] 소유권에 대한 비유는 흥미로

체사회적 기능이라는 측면으로 나뉜다. 개인관계적 기능은 다시 사회심리적 기능과 개인적－경제적 기능으로 나뉘고, 전체사회적 기능은 정치적 자유 보장 기능과 경제적 복지의 배분기능으로 나뉜다.

41) BVerfGE 14, 263, 276(Feldm hle); BVerfGE 25, 371, 407(Rheinstahl); BVerfGE 50, 290, 342(Mitbestimmung).

42) Th. Raiser, Kapitalgesellschaften, 3.A., 2001, S. 35; Würdinger, Aktienrecht und das Recht der verbundenen Unternehmen, 4. A. 1981, S. 49.

43) BVerfGE 50, 209, 347 f.

44) BVerfGE a. a. O., 340 f.

운 설명을 제시한다. 주식에서는 마치 빛이 프리즘을 통과할 때 발생하는 것과 같이 소유권기능의 분할이 행해지며, 빛과 같이 하나로 통일된 소유권이 프리즘을 거칠 때 7가지 개별 색으로 나뉘는 것처럼 주식회사를 통하면 여러 개별기능으로 나뉜다는 것이라고 설명할 수 있겠다.46)

주주는 자신이 기업가 활동을 하는 한, 직업의 자유(Berufsfreiheit)를 규정한 기본법 제12조 및 일반적 행동의 자유(Allgemeine Handlungsfreiheit)를 규정한 기본법 제2조를 근거로 들어 보호를 요구할 수도 있다. 이 경우에 물론 기본법 제14조에 의한 소유권보호의 경우에서와 유사한 제한이 따른다. 주주가 제9조 1항(결사의 자유, Vereinigungsfreiheit)에 의한 보호를 향유하는지에 대하여 연방헌법재판소의 입장은 아직 나와 있지 않다.

주식의 의결권의 존재이유에 대하여는 뷔르딩어 교수는 다음과 같이 설명한다. "지분과 연결되어 있는 의결권은 사원이 가지는 기타의 관리권들(Verwaltungsrechte)처럼 출자액이 회사의 소유로 되어 버렸으므로 지분권자에게 부여된 것이다. 회사 소유가 된 출자액에 대해서는 독일 민법 제903조에 따라서 자의적 이용 및 처분에 대한 법적 가능성을 회사가 가지며, 이러한 위험에 대하여 보호하는 것이다."47) 그 결과 헌법

---

45) Th. Raiser, Kapitalgesellschaften, 3.A., 2001, S. 35.

46) 이 프리즘의 비유는 다음에서 찾아 볼 수 있다: H. Dombois, ZgesStW Bd. 110, S. 244; D. Suhr, Eigentumsinstitut und Aktieneigentum－Eine verfassungsrechtliche Analyse der Grundstruktur des aktienrechtlich organisierten Eigentums, S. 141.

47) 뷔르딩어(Würdinger) 교수는 "주식이 그 소유자에게 회사재산에 대한 소유권을 매개한다는 말은 맞지 않는다. 주식의 목적은 그것의 역으로서 회사에 자본을 조달하는 것이다 주식은 재원조달수단(Finanzierungsinstrument)인 것이다. 의결권(주주총회에서의 투표권, Stimmrecht)도 주주의 소유권에서 나온 것이 아니라 오히려 그가 자기 출자액의 소유자가 더 이상은 아니기 때문에, 그것의 처분이 회사에 위임되어 있기 때문에, 주주에게 부여된 것이다. 그렇기 때문에 그의 출발점은 법적관계(Rechtsverhältnis)로서의 지분참여(Beteiligung)가 아닐 수 없다. 하지만, 뷔르딩어 교수도 결론에 있어서는 동일하다. 그는 출자자(주주)가 더 이상은 출자액의 소유권자는 아닐지라도, 주식의 소유자는 자기 출자액에 관하여 소유권자와 기회도 얻는 동시에 위험도 인수하기 때문에, 지분도 헌법 제14조의

제14조의 소유권보장이 모든 종류의 지분도 커버한다는 것인데, 문제는 그와 결부된 위험상승으로 인하여 재산권 및 관리권이 받는 영향들 중 어떤 것이 독일 헌법 제14조와 부합되는지 하는 것이다.

3) 주식의 개념체계상의 역할

이렇게 주식은 회사와 주주의 연결점 혹은 연결고리의 역할을 하는 개념으로서 개념체계상 중요한 역할을 한다. 주식은 중요한 연결고리 역할을 하는데, 그것은 주식이 주식회사의 물적 요소인 자본과 인적 요소인 주주를 결부시키는 유대개념(紐帶槪念)이 되는 데서 찾을 수 있다.[48]

III. 핵심적 기능: 자본집적 기능

주식과 사채를 도구로 하여 소규모자금(영세자본)을 모아서 대규모 자본을 형성해내는 것이 주식회사인데, 이렇게 주식회사는 자본집적기(資本集積機; Kapitalsammelbecken) 역할을 한다.[49] 주식회사의 자본집적기능은 가장 중요한 기본적 기능이라 할 수 있는데, 이는 '자본집중(Kapitalkonzentration)'이라고도 하며,[50] 대자본에 대한 필요를 충족시키

소유권 보호를 받는 것이다. 지분도 (다른 소유물처럼) 그 소유자의 사적 용도에 기여하기에 그러한 것이다"라고 기술하면서 그러한 표현에 대하여 거부감을 표시한다: Würdinger, Aktienrecht, 4. A., 1981, S. 50 참조.

48) 이범찬/최준선, 「상법개설」 제9판, 2008, 248면.

49) Zöllner, Kölner Kommentar zum Aktiengesetz, 2.A., Einleitungs-Band, S. 235에서는 '사적인 저축자본을 지속적으로 묶여 있는 기업자본으로 전환시킨다'고 한다.

50) 이는 칼 맑스의 용어사용법에 따른 것이다; 손주찬, 「상법(상)」, 제419면에서는 '자본의 결합집중'이라는 용어를 사용하신다. 기본적으로 필자는 '자본집적기능'을 말할 때 칼 맑스의 용어사용법과는 다르게 쓰고 있다. 이 글에서의 '자본집적'은 그에게 있어서의 '자본집중(Zentralisation des Kapitals)'에 해당하는 것이라 할 수 있다. 이는 여러 손에 흩어져 있는 자본을 하나로 내지 한 곳으로 집중시킨다는 의미이다. 이에 관해서는 다음을 참조할 것: Werner Schmitz, Was hat Karl

는 기능이다. 자본집적의 필요는 역사상 늘 존재해 왔고, 지금도 그렇고 또 앞으로도 그러할 것이 분명하다. 역사 속에서 자본집적의 도구는 여러 가지가 있어 왔다. 자본집적은 칼 맑스(Karl Marx)가 '본원적 축적(ursprüngliche Akkumulation des Kapitals)'이라고 부르는 것처럼 전쟁이나 착취를 통해서 이루어지기도 하며,[51] 이윤의 재투자를 통하여 이루어지기도 하며,[52] 국가에 의해서 조세 징수나 공적 기금의 형성 등의 형태로 자금집적을 행하여 대규모 자본(자금)이 형성되기도 한다. 또한 장래의 자금수요에 대비하는 연기금이나 보험회사에 의해서도 자본집적에 의한 대규모 자본(자금)의 형성이 이루어진다.[53] 그 외에도 은행이나 자금운용회사에 의해서도 자본집적은 이루어진다.[54] 하지만 주식회사는 직접 자본시장에서 자금을 집적해서 스스로 자기가 필요로 하

Marx gesagt?, 1984, S. 76 f.

51) '본원적 축적'은 칼 맑스의 사고세계에 있어서 '자본주의적 축적(kapitalistische Akkumulation)'에 선행하는 형태의 것, 즉 '자본주의 이전의 축적(vor-kapitalistische Akkumulation)'이며, 자본주의적 생산방식(kapitalistische Produktionsweise)의 결과가 아니라 그것의 출발점에 해당하는 것이다: Marx-Engels-Werke des Dietz-Verlages, 23, 741(Werner Schmitz, Was hat Karl Marx gesagt?, 1984, S. 74에서 재인용함); 아담 스미스에게 있어서는 이것이 'previous accumulation'에 해당한다고 한다: Werner Schmitz, Was hat Karl Marx gesagt?, 1984, S. 74.

52) 칼 맑스의 용어사용법에 의하면 '자본의 축적(Akkumulation des Kapitals; accumulation of capital)'이다. 중요한 것은 이는 이윤을 재투자하여 이루어진다는 점이다. 정치경제학 내지 맑스이론에서의 '자본의 축적' 개념에 관해서는 다음을 참조할 것: 김수행, 알기 쉬운 정치경제학 제2개정판, 2008, 103면 이하.

53) 보험료 징수를 통해서 형성한 자금은 보험금 지급 내지 위험 대비를 위한 것이기는 하지만 보험료 지급 시점과 보험금 지급 시점 사이의 시간을 브릿징(bridging)하기 위해서 그리고 수익을 내기 위해서 투자할 수 있다.

54) 뮤츄얼펀드(mutual fund)의 경우 자본집적을 주식회사를 만들어서 하는 것이므로 주식회사의 자본집적과 동일하다. 다른 펀드의 경우는 조금 구조가 다르다. 뮤츄얼 펀드에는 환매가능한 개방형(open-end type)과 환매가 허용되지 않는 폐쇄형(closed-end type)이 있는데, 보통 뮤츄얼펀드라고 하면 개방형 뮤츄얼펀드를 지칭한다. 개방형의 경우 환매청구를 할 수 있기에 펀드 좌금액에 대해서는 주금액에 대해서와는 달리 반환청구가 인정되는 셈이다.

는 자본을 조달한다는 점에 특징이 있다. 물론 유한회사나 인적회사 같은 회사형태나 혹은 익명조합과 같은 공동기업형태를 이용해도 대규모 자본의 집적이 불가능한 것은 아니지만,[55] 주식회사는 그에 가장 적합하고 가장 큰 규모의 자금을 형성해 낼 수 있는 도구라고 하겠다.

자본집적은 주식회사가 기업활동을 위한 소요자본을 주식과 사채를 통한 소규모 자본의 집적으로써 직접 조달한다는 것을 의미한다. 즉, 자본조달을 위해서 자본집적이 이루어지는 것이며, 그 도구는 바로 주식과 사채인 것이다. 이 때 각각 자기자본과 타인자본의 조달이 이루어지는 것이다. 자기자본과 타인자본은 반환의무가 있는가에 의해서 구별된다. 반환의무가 없이 회사 자체에 귀속되는 자본은 자기자본인 것이다.[56]

1. 자기자본집적기능

1) 의의

자본집적에 이용되는 도구로 중요한 것이 '주식'인데, 주식의 가장 큰 힘이 이 기능에서 드러난다고 할 수 있으며, 주식이라는 법적 장치를 통하여 주식회사는 결국 자본집적기(Kapitalsammelbecken)로서 기능하고 자본집적기능(Kapitalsammelfunktion)을 수행한다. 이 기능에 의존해서 주식회사는 기업규모의 확대가 가능해지고, 대규모자본을, 그것도 자기자본을 필요로 하는 대기업에 적합한 회사형태가 된다. 대자본은 물론 금융기관을 통해서도 형성된다. 그런데, 금융기관을 통해서 형성된 자본은 타인자본, 즉 대출 형식으로 투자되어 부채로서 존재한다. 또

---

55) 이를테면 유한회사에 의한 자본집적도 가능한 것이다. 실제로 독일에는 대규모자본을 가지고 대규모 기업을 경영하는 유한회사도 꽤 많이 있다. 또한 회사형태는 아니지만, 익명조합을 이용하는 경우도 있다. 몇 년 전에 우리나라에서는 '안녕, 형아'라는 영화 제작을 위한 자금을 인터넷 상에서의 익명조합원 모집을 통해서 조달한 경우가 있는데, 이 경우에 익명조합 형식으로써 자본집적을 예로 볼 수 있을 것이다.

56) 정동윤, 「회사법」 제7판, 2001, 492면.

한 주식회사는 사채발행을 통해서도 자본집적기능을 수행할 수 있지만, 역시 마찬가지로 타인자본으로 자기자본이 아닌 것이다. 이윤 내지 이익을 사내유보하여 자본집적을 이루기도 한다.

그런데, 기업은 기본적으로 자기자본의 필요를 느낀다. 이 경우는 한 기업의 발전사에서도 흔히 나타나는데, 개인 기업가가 일정한 기업발전 단계에서 새로운 자기자본을 필요로 하게 되어, 자기자본을 댈만한 자본가를 찾아서 동업(同業)을 하고자 시도하기도 하는 것이다. 동업자는 공동기업(共同企業) 경영에 참여하기도 하고 그렇게 하지 않기 하는데, 전자의 경우에는 합명회사를 이용하면 되고 후자의 경우에는 합자회사를 이용하면 된다. 그런데, 철도나 도로의 건설을 위하여, 즉 그 자본규모가 상상하기 힘들 정도로 큰 경우에 자기자본집적(Eigenkapitalsammlung)을 필요로 하는 경우에는 주식회사를 이용하여야 하는 것이다. 이처럼 주식회사는 특히 '자기자본집적기'이며 대자본을 필요로 하는 경우에 요긴하게 이용되어 왔다.

2) 자기자본의 필요성과 가치

자기자본의 가치는 그 구체적 유용성에서 확인된다. 우선 분명한 것은 자기자본은 기업에 대한 부담 면에서 타인자본보다 낫다는 것이다. 타인자본이나 고용에 근거한 노무에 대한 반대급부인 이자와 보수는 일정하고 타인자본은 채무이므로 이자나 만기와 같은 부담이 수반되는데 비해서 회사의 자기자본과 사원의 노력제공에 대한 반대급부는 기업경영성과에 의존하는 것이어서 자기자본의 경우 배당가능한 순이익이 발생할 경우만 이익을 배당하므로 기업에 채무처럼 부담이 되지 않는 것이다. 기업성과가 부진할 때 기업활동에 부담이 되지 않으므로 타인자본보다는 더 유리한 형태인 셈이다.

두 번째로 자기자본은 주식회사에서 타인자본을 얻는데 있어서 보증자본(保證資本; Garantiestock, Garantiekapital) 내지 책임재산 역할을 한다. 달리 말하면 자기자본은 자금 차입을 위한 담보로서 신용을 얻는데

기초가 되는 것이라고 하겠다. 그러므로 자기자본은 차입의 잠재력을 의미한다.[57]

자기자본조달은 은행차입이나 사채발행을 통한 타인자본조달보다 기업에게 유리한 형태이다. 이와 같이 자기자본의 가치 내지 존재이유는 두 가지이다. 투자를 위한 재원의 마련과 채권자를 위한 담보의 마련이다.[58] 후자와 관련하여 경영학에서는 책임기능(Haftungsfunktion)과 기업계속성(Unternehmenskontinuität)에 대한 기여를 한다고 설명한다.[59]

57) 최근에는 이처럼 대규모자본을 요하는 경우 중에서도 철도나 도로의 건설 등과 같이 매우 규모가 큰 경우에는 이른바 프로젝트 파이낸싱(project financing; PF) 기법을 흔히 이용한다. 이를 위해서는 특수목적회사(SPC; special purpose vehicle)가 설립되며, 대출자들의 콘소시움이 미래의 현금 흐름을 담보로 자금을 지원한다는 등의 특징을 보인다. 프로젝트 파이낸싱은 주식회사에 의한 자기자본집적과 이를 보증자본으로 하여 타인자본을 이용하는 것과는 근본적으로 다르다. 이른바 '기업금융(corporate finance)'의 경우는 투자를 위한 대출금의 상환재원이 기업 전체의 자산가치와 수익력에 의존하며 기업자산에 대하여 담보권을 취득하는 것이 일반적인데, 프로젝트 파이낸싱의 경우는 대출금의 상환재원에 채권자인 금융기관의 담보가 특수목적회사로 설립된 프로젝트 회사나 그 배후의 출자자들의 재산이 포함되지 않고 장래의 현금의 흐름만으로 제한되는 것이다. 이러한 경우에 주식회사를 프로젝트회사로 설립하더라도 자본금이 보증자본의 역할을 한다든지 하는 것은 생각할 수 없는 것이다. 결국 프로젝트 파이낸싱의 경우에는 기업금융의 경우와는 달리 자기자본이 중요하지 않게 되는 것이다; 프로젝트 파이낸싱에 관해서는 경제법학회에서도 2005년 추계학술대회에서 다룬 바 있다; 기본서로는 다음을 참조할 것: 반기로, 프로젝트 파이낸싱 제3판, 2005; 최근 논문으로는 다음을 참조할 것; 진홍기(秦鴻琪), 프로젝트 파이낸스의 이론적 존립근거와 금융구조에 대한 법적 고찰, 「상사법연구」 제27권 제3호, 2008.

58) 이와 관련하여 독일 경영학에서는 자기자본의 기능에 관하여 다음과 같은 견해가 제시되어 있다: Drukarczyk, Finanzierung, S. 132 ff.에서는 작동을 시작하게 하는 기능, 즉 발진기능(發進機能; Ingangsetzungsfunktion)과 영업계속시(Fortführungsfall)의 위험인수(Risikoübernahme) 기능 및 파산시(Konkursfall)의 위험인수(Risikoübernahme) 기능, 이렇게 3가지 기능으로 분류한다. 또한, Gruhler, Eigenkapitalausstattung, S. 50에서는 위기대비(Krisenvorsorge), 신용담보기능(Kreditsicherungsfunktion), 위험인수자(Risikoträger)를 든다.

59) 이는 독일 경영학과 상법학에서 일치된 견해로 보인다. 내용을 위해서는 다음

물론 자기자본과 타인자본 중에서 어떤 자본조달 형태가 기업에 바람직한 것인가에 대하여는 경영학에서 논란이 되고 있다. 만성적 물가상승의 시기에나 자본비용인 이자가 낮을 때, 또 세금공제라는 세무 상의 이익을 고려할 때, 타인자본이 자기자본보다 경영자 입장에서 보면 유리하다. 하지만 그럼에도 불구하고, 자기자본이 타인자본보다 안정성과 같은 근거에 따르면 유리하고 필요하다고 할 수 있겠다.

사실 이와 같은 자기자본의 장점은 그것이 부족할 때의 문제를 보면 분명해진다. 자기자본이 부족하면 그 자체로서 자본조달에 문제가 발생하지만 동시에 차입에 의한 자본조달의 길도 막히기 쉽고, 그렇게 되면 기업은 자본부족으로 유동성 부족을 겪게 되고 기업위기(Unternehmenskrise)와 지급불능(Insolvenz)에 상대적으로 더 쉽게 빠지게 된다. 이러한 자기자본의 역할 때문에 그 중요성은 분명해지는데, 이는 다음과 같이 웅변적으로 표현되기도 한다: "자기자본은 전부는 아니지만, 자기자본이 없으면 전부가 아무것도 아닌 것이 된다."[60]

따라서 자기자본부족 문제는 기업활동을 위해서 꼭 해결되어야 할 중요한 문제인 것이다. 이와 같은 자기자본부족의 문제성은 IMF사태를 통해서 우리에게는 분명해졌다. 알려진 사실이지만 외환위기 이후 한국기업들은 부채의 위험을 실감하고 자기자본은 늘리고 타인자본은 줄여서 재무건전성을 확보하였다. 정부의 요구로 금융기관들도 자기자본비율을 높이기 위해서 안간힘을 썼고, 대기업도 자산 정리를 통해서 유동성을 얻기 위해서 힘썼다. 우리나라 중소기업들도 자본부족 문제를 해결해야 한다.[61]

자료들을 참조할 것: Lambsdorff, ZGR 1981, 1,4; Gruhler, AG 1984, 100, 104; Schmalenbach, Die Beteiligungsfinanzierung, 6.A., S. 10 ff.; Fritsch, Eigenkapitallücke, S. 16; K. Schmidt, JZ 1984, 771, 774.

60) Eigenkapital ist nicht alles, aber ohne Eigenkapital ist alles nichts!: Gruhler, Eigenkapitalausstattung, S. 50.

61) 특히나 규모가 작아서 자기자본도 적고 차입을 하기 어려우므로, 타인자본도 부족한 중소기업의 경우는 자본부족 문제가 상대적으로 더 심각하다. 보기에 따라서는 경제위기의 전조랄 수 있는 1990년대 초반기의 기업도산의 파도도 중소기

3) 대규모 모험자본 제공: 역사상의 역할

주식회사 초기형태의 경우에 자본집적에서 큰 역할을 하였다는 것은 분명한데, 더 나아가서 그것은 대규모 모험자본이 필요한 경우에 이를 형성하여 제공하였다는 데서 그 역할을 찾아볼 수 있겠다. 역사적으로 볼 때도 주식회사는 위험이 큰 대규모 사업을 위한 자본, 즉 대규모 모험자본의 집적기였다. 근대의 중상주의 및 식민주의와 함께 탄생한 식민지회사나 그 이후에는 산업혁명기의 철도부설과 산업화에 필요한 자본은 대규모 모험자본(Risikokapital)이라고 하지 않을 수 없다. 대규모 모험자본이라는 것은 주식회사가 이용되었던 사업의 성격과 관련되는 것인데, 철도나 도로 등의 사회간접자본(SOC) 건설 사업 분야와 같이 당시 새로운 산업분야로 등장하였던 위의 분야는 투자자에게 위험(Risiko; risk)을 뜻했고,[62] 이 때 유한책임의 원칙이 빛을 발하였다. 위험을 투하자본액에 한정시키는 주식회사 형태에 의하여 위험부담 상의 문제가 해결되었던 것이다. 식민지회사와 철도부설의 예는 역사상 주식회사가 위험분산에 기하여 모험기업이 필요로 하는 모험자본(Risikokapital)을 위한 회사형태였음을 보여주는 것이다.[63]

업에서 시작했던 것을 기억해보면 이는 경험상 쉽게 수긍이 가는 바이다. 그렇다면 정책적으로 이들을 위해서 자본조달의 길을 열어주어야 하는 것이다. 그런데 차입의 위험과 부담을 고려하면 자기자본 조달을 통해서 자본부족 문제를 해결해야 할 필요성을 깨닫게 된다. 독일의 경우 1980년대 이래로 '자기자본부족(Eigenkapitallücke)' 문제의 해결은 회사법학의 주된 관심사 중의 하나였는데, 이에 관한 논의는 우리 상법학에서도 참고할 만하다. 자기자본부족 문제에 관해서는 무엇보다 다음 자료를 참조할 것: K. Schmidt, JZ 1984, 771, 772; Claussen, ZHR 153(1989), 216, 223.

62) K. Schmidt, Gesellschaftsrecht, S. 581.

63) 대자본은 현실에는 흔하지 않고, 그래서 소자본을 집적하여 대자본을 만들어낼 필요가 생겼고, 이를 위한 수단으로서 주식회사가 탄생하여 이용되었던 것이다. 따라서 "주식회사에 대해서도 역시 경제적 필요의 산물이다"라는 명제가 유효하고, 주식회사를 낳은 경제적 필요는 대자본에 대한 필요라고 할 수 있다. 이를 충족시키기 위해서는 자본집적과 위험분산을 필요로 하는데, 이를 위한 도구가 주식회사였다. 역사적으로는 식민지개척과 식민지무역을 필두로 해서 보험업과

4) 자기자본 집적의 기능적 기초: 주식

자본집적기능의 수단적 기초를 살펴보면, 주식의 유용성 내지 장점이 그것이다. 여기서는 주식의 유용성 내지 장점이 어떻게 자본집적을 낳게 된 메카니즘을 살펴보기로 한다.

(1) 법적 유용성

주식의 법적 유용성은 사원권으로서의 주식과 관련을 가지는데, 주식에 의해서 다수사원으로 구성되는 복잡한 법률관계가 표준화되어 간명하게 처리할 수 있고, 많은 사람이 회사에 참여할 수 있다는 점이 그것이다.[64] 이것이 가능해진 것은 인적 관계의 물화와 표준화한데 기인한다. 인적 관계, 즉 사원관계가 출자관계로 단순화되고 물화(物化)되는 것이다. 주주의 지위는 또한 증권에 화체되어 매매를 통하여 이전되게 하는 것, 즉 자유양도성의 기초가 된다. 하지만, 종국적으로 자본집적 기능의 기초는 주금액반환금지의 원칙과[65] 주식의 자유양도성 보장이라고 하

금융업, 그리고 철도부설 모두 대자본을 필요로 하였는데, 이를 주식회사가 조달하였던 바 있다. 자본집적과 대자본의 효과는 규모의 경제로도 설명된다. 경제발전은 기업활동을 통하여 이루어지는데, 기업 활동에는 통상 규모의 경제(economy of scale)가 작용하기 쉽고, 또 산업 분야에 따라서는 그 성립에 필요한 최소자본도 큰 규모의 자본인 경우가 흔하다. 결론적으로 다음과 같이 말할 수 있다. 주식회사는 기업활동을 위한 큰 규모의 자기자본에 대한 이 필요 때문에 생성하였고, 그 충족을 목적으로 존재한다. 현실에서는 대규모의 기업에 필요한 대규모의 자본이 많지 않으므로 자기자본의 집적이 필요한데, 작은 물줄기들 모이고 모여 큰 강을 이루는 것처럼 작은 저축원(貯蓄源, Sparquelle)들이 주식회사라는 자본집적기에 모여서 대자본을 형성해내어 기업활동의 기초가 되는 것이다. 또한, 주식회사는 특히 자기자본집적기 및 위험자본집적기 역할을 하는데, 이에 기하여서 산업혁명기를 필두로 한 경제적 발전기에 주식회사와 주식은 계속해서 진보의 동력이었다. 산업화 초기단계에 해당하는 당시에 한 개인의 자력으로는 조달하기 어려웠을 거대자본을 필요로 했던 광업, 공업, 철도 부설, 보험업, 금융업 등의 분야에서 한 몫을 하였다. 이와 같이 거액의 초기자본과 계속적 자금조달이 필요한 산업분야는 주식회사 형태가 없었더라면 어쩌면 성립하기조차 힘들었을 것이다.

64) 이범찬/최준선, 「상법개설」 제2판, 1992, 226면.

겠다. 주식을 매입한 후의 투자자금 회수는 시장에서의 양도에 의하여 하도록 한 이 두 가지 원칙을 기초로 하여 대규모자금을 주식회사 내부에 묶어 둘 수 있게 되었다는 점이 중요하다.[66] 이러한 주식은 주식회사가 자본집적기능을 수행하는데 있어서 수단적 기초로서 역할을 하는 것이다. 나아가서 주식회사의 자본집적기능 혹은 자기자본조달기능은 이를 쉽게 해주는 증권시장에의 상장(Börsengang)을 통하여 촉진된다.

(2) 경제적 유용성 내지 장점

다음으로는 경제적 유용성을 들 수 있다. 주식은 자본제공자인 투자자에게나 자본조달자인 기업에게나 유용하다. 이러한 유용성에 힘입어서 주식회사가 기능할 수 있게 되는 것이다. 주식의 장점은 주식회사의 장점과 통하고, 가장 기본이 되는 요소는 주주의 유한책임이다.[67] 주주는 사업공동체(Wagnisgemeinschaft)의 구성원이므로 주주는 기타 신용공여자(Kreditgeber)와는 다른 관계를 형성한다. 즉, 회사에 대해서 자금제공자의 지위에서 넘어서서 지분참여자가 되는 것이다.

a) 투자자에 대한 매력

주식은 다음과 같은 점에서 투자자에게는 유리하고 매력적인 투자수단이다. 첫째, 주식은 영구적 유통성(permanente Fungibilität)을 갖는다. 유통성이란 이는 현금화가능성(Verwertbarkeit) 및 거래가능성(Handelbarkeit)에 제약이 없음을 뜻하는데, 주식의 투자자는 주식의 유통, 즉 매각을 통하여 자본을 환수할 수 있는 것이다. 따라서 주식은 투자기간을 임의로 정할 있도록 하며, 그래서 주식은 투자기간의 변형(Fristentransformation)

---

65) 주금액반환금지 원칙에 대한 예외로는 상환주식 상환, 자기주식취득, 주식매수청구권 행사 등을 들 수 있겠다. 순환출자의 경우 실질적으로는 주금액반환의 효과를 가진다.

66) 이를 '영구자본의 확립'이라고 하는 문헌도 있다. 이를 위해서는 다음을 참조할 것: 山島昌太郎, 比較株式會社形態論, 215면.

67) 이태로/이철송, 「회사법 강의」 제5판, 193면에서는 주주의 유한책임은 도마뱀의 꼬리와 같은 원리라는 비유적 설명을 하고 있다.

을 가능하게 한다. 또한 상장시에는 유동성(Liquidität) 내지 유통가능성(Fungibilität)은 더 커진다. 둘째, 주식은 투자자에게 익명성이 유지된다. 셋째, 주식은 회사 자본의 구성부분이자 구성단위로서 상대적으로 작은 표준화된 금액단위의 자본을 뜻하므로, 소자본이 회사에 자본적 참가를 할 수 있게 하므로, 투자규모를 투자자가 정할 수 있다. 넷째, 주식 자체는 금융자산임에 틀림이 없지만, 주식에 의한 지분참가의 대상은 실물자본 내지 생산적 재산(Sachkapital oder Produktivvermögen)이므로, 화폐가치의 하락에 대한 보호를 제공한다. 다섯째, 주주의 유한책임에 근거하여 사원(주주)인 주식투자자의 투자위험은 투자액의 상실에 한정되며, 또한 주식과 결부되어 있는 위험도 이에 대한 균형추 역할을 하는 (높은) 유통가능성이 상쇄시켜 줄 수 있는 것이다. 여섯째, 주식투자의 경우, 투자자에게 여러 기업에 걸쳐 다종의 주식에 투자함으로써 위험을 분산할 가능성도 제공된다. 일곱째, 자본회사인 주식회사에서 주주는 기본적으로 순수하게 자본에만 참여하는데, 경영에는 참여할 능력과 의사가 없는 투자자에게 이 점도 하나의 투자유인이 된다. 여덟째, 회사 내 부(富)의 증가, 시세차익(市勢差益, Kursgewinn), 신주인수권(新株引受權, Bezugsrecht)의 부여 등이 부수적으로 투자자의 재산을 증식시킨다. 이 때 신주인수권은 시세가 좋은 주식의 경우 주주의 이익을 뜻한다. 순이익 중에서 배당금의 비율이 낮고 사내유보금의 비율이 높더라도 이는 정보가 공개되는 한 시세에 반영되어 결국은 그 나름의 방식으로 투자자의 재산상 이익에 반영된다. 아홉째, 특히 상장 주식의 경우는 시세변동에 따른 시세차익을 노리는 투기의 대상도 되므로 투기자본을 관심을 끈다.

b) 기업에 대한 매력

기업에게 주식은 다음과 같은 점에서 유리하다. 첫째, 사원의 퇴사시 출자반환의 배제라는 것은 기업에게는 큰 매력인데, 결국 회사에 유입된 자금이 회사 내에 남아서 자기자본을 구성하도록 한다. 이는 주금액반환금지 원칙에 의해서 대자본이 하나로 묶여 있는 것이 보장된다.

이 원칙에 대한 예외로는 주식소각이나 상환주식 상환의 경우, 주식매수청구권 행사의 경우의 경우 그리고 자기주식취득의 경우를 들 수 있다. 이들 경우는 순환출자의 경우처럼 실질적으로는 주금액반환의 효과를 가진다. 주금액반환금지의 원칙으로 투하자본 환금을 회사로부터 할 수 없게 된 데에 대한 대안은 바로 주식을 시장에서 매매하는 방법이다. 주식의 유통성이 보장되어 주식회사 자본을 훼손하지 않으면서도 시장에서 투하자금을 환수할 수도 있다.

또한 대중에게서 자본을 집적하므로, 자기자본이더라도 구득하기가 쉽다는 점도 매력이다. 따라서, 주식회사는 직접 자기자본을 조달하고 유지하는데, 이상적인 회사형태이라는 점에서 기업에 매력이 있는 것이다.[68]

5) 자기자본집적의 결과: 대중회사와 대기업

이 자본집적기능의 발휘는 통상적인 경우에는 직접 대중을 상대로 하여 다수 투자자의 참가 하에서 이루어진다. 큰 수의 주식이 발행되어 큰 수의 투자자들에게 인수된다. 따라서 주식회사는 통상적으로 한 눈에 들어오지 않을 정도로 다수인 익명적 주주들을 구성원으로 하는 회사인 대중회사가 되고 마련이다. 그리고 대자본을 필요로 하는 대기업이 되기 쉽고, 또한 대기업에 적합한 회사형태이다. 그러므로 입법 시에 염두에 둔 형상, 즉 주식회사법 입법자의 지도형상이 대중회사라는 점도 이해할 만한 것이다. 하지만 AG는 그 입법자가 입법 당시 그 이용을 염두에 두었던 회사유형인 대중회사에 제한되어 이용되지 않고, 다양한 이용 실태를 보인다. 이는 한국에서만 있는 현상은 아니다. 일본에도 소규모주식회사가 많다. 물론 이에 대한 비판의 목소리도 있다.[69]

그것은 주식회사법이 강행법규와 엄격하고 까다로운 요구사항들을 뜻하기도 한다. 하지만, 그 밖에도 주식회사법 입법자들은 이에 대한 법

68) Zöllner, Kölner-Kommentar Einleitungs-Band. Anm 76.

69) 후퍼트(Huppert)는 규모, 주주 구성, 활동분야 면에서 의미 있고 필요한지는 불문하고 제한이나 차별이 없이 주식회사를 모든 회사유형과 종류에 이용된다고 하면서 이를 중대한 결함이라고 한다: Huppert, Recht und Wirklichkeit, S. 17.

적 대응조치를 마련하여 두었다. 기관이 없다면 대중회사는 법인격을 부여받더라도 활동의 시작조차 할 수 없으므로, 그것을 준비하고, 최고경영조직을 준비한 것, 사단적 조직(Körperschaftliche Organisation)을 마련한 것 등을 의미한다. 주식회사의 지도형상인 대중회사에는 수많은 주주가 있다. 그들의 이해관계도 다양하다. 크게 보면 주주는 그 이해관계에 따라서 세 가지로 나눌 수 있다. 기업가주주, 투자주주, 투기주주가 그것이다. 통상의 주주는 기업가주주는 아니고 주식수익, 즉 배당금과 시세차익에 관심을 갖는다. 시간이 가면서 그리고 주식시장의 변동성이 클 때는 특히, 주식의 단기보유의 비중이 커지고, 주주는 기업에 대하여 일체감도 가지지 않으며 기업경영에 진지한 관심을 가지지 않게 된다. 이러한 주주는 기업가적 결정이나 감독에는 관심을 덜 가지게 된다. 이것이 첫 번째 원인이다. 둘째, 소주주들은 또한 기업경영의 능력도 없다. 기업가적 결정을 내리는 데 관여할 능력이 없는 것이다. 따라서 주식회사가 기능하기 위해서는 기업가적 결정과 감독을 위한 기구가 필요하다. 이를 수행하는 것은 주식회사의 경영기관과 감사기관이다. 셋째, 주주는 다수성과 변동성도 이를 요구하는 요소이다. 다수의 변동하는 주주가 경영과 감독을 맡으면, 경영의 일관성과 안정성이 유지되지 않을 것이기 때문에도, 소유와 경영의 분리가 필요한 것이다. 대중회사 주주의 상황은 소유와 경영의 분리를 요구한다. 이와 같이 소유와 경영의 분리의 현실적 배경은 주주, 특히 소주주들의 이해관계 내지 능력에 있다고 할 수 있다. 경영 및 감독에 대한 무관심과 무능력은 소유와 경영의 분리를 요구하는 것이다.

3. 타인자본집적기능

이는 사실 자명한 것임에도 우리나라 문헌에서나 독일 문헌에서나 언급되지 않는데, 주식회사는 사채를 통해서 타인자본집적 기능도 수행한다는 점은 분명하다. 우리 회사법학에서 유한회사를 제외하고는 합명회사, 합자회사도 사채를 발행할 수 있다고 하지만, 이들 회사형태 중에서 사채를 발행하는 대표적인 것은 역시 주식회사라고 하겠다.[70] '타인자본집적'은 본래 은행의 기능이라고 할 수 있다. 금융제도의 구성요소로서의 금융기관은 금융시장에서 수신과 여신이라는 금융거래를 통하여 자금을 중개하는 기관인데, 여신을 하기 위하여 소규모의 수신하고 이를 집적하여 여신하기에 충분한 대규모자금을 형성하는 것이다.[71] 다시 말하면, 타인자본의 집적을 하고, 이를 통하여 대규모자금을 형성해내는 존재인 것인데, 가계로부터 기업으로 흘러 들어가는 자금이 모이는 댐 같은 존재가 금융기관인 것이다. 따라서 은행 등의 금융기관도 위의 표현방식에 따르면 '타인자본집적기(Fremdkapitalsammelbecken)'라고 할 수 있는 것이다. 이러한 금융기관을 개입시키지 않고 혹은 이들을 대신해서 주식회사가 직접 자본시장에서 투자자를 상대로 회사채 발행으로 자금을 조달하는 것은 자본집적을 해내는 것이란 점에서 의미를 가진다고 하겠다. 이와 관련해서 사채도 주식처럼 표준화되어 있고 비교적 작은 액수로 분할되어 있어서 용이해진다고 하겠다.

4. 위험분산

자기자본 집적이건 타인자본 집적이건 간에 자본조달에서 중요한 성공조건인 위험분산이 이루어지도록 배려한 바 있다. 자본의 집적이란 소규모 자금을 모아서 대규모 자본을 형성해내는 작용을 말하는데, 이는 투자될 것으로서 위험(손실위험)에 노출되는데,[72] 단위화된 금융상품에

70) 실제에 있어서는 주식회사가 회사채를 발행하는 경우가 일반적이다.

71) 도재문/정찬형, 「은행법」 제2판, 2005, 3면에서는 잉여자금을 가진 경제주체로부터 자금부족을 겪는 경제주체에게로 자금이 흐르도록 해주는 것이 금융제도의 역할이라고 설명한다; 금융기관은 만기 이전을 통해서 그들의 역할이 없다면 유휴자본이 될 수 있는 자금을 중개하여 자금을 유통시키는 것이다(동지(同旨): 심재승, 영국금융시스템의 경제학, 2004, 34면).

72) 영리를 추구하게 되어 있는 기업이나 투자의 경우에 있어서 위험(Risiko; risk)이란 '손실위험'이라고 할 수 있다. 과거에는 이 '위험'이란 개념이 사람들에게 익숙하지 않은 개념이었다. 하지만, 현대에 사는 사람들은 너무 다양한 '위험'에 노

대한 투자이기 때문에 자본집적과 함께 위험분산(危險分散; Risikostreu)이 이루어지게 되는 것이다. 이 위험 분산이 없으면 투자가 이루어지기 어렵고, 따라서 자본집적도 어려워질 것이다. 이런 의미에서 위험분산 기능은 매우 중요한 것이다. 위험분산은 표준화된 주식과 사채에 대한 투자를 통해서 자본집적을 이루기 때문에 생기는 효과도 있지만, 나아가서 주식이나 사채 같은 금융상품이 표준화되고 작은 금액으로 분할되어 있어서 가능한 분산투자와 포트폴리오 구성이 가능해지고, 이로 인한 위험분산도 가능하다고 하겠다.[73] 즉, 위험 분산 기능은 두 가지 측면에서 찾아볼 수 있는 것이다.

Ⅳ. 기타 기능

1. 기업담당자로서의 기능

회사가 기업담당자라는 것은 주식회사와 기업의 관계에서 주식회사가 그 자체로서 기업과 동일한 것이 아니고 기업이 주식회사에 귀속된다는 것이다. 이는 주식회사가 상인의 지위에 있다는 점을 보면 쉽게 이해된다. 이 기업담당자의 지위에서 보면 주식회사가 기업담당기능의 수행을 위하여 가장 우선적으로 필요한 것이 기업의 최고경영조직(Spit-

---

출되어 있고(위험의 일상화), 또한 불확실성(Uncertainty) 속에서 살고 있다. 독일 사회학자 울리히 벡(Ulrich Beck)은 '위험사회'(Risikogesellschaft)를 이야기한다. 결국 생활 일반에 있어서 위험의 제거 내지 회피는 중요한 개념으로 부각된 것이다.

73) '포트폴리오(portfolio)'란 '여러 자산의 모임'을 말하며, 포트폴리오 투자는 전체로서는 '위험회피'의 기법이라고 할 수 있다. 통상 경영학의 재무관리 분야에서 '포트폴리오 이론'이란 이름으로 다루는데, 이 이론에서는 단일 주식에 투자할 때 기대수익률과 위험의 관계에서의 투자결정과 여러 주식으로 구성된 포트폴리오에 투자할 때 기대수익률과 위험의 관계에서의 투자결정을 비교 분석하는 것이다. 포트폴리오 이론에 관해서는 다음을 참조할 것: 이의경, 「재무관리」 제2판, 2002, 137면 이하.

zenorganisation)인데, 당연히 주식회사는 주식회사법을 통하여 기업 최고경영조직의 제시한다. 이것도 주식회사의 기능의 하나이다. 그래서 예를 들면 한국 주식회사의 경우는 대표이사, 이사회, 감사, 외부감사 등을 제시하는 것이다.

나아가서는 사원인 주주들은 주주총회의 구성원이 됨으로써 회사의 구성원으로서 조직화된다. 그래서 주주총회가 권한을 행사하는데 참여하거나 개별적으로 주주권을 행사하기도 한다. 주식은 사원의 조직화에서 매개체가 되므로, 이것은 주식의 간접적 기능이기도 하다. 주식회사가 회사의 한 형태로서 기본적으로 수행하는 사원 조직화 기능은 자본집적기능의 이면이다. 결국 기업경영을 위한 최상부조직(Spitzenorganisation)의 제공은 조직화의 또 한 가지일 뿐이다.

이는 다른 기능의 기초가 되기도 하는데, 그것은 바로 전문경영인 양성 및 활용이다. 주식은 기업가(Unternehmer) 기능과 자본가(자본공급자, Kapitalgeber) 기능의 분리를 가능하게 하였다고 할 수 있으며, 이렇게 소유와 경영의 분리를 특징으로 하는 주식회사에서는 기업가적 재능을 가진 자가 자본이 없이도 주식회사 기업의 기업가, 즉 경영자가 될 수 있고, 따라서 기업경영자는 전문경영인으로 채워질 수 있고, 회사는 이들의 능력을 활용하여 경영의 능률을 기할 수 있고, 전문경영인들에게 주식회사는 기업경영을 할 수 있는 기회를 제공한다고 할 수 있다.

전체를 통합하여 보자면 이는 조직의 제공을 하여, 조직화(Organisation) 기능을 하는 것이라고도 할 수 있다. 조직화는 바로 조직 제공에 있다. 이는 결국 주주조직화와 업무집행기관 및 감독기관 등을 법에서 규정하는 것인데, 주식회사는 주식회사법을 통해서 투자자인 주주의 조직화 기능을 수행하는 것이다. 이러한 조직화 기능을 통해서 소유와 경영의 분리와 '기업의 영속화(Perpetuierung des Unternehmens; perpetuation of enterprise)'를 가능하게 된다.[74] 결국, 기업의 유지 내지 지속성(영구성) 확보가 이루어지는 것이다.

---

74) Huppert, Recht und Wirklichkeit, S. 9.

조직화와 관련해서 사채권자집회를 통한 사채권자의 조직화도 언급되어야 한다. 이는 채권 확보를 위한 채권자들의 개입에 있어서 이해관계 실현을 위한 절차 내지 장치 마련해 둔 것이기 때문이다.

다음으로 주식회사가 기업담당자(Unternehmensträger)이므로[75] 주식회사는 자기가 경영하는 그 기업의 기능을 자신도 수행하는 것으로 볼 수 있다. 기업은 사회와 국민경제 그리고 세계경제의 구성원이며, 생산주체로 이해되는데, 고용 창출, 자원의 분배, 재화의 생산과 분배, 사회적 효용과 부의 창출 등을 기능으로 한다고 하겠다.[76] 경제학적으로 볼 때, 구체적으로는 생산경제주체인 기업의 경제적 기능은 기업은 그 내부의 생산과정에서 여러 가지 생산요소의 결합에 의해서 재화와 용역을 생산하는 데에 있다. 또한 다수인의 능력의 결합에 의해서 시너지적 효과를 가져와서 생산성의 향상을 낳아 개인적으로는 이루기 어려운 성과를 낼 수도 있게도 하고, 구성원들의 상호통제에 의하여 통제효과를 높이는 일반적 경향도 확인할 수 있다. 여기에서 기업의 기능 내지 의미를 찾아 볼 수 있다.

그 외에 공동기업의 기능도 주식회사에 귀속시킬 수 있겠는데, 사실 공동기업의 기능은 사실 회사 일반의 기능이다.[77] 이는 개인기업의 한

---

75) '주식회사'와 상인으로서의 주식회사에 귀속되는 '기업' 내지 '영업'은 구별되어야 한다. '기업'은 '영업'과 유사한 개념인데, '영업' 내지 '기업'이 '상인'에게 귀속되는 한, 바로 그 상인 자격을 가지고 있는 주식회사에 귀속되는 것은 당연하다. 그래서 주식회사는 '기업담당자(Unternehmensträger)' 내지 '영업담당자'인 것이다; 기업과 영업의 개념에 대해서는 다음을 참조할 것: 졸고, 기업과 영업, 「비교사법」 제15권 제4호, 2008.12, 1면 이하.

76) 이범찬/임충희/김지환, 「한국회사법」, 2001, 2면에서는 고용 창출, 사회의 부의 증진, 생산된 재화와 용역의 분배를 들고, 이로써 "인간의 풍요로운 생활을 보장해준다"라고 설명한다.

77) 그 중 하나가 자본과 노력의 결합이다. 자본과 노력의 결합에서 자본의 결합은 자본집적을 의미하므로 노력의 결합 그리고 자본과 노력의 결합을 의미한다. 이를 확장하여 생산요소들의 결합으로 보는 것이 타당하다고 생각한다: 손주찬, 상법(상), 420면에서는 빌란트(Wieland)가 자본의 결합, 노력의 보충 및 손실 위험의 분산, 이 세 가지 요구에 의해서 회사가 생긴 것이라고 설명하였다고 기술하

계를 극복하는 것을 설명되는데, 그러한 예로는 우선 복수인의 자본과 노력의 결합을 들 수 있는데,[78] 이는 확장시켜서 생산요소 각각의 결합과 그들 간의 결합으로 일반화시킬 수 있다고 본다. 복수인 사이에서 위험 분산 및 감경, 기업의 영속화,[79] 나아가서 독립성 확보, 투하자본 보전 및 회수, 이윤에의 참여 등을 들기도 하는데,[80] 이들은 개인기업에서 발견하기 어려운 점들이다. 이 중에서 복수인의 노력의 결합은 주식회사의 사원과 관련해서는 없으므로 배제해야 한다. 이상과 같은 기능들은 주식회사의 개별기능들에서 구체화되는 것들이다.

2. 기업의 독립성 확보

이와 같이 사원인 주주를 조직화하고 최고경영조직을 제시함으로써 주식회사는 기업의 독립성 확보라는 기능도 수행한다.[81] 개인기업과는 회사는 통상적으로 독립성이 더 크다. 특히 주식회사의 경우는 법적 독자성과 경영상의 독자성(die rechtliche und führungsmäßige Selbständigkeit)이 합목적적인 경영(sachgemäße Leitung)을 가능하게 하고 주주의 구성과 무관하게 회사의 지속을 보장하는 것이다. 뿐만 아니라, 사원인 주주가 퇴사하여 회사를 떠나더라도 주식 매도에 의하므로 주식회사의 자본도 감소되지 않고 유지된다. 주식회사의 경우 이렇게 주주의 투하자본 회수 방법이 주식의 양도이므로, 기업의 지속성이 확보되는 것이다. 주식회사의 존속 연한에 대한 제한이 없으므로, 기업 경영이 잘 되어 파산을 하지 않고 해산을 하지도 않는 한, 주식회사는 존속할 수 있다. 이러한 이유로 인하여 주식회사는 대규모적이고 영속적인 기업에 가장 알맞는 법형태라고 할 수 있는 것이다.

면서, 이러한 기능은 개인기업에 대한 장점이라고 한다.

78) 이철송, 「회사법」 제15판, 2008, 5면; 정동윤, 「회사법」 제7판, 2001, 5면.

79) 정동윤, 「회사법」 제7판, 2001, 5면.

80) 이철송, 「회사법」 제15판, 2008, 5면.

81) 정찬형, 「상법(상)」 제11판, 2008, 576면.

3. 기업집중수단 제공

현대는 콘쩨른, 계열 혹은 재벌이 제약에도 불구하고 계속 번성하는 시대이며, 시간이 흐름에 따라 기업의 결합과 집중이 가지는 의미는 커져간다. 주식회사제도는 콘쩨른화와 같은 기업집중(企業集中; Unternehmenskonzentration)의 중요한 수단이다.[82] 주식회사는 자회사로서도 모회사나 지주회사로서도 적합하다.[83] 특히 한국에서 주식회사는 콘쩨른 내지 재벌의 형성에 이용되어 기업집중수단으로서도 큰 역할을 한다.

4. 대사회적(對社會的) 기능

주식회사는 주식이라는 좋은 투자수단에 기대어서 사회에 대하여 다음과 같은 기능을 수행한다. 이 기능들은 엄밀하게 말하면 직접적으로는 주식의 기능이고, 주식이 주식회사의 한 징표이기에 간접적으로 주식회사의 기능에 속하는 것이라고 할 수 있다. 그럼에도 불구하고 주식회사라는 법적 형상이 제공하는 것이라는데 대하여 이견의 여지는 없다고 본다.

1) 투자수단 제공

주식회사의 장점을 의미하기도 하는, 이와 같은 장점 내지 유인에 힘입어 주식(Aktie)은 매력 있는 투자 및 투기의 대상이 된다. 결국 이와 같은 여러 가지 점에서 주식은 투자자들의 필요에 부응하는 투자수단 내지 투자대상을 의미하며, 주식회사는 이를 제공하는 셈이다. 특히 주식회사법에 상대적으로 많은 강행법규는 사적자치의 영역을 좁히지만, 반면에 그로 인하여 표준화된 주식회사의 법적인 모습은 투자를 용이하게 하는 역할을 하며 투자자를 보호하는 기능을 한다. 이와 함께 작

---

82) 정찬형, 「상법(상)」 제11판, 2008, 576면.

83) Semler u. Heider, Münchner Kommentar zum Aktiengesetz, 2.A., 2000, Par. 1, Rn. 9.

은 단위의 금액에서 오는 위험분산(Risikostreuung) 효과는 말할 것도 없고, 투자자산 다변화를 통한 위험분산(Risikostreuung) 효과도 거둘 수 있다는 점을 본다면,[84] 투자수단 제공에서 그치지 않고, '좋은 투자수단'을 제공하는 기능을 한다고 하겠다.

투자수단 내지 금융상품으로서 주식이 판매되기 때문에 주식소유의 분산(dispersion of share ownership)이 발생하며, 그 결과 경영자지배가 있거나 아니면 전체 주식수의 10% 혹은 20% 정도의 주식을 보유하는 지배주주, 즉 절대다수가 아니라 훨씬 적은 수의 주식을 보유하는 지배주주, 그리고 기관투자자와 대중주주로 주식의 소유가 분산되는 경우가 흔하다. 이 경우에 '기업 소유의 공공성'을 이야기하게 된다.[85]

2) 재산형성 기능 및 소득배분정책적 기능

위에서 투자자에 대하여 주식이 가지는 여러 가지 매력를 제시하였다. 이에 근거하여 사회 및 경제정책적 차원에서도 주식회사는 의미를 가진다. 즉, 주식은 재산형성수단으로서 기능할 수 있는 조건을 갖추고 있어 재산형성 기능을 수행할 수 있으며,[86] 주식회사는 생산수단(Produktiv-mittel) 내지 재산으로서의 생산수단(Produktivvermögen)에 직접참여를 가능하게 하므로,[87] 소득배분정책적 기능을 담당한다는 의미(verteilungspolitische Bedeutung)도 가진다.[88] 이러한 의미는 특히 국민

84) Zöllner, Kölner Kommentar zum Aktiengesetz, 2.A., Einleitungs-Band, S. 236, Rn. 77.

85) 이철송, 「회사법」 제15판, 2008, 60면 참조..

86) Zöllner, Kölner Kommentar zum Aktiengesetz, 2.A., Einleitungs-Band, S. 236, Rn. 77; Homolka u.a., Das Wertpapiergeschäft, S. 39.

87) 이 점은 특히 의미 있는 점이며, 다른 금융자산 내지 금융상품과의 차별화 포인트라고 하겠다. 나아가서는 사회주의에서 말하는 생산수단의 사회화를 자본주의적 방식으로 실현하는 것이라는 해석도 가능하다고 하겠다; 이와 관련하여 주식회사가 재산형성계획(Vermögensbildungspläne)에 커다란 역할을 한다고 설명되기도 한다: Siehe Münchner Kommentar zum Aktiengesetz, 2.A., 2000/Semler u. Heider, Par. 1, Rn. 10.

88) Vgl. Geßler, aaO, Rn. 4b: Eisenhardt, Gesellschaftsrecht, 1994, S. 247: Kübler,

주(Volksaktie)의 경우 큰데, 국민주의 경우는 모든 사회계층에 경제발전의 과실이 부여되기 때문이다.[89] 주식의 소득배분정책적 기능의 상대적 강점도 있는데, 그것은 우량기업에 투자할 경우는 장기적으로 경제발전의 과실이 투자수익에 정확하게 반영된다는 점이다. 물론, 주식회사가 제대로 기업경영을 하는 경우에 그러하다.

3) 연금대체 기능(노후생활안정화 기능)

주식투자는 연금기능 내지 노후생활안정화 기능을 이전받아 가고 있는 실정이다. 이는 물론 간접투자 등에 힘입은 바도 크다. 특히 연금이 인플레 등으로 기능을 하지 못하게 되면, 연금에 의지하기보다는 증권 등에 분산투자를 하여 투자 포트폴리오를 구축한 후에 인플레나 이자율 등을 실질적으로 반영하는 노후안정화 수단을 갖고자 하는 이들이 늘게 마련이다. 이로써 주식투자가 연금대체기능을 수행하게 되는 것이다. 특히 세대 간 계약이라는 콘셉트에 기초한 독일의 연금의 경우는 세대 간 인구비의 심각한 불균형과 같은 문제로 인하여 위기에 봉착한 형편이다. 독일 사회에서 최고로 중요한 이슈는 연금제도이므로 어떠한 경우에도 손을 대지 못하는 금기사항이었다는 사실을 볼 때, 이러한 사정은 아이러니칼(ironical)하기까지 하다. 우리나라에서도 차츰 우량주를 장기적으로 보유하여 배당이나 시가차액으로 연금과 같은 효과를 보려는 생각이 확산되고 있다.

5. 공공적 목적의 실현: 공공성 혹은 사회성 아니면 사회적 책임?

주식회사 형태를 취하는 공기업의 경우는 영리성과 함께 공익성을

Gesellschaftsrecht, 4. A. 1994, S. 217.

89) 독일에서 일찍이 1961년 폴크스바겐 회사 민영화와 관련하여 국민주 보급을 시도한 바 있다.

추구한다. 이와 관련하여 공공성을 논할 수 있겠다. 그런데, 그 경우 외에도 자본주의 발달과 함께 시장의 영역이 점점 커지고 기업이 사회에서 점점 더 중요한 역할을 하게 되면서 주식회사의 역할이 더 커진다. 또 경제성장과 함께 주식회사의 규모와 힘은 점점 커져가고 있다. 이러한 현상은 '기업사회'와 '기업권력'이란 용어로 포착되어 문제 제기가 이루어지고 있다. 이러한 사정은 기업의 사회적 책임에 대한 기대와도 맞물려 있다. 이러한 상황 속에서 기업의 사회적 역할의 문제와 함께 대기업의 경영을 담당하고 제도로 파악되기도 하는 주식회사는 공공적 기능을 가지지 않을까 또 그것이 인정된다면 그러한 기능의 내용은 어떠한 것인가 하는 질문을 하지 않을 수 없다. 이와 관련하여 메세나(mecena) 활동, 사회봉사 활동 등 사회 공헌에 힘쓰고 있는 주식회사나 사회복지적 목적을 동시에 수행하는 기업인 '사회적 기업'이 떠오르는데, 이들의 역할 내지 기능을 어떻게 규정해야 할지 의문이다. 이와 관련하여 깊이 있는 논의가 필요한 시점이라고 하겠다. 이러한 '자선'이나 '복지'에의 관여도 대규모 주식회사들에 요구되지만, 그 의사결정에서의 사회에 대한 배려 등이 요구되고 있는 것이 현실이다.[90] 이는 사회적 책임에 대한 요구와 맞닿아 있는 것이라고 하겠다. 단순히 많은 근로자를 고용하고, 재화나 서비스를 공급하는 등의 국민경제적 기능에 기해서 공공적 성격을 논하기도 한다.[91]

V. 역기능

주식회사의 역기능이란 주식회사로 인한 폐해라 할 것인데, 다음과 같은 여러 가지를 들 수 있다. 우선, 일반적인 병리현상으로 이익충돌을 들 수 있다. 이와 관련하여 회사지배를 통한 남용수단으로서의 역기능

90) 이범찬/임충희/김지환, 「한국회사법」 제1판, 2001, 3면.
91) 손주찬, 「상법(상)」 제14정판, 2003, 421면 참조.

도 지적하지 않을 수 없다. 이사는 일반주주의 이익을 추구하지 않고 지배주주나 자기 이익을 추구하기 쉽고, 주주유한책임은 채권자의 이익을 해하기 쉽다.[92] 또한, 대부분의 소액주주들의 무관심으로 인하여 대주주는 비교적 소액의 자본으로 주주총회를 좌우하여 회사를 지배할 수 있게 된다.[93] 이는 지배력의 남용이라는 역기능을 초래할 수 있다.[94] 이해관계자들의 이익이 서로 혹은 주주의 이익과 일치하기 어려운데 회사가 이익을 추구하는 과정에서 이들 이익이 제대로 보호되기 어렵고, 그 결과 다른 그룹의 희생 하에서 자기 이익을 추구하는 일이 발생하기 쉽다. 특히 채권자의 이익을 해치게 되기 쉽다. 아울러서 소유와 경영의 분리로 인해서 소유자와 경영자 간의 이익충돌 현상이 발생하기 쉬운데,[95] 흔히 대주주, 발기인, 기타 이사 등의 전횡과 배임행위로 회사 도산이 발생할 수도 있다.[96]

다음으로 회사제도 남용도 역기능이라 할 수 있는데, 법인격 부인론의 경우처럼 회사의 형해화되는 경우, 해산명령이나 해산의제의 경우처럼 영업을 하지 않는 경우, 설립자시대의 경우처럼 주식회사 남설의 경우[97] 등이 그것이다. 이러한 남설은 심지어 도산의 원인이 되고, 크게는 공황의 원인이 되기도 한다.

그 밖에도 주식이 투기 대상으로서 투기심을 조장하기만 하는 것도 있을 수 있는 역기능의 예라고 하겠다.[98] 금융상품으로서 투자수단이 되는 주식은 일반인의 투기심을 조장하고, 투기대상으로 전락하기 쉽

92) 손주찬, 「상법(상)」 제14정판, 2003, 420면 참조.

93) 정찬형, 「상법(상)」 제11판, 2008, 576면에서는 '소수주주'를 드는데, '소액주주'나 '소수파주주'라는 표현이 더 적절해 보인다.

94) 최기원, 「상법학원론」 신정3판, 1998, 371면과 정동윤, 「회사법」, 82면에서도 '소자본에 의한 대기업의 지배'를 들고 있다.

95) 이범찬/임충희/김지환, 「한국회사법」 제1판, 2001, 3면: 이것이 이른바 대리인 문제이다.

96) 임홍근, 「회사법」 제1판, 2000, 84면.

97) 정찬형, 「상법(상)」 제11판, 2008, 576면.

98) 정찬형, 「상법(상)」 제11판, 2008, 576면.

다. 투자와 투기의 구분선은 분명하지만은 않다.[99] 투기란 시장가격이 급변하는 틈을 이용해서 이익을 얻으려는 행위라고 정의할 수 있겠다.[100] 물론 주식 투자에 있어서 어느 정도의 투기성은 부인할 수 없으며 주식 매입 시에 투자를 하는지 투기를 하는지의 판단을 내리기는 쉽지 않다. 어쨌든 투기의 대상 내지 수단이 된다는 것이 역기능적 측면을 의미한다는 것만은 분명하다.[101] 주식은 남해포말사건에서 보는 바와 같이 역사상에서 많은 거품을 만들어냈던 바 있다.[102]

그 외에도 기업집중으로 인한 독과점의 폐해,[103] 경제력 집중으로 소비자에 대한 피해,[104] 종업원 내지 근로자에 대한 횡포나 압박,[105] 칼 맑스에 의하면 근로자의 착취,[106] 사회에 대한 기업권력의 행사도 역기능에 해당할 수 있겠다. 사실 강력한 소수 기업에 의한 국가 지배 현상을 낳을 수 있을 수 있다는 것이 실감나는 세상이 되었다.[107] 이런 맥락

---

99) 일반적으로 투기는 투자보다 더 위험하다. 투자분석가 벤저민 그레이엄(Benjamin Graham)은 "투자가 되기 위해서는 예측할 수 없는 상황에서도 원본을 지켜낼 수 있는 정도의 '최소한의 안전성'을 요한다"라고 말한다. 또한, "정보가 불충분한 상태에서 또는 즉흥적으로 결정한 투자는 미래의 수익을 꼼꼼히 따져보는 투자보다 투기적이다"라고 했다 한다(에드워드 챈슬러 지음/강남규 옮김, 「금융투기의 역사」, 2000, 9-10면). 이는 매우 시사적인 말이라고 여겨진다.

100) 에드워드 챈슬러 지음/강남규 옮김, 「금융투기의 역사」, 2000, 7면: 이 책은 세계 금융투기의 역사를 기술한 것이다.

101) 애덤 스미스는 투기꾼을 '이익을 얻을 수 있는 기회를 재빠르게 포착할 준비가 되어 있는 사람'이라고 정의했고, 존 메이너드 케인즈는 투기를 '시장의 심리 변화를 예측하는 것'이라고 했다.

102) 슘페터에 따르면 새로운 산업이나 기술이 도입되고 이 산업과 기술이 낳을 장래 수익에 대해 낙관적 기대가 퍼지며 과도한 자본이 집중될 때, 투기가 주로 발생한다고 한다.

103) 정찬형, 「상법(상)」 제11판, 2008, 576면.

104) 정동윤, 「회사법」 제7판, 2001, 4면.

105) 정동윤, 「회사법」 제7판, 2001, 4면.

106) 맑스주의 경제학에서는 자본의 이윤의 원천을 착취로 본다(김수행, 「알기 쉬운 정치경제학」 제2개정판, 2008, 52면 참조).

107) 이범찬/임충희/김지환, 「한국회사법」, 2001, 3면: "대한민국은 삼성공화국인가?" 하는 식의 문제제기성 기사 제목에서 보는 바와 같이 삼성만의 문제는 아니지

에서 '기업사회'를 이야기한다.[108] 특히 다국적기업과 관련해서는 많은 비판이 제기되어 왔다. 수익성이 높은 지역으로 여기 저기 영업기반을 옮기는데, 그 배경에는 환경 규제 정도, 임금, 법인세, 노동조합의 투쟁력 등이 낮고, 환율은 안정적이 나라에 투자를 집중하는 경향이 있다는 것이며,[109] 막강한 협상력을 통해서 저개발국가 정부를 상대로 이익추구를 하기도 한다.

그 외에도 더 적극적인 측면의 역기능도 있는데, 기업과 관련하여 다양한 기업범죄가 발생한다는 점이 그에 해당한다. 기업범죄는 매우 다양하여 내부자거래, 주가조작과 작전과 같은 증권사기(투자사기) 등의 증권범죄,[110] 엔론 사태에서 본 것과 같은 분식회계 그리고 정치헌금, 뇌물 수수 등의 정치적인 화이트컬러 범죄도 있으며, 그 외에도 탈세 혹은 조세 포탈, 광고사기, 파생상품 사기 등도 있다.[111]

만 기업의 힘은 강화되어 엄청나게 세졌다.

108) '기업사회'란 용어는 칼 폴라니(Karl Polanyi)의 것인데, '시장이 사회에서 분리되어 자율적인 것이 되는 것을 넘어서 식민화된 상태'에 있는 사회를 부르는 용어라고 한다. 코튼(David Korton)은 '기업에 의한 사회의 식민화'를 이야기한다. 우리나라의 최근과 현재의 상황에 대해서 '기업사회' 개념으로 문제제기를 하기도 한다. 이에 관해서는 다음 문헌을 볼 것: 김동춘, 「1997년 이후의 한국사회의 성찰」, 2006.

109) 김수행, 「알기 쉬운 정치경제학」 제2개정판, 2008, 138면.

110) 이에 관한 자세한 내용과 법적 대응수단에 관한 국내자료로는 다음 단행본을 참조할 것: 이상복, 「증권범죄와 집단소송」, 2004.

111) 이에 관한 자세한 내용과 법적 대응수단에 관한 국내자료로는 우선 다음 단행본을 참조할 것: 이상복, 「기업범죄와 내부통제」, 2005: 선진 각국의 기업지배구조와의 관련성 속에서 기업범죄문제를 다루는 자료로는 다음 문헌이 있다: 유병규, 「기업지배구조와 기업범죄」, 2004: 더 나아가서 기업범죄 전반에 걸쳐서 그에 대한 대응책으로서의 형법적 제재수단과의 관련성 속에서 다루는 자료로는 다음 문헌을 참조할 것: 이상돈, 「윤리경영과 형법」, 2005.

VI. 에필로그

우리는 주식회사도 경제적 필요의 반영이라는 명제에서 출발하여, 그 메카니즘을 검토하였고, 주식회사의 순기능과 역기능을 살펴보았다. 앞에서 설명된 주식회사의 비중, 순기능과 역기능 등을 보건대 주식회사는 매우 중요한 존재이다. 그렇기에 사회적 책임론이 대두되었다고 하겠다. 주식회사의 순기능 중에서 가장 중요한 것은 자본집적 기능인데, 대자본집적기, 자기자본집적기, 위험자본집적기인 주식회사가 기대고 있는 것은 주식이다. 한 마디로 말하면, 주식과 주식회사는 책임제한과 위험분산의 기회를 제공함으로써 자본집적을 가능하게 하였고, 주식회사법은 이로 인하여 모인 대중의 조직화를 위하여 적합한 조직체계를 제공함으로써 주식회사라는 법제도의 존속을 가능하도록 뒷받침하여 준 것이다. 특히 역사적으로 주식회사는 이 유한책임의 남용을 경험하였고, 입법자들은 법률 강화를 통하여 대처하였다. 그 결과 주식회사법은 엄격성을 띠게 되었다. 아울러, 주식회사법은 상세하고 강행법규적인 규율을 제공함으로써 주식회사의 전형을 제시한다. 유한책임에 대한 균형추로서 자본의 원칙 등이 제시되는 것도 주식회사제도 남용을 방지하기 위한 법체제의 노력을 반영한다. 아무튼 주식과 주식회사는 세계적으로 대유행이다. 주식회사 수가 상대적으로 적은 독일에서도 주식회사가 소규모 주식회사를 위한 특별규정을 인정한 주식법 규제완화(Deregulierung des Aktienrechts) 이후로 유행을 탔다. 자본주의의 꽃이 계속해서 활짝 피어 있을지 주의 깊게 지켜보면서 물과 자양분에도 신경을 써야 할 것 같다. 결국 주식회사란 꽃에 물을 주는 일은 회사법학자들의 과제가 아닐까 싶다.

전속고발제도의 형사정책적 함의*

이 정 념**

Ⅰ. 들어가는 말

전속고발제도는 특정 권한자로 하여금 고발권을 행사하도록 하는 제도로, 「독점규제 및 공정거래에 관한 법률」(이하, 공정거래법), 「표시·광고의 공정화에 과한 법률」(이하, 표시·광고법), 「가맹사업거래의 공정화에 관한 법률」(이하, 가맹사업법), 「하도급거래공정화에 관한 법률」(이하, 하도급법) 등에 규정되어 있다. 특히 공정거래법은 시장경제질서의 핵심인 경쟁을 해하는 불공정한 행위를 방지하기 위하여 많은 제도를 도입하고 있는데, 이 중 하나가 바로 공정거래위원회에 고발권을 부여한 전속고발제도이다. 동법 제71조는 공정거래위원회의 전속고발권을 규정함으로써, 공정거래법상 금지행위(제66조[1])와 제67조[2])의 벌칙)

---

* 본 논문은 2010년 한국형사정책학회 추계학술회의에서 본인이 발표한 내용을 참조하여 작성한 것임을 밝힌다.

** 국회사무처, 법학박사

1) 공정거래법 제66조(벌칙)

① 다음 각 호의 어느 하나에 해당하는 자는 3년 이하의 징역 또는 2억원 이하의 벌금에 처한다.

1. 제3조의 2(시장지배적지위의 남용금지)의 규정에 위반하여 남용행위를 한 자
2. 제7조(기업결합의 제한)제1항 본문을 위반하여 기업결합을 한 자
3. 제8조의 2(지주회사 등의 행위제한 등)제2항 내지 제5항을 위반한 자
4. 제8조의 3(채무보증제한기업집단의 지주회사 설립제한)의 규정에 위반하여 지주회사를 설립하거나 지주회사로 전환한 자
5. 제9조(상호출자의 금지 등)를 위반하여 주식을 취득하거나 소유하고 있는 자

는 공정거래위원회의 고발없이 검찰이 기소하여 형사 처벌하는 것은 불가능하다.

현재 전속고발제도에 대해서는, 이해관계자의 입장에 따라 이를 존치하자는 입장과 폐지하자는 입장이 상충되고 있다. 사실상 전속고발제도를 통해 시장경제질서에 있어서 경쟁의 유지와 촉진을 기대할 수 있지만 해당 제도가 도입·운영되는 과정에서 공정거래위원회가 전속고발권을 합리적이고 적정하게 행사하고 있지 못하다는 회의적인 시각 또한

---

6. 제10조의 2(계열회사에 대한 채무보증의 금지)제1항의 규정을 위반하여 채무보증을 하고 있는 자
7. 제11조(금융회사 또는 보험회사의 의결권 제한) 또는 제18조(시정조치의 이행확보)의 규정에 위반하여 의결권을 행사한 자
8. 제15조(탈법행위의 금지)의 규정에 위반하여 탈법행위를 한 자
9. 제19조(부당한 공동행위의 금지)제1항의 규정을 위반하여 부당한 공동행위를 한 자 또는 이를 행하도록 한 자
10. 제26조(사업자단체의 금지행위)제1항 제1호의 규정에 위반하여 사업자단체의 금지행위를 한 자

② 제1항의 징역형과 벌금형은 이를 병과할 수 있다.

2) 공정거래법 제67조(벌칙) 다음 각 호의 어느 하나에 해당하는 자는 2년 이하의 징역 또는 1억 5천만 원 이하의 벌금에 처한다.

1. 삭제
2. 제23조(불공정거래행위의 금지)제1항의 규정에 위반하여 불공정거래행위를 한 자
3. 제26조(사업자단체의 금지행위) 제1항 제2호 내지 제5호의 규정에 위반한 자
4. 제29조(재판매가격유지행위의 제한) 제1항의 규정에 위반하여 재판매가격유지행위를 한 자
5. 제32조(부당한 국제계약의 체결제한) 제1항의 규정에 위반하여 국제계약을 체결한 자
6. 제5조(시정조치), 제16조(시정조치 등)제1항, 제21조(시정조치), 제24조(시정조치), 제27조(시정조치), 제30조(재판매가격유지계약의 수정), 제31조(시정조치) 또는 제34조(시정조치)의 규정에 의한 시정조치 또는 금지명령에 응하지 아니한 자
7. 제14조(상호출자제한기업집단등의 지정 등) 제5항의 규정에 위반하여 공인회계사의 회계감사를 받지 아니한 자

존재하고 있다. 단순히 공정거래위원회가 전속고발권을 행사하는 데 있어서 그 합리성을 찾기가 어렵기 때문에 이를 제한하거나 폐지하여야 한다는 주장에 대해서는, 전속고발제도의 단점을 이유로 장점의 효과까지 봉쇄하는 어리석음을 저지를 가능성을 염두에 두지 않을 수 없다. 특히 향후 FTA 체결 등 시장개방에 따라 다국적 기업의 시장지배적 지위남용행위, 국제카르텔 등이 증가할 것으로 예상되는 만큼, 경쟁당국의 전문성이 담보되는 경쟁판단은 더욱 더 절실해질 수밖에 없는 현실에서 어떠한 의미든 경쟁당국의 개입은 필요할 수밖에 없을 것이다.

전속고발제도가 완전경쟁의 확보와 공정한 거래질서 확립이라는 전제하에 경쟁당국인 공정거래위원회의 전문성을 담보로 합리적이고 적정한 경쟁효과를 도모하는 한편 법집행의 효율성을 창출하는 목적을 지닌 제도라고 할 때, 동 제도의 장점을 살리고 단점을 보완함으로써 공정거래위원회의 전문성을 보다 두텁게 활용하도록 하는 것도 하나의 대응책이 될 수 있다. 특히 경제범죄 내지 기업범죄가 발생될 경우 그 여파는 전체 경제질서를 뒤흔들 만큼 커다란 파생효과를 야기할 수 있기 때문에, 전속고발제도가 지니는 형사정책적인 측면을 무엇보다 중요시하지 않을 수 없다.

이에 본 논문에서는 공정거래법상 규정되어 있는 전속고발제도를 중심으로 하여, 전속고발제도의 장점 및 단점, 전속고발제도에 관한 존폐 논의들, 국회의 관련 입법안 등에 대해 살펴보고 종국적으로 경쟁정책적 측면뿐만 아니라 형사정책적 측면에서의 전속고발제도가 지니는 함의를 새겨, 보다 실효성 있는 적용을 위한 새로운 시도를 하고자 한다.

II. 공정거래법상 전속고발제도와 그 운영 현황

1. 공정거래법상 전속고발제도

공정거래법상 전속고발제도는 1981년 마련된 동법 제71조에 근거를 두고 있다. 공정거래법 제71조에 따르면, 공정거래위원회의 전속고발권은 동법 제66조 및 제67조에 규정되어 있는 금지행위에 대해 행사할 수 있고, 공정거래위원회의 의무적 고발요건을 규정하여 공정거래위원회가 전속고발권을 임의적으로 사용하지 못하도록 하고 있다. 공정거래위원회의 의무적 고발은 당해 사안의 위반의 정도가 객관적으로 명백하고 중대하여 경쟁 질서를 현저히 저해하는 경우에 한정된다. 또한 동조는 공정거래위원회의 전속고발권에 대한 검찰총장의 고발요청권을 명시함으로써 전속고발권에 대한 검찰의 관여를 인정하고 있다. 아울러 동조는 공정거래위원회의 임의적 고발취소를 제한하기 위해서 공소제기 후 고발취소를 금지하고 있다.[3)]

전속고발권의 도입은 ① 공정거래사범의 경우 일반 형사범죄와 달리 법위반 여부가 행위 자체에 의해 결정되는 것이 아니라, 행위가 시장에 미치는 경쟁제한의 효과에 따라 달라지는 특수성을 가진다는 점, ② 공정거래법 위반여부는 행위자체에 의하여 결정되는 것이 아니라 그 행위의 경제적 효과에 따라 위반여부가 달라지므로 사법당국에서 곧바로 형사사건화 하는 것은 문제가 있다는 점, ③ 공정거래법상 위법하다고 규정된 행위들은 절도·사기와 같은 반윤리적 범죄가 아니기 때문에 법위반 여부가 바로 확정되는 것은 아니라는 점, ④ 법위반으로 판단된 경우에도 행정조치로 충분한지, 형사제재까지 필요한지의 여부는 전문성·기술성을 보유하고 있는 담당 행정기관이 일차적으로 판단하는 것이 합리적이라는 점 등이 중요하게 작용한 것이라 보여 진다.

---

3) 공정거래법 제71조(고발)

① 제66조(벌칙) 및 제67조(벌칙)의 죄는 공정거래위원회의 고발이 있어야 공소를 제기 할 수 있다.

② 공정거래위원회는 제66조 및 제67조의 죄 중 그 위반의 정도가 객관적으로 명백하고 중대하여 경쟁질서를 현저히 저해한다고 인정하는 경우에는 검찰총장에게 고발하여야 한다.

③ 검찰총장은 제2항의 규정에 의한 고발요건에 해당하는 사실이 있음을 공정거래위원회에 통보하여 고발을 요청할 수 있다.

④ 공정거래위원회는 공소가 제기된 후에는 고발을 취소하지 못한다.

헌법재판소에서는 1995년 7월 21일 공정거래위원회의 고발권 불행사 위헌확인을 구하는 헌법소원심판청구[4]에 관한 결정에서, 전속고발제도의 위헌여부에 관한 직접적인 판단은 하지 아니하였으나 공정거래법 위반행위에 대한 형벌은 가능한 한 위법성이 명백하고 국민경제와 소비자 일반에게 미치는 영향이 특히 크다고 인정되는 경우에 제한적으로 활용되어야 한다고 판시한 바 있다.

독일의 경우, 경쟁제한방지법(GWB)[5]에 형벌규정이 명시되어 있지 않은데, 그 이유는 다음과 같다. 즉, 독일의 형사기관은 경쟁사건을 다루는데 필요한 전문성이 떨어지고, 독일 형사소추절차가 비교적 효율적임에도 불구하고 경제범죄사건을 수사하는데 걸리는 시간이 경쟁제한방지법과 관련한 행정절차 전체에 걸리는 시간과 비슷하다고 한다. 또한 경쟁사건을 범죄화 하여 형벌을 과하게 되면, 형사소송절차에 따라야 하기 때문에 오히려 많은 노력과 시간을 필요로 하여 실효성이 없어질 우려가 있다고 한다. 독일의 경쟁제한방지법에서 사용되는 용어, 예를 들어 '동조적 행위', '공공목적을 위한 경쟁의 제한', '시장지배력의 남용', '반경제적 고려' 등은 형법상 구성요건에서 요구하는 명확성을 결하고 있다고 한다. 판사들은 '죄형법정주의' 원칙에 따라 이와 같은 용어들을 엄격히 해석하게 되고 그 결과 사실상 형벌의 부과를 꺼리게 되어 입법의 실효성이 떨어진다고 한다.[6]

미국의 공정거래법 집행은 법무부 독점금지국(Anti-trust Division)과 연방거래위원회(Federal Trade Commission; FTC)를 통하여 이원적 구조 속에서의 경쟁과 균형 하에 이루어지고 있다. 미국의 경우는 셔먼법의 시행권을 갖는 독점금지국이 형사소추권을 갖고 있는 법무성 내에 소

4) 헌법재판소 1995.7.21. 선고 94헌마136.

5) 독일 경쟁제한방지법상 질서위반금(Geldbuße) 부과행위로 카르텔(제1조), 시장지배적 지위의 남용(제19조 제1항), 부당한 차별·부당방해(제20조 제1항), 우월적 지위의 남용(제20조 제3항 제1문) 등의 행위가 있다(제82조).

6) 이천현·이승현, 공정거래법상 형사적 제재에 대한 개선방안 연구(공정거래위원회, 2006), 44면.

속되어 있기 때문에 공정거래당국과 사법당국에 의한 판단이 일체되어 있어 전속고발제도는 원천적으로 필요가 없다.7)

일본에서는 공정거래위원회에서만 경쟁법위반행위에 대해 고발할 수 있다. 일본 독점규제법 제96조 제1항은 "제89조에서부터 제91조까지의 죄는 공정거래위원회의 고발에 의하여 처리한다"고 하여 소위 전속고발제도를 규정해두고 있다. 즉 독점규제법상의 중요한 죄에 대하여는 공정거래위원회의 고발이 소송조건이다. 따라서 독점규제법 위반행위에 대하여 형사처벌을 가할 것인가는 공정거래위원회의 판단에 의한다. 일본의 공정거래위원회는 '사건이 형사절차를 진행하기에 충분할 정도로 심각하고 중대한 경우' 또는 '행정적 제재가 작동하지 않는 경우' 검찰에 고발할 수 있다. 사건이 '심각하고 중대한 사건인지 여부'를 결정하는 요소는 ① 위반행위 유형, ② 시장 규모, ③ 법위반사업자의 규모, ④ 위반행위의 효과가 미치는 지역적 범위, ⑤ 법위반행위의 대상이 된 재화 또는 용역이 일반대중에게 중요한 것인지 여부 등이다. '행정적 제재가 작동하지 않는 경우'는 ① 법위반행위를 반복하는 때, ② 행정적 시정명령을 심각하게 위반한 때이다.

2. 불공정행위에 따른 전속고발제도 운영 현황

1981년부터 2009년까지 공정거래법 위반유형별 사건접수현황을 살펴보면, 시장지배적 지위남용 202건(1.1%), 기업결합 700건(3.8%), 경제력집중 831건(4.5%), 부당공동행위 1,425건(7.7%), 사업자단체 2,016건(10.9%), 불공정거래행위 13,336건(72%)을 차지하고 있다. 특히 2009년 한해 동안에는 전체 불공정행위 1,170건 중 불공정거래행위(재판매가격유지행위, 국제계약, 시정조치불이행 등 포함)가 841건에 이르고 있는데, 그 다음으로는 사업자단체(기업결합 신고위반 포함) 136건, 부당공

7) 정완, 공정거래위원회의 전속고발제도에 관한 고찰, 「외법논집」 제30집, 2008, 301면.

동행위 115건, 경제력집중 37건, 기업결합 21건, 시장지배적 지위남용 20건으로 나타나고 있다.[8)]

2009년을 기준으로 1981년부터 2009년까지 공정거래법 위반유형별 사건접수 총 18,510건 중에서 18,046건이 처리되었는데, 불공정거래행위(재판매가격유지행위, 국제계약, 시정조치불이행 등 포함) 12,955건, 사업자단체(기업결합 신고위반 포함) 1,982건, 부당공동행위 1,394건, 경제력집중 830건, 기업결합 698건, 시장지배적 지위남용 187건의 순을 보이고 있다.[9)]

공정거래법 위반 불공정행위는 고발, 시정명령, 시정권고, 경고 등으로 규율되고 있다. 1981년부터 2009년을 기준으로 불공정행위에 대해서는 경고등으로 규율하는 경우가 전체 53,031건 중 51%인 27,050건을 차지하고, 기타에 해당하는 무혐의, 심의절차종료, 조사중지, 종결처리, 재결 등을 합하면 이들 실적은 77.3%에 이른다. 특히 고발건수는 전체 사건처리 실적 53,031건 중 472건을 차지하는데, 이는 0.9%에 이르는 극히 적은 비율이다.[10)]

공정거래위원회가 전속고발권을 행사하여 검찰에 고발을 하게 되면, 해당 고발사건은 검찰의 조치에 의해 기소 또는 불기소처분이 내려지게 된다. 불기소처분은 다시 기소유예, 기소중지, 혐의없음, 기타(내사중지, 내사종결, 참고인 중지, 공소권 없음, 각하를 의미) 등으로 나뉘어진다.

1981년부터 2009년까지의 고발 472건 중 기소된 고발사건은 363건, 불기소된 고발사건은 96건이다. 나머지 13건은 2010년 2월 28일 현재 수사 중에 있다.

---

8) 공정거래위원회, 2009년 통계연보, 14면 인용.
9) 공정거래위원회, 2009년 통계연보, 16면 인용.
10) 공정거래위원회, 2009년 통계연보, 32면 인용.

〈표1〉 고발사건 처리현황[11)]

	고발	검찰조치						
		기소	불기소처분				수사중**
			기소유예	기소중지	혐의없음	기타*	
1981	1	0	1	0	0	0	0
1982	1	1	0	0	0	0	0
1983	1	0	1	0	0	0	0
1984	0	0	0	0	0	0	0
1985	2	2	0	0	0	0	0
1986	2	2	0	0	0	0	0
1987	4	4	0	0	0	0	0
1988	5	4	1	0	0	0	0
1989	2	1	0	0	1	0	0
1990	5	3	0	2	0	0	0
1991	10	9	0	0	1	0	0
1992	8	7	0	0	1	0	0
1993	7	6	0	1	0	0	0
1994	13	12	0	1	0	0	0
1995	33	29	0	3	1	0	0
1996	16	10	0	2	4	0	0
1997	35	31	0	3	1	0	0
1998	37	26	3	2	6	0	0
1999	11	10	1	0	0	0	0
2000	22	18	1	3	0	0	0
2001	23	18	2	2	1	0	0
2002	11	9	2	0	0	0	0
2003	18	14	1	3	0	0	0
2004	22	16	1	3	0	2	0
2005	12	9	1	1	1	0	0
2006	47	34	4	2	3	4	0
2007	48	34	4	2	6	2	0
2008	33	27	2	2	1	0	1
2009	43	27	2	0	2	0	12
합계	472	363	27	32	29	8	13
구성비	100.0%	76.9%	5.7%	6.8%	6.1%	1.7%	2.8%

* 내사중지, 내사종결, 참고인 중지, 공소권 없음, 각하를 의미

** 2010.2.28 현재

11) 공정거래위원회, 2009년 통계연보, 34면 인용.

Ⅲ. 전속고발제도에 대한 논의들

1. 전속고발제도에 대한 이해관계자들의 입장

1) 공정거래위원회

공정거래위원회는 그동안 전속고발제도의 존폐에 대한 논란이 있을 때마다 현행 법체계 하에서의 전속고발권의 존치 필요성을 강조하면서, 폐지여부에 대한 신중한 논의가 필요하다는 입장을 견지하고 있다. 즉 공정거래위원회는 ① 형사처벌의 필요성 여부에 대하여 경쟁법 집행기관인 공정거래위원회의 전문적 판단을 존중할 필요가 있고, ② 전속고발제도의 폐지로 검·경찰의 수사가 확대될 경우 기업활동이 위축될 우려가 있으며, ③ 기업활동에 대해서 검찰과 공정거래위원회가 이중적으로 규제함으로써 업무상의 중복 및 처리결과의 상충 등의 혼선을 야기할 수 있고, ④ 현재 카르텔 사건에 대한 세계적 추세는 일반사법기관이 아닌 전담기관인 경쟁당국에서 1차적으로 심판하고 있으며, 단독관청보다는 여러 전문가들이 모인 합의제 조직인 위원회의 판단을 통해 심결절차가 진행된다는 점 등을 그 이유로 들고 있다.

전속고발제도의 유지가 공정거래위원회의 공식적인 입장임에도 불구하고, 2007년 3월 8일 권오승 (당시 공정거래위원장)은 공정거래위원회의 전속고발권을 포기할 수 있음을 밝힘[12]으로써 공정거래위원회의 전속고발권에 대한 논란을 촉진시킨 바 있었지만, 공정거래위원회에서는 해명자료를 통해 전속고발제도의 폐지논의는 공정거래법상 형벌규정의 정비 등 전반적인 검토를 통하여 장기적으로 추진해야 할 사항임을 밝히기도 하였다.[13]

---

12) 인터넷 이데일리(2007.3) 참조.

13) 공정거래위원회의 해명자료(2007.3.8) 참조.

2) 재계

재계는 전속고발제도의 폐지를 강력하게 반대하고 있다. 재계에 따르면,[14] 공정거래위원회의 전속고발권이 폐지되면 소송남발로 인해 기업활동은 크게 위축될 것으로 보고 있다.[15] 아울러 공정거래 사건은 행위의 태양에 따라 위법여부가 결정되는 것이 아니라 행위의 효과에 따라 위법성이 결정되는 특성을 가지고 있는데, 동일한 행위를 하더라도 행위를 한 사업자의 지위, 시장의 경쟁상황 등에 따라 그 효과와 위법여부가 달라지는 만큼, 이에 대한 이해가 부족하고 사전적 기준이 없는 상태에서 전속고발권을 폐지하는 것은 혼란을 야기할 우려가 있다고 주장한다.

3) 법무부

법무부는, 공정거래위원회의 전속고발권이 유지되는 가운데 공정거래위원회가 동의명령제에 따라 고발 없이 자의적으로 사건을 마무리 짓게 된다면 검찰의 권한이 크게 제한될 수 있다고 우려하면서, 동의명령제의 도입을 조건으로 공정거래위원회의 전속고발권 폐지를 주장한다.[16]

서울중앙지검은 공정거래위원회가 과징금만 부과하고 고발하지 않은 채 종결한 입찰담합사건에 대해 별도의 수사를 벌여 형법상 입찰방해죄를 적용해 기소한 바 있다.[17] 이 사례는 공정거래법 위반행위에 대하여 공정거래위원회의 전속고발권 존재와 관계없이 검찰이 기소할 수 있는 가능성을 보여준다.

4) 시민경제위원회

시민경제위원회는 전속고발제도를 폐지하자는 견해[18]를 보이고 있

14) 월간 기업사랑(2003.2) 참조.

15) 이 견해는 권혁철(자유기업원 정책분석실장)의 견해를 참조하였다.

16) 머니투데이(2007.11.12) 참조.

17) 법률신문(2008.8.20) 참조.

다. 시민경제위원회는 공정거래위원회가 전속고발권을 향유함으로써 실제 피해를 입은 당사자가 배제된 채 자의적인 판단에 따라 검찰에의 고발 여부를 결정할 수 있게 되는 점을 주목하면서, 공정거래위원회는 특정 기업들에 대한 형사처벌을 좌지우지 할 수 있는 막강한 권한을 잃지 않겠다는 의도에서 전속고발권의 유지입장을 견지한다고 주장한다. 아울러 전속고발권이 폐지된다면 비록 공정거래위원회의 권한은 일부 축소되겠지만 검찰이 피해당사자의 고발이나 자체 조사를 통해 공정거래법 위반자를 기소할 수 있게 되어 소비자의 피해보상이나 경쟁촉진의 가능성은 오히려 확대 될 것이라고 하면서, 전속고발권 폐지에 따른 소비자들의 남소에 대한 기업의 우려는 근거가 없는 것이라고 일축한다. 실제로 피해를 본 당사자가 피해보상을 위해 소송을 제기하는 것은 당연하고, 이러한 경우가 많다고 남소라 볼 수는 없다는 것이다.

2. 판례의 입장

서울중앙지방법원(형사 2단독)은 2008년 2월 12일 설탕 및 합성수지 관련 담합에 관한 형사사건에서 공정거래위원회가 고발하지 않은 법인 및 임원에 대한 검찰의 공소제기는 위법하다는 전제 하에 공정거래위원회의 고발대상에 포함되지 않은 법인 및 임원에 대하여 모두 공소기각 판결을 선고하였다.

대상판결은 검찰이 항소하여 확정되지는 않았지만, 현행 공정거래법 제71조 제1항에서 정한 공정거래위원회의 전속고발권 및 검찰의 기소권의 범위와 관련하여, 검찰의 기소권의 범위는 공정거래위원회의 전속고발권 행사 범위에 구속된다는 점을 선언한 최초의 판결로서 그 의미가 있다. 해당 사건에서는 공정거래위원회의 전속고발에 형사소송법 제233조가 정한 이른바 고소불가분의 원칙을 준용할 수 있는지 여부가 핵

18) 참여연대, 공정위 전속고발권 폐지와 강제조사권 도입 환영 논평, 참여연대(2007. 3.9)

심 쟁점이었으나, 그 외 소송조건으로서의 고발의 의미, 공정거래위원회의 전속고발제도의 입법취지, 공정거래법상 자진신고제도 및 형사고발의 관계, 죄형법정주의 등에 대해서도 포함하고 있다.

설탕 담합 사건[19)]

- 3개 제당업체는 1990년경부터 2005년경까지 내수용 설탕의 출고량(정확히는 시장 점유율) 및 가격 담합을 하였다는 혐의로 2007년 8월 공정거래위원회로부터 시정명령 및 과징금납부명령을 받았다. 공정거래위원회 조사 당시 위 3사 모두 자진신고를 하였고, 공정거래위원회는 1순위 자진신고자인 A사에 대하여는 형사고발을 면제하였고, 공동 2순위 자진신고자인 B, C사에 대하여는 법인만을 고발하였다. 그러나 검찰은 고발된 2개의 법인 외에 A사 및 이 사건에 관여한 3사의 임원도 함께 기소하였다.

합성수지 담합 사건[20)]

- 10개 석유화학업체는 1994년경부터 2005년경까지 고밀도폴리에틸렌 및 폴리프로필렌에 관한 가격 담합을 하였다는 혐의로 2007년 6월 공정거래위원회로부터 시정명령 및 과징금납부명령[21)]을 받았다. 공정거래위원회 조사 당시 위 업체들 모두 자진신고를 하였고, 공정거래위원회는 1순위 및 2순위 자진신고자인 D, E사에 대하여는 형사고발을 면제하였고, 6개 업체를 고발하는 외 달리 개인을 고발하지는 않았다. 그러나 검찰은 공정거래위원회가 고발하지 않은 1, 2순위 자진신고자인 D, E사와 이 사건에 관여한 D, E사 임원을 입건하여 기소하였다.[22)]

이들 판결은, “일정한 범죄에 대하여 고발을 소송조건으로 하고 있는 경우, 그 고발은 단순한 범죄사실의 신고가 아니라 범인의 소추를 구하는 의사표시를 필요로 하는 것이라고 해석할 것이어서, 행정기관이 법

---

19) 서울중앙지방법원 2008.2.12. 선고 2007고단6909 판결.

20) 서울중앙지방법원 2008.2.12. 선고 2007고단7030 판결.

21) 실제로는 고밀도폴리에틸렌, 폴리프로필렌을 나누어 2개의 사건으로 처리되었고, 이에 따라 고발 역시 별개로 이루어졌으며, 검찰에서는 이를 병합하여 1개의 사건으로 처분하였다.

22) 일부 회사는 공정거래법위반죄의 공소시효(3년)가 완성되어 형사입건이 되지 않았고, D, E사 및 D, E사의 임원이 하나의 사건으로 처리되었다. 나머지 다른 회사의 경우 같은 법원의 다른 재판부(형사 3단독)에 배정되어 재판이 진행 중에 있다.

률에 규정된 전속고발권을 행사함에 있어 법인만을 고발대상자로 명시하고 그 대표자나 행위자를 고발하지 않는 경우 또는 수인의 공범 중 일부 행위자만을 고발하고 나머지 행위자를 고발하지 않은 경우에는 고발대상에서 명시적으로 누락된 행위자에 대해서는 고발권자의 소추의 의사표시가 있다고 볼 수 없는 점(대법원 1992.7.24. 선고 92도78 판결), 형사소송법에서 고발에 고소불가분의 원칙을 준용하는 규정을 두고 있지 않은 점, 공정거래법에서 검찰총장의 공정거래위원회에 대한 고발요청제도를 두고 있는 점, 전속고발이 친고죄에서의 고소와 유사한 점이 있음은 부정할 수 없으나, 전속고발과 같이 '처벌에 직결되는 소송조건'에 대한 유추적용은 죄형법정주의의 원칙상 신중을 기할 필요가 있고, 현실적으로 유추적용의 필요성이 인정된다고 하더라도 이는 입법적으로 해결하는 것이 타당하다고 보이는 점 등을 종합해보면 형사소송법상 고소 불가분의 원칙을 공정거래위원회의 전속고발에 유추적용할 수 없다"고 판단함으로써 공정거래위원회의 고발 없이 공소가 제기된 법인 및 임원에 대하여 모두 공소기각 판결을 선고하였다.

3. 국회에서의 논의

현재 국회에는 공정거래위원회의 전속고발권과 관련하여, 노영민의원 대표발의 공정거래법 일부개정법률안(이하, 노영민의원안),[23] 김재윤의원 대표발의 공정거래법 일부개정법률안(이하, 김재윤의원안),[24] 조영택의원 대표발의 공정거래법 일부개정법률안(이하, 조영택의원안)[25] 이 상정 중이다.

노영민의원과 김재윤의원은 전속고발권을 폐지하도록 하는 입법안을 국회에 대표발의한 바 있다. 노영민의원안에서는 "이 법에 의한 벌칙의 적용에 있어서 일정한 경우 공정거래위원회의 고발이 있어야 공소를

23) 의안번호 9357, 제안일자 2010.9.15.

24) 의안번호 4121, 제안일자 2009.3.10.

25) 의안번호 9806, 제안일자 2010.11.4.

제기할 수 있도록 하고 있으나 1981년 이 제도의 도입 후 29년간의 고발실적을 살펴보면 공정거래위원회의 2009년도 통계연보에서 나타나는 바와 같이 적발된 위반행위 53,031건 중에서 고발 건수는 472건(0.9%)에 불과하여 유명무실한 제도라는 비판이 지속되고 있다. 또한 피해를 입은 당사자에 대한 고려 없이 공정거래위원회의 자의적인 판단에 따라 고발여부가 결정될 우려를 배제할 수 없는 제도의 한계도 있다. 이에 공정거래위원회의 독점적 전속 고발권을 폐지하여 해당 사건에 대한 수사와 피해자의 구제를 신속·용이하게 하려는 것"이라는 입법안 제안이유를 밝힌 바 있다.26)

김재윤의원안에서는 "「독점규제 및 공정거래에 관한 법률」은 1980년 5공 군사정권에서 제정되면서 위반행위에 대해 공정거래위원회의 고발이 있어야 형사제재가 가능하도록 공정거래위원회에 전속고발권을 부여하였다. 하지만 전속고발제는 헌법에 규정된 피해자의 형사재판을 받을 권리 또는 재판절차진술권을 침해하고, 공정거래법 위반행위의 피해자와 일반범죄 피해자 간을 차별하여 평등권에 위배될 소지가 있다. 또한 공정거래위원회가 매우 소극적으로 고발권을 행사하여 소비자나 국가재정에 막대한 피해를 입히는 가격담합이나 입찰담합 등의 부당공동행위, 불공정거래행위 등을 매우 미온적으로 처분한다는 비판을 받아왔다. 향후 FTA 체결 등 시장개방에 따라 다국적 기업의 시장지배적 지위남용행위, 국제카르텔 등이 증가할 것으로 예상되며, 경쟁체제 강화로 국내 기업들도 카르텔을 강화하는 등 부당 공동행위가 증가할 가능성이 있다"는 점을 밝히고 있다.27)

---

26) 노영민의원안의 주요내용
  나. 제66조 및 제67조의 죄에 대한 공정거래위원회의 전속고발권 조항을 삭제한다(안 제71조 삭제).

27) 김재윤의원안의 주요내용
  가. 전속고발권 폐지로 법 위반행위를 신속하고 강력하게 제재하도록 한다(제71조 제1항 삭제).
  나. 공정거래위원회가 법 위반행위에 대한 행정조사에 집중하면서 중대한 위법사항을 발견하여 형사처벌이 필요하다고 판단한 경우 의무적으로 고발하도록

한편 조영택의원안에서는 경쟁을 실질적으로 제한하는 행위 등에 한정하여 공정거래위원회의 전속고발권을 인정하고, 시장지배적 지위의 남용과 담합 등에 대해서는 누구든지 고발이 가능하도록 하는 내용을 담고 있다. 즉, 조영택의원안에서는 “현행법에 따르면 벌칙에 해당하는 죄는 공정거래위원회의 고발이 있어야 공소를 제기(이하, ‘전속고발제도’라 한다)할 수 있도록 하고 있다. 이는 현행법 위반행위에 대한 형벌은 가능한 한 위법성이 명백하고 국민 경제와 소비자에게 미치는 영향이 특히 크다고 인정되는 경우 제한적으로 활용되도록 하려는 취지이다. 전속고발제도는 공정거래위원회의 자의적 판단으로 위법행위에 대한 책임을 면하게 함으로써 소비자권리, 재판을 받을 권리 등을 침해할 가능성이 기본적으로 내재되어 있는 만큼, 경쟁을 실질적으로 제한하는 행위 등에 한정하여 현행 제도를 존치하고, 그 밖에 시장지배적 지위의 남용과 담합 등에 대해서는 누구나 고발이 가능하도록 함으로써 시장감시기능을 대폭 강화하려 한다”는 제안이유를 밝히고 있다.[28]

하는 현행제도는 유지한다(안 제71조 제2항).

다. 공정거래위원회가 행정조사 초기 단계에서 직권 또는 검찰의 요청에 의해 위법행위에 대한 의견제시나 수사의뢰를 할 수 있도록 하여 초기부터 공정거래위원회와 검찰이 공동 증거수집 등 협력할 수 있는 방안을 마련한다(안 제71조 제3항).

28) 조영택의원안의 주요내용

제71조 제1항 중 “제66조(벌칙) 및 제67조(벌칙)의”를 “다음 각 호의 어느 하나에 해당하는”으로 하고, 같은 항에 각 호를 다음과 같이 신설하며, 같은 조 제2항 중 “제66조 및 제67조의 죄 중”을 “제1항 각 호의 죄 중”으로 한다.

1. 제66조 제1항 제2호부터 제8호까지에 해당하는 경우
2. 제67조 제2호(제23조 제1항 제7호를 위반한 경우는 제외한다), 제3호, 제5호부터 제7호까지에 해당하는 경우(안 제71조)

Ⅳ. 전속고발제도의 형사정책적 함의와 새로운 제안

1. 전속고발제도의 형사정책적 함의

공정거래법상 전속고발제도와 관련하여, 그 실효성에 대한 우려 내지 한계를 이유로 폐지한다고 한다면 동법에서 규율하고 있는 위반행위 즉, 불공정거래행위가 줄어들 수 있을까? 오히려 전속고발제도의 폐지로 인해, 그간의 위반행위에 대한 적절한 대응 내지 처벌이 결여되는 경우는 없을까?

첫째, 공정거래법 위반행위에 대해 어떤 방식의 처벌이 가장 효과적인지를 판단하기 위한 전문성이 결여될 가능성이 있다. 즉, 공정거래법 위반행위에 대한 형사처벌 여부가 공정거래위원회의 전문적이고 정책적인 판단을 통해 이루어질 필요가 있는 경우에도 이를 기대하기 어려울 수 있다.

둘째, 전문성을 띤 전문가 집단으로서의 성격을 지니는 공정거래위원회는 사인과 달리 사적 감정에 좌우될 위험이 없으면서 개별사안의 특성과 정책상의 필요성 등을 전문적 입장에서 충분히 고려하여 고발 여부를 결정할 수 있을 것이나 이를 기대할 수 없게 된다.

셋째, 공정거래위원회의 효율적인 통제기능이 포기될 수밖에 없을 것이다. 「공정거래법」상 범죄의 처벌 필요성에 대한 판단의 우선권을 형사소추기관인 검사가 아닌 행정작용을 담당하는 공정거래위원회에게 부여하는 것은 형벌권 행사에 의한 통제보다 공정거래법 위반행위에 대하여 우선적으로 자율적·행정적 제재수단을 활용하여 처리하는 것이 효율적이라는 점이 간과될 것이다.

실질적으로 제도 본연의 목적에도 불구하고 이를 담당하는 기관이나 절차상의 문제점들로부터 제도 자체를 폐지해야 한다는 논의들은 빈번하다. 다만 제도의 폐지에 앞서, 어떻게 이를 보완하고 개선해 나갈 수 있을 것인가에 대한 논의는 선행되어야 할 것이다.

공정거래위원회가 지니는 전속고발권은 그 목적 자체만을 두고 판단해 보면, 그것의 폐지보다는 오히려 기업활동의 특수성이라는 측면을 인정하여 경쟁정책적이고 형사정책적으로 효과적으로 적용될 수 있도록 하는 것이 보다 바람직할 것이라 생각하면서, 극단적으로 전속고발권의 폐지를 주장하기 보다는 실효성 확보를 위한 요소들을 살펴보는 것은 의미가 있을 것이다.

공정거래위원회가 지니는 전속고발권의 실효성에 대해 회의를 가지는 중요 이유 중 하나는 공정거래위원회의 전속고발 기준점수에 형사정책적 측면이 독자적으로 판단되고 있지 못하다는 점에서 찾을 수 있다. 형사정책적 측면인 사회적 책임으로서 소비자 이익침해와 소비자 손해 등이 경쟁제한성 판단요소인 매출액, 지역범위 등과 함께 고려되어 점수가 산정되고 있어, 공정거래법상 위반행위로 인해 소비자 이익침해 또는 소비자 손해 등이 아무리 크더라도 사회적 책임에 따라 고발여부를 독자적으로 판단하지 못하고 여타 경쟁제한적 판단요소에 종속된 전속고발기준점수가 산정되는 결과를 발생시킨다. 이에 전속고발제도가 형벌의 적극적인 활용을 목적으로 한다는 점에서 볼 때, 공정거래법상 위반행위를 한 기업의 '사회적 기능과 책임'을 고발기준에 포함하도록 하는 것은 바람직할 것이다. 예컨대 공정거래법상 위반행위는 기업범죄 내지 조직체범죄로서 소위 전형적인 화이트칼라 범죄의 하나로 사회적 피해가 적지 않기 때문에, 이에 대한 효과적인 제재와 예방을 위하여 시정조치나 과징금 등의 행정조치로는 부족한, 강한 심리강제효과를 갖는 형벌의 적극적인 활용이 필요하다.

공정거래법상 위반행위를 고발하기 위한 사회적 책임의 세부평가기준요소로 무엇을 고려할 수 있을까? '기업행위에 대한 사회적 책임'과 관련해서는 '위법행위로 인한 피해발생정도'를 생각할 수 있다. 피해발생정도의 평가를 전제로 공정거래위원회의 고발권 행사여부가 결정된다면, 고발여부의 예측을 통한 범죄억제력이 높아질 것이다. 즉 공정거래위원회가 그동안의 경험상 고발 가능한 피해발생정도를 명시적으로 규정할 경우 기업 측에서도 위법행위에 대한 고발여부가 예측가능하기 때문에 범죄억제력을 높이는 효과가 발생될 것이다. 아울러 공정거래위원회에서도 고발권의 자의적 행사라는 사회적 비난이 해소되는 결과도 기대할 수 있을 것이다.

아울러 형사정책적인 측면에서 시장경제질서에서의 완전경쟁을 보장하는 한편, 공정거래위원회의 전문성을 살려 전속고발권의 온전한 적용을 위해서 전속고발권의 적용 대상범위를 보다 구체화 세분화할 필요가 있다. 구체적으로 수범자에 따른 적용대상 구분, 공정거래위원회의 시행조치이행여부에 따른 구분, 시행조치유형에 따른 적용대상 구분, 법위반행위 유형에 따른 구분, 행정처분 금액의 정도에 따른 구분 등에 대해 고려할 수 있을 것이다.

2. 형사정책적 요소를 반영한 전속고발기준

공정거래위원회는 공정거래법 시행령 제66조(시행세칙)에 따라 동법 제71조의 전속고발권의 행사를 위한 구체적인 기준을 마련하였다. 공정거래위원회가 고시한 〈독점규제 및 공정거래에 관한 법률 등의 위반행위의 고발에 관한 공정거래위원회의 지침(이하, 고발지침)〉[29]에는 공정거래법, 표시·광고법, 가맹사업법 위반사건으로서 공정거래법 제71조(고발), 표시·광고법 제16조 제3항 또는 가맹사업법 제44조(고발)의 규정에 의하여 고발대상이 되는 사건의 유형 및 기준을 제시하고 있다.

고발지침에 의하면, 고발여부는 시장지배적 지위 남용행위(공정거래법 제3조의 2), 경제력집중 억제규정 위반행위, 부당공동행위, 사업자단체 금지행위, 불공정거래행위(부당한 지원행위 제외) 등 위반행위에 대한 법위반점수를 산정하여 결정함을 원칙으로 한다. 고발지침의 불공정행위의 유형에 따라 기준점수 세부평가기준에는 위반행위의 내용, 위반행위의 정도 등에 따라 상·중·하로 점수를 나누고 그 비중을 곱하여 점수를 산정하는 방식을 취한다. 또한 경고 등 과거 시정조치 횟수를 산정하여 고발을 결정함을 원칙으로 한다.

29) 개정 2010.6.9. 공정거래위원회 예규 제81호.

〈표2〉 시장지배적 지위 남용행위 세부평가기준

참작사항		부과수준 비중	상(3점)	중(2점)	하(1점)
위반행위 내용		0.5	· 상품의 가격이나 용역의 대가를 부당하게 결정 등을 하는 경우 · 소비자의 이익을 현저히 침해하는 경우	· 상품의 판매 또는 용역의 제공을 부당하게 조절하는 경우 · 경쟁사업자의 참가를 부당하게 제한 또는 배제하는 경우	· 타 사업자의 사업활동을 방해하는 경우
위반행위 정도	시장 점유율 (매출액 포함)	0.3	· 관련시장의 규모가 5천억원이상으로서 위반사업자의 시장점유율이 50% 이상인 경우	· 관련시장의 규모가 5천억원이상으로서 관련시장내 상위 3사업자의 시장점유율이 75% 이상이나 위반사업자의 시장점유율이 30% 이상 50% 미만인 경우	· 관련시장의 규모가 5천억원미만으로서 관련시장내 상위 3사업자의 시장점유율이 75% 이상인 경우
	지역적 범위	0.1	· 관련시장이 전국적인 시장인 경우로서 위반행위 효과가 전국적으로 미치는 경우	· 관련시장이 전국적인 시장이나, 위반행위 효과가 일부에 미치는 경우	· 관련시장이 특정지역에 한정되는 경우
	위반 기간	0.1	· 3년이상	· 1년이상 3년미만	· 1년미만

〈표3〉 경제력집중 억제규정 위반행위 세부평가기준

참작사항		부과수준 비중	상(3점)	중(2점)	하(1점)
위반행위 내용		0.5	· 의도적으로 위반행위를 하였고, 법위반상태에 대한 해소노력을 하지 않은 경우	· 법위반상태에 대한 해소노력을 하였으나, 위반상태를 50%이상 해소하지 못한 경우	· 법위반상태에 대한 해소노력을 하여 위반상태를 50%이상 해소한 경우
위반행위 정도	위반액	0.3	· 위반액이 5백억원 이상인 경우	· 위반액이 100억원 이상 500억원 미만인 경우	· 위반액이 100억원 미만인 경우
	위반 기간	0.2	· 3년 이상	· 1년이상 3년미만	· 1년 미만

〈표4〉 부당한 공동행위 세부평가기준(사업자)

<table>
<tr><td colspan="2" rowspan="2">부과수준 / 참작사항</td><td>부과수준</td><td rowspan="2">상(3점)</td><td rowspan="2">중(2점)</td><td rowspan="2">하(1점)</td></tr>
<tr><td>비중</td></tr>
<tr><td colspan="2">위반행위 내용</td><td>0.4</td><td>· 공정거래법 제19조 제1항 제1호, 제3호, 제4호, 제8호에 해당하는 행위</td><td>· 공정거래법 제19조 제1항 제2호, 제5호 내지 제7호, 제9호에 해당하는 행위</td><td>· 기타 상(3점) 또는 중(2점)에 해당되지 않는 경우</td></tr>
<tr><td rowspan="6">위반행위정도</td><td>시장 점유율</td><td>0.1</td><td>· 참가사업자의 공동행위 관련 시장점유율이 75% 이상인 경우</td><td>· 참가사업자의 공동행위 관련 시장점유율이 50% 이상 75% 미만인 경우</td><td>· 참가사업자의 공동행위 관련 시장점유율이 50% 미만인 경우</td></tr>
<tr><td>경쟁 제한성</td><td>0.1</td><td>· 행위의 성격상 효율성중대효과가 없는 경우</td><td>· 행위의 성격상 효율성 증대 효과가 미미한 경우</td><td>· 행위의 성격상 효율성 증대 효과가 상당한 경우</td></tr>
<tr><td>지역적 범위</td><td>0.1</td><td>· 관련시장이 전국적인 시장에서 위반행위 효과가 3개 이상의 특별시·광역시·도에 미치는 경우

· 관련시장이 특정지역시장에서 위반행위 효과가 그 지역 전체에 미치는 경우</td><td>· 관련시장이 전국적인 시장에서 위반행위 효과가 2개 이상의 특별시·광역시·도에 미치거나 적어도 서울특별시에 미치는 경우

· 관련시장이 특정지역시장에서 위반행위 효과가 그 지역의 일부에 미치는 경우</td><td>· 관련시장이 전국적인 시장에서 위반행위 효과가 1개의 광역시·도 이내에만 미치는 경우</td></tr>
<tr><td>이행 정도</td><td>0.1</td><td>· 합의내용의 이행을 위하여 감시 또는 제재수단을 마련 또는 활용하거나 실제 합의내용이 이행된 경우</td><td>· 합의된 사항이 부분적으로이행된 경우</td><td>· 합의된 사항이 제대로 이행되지 아니한 경우</td></tr>
<tr><td>적극 관여 여부</td><td>0.1</td><td>· 당해 위반행위를 주도한 경우</td><td>· 당해 위반행위에 적극 가담한 경우</td><td>· 당해 위반행위에 단순가담하거나 주도자 판명이 불가한 경우</td></tr>
<tr><td>위반 기간</td><td>0.1</td><td>· 3년 이상</td><td>· 1년 이상 3년 미만</td><td>· 1년 미만</td></tr>
</table>

〈표5〉 사업자단체 금지행위 세부평가기준

참작사항		부과수준 비중	상(3점)	중(2점)	하(1점)
위반행위 내용		0.5	· 공정거래법 제26조 제1항 제4호중 제23제 1항 제1호(부당거래거절행위)의 공동의 거래거절 또는 제29조 '재판매가격 유지행위'를 하게 하는 행위	· 공정거래법 제26조 제1항 제2호의 사업자 수 제한행위 · 공정거래법 제26조 제1항 제3호의 구성사업자의 사업내용 또는 사업활동 제한 행위	· 공정거래법 제26조 제1항 제4호중 중(2점)에 해당하지 않는 행위
위반행위 정도	단체 주도	0.2	· 독자적인 정관과 예산을 보유하고 구성사업자를 사실상 통제할 수 있는 지위에 있는 사업자단체가 적극적인 주도하에 위반행위를 한 경우	· 사업자단체가 구성사업자들의 요구를 반영하여 위반행위를 한 경우	· 사업자단체가 구성사업자의 의사와 관계없이 단독적으로 위반행위를 한 경우
	이행 정도	0.2	· 사업자단체가 이행확보를 주도적으로 하거나, 위반행위가 실제로 이행된 경우	· 사업자단체에 의해 위반행위가 부분적으로 이행된 경우	· 사업자단체에 의해 위반행위가 제대로 이행되지 아니한 경우
	위반 기간	0.1	· 3년 이상	· 1년 이상 3년 미만	· 1년 미만

〈표6〉 불공정거래행위, 재판매가격 유지행위 및 부당한 국제계약 체결행위 세부평가기준

참작사항	부과수준 비중	상(3점)	중(2점)	하(1점)
위반행위 내용	0.4	· 경쟁제한성(경쟁사업자 배제 및 봉쇄효과를 포함한다)이 큰 경우 · 위반행위로 인해 경쟁사업자·거래상대방 또는 소비자에게 상당한 손해가 실제로 발생하였거나 발생할 우려가 현저한 경우	· 경쟁제한성(경쟁사업자 배제 및 봉쇄효과를 포함한다)이 상대적으로 작은 경우 · 위반행위로 인해 경쟁사업자·거래상대방 또는 소비자에게 발생한 손해가 아주 미미한 경우	· 경쟁제한성(경쟁사업자 배제 및 봉쇄효과를 포함한다)이 미미한 경우 · 위반행위로 인해 경쟁사업자·거래상대방 또는 소비자에게 발생한 손해가 거의 없는 경우

위반행위정도	매출액	0.2	· 3개년 평균 매출액이 1천억 이상인 경우	· 3개년 평균 매출액이 1백억원 이상 1천억 미만인 경우	· 3개년 평균 매출액이 1백억원 미만인 경우
	지역적 범위	0.2	· 관련시장이 전국적인 시장에서 위반행위 효과가 3개 이상의 특별시·광역시·도에 미치는 경우 · 관련시장이 특정지역시장에서 위반행위 효과가 그 지역 전체에 미치는 경우	· 관련시장이 전국적인 시장에서 위반행위 효과가 2개 이상의 특별시·광역시·도에 미치거나 적어도 서울특별시에 미치는 경우 · 관련시장이 특정지역시장에서 위반행위 효과가 그 지역의 일부에 미치는 경우	· 관련시장이 전국적인 시장에서 위반행위 효과가 1개의 광역시·도 이내에만 미치는 경우
	위반 기간	0.2	· 3년 이상	· 1년 이상 3년 미만	· 1년 미만

고발지침에 따른 위반행위 기준점수 산출을 위한 세부평가기준을 살펴보면, 위반행위내용과 위반행위정도를 함께 고려하여 점수를 산출하도록 하고 있다. 위반행위내용에는 경쟁을 제한할 수 있는 행위와 소비자 이익침해, 소비자 손해 등이 포함되어 있다. 위반행위정도에는 시장점유율, 경쟁제한성 지역적 범위 등 경쟁제한성 판단요소가 중요한 역할을 한다. 더불어 '이행정도'와 '적극관여여부', '위반기간'을 고려하여 '위법행위의 중대성'을 기초로 기업의 책임을 묻고 있다. 따라서 기업범죄의 사회적 책임과 관련된 세부평가기준요소인 (시장지배적 지위남용행위 세부평가기준 중) '소비자의 이익을 현저히 침해하는 경우', (경제력집중 억제규정 위반행위 세부평가기준 중) '위반액', (불공정거래행위 등 세부평가기준 중) '위반행위로 인해 경쟁사업자·거래상대방 또는 소비자에게 상당한 손해가 실제로 발생하거나 발생할 우려가 현저한 경우' 등은 그 행위가 아무리 중하더라도 이들에 대한 독자적 판단이 불가능하다.

공정거래법상 위반행위는 기업범죄 내지 조직체범죄로서 소위 전형적인 화이트칼라 범죄의 하나로 사회적 피해가 적지 않기 때문에, 이에 대한 효과적인 제재와 예방을 위하여 강한 심리강제효과를 갖는 형벌을 적극적으로 활용하여야 한다.[30] 특히 '사회적 책임'이라는 요소는 경쟁제한적 판단요소와 구분되어 전속고발여부를 판단하는 데 있어 독자적으로 작용하여야 한다. 외국의 경우에 있어서도 법인의 사회적 책임은 기업형벌의 도입근거가 되고 있다. 영미법계에서는 이미 (사회적 책임을 통해) 법인의 형사책임을 묻고 있다. 대륙법계는 법인의 형사책임을 부인하는 것이 오랜 전통으로 이어져 왔으나, 법인의 사회적 책임이 강조되는 현 시점에서는 법인의 형사책임을 긍정하여 기업형벌을 도입하는 방향으로 선회하고 있다.[31]

경쟁법적 측면에서도 경쟁정책은 그 목표를 달성하기 위한 수단인 만큼, 국민복지 등을 위해서는 경쟁제한적 행위라도 예외적으로 허용하고 있다. 공정거래법 목적조항인 제1조에서도 언급하고 있는 '창의적인 기업활동 조장, 소비자 보호, 국민경제의 균형 있는 발전도모'는 자유로운 경쟁 촉진의 상위개념이다. 이는 경제정책적 목표를 위한 판단기준으로써 이미 경쟁제한적 판단기준과 분리되어 상위에서 독자적으로 판단되고 있음을 나타내는 것이라 할 수 있다. 그렇다면 기업범죄에 있어서 기업의 사회적 책임은 경쟁제한적 판단기준과 더불어 고려되기 보다는 독자적인 상위개념으로써 판단될 필요가 있을 것이다.

이러한 전제에서, 공정거래법상 위반행위를 고발하기 위한 사회적 책임의 세부평가기준요소로 '위법행위로 인한 피해발생정도'를 생각할 수 있는데, 이는 '피해자에 대한 고려'라는 측면에서 기업이 저지른 위법행위의 사회적 파장을 중점적으로 판단하여 기업의 위법행위로 인한 피해발생정도를 고발의 요건으로 삼기 위함이다. 기업의 사회적 책임이 위법행위의 사회적 파장과 피해자 관점에서 평가되고, 이로서 위반행위로 인한 피해발생정도를 고발의 요건으로 삼는 것은 상당히 의미가 있을 것이다. 왜냐하면 위반행위의 피해발생정도는 해당 행위로부터 발생한 사회적 결과의 하나인 만큼, 결과에 대한 책임으로 피해발생정도가

30) 최병각, 전속고발제도에 관한 연구(형사정책연구원, 1999), 153면.

31) 김재윤, 법인의 형사처벌에 관한 유럽 국가의 입법동향, 「법제연구」 통권 제36호, 2009, 274면.

고발여부를 결정하는 기준이 되는 것은 적정한 고려일 것이고, 이에 따른 전속고발여부의 판단은 사회적 비난가능성을 줄이는 적절한 대응이 될 수 있을 것이다.

피해발생정도의 평가를 전제로 공정거래위원회의 고발권 행사여부가 결정된다면, 그리고 공정거래위원회가 그간의 경험상 고발 가능한 피해발생정도를 명시적으로 규정한다면, 기업 측에서도 위법행위에 대한 고발여부를 예측할 수 있기 때문에 범죄억제력을 높이는 효과를 기대할 수 있을 것이다. 이는 공정거래위원회가 고발권을 자의적으로 행사한다는 사회적 비난을 해소하는 결과 또한 발생시킬 것으로 보인다. 사실상 공정거래법상 위반행위에 대한 사회적 비난은 고도의 전문성을 요구하는 경쟁제한성 판단보다는 "피해자입장에서 보여지는 결과인 피해발생정도에 상응하는 조치를 할 수 있는가"에서 빚어지기도 한다.

3. 전속고발권 적용대상 범위 확정을 위한 구체적인 방안

1) 수범죄에 따른 적용대상 구분

공정거래법은 기업집단을 다른 수범자(기업집단에 속하지 않은 기업)와 구별하고 있는데(제2조 제2호), 이는 경쟁제한성의 판단단계에서 실질적 시장지배력의 파악을 통하여 경쟁제한성이 강한 기업을 구분하고자 함이다. 타 수범자의 위반행위와 차별하여 경쟁제한성이 강한 기업집단의 위반행위에 대하여 공정거래위원회가 의무적으로 고발하는 경우, 이 때의 적용대상 판단기준은 기업집단의 우월적 경쟁제한성이 어떻게 "객관적으로 명백하고 중대하여 경쟁질서를 현저히 저해한다고 인정되는 경우"인지에 대한 객관적인 입증이 따라야 할 것이다.

아울러 공정거래법상 기업집단은 선별됨으로써 이미 타 수범자보다 강하게 규제하고 있는데, 또다시 고발조치가 강화될 경우 (동 기업집단에 대한 합리적이지 못한) 과도한 규제가 될 수 있다는 점 또한 고려하여야 한다.

2) 공정거래위원회의 시행조치이행여부에 따른 구분

'공정거래위원회의 시행조치이행여부에 따라 적용대상을 구분'하는 방안으로는, 공정거래위원회의 시정조치를 이행한 경우와 이행하지 않은 경우를 구분하여 후자의 경우에 의무적으로 고발조치하는 경우를 생각할 수 있다. 이러한 구분은 의무적으로 고발조치할 위반행위에 대한 객관적 구분이 가능하다는 장점이 있다. 이러한 구분에 대해서는, 시정조치를 이행하지 않았다고 하여 무조건적으로 위반의 정도가 명백하고 중대하여 경쟁질서를 현저히 저해한다고 인정할 수 있는가에 대한 검토가 함께 이루어져야 한다.

3) 시행조치 유형에 따른 적용대상 구분

'전속고발권의 적용대상을 시행조치 유형에 따라 구분하는 방안'을 고려할 수 있다. 예컨대 공정거래법 제24조는 동법 제23조에서 금지하고 있는 불공정거래행위를 행한 경우에 대한 시정조치의 유형을 '당해 불공정거래행위의 중지, 계약조항의 삭제, 시정명령을 받은 사실의 공표 기타 시정을 위한 필요한 조치'로 구분하고 있다.[32] 따라서 시정조치의 유형을 '객관적으로 명백하고 중대하여 경쟁질서를 현저히 저해한다고 인정되는 경우'와 연관하여 구분함으로써, 전속고발권이 의무적으로 행사되는 경우를 판단할 수 있을 것이다. 이러한 구분의 장점은 전속고발권이 의무적으로 행사되는 경우의 명확한 구분이 가능하다는 점이지만, 전속고발권이 의무적으로 행사되는 경우가 공정거래위원회의 판단에 종속되기 때문에 전속고발권이 남용될 수 있는 여지에 대한 검토가 필요하다.

32) 공정거래법 제24조(시정조치). 공정거래위원회는 제23조(불공정거래행위의 금지) 제1항의 규정에 위반하는 행위가 있을 때에는 당해사업자에 대하여 당해불공정거래행위의 중지, 계약조항의 삭제, 시정명령을 받은 사실의 공표 기타 시정을 위한 필요한 조치를 명할 수 있다.

4) 법위반행위 유형에 따른 구분

전속고발권의 적용대상을 '법위반행위 유형에 따라 구분하는 방안'을 고려할 수 있다. 공정거래법은 동법의 위반행위를 시장지배적 지위 남용, 기업결합, 경제력집중, 불공정거래행위, 부당공동행위, 재판매가격유지행위, 불공정거래행위 등으로 나누고 있는데, 각각의 위반행위의 유형에 따라 구분하여 전속고발권을 적용하도록 하는 것도 고려해 볼 수 있다. 이러한 구분에서의 장점은 의무적으로 고발해야 하는 경우와 그렇지 않은 경우가 명확하게 나누어질 수 있다는 것으로, 시행조치 유형에 따른 구분에서와 같이 공정거래위원회의 전속고발권의 남용여지에 대한 검토가 필요하다.

5) 행정처분 금액의 정도에 따른 구분

전속고발권의 적용대상을 '행정처분 금액(과징금)의 정도에 따라 구분하는 방안'을 고려할 수 있다. 공정거래위원회는 공정거래법상 위반행위에 대해 과징금을 부과할 수 있고(제6조, 제17조, 제22조, 제24조의 2, 제28조, 제38조의 2), 과징금 부과 시 위반행위의 내용 및 정도, 위반행위의 기간 및 횟수 위반행위로 인해 취득한 이익의 규모 등(제53조의 3)을 고려하여 위반행위의 사안에 따라 각기 다른 과징금을 부과할 수 있다. 따라서 구체적인 과징금액은 '객관적으로 명백하고 중대하여 경쟁질서를 현저히 저해한다고 인정되는 경우'의 판단기준이 되어 의무적으로 고발하도록 할 수 있을 것이다. 과징금을 얼마나 부과할 것인지가 공정거래위원회의 판단에 기속되고 있기는 하지만, 기업이 받는 (경제적) 부담의 정도에 따라 전속고발권의 적용대상이 구분되어 기업이 법위반행위를 하고자 하는 의지를 줄이는 효과를 가질 수 있을 것이다.

6) 타법률에서의 공정거래법상 전속고발 규정의 적용 배제

공정거래법상 전속고발권은 하도급법, 가맹사업법, 표시·광고법 등 여타 법률에서 준용하고 있는데, 이들 법률의 특성을 고려하여 공정거래법상 전속고발권 규정의 준용가능성을 배제하는 것을 고려할 수 있다.

참고로 일본의 경우에는 우리와 같이 전속고발제도를 도입하고 있지만 불공정거래행위에 대해서는 형사처벌하지 않고, 시정조치 불이행에 대해서만 형사처벌하고 있다.[33]

현재 국회에 상정 중인 조영택의원안[34]은 공정거래위원회의 전속고발권의 적용대상에서 시장지배적 지위의 남용금지(제3조의 2)와 부당하게 특수관계인 또는 다른 회사를 지원하는 불공정거래행위(제23조 제1항 제7호)[35]를 배제하는 내용이 포함되어 있다.[36]

4. 적정한 고발기준 마련

앞서 살펴본 것처럼, 공정거래위원회의 저조한 고발실태는 전속고발제도를 유명무실한 제도로 만들고 있다. 1981년 전속고발제도를 도입한 이래 29년간의 통계를 살펴보면, 적발된 위반행위 53,031건 중 형사고발은 472건으로 약 0.9%[37]에 불과함은 단적인 예로서 나타난다. 2010년 11월 현재 9건[38]의 고발이 이루어졌다.

---

33) 일본 독점규제법 제96조 제1항은 "제89조에서부터 제91조까지의 죄는 공정거래위원회의 고발에 의하여 처리한다"고 하여 소위 전속고발권을 규정해두고 있다.

34) 의안번호 9806, 제안일자 2010.11.4.

35) 공정거래법 제23조 제1항 제7호.

7. 부당하게 특수관계인 또는 다른 회사에 대하여 가지급금·대여금·인력·부동산·유가증권·상품·용역·무체재산권 등을 제공하거나 현저히 유리한 조건으로 거래하여 특수관계인 또는 다른 회사를 지원하는 행위.

36) 독점규제 및 공정거래에 관한 법률 일부를 다음과 같이 개정한다.

제71조 제1항 중 "제66조(벌칙) 및 제67조(벌칙)의"를 "다음 각 호의 어느 하나에 해당하는"으로 하고, 같은 항에 각 호를 다음과 같이 신설하며, 같은 조 제2항 중 "제66조 및 제67조의 죄 중"을 "제1항 각 호의 죄 중"으로 한다.

1. 제66조 제1항 제2호부터 제8호까지에 해당하는 경우
2. 제67조 제2호(제23조 제1항 제7호를 위반한 경우는 제외한다), 제3호, 제5호부터 제7호까지에 해당하는 경우

37) 〈표3〉 조치유형별 사건처리 실적 참조.

공정거래위원회의 고발지침은 위반행위유형별 기준점수를 명시하여 이를 넘어선 경우에 고발이 가능하도록 하고 있는데, 기준점수를 산출하는 위반행위유형별 세부평가기준을 살펴보면 해당점수로부터 고발에 대한 기대가능성이 배제되는 경우가 많다. 물론 이 때 고발에 대한 기대가능성이 배제되는 경우는 '행위의 중대성'이라는 측면에서 공정거래위원회가 전문성을 가지고 판단하였을지라도, 고발 가능여부가 원천적으로 봉쇄된다는 점은 문제가 될 수 있다. 고발지침은 위반행위가 각 참작사항의 항목 중 두 가지 이상에 해당되는 경우 높은 점수의 기준을 적용한다고 규정하고 있어, 특히 공정거래법상 위반행위로 여타 위반행위보다 많은 비중을 차지하는 불공정거래행위에 고발이 배제될 가능성은 더욱 높다.

예로, 시장지배적 지위남용행위의 기준 점수는 2.5이고, 세부평가기준을 보면 부과수준이 상(3점), 중(2점), 하(1점)로 나뉜다. 그리고 위반행위 내용(0.5), 위반행위정도로서 시장점유율(0.3)·지역적 범위(0.1)·위반기간(0.1)의 비중을 차별하고 있다. 따라서 5천억 원 미만의 전국적 시장에서 과점적 지위를 가진 기업이 상품가격이나 용역대가를 부당하게 결정하는 경우 및 소비자의 이익을 현저히 침해하는 경우는 사실상 고발이 불가능하다. 아울러 5천억 원 이상 또는 그 미만인 전국적 시장에서 과점적 지위를 가진 기업이 상품판매 또는 용역제공을 부당하게 조정하는 경우, 경쟁사업자의 참가를 부당하게 제한하는 경우, 사업자의 사업 활동을 방해하는 경우에는 사실상 고발이 불가능하다. 왜냐하면 이들의 경우 위반행위가 있더라도 고발을 위한 기준점수를 충족할 수 없기 때문이다.

다른 전속고발권의 적용대상 위반유형의 경우도 비슷한 상황이다. 부당공동행위의 경우 기준점수 2.5를 충족할 수 있는 부당공동행위가 되기 위해서는 공정거래법 제19조 제1항 제1호(가격결정·유지·변경행위),

38) 공정거래위원회의 내부자료에 따르면, 행위의 중대성을 이유로 6건 그리고 시정조치불이행을 이유로 3건의 고발이 이루어졌다고 한다.

제3호, 제4호, 제8호에 해당하는 행위가 비중이 0.1인 6개의 평가요소, 즉 시장점유율, 경쟁제한성, 지역적 범위, 이행정도, 적극관여여부, 위반행위 중 최소한 5개가 부과수준 상(3점)에 해당되어야 한다. 공정거래법 제19조 제1항 제2호, 제5호 내지 제7호, 제9호에 해당하는 행위 역시 마찬가지이다. 비중 0.1에 해당하는 평가요소가 중(2점)일 경우에는 아무런 의미가 없다. 기타 상(3점) 또는 중(2점)에 해당되지 않는 행위는 고발가능성을 전혀 가지지 못한다.

그렇다면 시장지배적 지위남용으로 고발하기 힘든 경우 고발지침 제2조 제3항에 따른 과거시정조치 횟수산정 요건을 충족할 수밖에 없는데, 이 경우 역시 쉽지 않다. 고발지침 제2조 제3항은 〈과징금 부과세부기준등에 관한 고시(이하 과징금고시)〉 Ⅱ.13. 벌점에 따라 과거 3년간 공정거래법, 표시·광고법, 가맹사업법 위반으로 각각 경고이상 조치를 4회 이상 받고 누적벌점이 10점 이상인 경우, 5회 법 위반 혐의가 있는 행위에 대한 조치부터 고발함을 원칙으로 한다. 그런데 과징금고시 Ⅱ.13.에 따르면 시정조치 유형별 벌점기준이 가장 높은 경우로, 고발이 3점이다. 그 외 과징금 2.5, 시정명령 2.0, 시정권고 1.0, 경고 0.5 순이다. 따라서 벌점 10점이 되기 위해서는 과거 최소한 고발이 3번, 시정명령이 1번 이상 있어야만 한다. 그렇다면 결국 위 기준점수에 따른 고발이 불가능한 위법행위를 고발하기란 거의 불가능할 수밖에 없을 것이다.

고발지침 제2조 제5항은 공정거래위원회에게 증거확보, 검찰총장의 요청, 해당기업의 태도, 객관적으로 명백한 경쟁제한성 등을 종합적으로 고려하여 고발여부를 달리 결정할 수 있는 경우를 열어두고 있기는 하나, 위 고발가능성이 이미 제1항과 제3항에서 확보될 경우에는 이 요건들은 단지 배제요건이 될 뿐이다. 고발가능성을 기대하기 어려운 경우에 이들 요건은 일응 고발가능요건이 될 수 있으나, 법위반의 중대성에 따른 고발가능성을 판단하기에는 어려운 점이 있다.

공정거래위원회의 저조한 고발원인이 공정거래법상 여러 위법행위가 기준점수를 충족하지 못하여 고발이 원천적으로 봉쇄되는 데에 있다고 한다면, 앞에서 언급하였듯이 '사회적 책임으로서의 피해발생정도'가

여타 경쟁제한성 판단요소와 구별되어 독자적으로 고발여부를 판단하는 기준으로 작용하도록 하는 것은 더욱 필요하다고 본다. 그렇게 되면 개별 유형에 따라 사회적 책임으로서의 피해발생정도, 예컨대 피해발생액의 중함에 따라 고발여부가 결정되어 고발의 원천적 봉쇄가능성은 피할 수 있을 것이다.

V. 맺음말

공정거래법에서 규정하고 있는 전속고발제도는 공정거래위원회의 전문성을 전제로 동법 위반행위의 행정조치로서 기대하기 힘든 형벌의 심리적 강제효과를 기대할 수 있다는 점에서 그 의미가 있다. 그럼에도 불구하고 공정거래위원회의 전속고발권의 존·폐 논의가 지속되고 있는 이유는 공정거래위원회의 저조한 고발실적 등 전속고발제도의 현실적인 운영이 이루어지지 못하고 있기 때문이다.

공정거래위원회가 지니는 전속고발권은 그 목적 자체만을 두고 판단해 보면, 그것의 폐지보다는 오히려 기업활동의 특수성이라는 측면을 인정하여 경쟁정책적이고 형사정책적으로 효과적으로 적용될 수 있도록 하는 것이 보다 바람직할 것이다. 무엇보다도 전속고발제도의 실효성 있는 적용을 위한 요소들에 대해 구체화 하여야 한다.

형사정책적인 측면에서 시장경제질서에서의 완전경쟁을 보장하고, 아울러 공정거래위원회의 전문성을 살려 전속고발권의 온전한 적용을 가능하도록 하기 위해서는 공정거래법상 위법행위에 대한 사회적 책임을 묻고, 그 사회적 책임에 따라 고발여부를 결정하도록 하는 한편 전속고발권의 적용 대상범위를 보다 구체화하여야 할 것이다. 공정거래법상 위반행위를 한 기업의 사회적 기능과 책임을 묻고 이를 고발여부의 판단을 위한 독자적 요소로 기능하도록 하여, 위법행위에 대한 사회적 책임이 중대함에도 불구하고 고발대상에서 배제되는 불합리한 점을 방지하여야 할 것이다.

스위스 형법상의 기업책임*

이 주 희**

Ⅰ. 서

오늘날의 경제생활에서 기업이 차지하는 비중은 매우 크다. 그리고 그만큼 기업과 관련한 범죄발생의 위험도 커지고 있다. 그러나 개인책임의 원칙을 기초로 하고 있는 대륙법계 전통에 따르면 기업은 형법상 행위능력과 책임능력이 없으므로 형법상의 행위주체가 되지 못한다. 또한 기업에 대한 형벌의 부과도 불가능하다.

이러한 입장에서 독일은 기업을 포함한 법인이 주체가 되는 범죄의 경우 형법이 아닌 질서위반법에서 법인에게 질서위반금(Bussgeld)을 부과하고 있고, 우리나라는 여러 행정형법에서 행위자와 법인을 함께 처벌하는 양벌규정을 두고 있다. 이에 반하여 우리나라와 같은 대륙법계에 속하고 독일과 동일한 법전통과 법적 기본원칙을 가지고 있는 스위스는 형법총칙에 기업처벌규정을 둠으로써 2003년 이후 기업의 형사상 책임을 물을 수 있게 되었다.

이하에서는 이러한 스위스 기업처벌규정의 연혁(Ⅱ)을 출발점으로 하여 기업처벌의 실체적 구성요건을 살펴보고(Ⅲ), 기업형사소송상의 몇 가지 문제점에 대해 논하고자 한다(Ⅳ).

단, 본 논문은 스위스 기업처벌규정의 소개를 목적으로 한다. 따라서

---

* 본 글은 2006년 한양대학교 법학연구소에서 발간하는 법학연구 제23권 제3호에 게재했던 논문임을 밝혀둔다.

** 청주대 법대교수, 법학박사

전통적 형법이론의 입장에서 기업처벌에 관련하여 제기되는 문제점이나 비판들은 다루지 않는 것으로 한다.

II. 스위스 형법의 기업처벌 규정의 연혁

1. 입법과정

스위스는 다른 독일법계의 국가들과 마찬가지로 "societas delinquere non potest(단체는 범죄를 저지르지 못한다)"는 법원칙에 입각하여 오랫동안 기업을 포함한 법인의 형법상 행위주체성을 부인해 왔다. 전통적 형법도그마에 따르면 오로지 행위능력과 책임능력을 가진 자연인만이 범죄와 형벌의 주체가 될 수 있는데, 법인은 자연인과는 달리 개인주의 형법원칙에서 처벌의 기본적 전제조건으로 요구되는 책임능력을 갖지 못하기 때문이다.

그러나 이러한 핵심형법 분야와는 달리 부수형법의 규정들은 기업을 형벌로 처벌하여 왔다. 스위스 행정형법 제7조는 "최고 5000 스위스 프랑의 벌금이 예상되고 제6조에 의해 처벌되는 행위자를 수사할 때 필요한 처분이 부과될 형벌에 비추어 지나치게 과도한 경우에는, 이러한 행위자에 대한 수사를 하지 않고 그에 대신하여 법인, 합명·합자회사 또는 개인회사를 벌금으로 처벌할 수 있다"라고 규정하여 최고 5000 스위스 프랑의 벌금을 기업에 직접 부과할 수 있도록 하고 있으며, 많은 부수형법들이 이 행정형법의 규정을 준용하고 있다. 그러나 이러한 부수형법 규정들은 기업처벌의 개별적인 근거일 뿐, 모든 기업에 적용되는 보편타당한 법적 근거는 결여되어 있었다.

이러한 상황에서 2002년 기업처벌규정이 형법전에 도입되고 2003년 그 효력을 발생함으로써 스위스에서는 기업처벌의 일반적 근거가 마련되었다. 이는 오래 전부터 기업처벌의 문제를 실용주의적인 입장에서 처리해 왔던 영미법계 법질서[1)]와 기업처벌의 확대를 요구하는 유럽연합(EU), 유럽의회 및 경제협력개발기구(OECD) 등[2]의 영향을 받은 것이다. 스위스 형법상의 기업처벌규정의 입법과정을 살펴보면 다음과 같다.

1) 1991년 돈세탁과 조직범죄에 대한 일괄법률안 초안

기업의 책임은 1991년 돈세탁과 조직범죄에 대한 조치로서 마련된 일괄법률안 초안에 처음으로 도입되었다.[3] 이 법안에 따르면 기업책임은 기업의 기관이 영업행위와 관련하여 중죄 또는 경죄를 범하고 이러한 범죄행위가 기업조직의 하자로 인하여 특정인에게 귀속될 수 없는 경우에 성립한다. 그러나 이 때 기업에 대해 형벌이 부과되는 것이 아니라, 기업의 영업정지 또는 기업폐쇄와 같은 상당히 침해적인 조치를 취하는데 그친다.

이 초안은 이미 공청회 절차에서 많은 반대에 부딪히게 되었다. 특히 경제단체는 다양한 침해적 조치로 인한 기업의 자유에 대한 상당한 침해와 기업의 과잉범죄화를 문제로 지적하였다.[4] 이러한 반대로 인해 1991년의 일괄법률안 초안은 사장되고 말았다.

2) 1998년 9월 8일자 스위스 형법 전면개정안

그 이후 기업책임의 문제는 1998년 스위스 형법총칙의 전면개정과 관련하여 다시 논의되었다. 1998년 9월 8일자 스위스 형법 전면개정안은 제102조 제1항에 "기업경영으로 범죄를 범하고 이 범죄가 기업의 하자있는 조직으로 인하여 특정인에게 귀속될 수 없는 경우에는, 기업은

---

1) Schmid, Strafverfahren und Strafrecht in den Vereinigten Staaten, 2. Aufl., Heidelberg 1993, 189면 이하.

2) Pieth, Internationale Anstösse zur Einführung einer strafrechtlichen Unternehmenshaftung in die Schweiz, ZStrR 119(2001), 4면 이하.

3) Botschaft vom 12. Juni 1989 (BBl 1989 Ⅱ 1061), VE Art. 100quarter StGB, 159면 이하.

4) Pieth, 앞의 논문(주2), 2면; Heine, Das kommende Unternehmensstrafrecht(Art. 100^{quarter} f.), ZStrR 121(2003), 26면.

최고 5백만 스위스 프랑으로 처벌된다"라고 규정하고 있다. 연방정부(Bundesrat)는 기업의 형사처벌과 관련하여 등장하는 법해석상의 문제들과 학설의 대립을 알고 있었음에도 불구하고, "문제가 된 상황을 사안에 합당하게 규율하고, 이러한 규율방법의 허용여부에 대해 결정하는 것은 법도그마틱이 아닌 입법자의 의지"라는 것을 입법이유서에서 분명히 하였다[5].

그 다음해인 1999년에 州대표회의(Ständerat)는 이러한 기업의 부수적 책임(subsidiäre Unternehmensverantwortlichkeit)과 구별되는 기업 고유의 독자적 책임규정(originäre Unternehmensverantwortlichkeit)을 형법개정안 제102조 제1항의 2에 규정하였다. 이에 의하면 부정부패(스위스 형법 제322조의 3, 제322조의 4, 제322조의 7), 범죄조직(스위스 형법 제260조의 3) 그리고 돈세탁(스위스 형법 제305조의 2)이라는 범죄행위가 있고 이러한 범죄행위를 막기 위한 필요하고 기대가능한 모든 조직적 예방조치를 취하지 않았다는 데에 대해 기업을 비난할 수 있다면, 기업은 자연인의 처벌과는 상관없이 처벌된다.

이로부터 2년 뒤인 2001년 국민회의(Nationalrat)는 주대표회의에서 의결된 부수적 책임과 독자적 책임으로 구성된 법안에 동의하는 한편, 이러한 기업처벌의 실체적 규정인 제102조와 관련된 절차적 규정을 마련할 것을 주장하였다. 이에 기업처벌 법안에 도입된 제102조의 a는 기업처벌에 대한 형사소송절차에 관한 규정으로 기업의 소송대표(동조 제1항과 제3항) 및 이 소송대표가 가지는 권리와 의무(동조 제2항) 등의 문제에 대해 규율하게 되었다.

3) 2002년 12월 13일 기업처벌규정의 형법도입

연방정부가 2002년 6월 26일 테러자금조달억제를 위한 국제협약 및 폭탄테러억제를 위한 국제협약 가입과 그로 인한 형법 및 기타 연방법

---

5) BBl 1999 IV, 2145면. 이에 대한 비판으로 Seelmann, Unternehmensstrafbarkeit: Ursachen, Paradoxien, Folgen, in: FS für Schmid, 2001, 169면 이하 참조.

률의 개정을 골자로 하는 입법이유서를 의회에 제출함으로써[6] 기업처벌에 관한 입법은 새로운 전환점을 맞이하게 되었다. 이 법률안 속에 기업처벌에 관한 형법규정들이 포함되어 있었던 것이다.

그러나 이것은 기본적으로 상술한 1998년 스위스 형법 전면개정안(Ⅱ.1.2)의 기업처벌규정들을 그대로 수용한 것으로, 단지 전면개정안에서 사용한 제102조와 제102조의 a라는 조문번호가 제100조의 4와 제100조의 5로 변경되고, 기업의 독자적 책임과 관련하여 규정된 범죄행위목록[Deliktskatalog－부정부패(스위스 형법 제322조의 3, 제322조의 4, 제322조의 7), 범죄조직(스위스 형법 제260조의 3) 그리고 돈세탁행위(스위스 형법 제305조의 2)]에 테러(스위스 형법 제260조의 5)와 테러자금조달(스위스 형법 제260조의 6)이라는 범죄행위가 추가되었을 뿐이다.

이러한 기업처벌규정이 포함된 형법개정안은 2002년 12월 13일 연방의회를 통과하고 2003년 10월 1일부터 효력을 발생했다. 이로써 기업처벌을 위한 보편타당한 법적 근거가 마련되었으며, 기업을 부수형법에서 행정형벌인 벌금으로 처벌하던 과거와는 달리 기업에 대해 엄격한 형사책임을 물을 수 있게 되었다.

2. 기업처벌에 관한 스위스 형법 제100조의 4와 제100조의 5

1) 스위스 형법 제100조의 4 가벌성(Strafbarkeit)

① 기업(내)에서 기업목적과 관련된 영업업무의 수행으로 중죄(Verbrechen) 또는 경죄(Vergehen)가 행해지고 이 행위가 하자있는 기업조직으로 인하여 특정한 자연인에게 귀속될 수 없는 때에는, 이러한 중죄와 경죄는 기업에게 귀속된다. 이 경우 기업은 최고 5백만 스위스 프랑으로 처벌된다.

② 관건이 되는 범죄행위가 제260조의 3, 제260조의 4, 제305조의 2,

6) BBl 2002 IV 5390, 5455면 이하.

제322조의 3, 제322조의 4 또는 제322조의 7에 해당할 때에는 법인은 대한 자연인의 처벌과 상관없이 처벌된다. 이 경우 이러한 범죄행위의 억제를 위해 필요하고 기대가능한 모든 사전적 예방조치를 취하지 않았다는 것에 대해 기업을 비난할 수 있어야 한다.

③ 법원은 특히 행위의 정도, 조직하자와 발생한 손해의 정도 그리고 기업의 지불능력에 따라 벌금액을 산정한다.

④ 다음은 동 조항에서 의미하는 기업으로 볼 수 있다:

a. 사법상 법인;
b. 자치단체를 제외한 공법상 법인;
c. 회사;
d. 1인회사.

2) 스위스 형법 제100조의 5 형사소송절차(Strafverfahren)

① 기업에 대한 형사소송절차에서 기업은 민법적 법률관계에서 무제한적으로 기업을 대표할 권한을 가진 자들 중에서 오직 한 사람에 의해 대표된다. 기업이 적절한 기한 내에 전 항의 대표를 선임하지 아니한 경우에는, 수사기관 또는 법원이 민법상 대표권을 가진 자들 중에서 누가 형사소송절차에서 기업을 대표할 것인지 결정한다.

② 형사소송절차에서 기업을 대표하는 자는 피고인과 동일한 권리와 의무를 가진다. 동조 제1항의 소송대표를 제외한 민법상의 기업대표권자들은 기업에 대한 형사소송에서 진술할 의무가 없다.

③ 형사소송절차에서 기업을 대표하는 자에 대해 동일한 또는 이와 관련된 사태를 이유로 수사가 개시된 때에는 기업에 의해 다른 대표가 임명되어야 한다. 필요한 경우에는 수사기관 또는 법원이 동조 제1항의 소송대표를 제외한 민법상의 기업대표권자들 중 일인을, 이러한 민법상의 기업대표권자가 없는 경우에는 적절한 제3자를 기업의 소송대표로 결정할 수 있다.

III. 기업처벌의 실체적 구성요건

스위스 기업처벌규정은 책임능력 부재를 이유로 법인의 형사책임을 포괄적으로 부정해왔던 대륙법계 전통과는 달리 기업의 책임을 묻기 위한 형법상의 근거가 마련되었다는 점에서 의미가 있다고 할 수 있다. 그러나 아직은 이 규정의 기본내용 및 적용범위 등이 불확실하기 때문에 구성요건의 불명확한 윤곽을 해석과 판례를 통해 분명히 할 수밖에 없다. 이하에서는 이러한 구성요건의 문제와 관련하여 몇 가지 중요한 쟁점들을 살펴보고자 한다.

1. 기업의 개념정의와 그 범위

새로 도입된 스위스의 기업형법은 기업처벌규정의 적용대상이 되는 기업이 무엇인가에 대한 정의를 내리고 있지 않다. 다만 스위스 형법 제100조의 4 제4항에 동조에서 의미하는 기업의 종류로서 사법상 법인(동조 동항 a.호), 지방자치단체를 제외한 공법상 법인(동조 동항 b.호), 회사(동조 동항 c.호)와 1인회사(동조 동항 d.호) 등이 열거되어 있을 뿐이다.

생각건대 스위스 형법상 책임을 지는 기업으로는 주식회사, 공기업, 반관반민의 주식회사, 합명회사, 합자회사 등이 있을 수 있다.[7] 그러나 기업을 처벌하기 위해서는 먼저 동조 동항에서 열거된 형태의 기업이 존재해야 할 뿐만 아니라, 이러한 기업의 활동의 성질이 일정한 대가에 대한 급부로서 상품과 서비스를 생산, 공급, 교환하는 것과 같이 경제적·상업적이어야 한다. 스위스 기업형법은 이러한 추가적 처벌조건을 제100조의 4 제1항의 규정에서 "영업 업무"라는 개념을 사용하여 고려

7) 제100조의 4의 각호에서 규정하고 있는 기업에 해당하는 조직형태와 문제시되는 조직형태에 대해서는 상세히 Schmid, Einige Aspekte der Strafbarkeit des Unternehmens nach dem neuen Allgemeinen Teil des Schweizerischen Strafgesetzbuchs, in: FS für Forstmoser zum 60. Geburtstag(2003), 768면 이하.

하고 있다. 그러므로 영업 업무를 수행하지 않는 여가선용 또는 문화활동을 위해 설립된 사단법인이나 재단법인, 정치적 정당, 자선단체[8] 등은 스위스 기업형법상의 기업에서 제외된다. 또한 상수도 및 전력을 공급하는 국영공기업, 국영운송기업, 국·공립학교 및 병원 등도 여기서 의미하는 기업에 해당하지 않는다[9]. 이들 조직은 상업행위를 하지 않기 때문이다.

2. 기업의 형사책임을 유발시키는 원인제공 범죄행위 (Anlasstat)

1) 원인제공 범죄행위자

기업에 대한 형사책임을 묻기 위해서는 그 책임을 유발시키는 원인제공 범죄행위가 있어야만 한다. 스위스형법 제100조의 4에 따르면 원인제공 범죄행위는 – 기업(내)에서 기업목적과 관련한 영업업무의 수행으로 – 행해진 중죄나 경죄이면 족하고, 그 범죄 행위자가 반드시 기업의 기관이나 독자적 결정권을 가진 기업구성원일 필요는 없다.[10] 이러한 점에서 기업처벌규정은 경영자책임(Geschäftsherrenhaftung)과 구별된다. 따라서 최소한 기업의 용인(Duldung)하에 기업을 위해 행위를 하는 자는 누구나 원인제공 범죄행위자가 될 수 있다.[11]

8) 최근 스위스에서는 자선단체에서 운영하는 유치원에서 근무하는 사람이 아동을 성추행하였으나 성추행한 행위자를 알 수 없는 경우, 기업처벌에 관한 규정인 제100조의 4 제1항을 적용하여 자선단체를 처벌할 수 있는가가 이론적으로 문제가 되었다. 이에 대해 다수설은 자선단체 행위의 상업성·영업성의 결여를 이유로 처벌을 부정하였다(Heine, 앞의 논문(주4), 35면; Pieth, Die strafrechtliche Verantwortung des Unternehmens, ZStrR, 121(2003), 359면). 이에 반하여 처벌을 긍정하는 견해는 Arzt, Strafbarkeit juristischer Personen: Anersen – vom Märrchen zum Alptraum, SZW 74(2002), 234면.

9) Schmid, 앞의 논문(주7), 770면.

10) 이에 대해 일반적으로 Lütolf, Strafbarkeit der juristischen Person, Diss. Zürich 1996, 352면 이하.

여기서 무엇보다도 기업의 법률자문을 담당하는 변호사와 같이 기업과 위임관계에 있는 자를 어떻게 볼 것인가 라는 문제가 제기된다.[12] 실로 좀 더 의미가 분명한 “기업을 위해서”라는 표현 대신에 “기업(내)에서(in einem Unternehmen)”라는 표현을 사용함으로써, 원인제공 범죄행위자는 오로지 위계적으로나 조직적으로 보다 엄격하게 기업에 종속되어 있는 자만을 의미한다고 해석될 수 있다. 이에 따르면 통상적으로 이러한 요건을 갖추지 못한 변호사나 또는 위임관계에 있는 고문(Berater)은 원인제공 범죄행위자가 될 수 없다.

그러나 이러한 위임관계에 있는 자도 기업의 종업원 또는 기관과 마찬가지로 원인제공 범죄행위자가 될 수 있다고 보아야 할 것이다.[13] 경영자책임처럼 임원 또는 최고경영자의 잘못된 행위(Fehlverhalten)를 기업처벌의 요건으로 하는 대신, 행위가 경영자에게 귀속되는 것을 저해하거나 또는 일정한 목록의 범죄행위를 유발시키는 “조직의 하자”를 기업책임의 요건으로 하는 입법취지에 비추어 볼 때 후자의 견해가 보다 타당하다. 기업처벌의 실체적 구성요건을 규정하고 있는 스위스 형법 제100조 4는 그 구조상 조직의 하자로 인하여 범죄행위가 경영자를 비롯하여 범죄행위에 대해 책임을 질 수 있는 특정한 자연인에게 귀속되지 못할 경우에는 동조 제1항으로, 조직의 하자로 인하여 범죄목록으로 열거된 일정한 구성요건이 실현된 경우에는 동조 제2항으로 기업을 처벌한다. 전자를 기업의 부수적 책임(subsidiäre Verantwortung)이라고 한다면, 후자는 기업의 독자적 책임(originäre Verantwortung)이라고 할 수 있다.

2) 원인제공 범죄행위로서의 중죄와 경죄

스위스 형법 제100조의 4는 기업처벌의 원인제공 범죄행위로서 – 기업목적과 관련한 영업업무의 수행으로 행해진 – 중죄와 경죄의 존재를 요

11) Schmid, 앞의 논문(주7), 772면.
12) Schmid, 앞의 논문(주7), 772면; Pieth, 앞의 논문(주8), 360면.
13) Schmid, 앞의 논문(주7), 772면; Pieth, 앞의 논문(주8), 360면.

구한다. 그런데 원인제공 범죄행위를 저지를 수 있는 것은 오직 자연인뿐이다.[14] 범죄의 대한 인식과 의욕이라는 고의와 주의의무위반이라는 과실의 주관적 구성요건은 오로지 자연인만이 충족할 수 있기 때문이다.[15]

주의해야 할 점은 이러한 원인제공 범죄행위를 행한 자연인이 누구인지 구체적으로 밝혀낼 필요는 없다는 것이다.[16] 원인제공 범죄행위자가 누구인지 안 경우에는 이 행위자를 행위에 상응한 형벌로 처벌함으로써 사건은 종결되며, 기업처벌규정인 제100조의 4가 적용될 여지가 없다.

특히 동조 제1항이 의미하는 기업의 부수적 책임은 복잡한 조직구조와 전통적인 개인주의형법이론의 한계로 인하여 기업 내에서 행위자를 알 수 없는 경우 비로소 의미를 갖게 되는 것이다. 이와 같은 행위자 확정의 불가능은 오늘날 기업이라는 조직형태에서 당연한 현상이라고 할 수 있다. 기업에서 흔히 볼 수 있는 공동경영체제, 권한 분배 및 배정, 권한 위임과 재위임 등의 조직운영은 기업의 효율성 제고에 도움이 될 지는 모르지만, 형법상 구성요건에 해당하는 결과가 발생한 경우에는 종종 기업구성원 중 누구 한 사람의 고의 또는 주의의무 위반으로 이러한 결과가 발생했다고 말할 수 없게 된다.[17] 이러한 결과는 기업 내 각계각층의 구성원들이 개별적으로 작은 원인들("kleine" Ursachen)을 제공하고 이러한 원인들이 조직적으로 결합되어 발생한 것이라고 할 수 있다.[18] 다시 말해서 한 사람이 범죄의 구성요건을 모두 충족한 것이 아니라, 다수인이 각각 구성요건의 일부를 실현하고 이 다수인의 행위들이 누적·결합되어(additiv) 구성요건이 실현되었다고 할 수 있다.

14) Schmid, 앞의 논문(주7), 773면; Pieth, 앞의 논문(주8), 360면.

15) 이에 반하여 기업고의(Unternehmensvorsatz) 또는 조직책임(Organisationsverschulden)이라는 새로운 개념을 도입하자는 논의에 대해서는 Heine, Modelle originärer Verantwortlichkeit, in: Hettlinger (Hrsg.), Verbandsstrafe, Bd.3, Baden-Baden 2002, 143면; Lütolf, Strafbarkeit der juristischen Person, Diss. Zürich 1996, 319면 이하; Wohlers, Die Strafbarkeit des Unternehmens, SJZ 96 (2000), 386면 참조.

16) 이에 대해서는 Heine, 앞의 논문(주4), 30면 이하 참조.

17) Heine, 앞의 논문(주4), 31면; Pieth, 앞의 논문(주8), 361면.

18) Heine, 앞의 논문(주4), 31면.

또한 이런 경우에는 기업 구성원들 간의 인식과 의사 있는 공동행위도 존재하지 않기 때문에 공범의 성립 또한 인정할 수 없다.[19] 결국 형법상 중요한 결과발생에 대해 그 누구에게도 책임을 물을 수 없다는 부당한 결론에 이르게 된다. 스위스 입법자는 이러한 부당함을 막기 위하여 기업처벌에 관한 규정을 도입한 것이다.

3) 원인제공 범죄행위와 기업목적과의 관련성

기업처벌의 원인제공 범죄행위가 되는 중죄와 경죄는 "기업목적과 관련한 영업업무의 수행으로" 행해진 것이어야 한다. 그리고 이러한 기업목적과 관련한 영업업무의 수행으로 행해진 중죄와 경죄를 과잉행위(Exzesstat)이라고 한다.[20]

범죄와 기업목적 간의 관련성을 요구하는 것은 한 편으로는 기업처벌규정이 지나치게 광범위하게 적용되는 것을 막고, 다른 한 편으로는 예컨대 私犯罪행위와 같이 기업행위와 아무런 관련이 없는 범죄행위를 배제하는 데 그 목적이 있다.

이와 같은 기업처벌규정의 적용범위 제한이라는 목적과 관련하여 스위스의 학설은 범죄와 기업목적 간의 관련성 외에 추가적으로 기업의 전형적 위험이라는 기준을 도입하여, 이러한 전형적 위험이 범죄행위로 실현된 경우에만 기업처벌규정이 적용된다고 보고 있다.[21] 때문에 기업의 전형적 위험의 내용을 구체화하는 것은 앞으로의 학설과 판례의 중요한 과제로 등장하게 되었다.[22]

그에 반하여 – 스위스 학설에 따르면 – 일반적 위험으로써 다음과 같

---

19) Seelmann, 앞의 논문(주5), 170면 이하; Heine, 앞의 논문(주4), 31면.

20) 대표적으로 Pieth, 앞의 논문(주2), 14면; Pieth, 앞의 논문(주8), 361면.

21) Pieth, 앞의 논문(주8), 361면; Heine, 앞의 논문(주4), 34면; Schmid, 앞의 논문(주7), 774면.

22) Schmid는 기업의 전형적 위험이 실현된 범죄행위의 유형을 구체적으로 열거하였지만, 이것이 결코 최종적인 것은 아니라는 것을 분명히 하였다(Schmid, 앞의 논문(주7), 775면).

은 경우에는 이러한 위험이 실현되더라도 기업은 그에 대한 책임을 지지 않는다.[23] 첫째, 기업의 이익에 반하는 행위는 영업업무의 수행으로 행해진 것이 아니다. 그러므로 기업 자체가 범죄행위의 피해자가 되는 경우에는 기업 책임은 논할 필요가 없다. 둘째, 잠정적으로나마 기업의 수익을 기대할 수 없는 행위는 통상적으로 이익을 지향하는 기업의 목적으로 행해진 것이라고 볼 수 없다. 따라서 기업에 손해를 가져오는 오직 개인의 이익만을 추구하는 행위 또는 단순히 개인의 안위를 위한 행위의 경우 기업은 책임을 지지 않는다. 셋째, 기업조직의 행위를 기화로 행해지는 범죄행위에 대해서는 원칙적으로 기업의 책임이 발생하지 않는다고 보아야 한다. 그렇지 않을 경우 모든 기업조직행위를 금지해야만 한다. 기업의 조직행위는 언제든지 기업의 이익을 위한다는 명목으로 범죄행위에 이용될 수 있기 때문이다.

3. 조직의 하자

스위스 기업형법 제100조의 4는 기업의 책임을 묻기 위한 요건으로 기업조직의 하자가 있을 것을 요구한다. 만약 이러한 기업조직의 하자로 인해 행위자를 알 수 없는 경우에는 동조 제1항의 규정에 따라 기업은 과잉행위(Exzesstat)에 대한 대체적/부수적 책임을 진다. 이에 반하여 하자있는 기업조직 때문에 일정한 범죄행위의 발생을 방지하지 못한 경우에는 동조 제2항이 적용되어 기업에게 과잉행위에 대한 고유책임을 물을 수 있다.

1) 기업의 부수적 책임(스위스 형법 제100조의 4 제1항)

기업을 부수적으로 처벌하기 위해서는 무엇보다도 책임있는 범죄행위자를 인지하는 것이 불가능해야 한다. 예컨대 기업처벌을 위한 원인제공 범죄행위(Anlasstat)의 행위자를 확정할 수 없는 경우나 행위자로

23) Heine, 앞의 논문(주4), 34면 이하.

볼 수 있는 자가 둘 이상이고 그들이 공동정범관계에 있지 않은 경우 등이 이에 해당한다고 할 것이다.

반면에 행위자가 누구인지는 알 수 없지만 기관 또는 상관이 자신이 부담하는 주의의무 또는 작위의무의 위반으로 경영자책임을 질 때에는 범죄행위자를 알아내는 것이 불가능한 경우라고 할 수 없다. 그러나 기업의 일반 종업원이 처벌되었다고 해서 이것을 경영자책임과 동일시하여 기업의 책임을 물을 수 없는 경우라고 보아서는 안 된다. 기업의 부수적 책임은 희생양을 찾을 수 없을 때 성립하는 것이 아니기 때문이다.[24)]

기업의 부수적 책임의 또 다른 전제조건은 바로 "기업조직의 하자로 인하여" 책임있는 행위자를 알아내는 것이 불가능해야 한다는 것이다. 이에 대한 대표적인 예로 들 수 있는 것은 인사권한을 비롯한 조직구조의 결여, 불분명한 권한위임관계, 인사기록의 부재 등을 들 수 있다.[25)] 따라서 기업은 자신의 조직을 행위자가 누구인지 알 수 있도록 조직할 의무가 있다고 볼 수 있다.

여기서 문제는 이러한 의무의 내용이 불분명하다는 것이다. 이에 대해 스위스 형법 제100조의 4 제1항은 아무런 도움이 되지 않으며, 입법자료들 역시 뚜렷한 답을 제공해 주지 못하고 있다.

물론 형법상 의무의 내용을 형법 외의 법규에서 규정된 행위의무를 고려하여 구체화하는 것은 새로운 현상이 아니다. 대표적으로 과실범에 있어서의 주의의무 뿐만 아니라 불성실한 사무처리행위로서 기관의 중대한 의무위반(스위스 형법 제158조)이나 돈세탁과 관련한 주의의무(스위스 형법 제305조의 3)는 형법 외의 법률규정이나 일반적으로 인정되는 특정한 직업집단의 자기통제규율에서 구체화되고 있다.[26)]

그러나 스위스 형법 제100조의 4 제1항에서 요구되는 기업의 조직적 사전조치의무는 어디에서도 찾아볼 수 없다. 선임·지시·감독의무와 같은 일반적 주의의무에 관한 원칙들도 기업의 조직적 사전조치의무에

24) 이러한 희생양에 대해서는 Wohlers, 앞의 논문(주15), 383면 이하 참조.

25) Heine, 앞의 논문(주4), 37면.

26) Schmid, 앞의 논문(주7), 780면.

대한 명확한 기준을 제시하지 못한다. 이 밖에 이러한 조직적 사전조치 의무는 이제까지 주로 민·상법의 규율대상이었던 기업의 과제와 밀접하게 관련되어 있기 때문에 그 구체화가 더욱 어렵다.[27] 따라서 기업조직구성에 대한 특별한 표준이 형성될 때까지 기업은 자신이 속한 영업분야에서 통용되는 규율들을 준수하며 적법한 업무처리를 관철시킬 의무와 이러한 관철의무와 관련하여 인정되는 범죄행위를 억제할 의무만을 부담한다고 할 수 있다.[28]

2) 기업의 독자적 책임(스위스 형법 제100조의 4 제2항)

스위스 형법 제100조의 4 제2항에서 언급된 조직범죄, 돈세탁, 부정부패 및 테러방지 등의 범죄행위의 경우에, 기업이 범죄발생을 억제하기 위해 필요한 조직적 사전조치를 취하지 않았다면 기업과 개인은 중복해서(kumulativ) 처벌된다. 이 때 발생하는 기업의 책임은 독자적 책임으로써 동조 전항에서 규정하고 있는 부수적 책임과 구별된다.

또한 부수적 책임의 성립을 위해 필요한 기업의 조직적 사전조치를 취할 의무는 책임소재를 명확하게 하기 위한 인적 관할권을 보장하기 위한 것이라면, 독자적 책임에서 요구하는 기업의 사전조치의무는 범죄발생을 억제하기 위한 것이다. 이러한 측면에서 볼 때 기업은 감독보증인이라고 할 수 있다.[29]

그러나 전술한 부수적 책임의 경우와 마찬가지로 독자적 책임에 있

---

27) Schmid, 앞의 논문(주7), 780면. 이와 관련하여 Schmid는 본 논문에서 인용한 글에서 이러한 기업의 조직적 사전조치의무를 소송 이전의 증거보전의무로 볼 수 있다는 가능성을 제시하고 있다. 즉 형법 외에 규정된 회계장부작성의무나 기록작성 및 보관의무(스위스 채무법 제962조 또는 돈세탁법 제7조)는 기업의 증거보전의무이며, 이러한 회계장부작성의무 또는 기록작성 및 보관의무에는 기업 측의 중요한 증거자료의 작성자와 책임자를 알 수 있도록 작성할 의무도 포함된다고 한다. 따라서 기업이 이러한 작성의무를 기업조직 내에서 관철시키지 못할 경우, 제100조의 4 제1항의 의무위반이 인정된다는 것이다.

28) Schmid, 앞의 논문(주7), 780면 이하.

29) Heine, 앞의 논문(주4), 38면.

어서의 기업의 사전조치의무의 내용을 해당법조문에서 도출해 내는 것은 불가능하다. 독자적 책임에 대한 스위스 형법 제100조의 4 제2항은 그 요건으로서 기업의 의무를 규정하고 있을 뿐, 그에 관해 구체적으로 언급하고 있지 않기 때문이다. 결국 범죄발생을 억제하기 위해 기업이 취해야 할 사전조치가 무엇인지 구체적으로 밝히는 것 역시 학설과 판례가 풀어야 할 과제가 되었다고 할 것이다.

현재 기업의 범죄발생을 억제하기 위한 사전조치의무의 표준으로 삼을 수 있는 것으로 은행 및 저축은행(Sparkasse)에 관한 연방법률을 비롯한 금융감독을 위해 제정된 특별법들이 있다. 금융 또는 신용업 분야에 종사하는 기업에 대해서는 이러한 특별법을 기준으로 하여 기업의 범죄발생억제의무의 내용을 결정할 수 있다.

그러나 독자적 책임에 관한 스위스 형법 제100조의 4 제2항에 열거된 범죄에는 금융업무와 관련이 없는 범죄유형들도 포함되어 있기 때문에, 금융 외에 다른 분야에서 활동하는 기업이 부담하는 범죄발생을 억제하기 위한 사전조치의무의 구체적 내용은 여전히 불분명하다. 이 경우에는 금융분야의 특별법과 같이 기업의 범죄발생억제의무를 구체화할 수 있는 규정이 없을 뿐만 아니라, 선임·지시·감독의무와 같은 일반적 주의의무에 관한 원칙들도 적절한 구체화 기준이 될 수 없다.[30] 따라서 기업의 범죄발생을 위한 사전조치의무의 내용은 해당기업의 활동영역, 영업의 종류, 경제능력 등을 기준으로 결정할 수밖에 없다.[31]

IV. 기업처벌의 절차적 문제

기업처벌규정이 존재함에도 불구하고 법인이 아닌 자연인을 중심으로 구성된 전통적인 형사소송절차와 그 기본원칙들로 인하여 기업의

30) Schmid, 앞의 논문(주7), 781면.

31) Heine, 앞의 논문(주4), 39면.

처벌이 불가능해지는 것을 막기 위하여, 스위스의 입법자는 기업처벌의 실체적 구성요건에 대한 규정인 제100조의 4와 함께 기업형사소송과 관련된 절차적 문제에 대한 제100조의 5를 도입하였다. 동조에서 다루고 있는 절차적 문제는 누가 기업형사소송에서 기업을 대표할 것인가 하는 소송대표의 문제(제1항과 제3항)와 기업형사소송에서 기업에게 보장된 절차적 권리와 의무의 문제(제2항)이다.

1. 기업의 소송대표

스위스 형법 제100조의 5는 제1항과 제3항에서 기업의 소송대표에 대해 상세하게 규정하고 있다. 먼저 동조 제1항은 민법상 무제한적인 기업대표권을 가진 자 중에서 1인이 형사소송절차에서 기업을 대표할 수 있다는 것을 분명히 하고 있다(제1항 본문). 기업의 소송대표는 기업이 선임하는 것을 원칙으로 하되, 기업이 스스로 선임하지 않는 경우에는 관청이 민법상 기업대표권을 가진 자 중에서 결정한다(제1항 단서). 이어서 동조 제3항은 개인적 이익 충돌에 관한 것으로, 즉 기업의 소송대표에 대해 동일한 사태 또는 이와 관련된 사태로 인하여 수사가 개시된 때에는 소송대표를 변경해야 한다(제3항 본문). 대표의 변경 또한 원칙적으로 기업의 소관에 속하지만, 지체할 경우 관청이 이를 할 수 있고, 또한 민법상 기업대표권을 가지고 있지 않은 제3자도 소송대표가 될 수 있다(제3항 단서).

기업의 소송대표는 형사소송절차에서 기업대신 피고인의 역할을 담당하게 되고, 필요한 소송행위를 할 수 있다. 다시 말하면 기업은 소송대표를 통해 행위를 할 수 있는 것이다.[32] 그러므로 기업은 자신의 대표를 통해 심문을 받고, 성명서를 제출하며, 증거를 제출하고 소송절차 참여권을 주장할 수 있다.[33] 나아가 기업은 자신의 소송대표를 통해 묵

32) Pieth, 앞의 논문(주8), 371면.
33) Pieth, 앞의 논문(주8), 372면.

비권행사라는 전략을 취할 수도 있다. 자신에게 불리한 진술을 거부할 수 있는 진술거부권이 기업에게도 보장되는 것이다.

2. 진술거부권

기업책임의 실체적 구성요건을 규정한 스위스 형법 제100조의 4를 충족한 기업은 형사소송절차의 피고인이 된다. 피고인으로서 기업은 자연인이 피고인인 경우와 마찬가지로 법적 청문권(Anspruch auf rechtliches Gehör) 및 변호인의 조력을 받을 권리(Verteidigungsrecht), 소송절차참여권(Mitwirkungsrecht) 등의 권리를 가지며, 무죄추정의 원칙(Unschuldsvermutung), 무기평등의 원칙(Waffengleichheit) 및 자기부죄금지의 원칙(Nemo tenetur Prinzip)의 적용을 받게 된다. 이러한 절차적 권리를 소송절차에서 주장하고 실현하기 위해서 기업은 사법상의 기업대표권을 가진 자들 중 1인을 소송대표로 선임한다. 이러한 맥락에서 기업을 대신하여 기업형사소송절차에 참여하는 소송대표에 대해 스위스 형법 제100조의 5 제2항은 피고인과 동일한 권리와 의무를 갖는다는 것을 명시하고 있다.

나아가 피고인은 증인이 될 수 없다는 기본원칙에 따라 기업은 증인이 될 수 없으므로 기업은 증언거부권을 가지며, 피고인과 동일한 권리와 의무를 갖는 소송대표에게도 증언거부권이 인정된다. 그러나 소송대표의 증언거부권은 기업의 권리를 바탕으로 한 것이기 때문에 형사소송절차에서 기업을 대표하는 동안에만 보장된다. 만약 기업의 소송대표로 활동하던 민법상의 기업대표권자가 기업형사소송과 동일한 또는 이와 관련된 사태로 인하여 스스로 피고인이 되어 소송대표에서 물러난 때에는 더 이상 기업의 증언거부권을 기초로 증언을 거부할 수 없다. 이 경우에 스스로 피고인이 된 기업대표권자는 스위스 형사소송법상 공동피고인(Mitbeschuldigte)로서 다루어진다.[34] 이 때 기업에 대한 형사소송

34) Pieth, 앞의 논문(주8), 373면. 이 때 기업에 대한 형사소송절차와 민법상 기업대

절차와 민법상 기업의 대표권자에 대한 형사소송절차는 분리되어 각각 진행되지만 공동피고인이 되기 때문에 기업의 대표권자는 동일 사안에 대한 증인이 될 수 없다. 단 법원은 공동피고인인 기업의 대표권자에게 정보인(Auskunftsperson)으로서 출석을 요구할 수 있다. 이 정보인제도는 스위스 형사소송에만 존재하는 독특한 제도로서, 이 정보인은 행위자나 공범도 아니요, 피고인도 아니요, 피해자도 아니요, 증인은 더더욱 아니다. 정보인은 우리나라에 형사소송에 비추어 본다면 참고인 또는 진술인과 비슷하지만, 참고인 또는 진술인이 수사과정에서 범죄수사를 위해 수사기관에서 조사를 받는데 반하여 정보인은 공판절차에서 재판에 출석하여 진술한다. 이러한 정보인은 법원의 요구에 따라 출석할 의무가 있으나 반드시 진술할 의무는 없으며 또한 진술거부권도 없다.[35]

스위스 형법 제100조의 5 제2항 후단은 "동조 제1항의 소송대표를 제외한 사법상의 기업 대표권자들은 기업에 대한 형사소송에서 진술할 의무가 없다"고 규정하고 있다. 이 규정에 따르면 기업의 소송대표로 기업형사소송에 참가하는 기업대표권자 및 스스로 (독립된) 형사소송의 피고인이 된 기업대표권자를 제외한 나머지 기업대표권자들은 정보인(Auskunftsperson)이 된다. 통일된 연방형사소송법 초안 역시 기업의 기관을 정보인으로 규정함으로써[36] 기업형사소송절차에서 민법상 기업대표권자들의 절차상 신분에 대한 일관성을 유지하고 있다.

V. 결

이상 스위스 형법의 기업처벌법에 대해 살펴보았다. 개인주의 책임원

표권자의 형사소송절차는 분리되어 각각 진행된다.

35) 이 정보인(Auskunftsperson)은 스위스 형사소송의 특별한 제도다. 이에 대해서는 Hauser/Schweri/Hartmann, Schweizerisches Strafprozessrecht, 6. Aufl, 2005, 303면 이하.

36) Art. 186 Abs. 1 lit. f VE.

칙에 따라 기업의 책임능력을 부정하는 대륙법계의 국가인 스위스가 부수형법도 아닌 형법전에 기업을 처벌할 수 있는 법적 근거를 마련했다는 것은 독일법을 계수하여 그 전통을 따르고 있는 우리나라에게 시사하는 바 크다고 할 수 있다.

그러나 스위스 기업처벌법이 기업 책임에 대한 실체적 구성요건과 절차적 문제에 대해 비교적 상세한 규정을 두고 있기는 하지만, 스위스의 기업처벌법은 도입된 지 얼마 되지 않은 신생규정으로 아직까지 해결되어야 할 많은 문제들이 남아있다. 특히 그 내용과 적용범위를 분명히 밝힘으로써 기업처벌 구성요건의 윤곽을 명백히 하는 것은 현재 학설과 판례에게 주어진 중요한 과제 중 하나이다. 기업의 활동을 위축시키지 않으면서도 기업의 조직하자로 인하여 발생할 수 있는 상당한 위험을 억제할 수 있도록 적절한 해석을 통한 실효성 있는 제도운영에 앞으로의 귀추가 주목된다.

찾아보기

자

차

카

◆ 곽관훈

건국대학교 법과대학 및 동 대학원 졸업
건국대학교, 경찰대학, 금융투자교육원 강사
일본 동경대학 법학부 객원연구원
한국법제연구원 재정법제연구팀장(부연구위원)
(현) 선문대 법과대학 교수

주요논저

회사법적 측면에서 본 기업범죄 예방(강원법학, 2011)
기업가치향상을 위한 규제방안 – Soft Law를 중심으로 – (상사판례학회, 2011)
기업규제의 패러다임전환과 내부통제시스템(경제법학회, 2010)

◆ 김영식

경찰대학교 법학과 졸업
프랑스 그르노블2대학 졸업
경찰대학 경찰학과 교수요원
경기대학교, 목원대학교 외래강사
간부후보생, 순경 일반공채시험 출제위원
(현) 관동대학교 경찰행정학부 교수

주요논저

지능범죄수사론(경찰대학, 2009, 공저)
마약범죄수사론(경찰대학, 2009, 공저)

◆ 문성제

경남대학교 법학과 및 동 대학원 졸업
미국 U.T.S 졸업(New York)
독일 Bonn대학 비교법 연구
일본 나고야 대학 방문 연구교수
한국재산법 학회 부회장
한국의료법학회 이사
대학의료법학회 이사
(현) 선문대학교 법과대학 교수

주요논저

현대여성과 법률(법문사, 2002)
법학의 이해와 기초(법문사, 2004, 공저)
현대법학의 이해(법문사, 2008, 공저)
교양법률강좌(법문사, 2010).

◆ 손영화

한양대학교 법과대학 및 동 대학원 졸업
명지대 금융지식연구소 연구교수
일본 동경대학교 비교법연구소 객원연구원
경주대 법학과 전임강사/조교수
한국상사법학회, 한국기업법학회, 한국상사판례학회, 한양법학회, 한국경제법학회, 한국법정책학회, 한국비교사법학회, 한국재산법학회 상임이사/이사
(현) 선문대학교 법과대학 교수

주요논저

상법에게 경제를 묻다 – 상법과 경제학의 관계 – (한양법학 제22권 제1호, 2011.2)
공정거래법상 리니언시제도에 관한 연구(기업법연구 제24권 제2호, 2010.6)
헤지펀드에 관한 규제(상사판례연구 제23권 제1호, 2010.3)
적대적 M&A와 이사회기능(기업법연구 제23권 제2호, 2009.6)
필수설비이론에 대한 서론적 고찰(경제법연구 제7권 제1호, 2008.12)

◆ 안성조

연세대학교 법과대학 졸업
고려대학교 대학원 법학과 법학석사
서울대학교 대학원 법학과 법학박사
연세대, 육군사관학교, 경찰대, 한국외대 법학전문대학원 강사
사법시험, 행정고시, 외무고시, 입법고시 출제위원
한국 형사소송법학회 상임이사
(현) 선문대학교 법과대학 교수

주요논저

형법상 법률의 착오론(경인문화사, 2006/2008)
기초법 연구 제1권 – 언어·논리·역사 – (경인문화사, 2009)
사이코패스 I – 범죄충동·원인론·책임능력 – (경인문화사, 2009/2010, 공저)
현대 형법학 제1권 – 이론과 방법 – (경인문화사, 2011)

◆ 이건묵

중앙대학교 법학과 및 동 대학원 졸업
독일 쾰른대학교 법학과 박사과정 졸업(법학박사(Dr. juris.), 경쟁법(Kartellrecht))
중앙대학교, 백석(천안)대학교, 한경대학교, 전주대학교 강사
국회도서관 입법조사연구관
(현) 국립과학수사연구원 자문위원
(현) 국회입법조사처 입법조사관(상사법·공정거래·소비자보호 담당)

주요논저

법학개론(박영사, 2011 개정판, 공저)

상사법·경쟁법·소비자보호법 관점에서의 상조서비스에 대한 이해(새로문화, 2010)
법률사례분석 II - 상사법(새로문화, 2010)
서독 잘쯔기터 인권피해 중앙기록보존소(번역서, 2007)
불공정행위의 유형과 대책 - 전속고발권을 중심으로(형사정책, 2010)
납품단가 연동제의 경쟁법적 갈등분석(경제법연구, 2009)
카르텔법의 역할에 따른 공정거래법의 목적이해(경제법연구, 2007)
참여정부의 대북정책에 있어서 독일사회주의 통일당의 범법행위 중앙기록보존소의 의미(통일정책연구, 2006)

◆ 이상현

서울대학교 법과대학 사법학과
고려대학교 대학원 법학석사
New York Univ. School of Law LL.M
Golden Gate Univ. School of Law S.J.D.
Alston & Bird LLP temporary staff 변호사(New York State Bar Association 소속)
대법원 재판연구관(전문직)
(현) 숭실대학교 법과대학 교수

주요논저

Cyber Crime in the U.S.: Realities, Law, & Practices(형사정책연구원, 2011)
공소장일본주의의 여사기재 금지 원칙: 미연방형사소송규칙 7(d)와의 비교법적 분석(법조, 2011.2)
전속고발권에 대한 고소불가분 원칙의 적용가능성에 관한 연구(법조, 2010.11)
Using Actions in Damages so as to Improve Criminal Penalty against Cartels(Currents International Trade Law Journal, 2008)

◆ 이영종

연세대학교 상경대학 경제학과 졸업
연세대학교 법과대학 및 동 대학원 졸업
독일 마르부르크대 Magister legum(LLM) 및 Dr.iur. (독일 학술교류처 장학생)
연세대, 강원대, 단국대, 명지대 강사/ 조선대 법과대학 BK21 박사후 연구원
성균관대 법과대학 BK 21 연구교수
가톨릭대 법학부장 및 법학연구소 소장
한국비교사법학회 편집이사, 한국국제거래법학회 출판이사, 한국상사판례학회 국제협력이사, 한국상사법학회, 차세대콘텐츠재산학회, 한국법학회 및 기업법무협회 이사
(현) 가톨릭대학교 법학부 조교수

주요논저

주식회사구분입법론 소고 - 상장주식회사 구분입법 문제를 중심으로 - (비교사법 제11권 3호, 2004.9)
재정법(법제연구원, 2009, 공역)
법학입문(박영사, 2011, 공저)

大韓民國法概說(成文堂, 2008, 공저/일본 나고야경제대학 총서 제3권)

◆ 이정념

인하대학교 법학과 수석졸업
이화여자대학교 일반대학원 법학과 졸업
독일 괴팅엔대학교 법과대학 수학
영동대학교, 인하대학교, 한국사이버대학교 형사법 담당강사
이화여대 생명의료법연구소(전, 생명윤리법정책연구소) 연구원
국회입법조사처 입법조사관(5급)
한국형사소송법학회 이사
(현) 국립과학수사연구원 자문위원
(현) 국회사무처 (의원회관) 정무보좌관(4급)

주요논저

유전자정보와 형사절차(새로문화, 2009)
아동성범죄의 형사법적 쟁점(새로문화, 2009)
법률사례분석 I - 형사법(새로문화, 2010)
정보프라이버시 갈등과 유전자정보권에 관한 고찰(형사법연구, 2010)
대상자를 위한 친사회적인 보호감호의 도입 필요성 및 그 방향(형사정책, 2010)
미국에서의 아동학대신고의무제도(경찰법연구, 2010)
유전자정보의 획득 및 이용에 관한 형사법적 논의의 필요성과 그 방향(형사정책, 2009)
범죄인 식별 목적의 유전자정보에 관한 소고(의료법학회지, 2009)
영국의 형사절차에 있어서 유전자정보의 획득 및 이용 방법(경찰학연구, 2009)

◆ 이주희

이화여자대학교 법정대학 법학과 졸
한양대학교 법과대학 졸(법학석사)
스위스 바젤대학교 법과대학 졸(법학박사)
관동대, 서울시립대, 한양대 강사
한양대 안전법센터 연구원
(현) 청주대학교 법과대학 조교수

주요논저

Die Beteiligung des Strafverteidigers an der Geldwäscherei(Helbing & Lichtenhahn, 2006)
업무주처벌의 의미, 근거, 성립요건(외법논집, 2008)
간통의 형사처벌과 그 헌법적 정당성(법과 정책연구, 2008)
양벌규정의 개선입법에 관한 고찰(한양법학, 2009)
'안락사'란 무엇인가?(한양법학, 2010, 공저)

기업범죄연구 제1권 -기업규제의 이론과 방법-
초판 인쇄 ‖ 2011년 2월 18일
초판 발행 ‖ 2011년 2월 28일

지은이 ‖ 기업범죄연구회
펴낸이 ‖ 한정희
펴낸곳 ‖ 경인문화사

주소 ‖ 서울시 마포구 마포동 324-3
전화 ‖ 718-4831 팩스 ‖ 703-9711
출판등록 ‖ 1973년 11월 8일 제10-18호
홈페이지 ‖ www.kyunginp.co.kr / 한국학서적.kr
이메일 ‖ kyunginp@chol.com

ISBN 978-89-499-0781-9 94360
값 25,000원

*잘못 만들어진 책은 구입하신 서점에서 교환해 드립니다.